D1702114

Kulturstiftung Sachsen-Anhalt

Jahrbuch 2022

herausgegeben von
Christian Philipsen in Verbindung
mit Eike Henning Michl

—

Inhalt

Dr. Christian Philipsen,
Generaldirektor der Kulturstiftung Sachsen-Anhalt

Liebe Leserinnen und Leser,

wir blicken auf bewegte Monate zurück, weltweit wie lokal. Dabei wird erst die Nachwelt mit genügend Distanz endgültig entscheiden, ob wir 2022 wirklich an einer „Zeitenwende" standen oder nicht. Für die Kulturstiftung Sachsen-Anhalt dürfte das beginnende Jahrzehnt aber tatsächlich eine solche darstellen: Denn ein von Bund und Land Sachsen-Anhalt auf den Weg gebrachtes Sonderinvestitionsprogramm in Höhe von 200 Millionen Euro für die Sanierung unserer Burgen und Schlösser umfasst mehr Mittel, als wir in den letzten 25 Jahren insgesamt verbauen konnten! Den aktuellen Herausforderungen von eklatanten Preissteigerungen bis massivem Fachkräftemangel begegnen wir achtsam, aber selbstbewusst und motiviert. In diesem Sinne agieren wir ganz nach einer gerne dem Schweizer Schriftsteller Max Frisch zugewiesenen Formulierung, der eine Krise als produktiven Zustand bezeichnet habe, dem man eben nur den Beigeschmack der Katastrophe nehmen muss!

Alles andere als misslich ist nämlich die Entwicklung der Kulturstiftung Sachsen-Anhalt. Das Vertrauen in unsere Leistungsfähigkeit wurde auch 2022 wieder deutlich: nicht nur mit dem eingangs genannten Förderprogramm, sondern außerdem mit der Zulegung zweier neuer Denkmale in unsere Stiftungsfamilie. Geradezu paritätisch zwischen Norden und Süden Sachsen-Anhalts aufgeteilt, vervollständigen das ehemalige Prämonstratenserkloster Jerichow mit seinem umfangreichen Kulturprogramm sowie das reformationsgeschichtlich so bedeutsame Schloss Allstedt nahe der thüringischen Landesgrenze die mittlerweile nun 20 Liegenschaften der Kulturstiftung Sachsen-Anhalt.
Für die Tatsache, wie unterschiedlich jene Orte in Historie und Erscheinungsbild sind, sich aber trotzdem harmonisch gegenüberstellen lassen, steht sinnbildlich der Umschlag unseres aktuellen Jahrbuchs. Während die Vorderseite in den verschiedenen Ausprägungen des roten Jerichower Backsteins erstrahlt, entdeckt man auf der Rückseite stets neue Details im Allstedter Bruch- und Werksteinmauerwerk. Was sich in den Objekten befindet, erkunden Sie – vorbehaltlich des Bau- und Sanierungsfortschritts – am besten in den kommenden Jahren vor Ort oder einfach hier in diesem Buch.

Neben einem Kurzporträt des ältesten Backsteinbaus Norddeutschlands von Philipp Jahn und Josefine Telemann machen Sie auf den kommenden Seiten aber noch mehr Entdeckungen! Jan Scheunemann präsentiert uns etwa die Moritzburg in Halle (Saale) als Zentraldepot für Kunst- und Kulturgut aus der Bodenreform, wohingegen Sebastian Berakdar von Wandel, Trends und Digitalität in und von Kultureinrichtungen am Beispiel des Förderprogramms „Landmusik" in der Musikakademie Sachsen-Anhalt Kloster Michaelstein erzählt.

Fesselnd sind auch die Einblicke in faszinierende Details der vielfältigen Bestände des Kunstmuseums Moritzburg Halle (Saale), sei es eine Vorstellung der umfangreichen Sammlung Fotografie durch Jule Schaffer und Manuela Winter, die Beschäftigung mit Emaille-Arbeiten aus der Sammlung Dora und Hubert Kleemann von Aline Meyer oder ein bunter Ausflug in die historische Farbstoffsammlung des Landeskunstmuseums mit Albrecht Pohlmann. Corinna Grimm-Remus und Heiko Brandl berichten schließlich vom Hohen Chor des Halberstädter Domes und einem erfolgreich abgeschlossenen Restaurierungsprojekt an dessen einzigartigen mittelalterlichen Skulpturen.

Sie sehen, von Krisen ausnahmsweise keine Spur! Ebenso in – fast allen – der über hundert Kurzbeiträge, die Schlaglichter auf beileibe nicht alle, aber viele berichtenswerte Gegebenheiten des Jahres 2022 in der Kulturstiftung Sachsen-Anhalt werfen.

Bleiben Sie in diesem Jahr krisenfrei und uns weiterhin gewogen!

Christian Philipsen
Generaldirektor der Kulturstiftung Sachsen-Anhalt

Noch eine „Himmelsscheibe" in Sachsen-Anhalt:
Astrolabium, Nürnberg, 1596.
Messing, graviert, ausgesägt, Reste einer polychromen Fassung,
Dm. 31,3 cm (mit Öse 40,5 cm). Kulturstiftung Sachsen-Anhalt,
Museum Schloss Neuenburg, Inv.-Nr. MSN-V 2262 C.

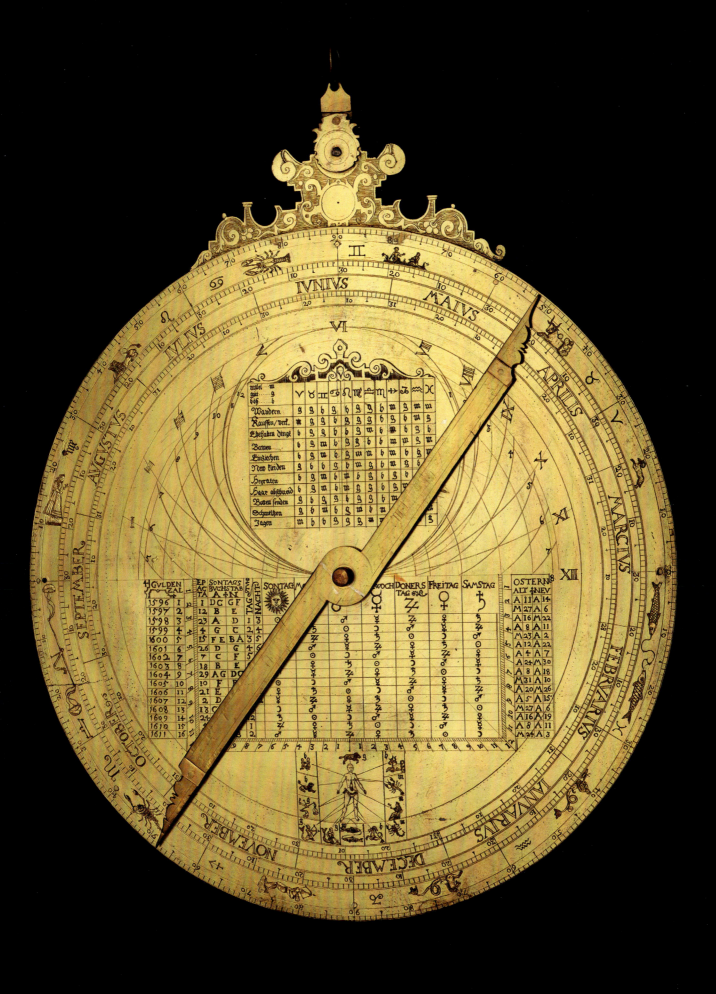

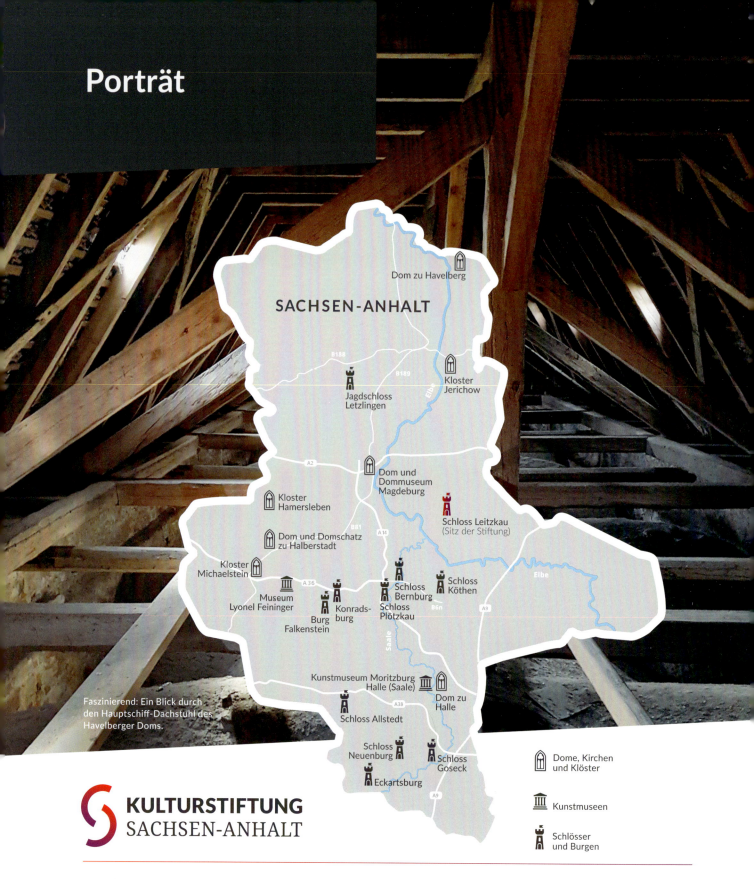

Dom zu Havelberg

SACHSEN-ANHALT

Jagdschloss Letzlingen

Kloster Jerichow

Dom und Dommuseum Magdeburg

Schloss Leitzkau (Sitz der Stiftung)

Kloster Hamersleben

Dom und Domschatz zu Halberstadt

Kloster Michaelstein

Museum Lyonel Feininger

Burg Falkenstein

Konrads-burg

Schloss Bernburg

Schloss Plötzkau

Schloss Köthen

Kunstmuseum Moritzburg Halle (Saale)

Dom zu Halle

Schloss Allstedt

Schloss Neuenburg

Schloss Goseck

Eckartsburg

Faszinierend: Ein Blick durch den Hauptschiff-Dachstuhl des Havelberger Doms.

Dome, Kirchen und Klöster

Kunstmuseen

Schlösser und Burgen

KULTURSTIFTUNG SACHSEN-ANHALT

Treuhänderin

Stiftung Moritzburg Halle (Saale) – Kunstmuseum des Landes Sachsen-Anhalt

Stiftung Kloster Michaelstein – Musikakademie Sachsen-Anhalt für Bildung und Aufführungspraxis

Vorstand in Personalunion

Stiftung Kloster Unser Lieben Frauen

 KLOSTER BERGESCHE STIFTUNG

Hauptgesellschafterin

Dienstleistungsgesellschaft

 GmbH

Die Kulturstiftung Sachsen-Anhalt stellt sich vor

Wer wir sind

Die Kulturstiftung Sachsen-Anhalt ist eine selbstständige staatliche Stiftung des öffentlichen Rechts und gleichzeitig die größte ihrer Art in Sachsen-Anhalt. Umgangssprachlich klingt der Begriff „Schlösserverwaltung" vielleicht weitaus verständlicher, wird den vielfältigen Aufgaben der Institution und ihrer bewegten Geschichte jedoch nicht gerecht. Aktuell betreut die Kulturstiftung Sachsen-Anhalt mit fast 200 Mitarbeiterinnen und Mitarbeitern insgesamt 20 im Eigentum befindliche Liegenschaften aus 1 200 Jahren Landesgeschichte zwischen Mittelalter und Moderne, allesamt Baudenkmäler und Museen von nationalem und internationalem Rang!

Begonnen hat unsere Entwicklung im Jahr 1996, als das Land Sachsen-Anhalt sowohl die „Stiftung Schlösser, Burgen und Gärten des Landes Sachsen-Anhalt" als auch die „Stiftung zum Erhalt und zur Nutzung der Dome, Kirchen und Klöster des Landes Sachsen-Anhalt" gründete. Beide waren schon damals – daran hat sich bis heute nichts geändert – mit den Kernaufgaben betraut, die in ihrer Obhut befindlichen Denkmale sowie beweglichen Kunst- und Kulturgüter zu verwalten, baulich und konservatorisch zu pflegen, wissenschaftlich zu erschließen und der Öffentlichkeit zugänglich zu machen. Im Jahr 2005 fusionierten schließlich beide Stiftungen endgültig zu einer einzigen, die nun den Namen „Stiftung Dome und Schlösser in Sachsen-Anhalt" erhielt. Da in der Folgezeit nicht nur der Bestand an „klassischen" Denkmälern langsam wuchs, sondern auch andere Einrichtungen in die Kulturstiftung Sachsen-Anhalt integriert wurden, erschien ein erneuter Namenswechsel im Jahr 2017 nur konsequent.

Denn mit der „Stiftung Moritzburg Halle (Saale) – Kunstmuseum des Landes Sachsen-Anhalt" und der „Stiftung Kloster Michaelstein – Musikakademie Sachsen-Anhalt für Bildung und Aufführungspraxis" gehören seit 2014 auch die Schwerpunkte Moderne Kunst sowie Musik und Aufführungspraxis zum Programm der Kulturstiftung Sachsen-Anhalt und erweitern das Aufgabenfeld einer „typischen" Schlösserverwaltung beträchtlich.

Daneben verwalten wir zwei weitere, fördernde Stiftungen ohne eigenes Personal: Seit 2001 ist der Generaldirektor der Kulturstiftung Sachsen-Anhalt, aktuell in Person von Dr. Christian Philipsen, gleichzeitig Vorstand sowohl der „Kloster Bergesche Stiftung" als auch der „Stiftung Kloster Unser Lieben Frauen". Beide ermöglichen durch finanzielle Unterstützung kulturelle Vorhaben im Raum Magdeburg oder Projekte der zeitgenössischen Kunst in Sachsen-Anhalt.

Kurzum: Eine Verwaltung – die der Kulturstiftung Sachsen-Anhalt – erfüllt nicht nur ihre eigenen, sondern auch die der weiteren vier in den jeweiligen Gründungsunterlagen verbrieften Stiftungszwecke. Ein Kuratorium mit Mitgliedern aus Politik, Kirchen und Denkmalpflege wacht über die Arbeit der Kulturstiftung, Beiräte stehen wiederum mit inhaltlichem Rat zur Seite und eine eigens gegründete Servicegesellschaft namens „SubsiDiariuS GmbH" übernimmt Aufgaben im Dienstleistungsbereich der einzelnen Häuser.

Wo wir sind

20 Liegenschaften aus 1 200 Jahren Geschichte bilden die kulturelle Entwicklung Mitteldeutschlands beispielhaft ab: Dazu gehören nicht nur die Dome in Magdeburg, Halberstadt, Havelberg und Halle sowie verschiedene Schlösser, beispielsweise in Bernburg, Köthen oder Letzlingen. Auch mittelalterliche Burgen wie der imposante Falkenstein im Harz oder die berühmte Neuenburg bei Freyburg, ehemalige Klöster, der spektakuläre Domschatz Halberstadt, das Kunstmuseum Moritzburg Halle (Saale), Kloster Michaelstein mit Musikakademie und Museum oder das weltweit einzigartige Museum Lyonel Feininger in Quedlinburg fallen in unseren Verantwortungsbereich. Den jüngsten Zuwachs des Jahres 2022 bilden das ehemalige Prämonstratenserstift Kloster Jerichow sowie das geschichtsträchtige Schloss Allstedt. Diese vielfältige Bandbreite, historisch von den Ottonen bis zur klassischen Moderne, thematisch vom Sammeln, Bewahren, Ausstellen im Museum über Kulturvermittlung und wissenschaftliche Forschung bis hin zu Musikausbildung und Konzertbetrieb, all das findet sich in der Kulturstiftung Sachsen-Anhalt. Ein Großteil unserer Objekte liegt in der Südhälfte des Bundeslandes, der Hauptsitz der Kulturstiftung Sachsen-Anhalt wiederum auf Schloss Leitzkau bei Gommern südöstlich von Magdeburg. Entdecken Sie unsere Vielfalt und denken Sie daran: Die Burgen und Schlösser, Dome, Klöster und Museen der Kulturstiftung Sachsen-Anhalt freuen sich auf Ihren Besuch!

Was wir machen

Die Satzung der Kulturstiftung Sachsen-Anhalt bringt es auf den Punkt: Wir haben die Aufgabe, alle in unserem Eigentum befindlichen Bau- und Kulturdenkmale sowie beweglichen Kunst- und Kulturgüter entsprechend ihrer kirchengeschichtlichen, kunsthistorischen und landschaftsprägenden Bedeutung zu verwalten, baulich und konservatorisch zu betreuen, wissenschaftlich zu erschließen und der Öffentlichkeit zugänglich zu machen beziehungsweise sie einer ihrer Bedeutung gerecht werdenden Nutzung zuzuführen.

Oder anders: Wir bewahren die kulturelle Vergangenheit Sachsen-Anhalts im Auftrag der Gegenwart für die Zukunft. Dies gelingt zusammen mit zahlreichen lokalen, regionalen und überregionalen Partnern sowie einem Budget, welches sich größtenteils aus Zuweisungen des Landes, aber auch aus eigens erwirtschafteten Geldern, Spenden oder Drittmitteln zusammensetzt. Vom Bau bis zum Ausstellungsbetrieb, von Unterer Denkmalschutzbehörde bis hin zu einer mehrere Standorte umfassenden Bibliothek, von Bildungsangeboten in unseren Museen bis hin zu eigener Forschung und Publikationen, von musikalischer Ausbildung bis hin zu den Aufgaben einer digitalen Sammlungsbetreuung, all das und noch vieles mehr ist die Kulturstiftung Sachsen-Anhalt!

 Besuchen Sie uns in Sachsen-Anhalt oder auf www.kulturstiftung-st.de!

Bekommt nicht jeder zum 30. Geburtstag: Der prächtige und bis
2018 von der Kulturstiftung Sachsen-Anhalt restaurierte Spiegelsaal
von Schloss Köthen diente 1823 als Geschenk des Herzogs Friedrich
Ferdinand an seine Frau Julie von Anhalt-Köthen.

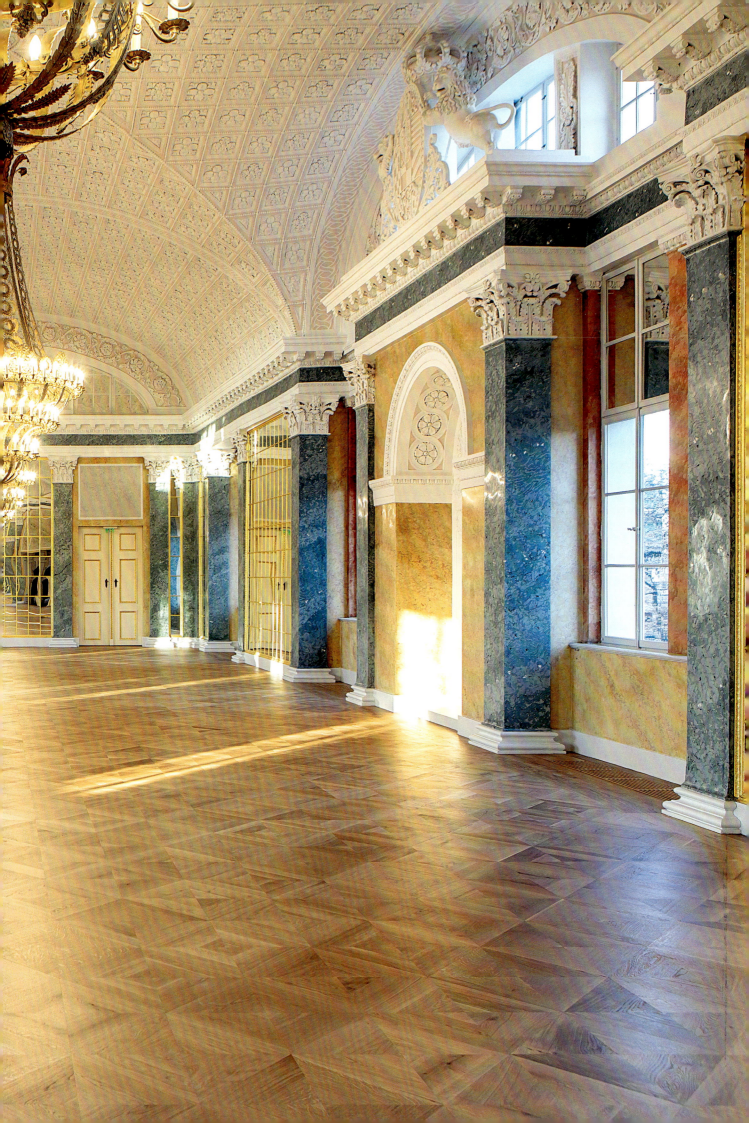

Die Moritzburg in Halle (Saale) als Zentraldepot für Kunst- und Kulturgut aus der Bodenreform

Ergebnisse eines Forschungsprojektes
zum Kulturgutentzug in der
Sowjetischen Besatzungszone und der DDR

von Jan Scheunemann
mit einem Beitrag von Andrea Himpel

Dr. Jan Scheunemann (Jg. 1973) studierte nach einer Berufsausbildung von 1995 bis 2000 Museologie an der Hochschule für Technik, Wirtschaft und Kultur Leipzig. Während des Studiums arbeitete er in Museen in Deutschland, England und Kanada. Ein Aufbaustudium in den Fächern Neueste Geschichte und Zeitgeschichte an der Universität Rostock und der McGill University Montreal schloss er 2008 mit einer Promotion zur Museumsgeschichte der DDR ab. Er war 2008 bis 2012 wissenschaftlicher Mitarbeiter bei der Stiftung Luthergedenkstätten in Sachsen-Anhalt sowie 2014 bis 2017 beim Landesamt für Denkmalpflege und Archäologie Sachsen-Anhalt. Seit 2018 ist er bei der Kulturstiftung Sachsen-Anhalt tätig. Zunächst für ein Forschungsprojekt zur Enteignung, Sicherstellung und Verwertung von Kunst- und Kulturgut aus der Bodenreform verantwortlich, leitet er seit 2022 das Sachgebiet Restitution.

Andrea Himpel (Jg. 1967) studierte Design an der Hochschule für industrielle Formgestaltung Halle – Burg Giebichenstein (Diplom 1991). Bis 1993 war sie als Designerin tätig und qualifizierte sich dann zur Gemälderestauratorin unter anderem am Landesamt für Denkmalpflege in Halle (Saale) und in der Staatlichen Galerie Moritzburg, dem heutigen Kunstmuseum Moritzburg Halle (Saale). Nach knapp zwei Jahrzehnten freiberuflicher Tätigkeit als Restauratorin ab dem Jahr 2003 arbeitet sie seit 2022 in der Kulturstiftung Sachsen-Anhalt im Bereich der vermögensrechtlichen Restitution von Kunst- und Kulturgütern.

Von September 2018 bis Januar 2022 führte die Kulturstiftung Sachsen-Anhalt in Kooperation mit dem Deutschen Zentrum Kulturgutverluste ein Grundlagenforschungsprojekt zum Kulturgutentzug in der Sowjetischen Besatzungszone (SBZ) und der Deutschen Demokratischen Republik (DDR) durch.[1] Die Fragestellung des Projektes richtete sich erstens auf die Sicherstellung und Bergung der im Zuge der Bodenreform ab September 1945 in enteigneten Schlössern und Gutshäusern auf dem Gebiet der Preußischen Provinz Sachsen (ab 1947 Land Sachsen-Anhalt) vorhandenen Kunstwerke; zweitens auf die Lagerung, Nutzung und kommerzielle Verwertung dieser Gegenstände in der Moritzburg in Halle (Saale) (Abb. 2); drittens auf die Rückübertragung an die rechtmäßigen Eigentümer nach der Vereinigung der beiden deutschen Staaten 1990.

Die hierzu unternommenen umfangreichen Recherchen erstreckten sich unter anderem über das Bundesarchiv Berlin, das Landesarchiv Sachsen-Anhalt, das Archiv des Kunstmuseums Moritzburg Halle (Saale), das Stadtarchiv Halle (Saale) sowie das Archiv der Bau- und Kunstdenkmalpflege im Landesamt für Denkmalpflege und Archäologie Sachsen-Anhalt.

Bodenreform in der Preußischen Provinz Sachsen / Land Sachsen-Anhalt

Die Durchführung einer Bodenreform war nach dem Ende des Zweiten Weltkrieges und der Aufteilung Deutschlands in vier Besatzungszonen von den Alliierten als Grundsatz der Entmilitarisierung und Demokratisierung diskutiert und auch beschlossen worden.[2] Im Kontext des Kalten Krieges entwickelte sich die Bodenreform allerdings zu einem „Konfliktfeld der Blockkonfrontation",[3] sodass man sie schließlich nur in der SBZ umsetzte. Die im Osten Deutschlands an die Macht strebende und von den sowjetischen Besatzern unterstützte Kommunistische Partei Deutschlands (KPD) hatte schon in einem am 11. Juni 1945 veröffentlichten Aufruf die „Enteignung des gesamten Vermögens der Nazibonzen und Kriegsverbrecher" sowie die „Liquidierung des Großgrundbesitzes, der großen Güter der Junker, Grafen und Fürsten und Übergabe ihres ganzen Grund und Bodens sowie des lebenden und toten Inventars an die Provinzial- bzw. Landesverwaltungen" gefordert.[4] Ende August 1945 drang die KPD dann mit einer Pressekampagne auf die Verwirklichung der Bodenreform, galt ihr diese doch als zentrales Instrument zur Überwindung

des Nationalsozialismus und zum Aufbau eines „antifaschistisch-demokratischen Deutschlands" (Abb. 3).

Die Preußische Provinz Sachsen besaß hierbei eine „Modellfunktion". Die KPD-Führung unter Walter Ulbricht hatte die Provinz ausgewählt, da sie hier mit den politischen Verhältnissen vertraut war und die Partei außerdem im industriell geprägten Ballungsraum Halle-Merseburg-Mansfeld-Eisleben über eine starke Position mit einem hohen Organisationsgrad der eigenen Mitglieder verfügte. Zudem war der Anteil an land- und forstwirtschaftlich genutzten Flächen, die sich im Eigentum des Großgrundbesitzes befanden, im Vergleich zu anderen Regionen in der SBZ überdurchschnittlich hoch. Schließlich erhoffte sich die KPD auch einen gewissen strategisch-organisatorischen Vorteil dadurch, dass große Teile der Provinz Sachsen erst im Juli 1945 infolge des Besatzungswechsels unter sowjetische Kontrolle gekommen waren und durch den damals erfolgten Zusammenschluss mit dem Land Anhalt ein neues Territorium mit einer neuen Verwaltungsstruktur entstanden war.[5]

Der von der KPD eingebrachte Entwurf einer „Verordnung über die Bodenreform" wurde am 3. September 1945 nach langen und kontroversen Auseinandersetzungen von den Mitgliedern des Präsidiums der Provinzialverwaltung der Provinz Sachsen angenommen und am darauffolgenden Tag veröffentlicht.[6] Die aufgrund dieser Verordnung vollzogene entschädigungslose Enteignung betraf 1) den Grundbesitz von Kriegsverbrechern und Kriegsschuldigen, 2) den Grundbesitz von Naziführern, aktiven Mitgliedern der NSDAP und ihrer Gliederungen sowie Personen, die während der Herrschaft des Nationalsozialismus Mitglied der Reichsregierung und des Reichstages waren, und schließlich 3) den Grundbesitz über 100 Hektar Fläche – unabhängig von der Frage, ob die Eigentümer in der Zeit des Nationalsozialismus politisch aktiv waren oder nicht.

Die Enteignung erstreckte sich allerdings nicht nur auf den Grundbesitz, sondern sie umfasste auch das gesamte landwirtschaftliche Vermögen und alle Gebäude mit dem darin befindlichen Inventar, darunter auch Kunstwerke wie Gemälde, Grafiken, Plastiken, Münzen, wertvolle Möbel und Geschirre, Teppiche, Bücher oder Archivalien (Abb. 4). In letzter Konsequenz zielte die als „demokratisch" bezeichnete Bodenreform darauf ab, den Großgrundbesitz und landsässigen Adel als politische Klasse zu beseitigen. Der dadurch entstandene ideelle, familien-, kultur- und landesgeschichtliche Schaden war enorm, da mit den Enteignungen nicht nur eine die Eigentumsverhältnisse verändernde, sondern auch eine politische, soziale und damit gesamtgesellschaftliche Umwälzung im Osten Deutschlands einherging.

In der Provinz Sachsen bzw. dem späteren Land Sachsen-Anhalt wurden bis 1949 insgesamt 3 040 Landgüter enteignet.[7] In über 2 200 Fällen gehörten dazu auch Schlösser und Gutshäuser, die zunächst mehrheitlich von den Truppen der Roten Armee besetzt oder zur Einquartierung von Flüchtlingen und Vertriebenen genutzt wurden. Später richtete man in den Gebäuden beispielsweise Schulen, Krankenhäuser, Kinder-, Jugend- und Erholungsheime ein oder überführte sie in die Rechtsträgerschaft bzw. Zuständigkeit von Parteien und Massenorganisationen. Obwohl ursprünglich ein Abriss eines großen Teils der Schlösser

und Gutshäuser beabsichtigt war, um die „Spuren der Junkerherrschaft" zur beseitigen, blieb die Mehrzahl erfreulicherweise erhalten: Nur drei Prozent wurden in Sachsen-Anhalt tatsächlich abgebrochen oder gesprengt.[8]

Sicherstellung und Bergung von Kunst- und Kulturgut
Inwieweit den Mitgliedern der Provinzialverwaltung bei der Ausarbeitung und Diskussion der Bodenreform-Verordnung bewusst war, dass sich in den enteigneten Schlössern und Gutshäusern auch Einrichtungs- und Kunstgegenstände sowie ganze Bibliotheken und Archive befanden, ist aus den herangezogenen Archivquellen nicht ersichtlich. Gesonderte Berücksichtigung fanden diese Kunst- und Kulturwerte in der Bodenreform-Verordnung nicht. Dennoch muss die Provinzialverwaltung schon kurz nach Beginn der Bodenreform auf die Schutzwürdigkeit dieser Gegenstände aufmerksam gemacht worden sein, denn bereits am 13. September 1945 gab der Präsident der Provinz Sachsen einen Erlass „Betr.: Sicherung von Kunst- und Kulturgut im Zuge der Bodenreform" heraus, der sich von der Prämisse leiten ließ: „Durch die Kriegsereignisse sind derart umfangreiche Verluste an Kunst- und Kulturgut eingetreten, daß weitere Minderungen unbedingt vermieden werden müssen." Der Erlass umfasste drei Punkte: „1. Im Interesse der Allgemeinheit wird das gesamte Kunst- und Kulturgut des enteigneten Großgrundbesitzes unter den besonderen Schutz der Provinz gestellt. 2. Gemälde, Skulpturen, sonstige Gegenstände der bildenden Kunst und des Kunsthandwerks (z. B. auch wertvolle Möbel), ferner Sammlungen aller Art, Büchereien und Archive, verbleiben bis auf weiteres an ihrem bisherigen Aufbewahrungsort, bis der Beauftragte des Präsidenten der Provinz weitere Anordnungen trifft. 3. Darüber hinaus werden einzelne Baulichkeiten in ihrem vollen Umfang mit ihrer gesamten Inneneinrichtung unter besonderen Schutz gestellt [...]."[9]

Die hier vorgenommene Eingrenzung dessen, was als Kunst- und Kulturgut anzusprechen war, sowie die Vorgabe, „einzelne Baulichkeiten" – das hieß in diesem Fall insgesamt 43 Schlösser und Gutshäuser – vollumfänglich unter Schutz zu stellen, machen deutlich, dass die Provinzialverwaltung von kompetenter Seite nicht nur über das Vorhandensein dieser Werte, sondern auch über die große Anzahl der in der Provinz Sachsen gelegenen und zu bewahrenden Gebäude unterrichtet worden war.

Offenbar ging die Initiative dazu – das legen verschiedene Dokumente nahe – von Hermann Wäscher (1887–1961) aus. Der gelernte Maurer und Steinmetz hatte Architektur studiert und war seit 1936 als Architekt der provinzialsächsischen Denkmalpflege angestellt. Durch seine berufliche Tätigkeit und sein wissenschaftliches Interesse an der Burgenforschung war Wäscher bestens mit der Kulturlandschaft des Harz-Saale-Gebietes vertraut.[10] Angesichts von Diebstählen, Plünderungen und Vandalismus muss ihm klar gewesen sein, was die Enteignung des Großgrundbesitzes bei gleichzeitiger Vertreibung oder Ausweisung der Eigentümer für das Schlossinventar, für Schlossbibliotheken und Adelsarchive bedeutete. Insofern erscheint es trotz der problematischen Quellenlage durchaus plausibel, wenn es im Jahr 1952 retrospektiv hieß, Wäscher habe „sofort nach Erlaß des Gesetzes der Bodenreform durch ein Schreiben an den damaligen Ministerpräsidenten auf das Kunst- und Kulturgut in den Schlössern hingewiesen und die Einleitung zu dieser Aktion selbst durchgeführt".[11]

Die Verantwortung für die Überprüfung der enteigneten Schlösser und Gutshäuser auf das Vorhandensein von Kunst- und Kulturgut sowie dessen Sicherstellung und spätere Bergung lag ab Herbst 1945 in Verantwortung der Dienststelle des Provinzial- bzw. Landeskonservators Wolf Schubert (1903–1977) in Halle (Saale).[12] Unterstützung erhielt er auf lokaler und regionaler Ebene von „sachverständigen Bevollmächtigten" bei den Volksbildungsämtern der Städte und Kreise – zumeist waren dies Archivare, Museumsleiter, ehrenamtliche Heimatforscher oder Denkmalpfleger, aber auch Pfarrer. Zusätzlich übernahm die für den gesamten Bildungssektor in der SBZ verantwortliche Deutsche Zentralverwaltung für Volksbildung (DZVV) eine kontrollierende Funktion gemäß den von der Sowjetischen Militäradministration (SMAD) erlassenen Befehlen. Dazu gehörte zunächst der SMAD-Befehl Nr. 85 vom 2. Oktober 1945, mit dem die DZVV den Auftrag erhalten hatte, für die Wiedereröffnung der Museen zu sorgen und diese nach der Beseitigung nationalsozialistischer und militaristischer Inhalte für die Bildungsarbeit zu nutzen. Zu diesem Zweck sollten die kriegsbedingt ausgelagerten Museumsbestände gesichert und in die Ausstellungshäuser zurückgeführt werden. Der Befehl ordnete außerdem an, eine „Erfassung aller erhalten gebliebenen Museumswerte und Museumsausstattungen der zentralen, örtlichen und herrenlosen Privatmuseen durchzuführen".[13]

Damit waren auch jene Kunst- und Kulturgüter angesprochen, die nach den Bodenreform-Enteignungen in den nun verlassenen oder anderweitig genutzten Schlössern und Gutshäusern zurückgeblieben waren, denn nichts Anderes meinte man mit „herrenlosen Privatmuseen". Diese „Schlossbergungen"[14] waren eine Sicherungsmaßnahme, die sich damals als notwendig, sinnvoll und richtig erwies, galt es doch, das neben den Immobilien faktisch mit enteignete Schlossinventar vor dem Zugriff Dritter zu schützen und so zumindest Bruchstücke der meist aus adliger Provenienz stammenden und bald als „Volkseigentum" deklarierten kulturellen Substanz vor weiterem Verlust zu bewahren.

Was mit den Kunst- und Kulturgütern aus den Schlössern und Gutshäusern geschehen sollte, hatte Befehl Nr. 85 vage vorgezeichnet, indem er anordnete, für die „herrenlosen" Wertgegenstände „Aufbewahrungsstellen" zu schaffen und von dort ihre Verteilung an die wieder zu eröffnenden Museen zu organisieren. Ein Eigentumsübergang an die Museen verband sich damit zunächst allerdings nicht. Provinzialkonservator Schubert sprach im November 1945 gegenüber dem Museumsreferenten der DZVV Gerhard Strauß (1908–1984) deshalb auch lediglich davon,

Abb. 2   Hofansicht der Moritzburg in Halle (Saale) Mitte der 1950er Jahre. Teile der Anlage wurden seit Beginn des 20. Jahrhunderts für die Sammlung und Ausstellung des 1885 gegründeten städtischen Museums für Kunst und Kunstgewerbe genutzt. Ab 1948 diente die Moritzburg auch als Zentraldepot für die Lagerung von Kunst- und Kulturgut aus der Bodenreform.

Abb. 3   „Junkerland in Bauernhand!" Plakat des Zentralkomitees der Kommunistischen Partei Deutschlands aus dem Jahr 1945. Die KPD propagierte in ihrer Bodenreformkampagne nicht nur die Änderung der ländlichen Besitzverhältnisse, sondern sie stigmatisierte die Großgrundbesitzer auch als „Unkraut", das es auszurotten galt.

Abb. 4   Innenaufnahme des sogenannten Gartensaals im Schloss Bodendorf (Altmark) mit Ahnengemälden und Möbeln, um 1915. Das Schloss befand sich bis zur Enteignung 1945 im Eigentum von Leopold Graf von der Schulenburg.

dass man die Kulturgüter aus der Bodenreform „in Obhut" genommen habe. „Der Ausdruck wurde gewählt, um endgültigen rechtlichen Regelungen nicht vorzugreifen. Da das von der Bodenreform betroffene Kulturgut gleichzeitig als herrenloses Gut anzusprechen ist, kann dessen Verbleib in der öffentlichen Hand als durchaus wahrscheinlich gelten", so Schubert.[15] Die rechtsverbindliche Übergabe der Bodenreformbestände an die Museen regelte der SMAD-Befehl Nr. 177 vom 18. Juni 1946. Eine detaillierte Handhabe hierzu bot eine am 3. Juli 1946 von der DZVV herausgegebene Richtlinie, die festlegte, in „die Sicherstellung bzw. Rückführung [...] auch solche Museen und Sammlungen mit einzubeziehen, die durch die Bodenreform freigeworden sind" und diese Gegenstände „Museumszwecken zuzuführen".[16]

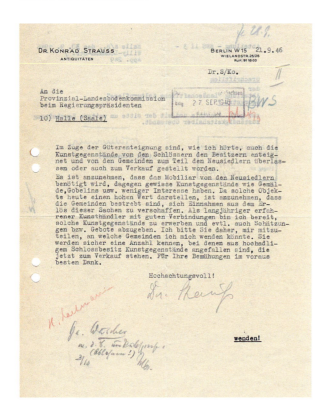

Abb. 5   Schreiben der Firma Dr. Konrad Strauss Antiquitäten Berlin an die Landesbodenkommission in Halle (Saale) vom 21. September 1946. Mit Beginn der Bodenreform versuchten Antiquitätenhändler auf dem Gebiet der sowjetischen Besatzungszone Kunst- und Einrichtungsgegenstände aus enteigneten Schlössern und Gutshäusern aufzukaufen.

Abb. 6   Ostseite der Moritzburg, vor 1945. Die Kellerräume im südöstlichen Rundturm der Moritzburg wurden ab 1948 zur Einlagerung von Gemälden und anderen Kunstgegenständen aus der Bodenreform genutzt. Als Vorteil erwies sich, dass diese Kellerräume von außen durch eine Tür zugänglich waren und es im Inneren des Rundturmes eine Wendeltreppe gab, über die man die oberen Etagen und den Hof der Moritzburg erreichen konnte.

Abb. 7   Auch die (hier ausgeräumten) unteren Gewölbe im Westflügel der Moritzburg wurden kurzzeitig für die Einlagerung von Bodenreformbeständen benutzt.

Trotz dieser legislativen Vorgaben vollzog sich die Sicherstellung und Bergung des „herrenlosen" Kunst- und Kulturgutes keineswegs zügig und problemlos. In den Archivquellen wird mehrfach über den Mangel an Personal, fehlende Transportmittel, knappen Kraftstoff und die schlechten Verkehrswege geklagt. Nicht selten verliefen Versuche zur Sicherung von Kulturgut „infolge ma[n]nigfacher Behinderung durch die russischen Besatzungstruppen resp[ektive]. ihre örtlichen unteren Instanzen nahezu erfolglos".[17] In einigen Fällen wurden Kunstgegenstände aus enteigneten Schlössern durch die Trophäenkommissionen abtransportiert. Gelegentlich kam es auch zu „wilden" Beschlagnahmungen durch lokale Bodenreformkommissionen oder zum Verkauf von Kunstobjekten an Privatpersonen. Auch umtriebigen Antiquitätenhändlern bot die Durchführung der Bodenreform Raum für vermeintlich lukrative Geschäfte. So wandte sich die in Berlin-Charlottenburg ansässige Firma „Dr. Konrad Strauss Antiquitäten" im September 1946 an die Landesbodenkommission in Halle (Saale), um dort Möglichkeiten für den Erwerb von Kunstgegenständen aus der Bodenreform zu erfragen (Abb. 5). Landeskonservator Schubert wies das Ankaufsgesuch barsch mit dem Hinweis zurück, dass ein Verkauf laut der gesetzlichen Bestimmungen verboten sei und fügte unmissverständlich hinzu: „Wenn trotzdem örtliche Vertreter der Vereinigung der gegenseitigen Bauernhilfe oder andere Stellen oder Einzelpersonen [...] Verkaufsangebote machen, sind die aus solchen Angeboten getätigten Verkäufe ungesetzlich und deshalb ungültig."[18] Um den Handel mit Kunstwerken aus der Bodenreform zu unterbinden, gab der Präsident der Provinz Sachsen am 14. Oktober 1946 einen weiteren Erlass heraus, der rigorose

Strafen ankündigte: „Werden im Kunsthandel Kunst- und Kulturgegenstände solcher Herkunft angetroffen, so ist das Geschäft sofort und bis zur Entscheidung durch die Provinzialverwaltung zu schließen."[19] Die Androhung von Geschäftsschließungen konnte sich freilich nur auf die SBZ beziehen, nicht aber auf Kunsthandlungen in den westlichen Sektoren von Berlin, die durch die offene Grenze erreichbar waren und sich insbesondere nach der Währungsreform am 20. Juni 1948 zu einem attraktiven Handelsplatz für Kunstwerke mit zweifelhafter Provenienz entwickelten. Dort gab es mehrere Kunsthändler, die mit ihren Geschäftsaktivitäten die Aufmerksamkeit der sowjetzonalen Behörden auf sich gezogen hatten. Eine undatierte, vermutlich 1948/49 erstellte Liste „verdächtige[r] Kunsthandlungen in Berlin" nannte die Geschäfte von Leo Spik (Kurfürstendamm), der Gebrüder Klewer (Kolonnenstraße), Konrad Strauß (Wilhelmstraße), Hermann Kühne (Eislebener Straße/Augsburger Straße) und Gerd Rosen (Kurfürstendamm).[20] Kurt Reutti (1900–1967), der als Leiter der „Zentralstelle zur Erfassung und Pflege von Kunstwerken" für die Rückführung der Berliner Museumsbestände verantwortlich war und sowohl bei Privatpersonen als auch in Kunsthandlungen mehrfach verdächtige Objekte aufgespürt hatte, warnte die DZVV deshalb im März 1949 davor, dass im West-Berliner Kunsthandel „in steigendem Masse Kunstwerke aus der Bodenreform aus den Ländern der Ostzone [...] angeboten werden, da die ausländischen Aufkäufer in Westberlin mit Westmark bezahlen und die Kunstwerke über die Luftbrücke abtransportiert werden".[21] Gänzlich verhindern ließen sich die gesetzeswidrige Entnahme und der Verlust von Schlossinventar nicht. Dennoch

konnte laut einer Erfolgsmeldung aus dem Land Sachsen-Anhalt vom Februar 1950 Kunst- und Kulturgut im Umfang von angeblich 1 133 Tonnen mit einem Gesamtwert von 15 Millionen Mark geborgen werden.[22] Die im Landesarchiv Sachsen-Anhalt vorliegenden Bergungsakten bilanzieren für den Zeitraum von September 1945 bis zum 1. Juli 1952 die Überprüfung von 817 Schlössern und Gutshäusern und die Sicherstellung unter anderem von circa 300 000 Büchern, 2 600 Möbeln und Möbelteilen, 9 500 kunsthandwerklichen Objekten und 7 800 Bildern.[23]

Die Moritzburg als Zentraldepot für Kunst- und Kulturgut aus der Bodenreform

Zum 1. April 1948 ging die bis dahin vom Landeskonservator verantwortete „Kulturgutbergung" in die Zuständigkeit des im Ministerium für Volksbildung, Kunst und Wissenschaft in Halle (Saale) neu eingerichteten Landesamtes für Naturschutz und Kulturpflege über. Damit verband sich auch eine Umlagerung der bisher im Landesmuseum für Vorgeschichte in Halle (Saale) sowie in lokalen Sammeldepots und Museen zusammengeführten Kulturwerte in die Moritzburg. Die Anlage war Ende des 15. Jahrhunderts von Erzbischof Ernst von Magdeburg als Residenz angelegt und von dessen Nachfolger Albrecht von Brandenburg am Beginn des 16. Jahrhunderts ausgebaut und erweitert worden. Im Dreißigjährigen Krieg teilweise zerstört und im 18. Jahrhundert militärisch genutzt, kam die Moritzburg 1852 in preußischen Staatsbesitz. Seit Beginn des 20. Jahrhunderts beherbergte sie die Sammlung des bereits 1885 in Halle (Saale) gegründeten Museums für Kunst und Kunstgewerbe.[24] Die nicht museal genutzten Gewölbe im

Westflügel sowie die unteren Etagen des südöstlichen Rundturmes hatten schon vor 1945 als „Denkmalskeller" zur Aufbewahrung von Kunstwerken und „althallische[n] Kostbarkeit[en]" gedient.[25] Mit hoher Wahrscheinlichkeit förderte das Vorhandensein dieser Räumlichkeiten den Entschluss der Landesregierung, hier ein zentrales Sammeldepot für die im Zuge der Bodenreform geborgenen Kunstgüter einzurichten.

Auch wenn die Begriffe „Sammeldepot" oder „Zentraldepot" in den archivalischen Quellen nie genannt werden, transportierte man ab 1948 Tausende Kunstwerke in die Moritzburg. Bei den Bodenreformdepots und dem von der Stadt getragenen Museum für Kunst und Kunstgewerbe handelte es sich zunächst allerdings um zwei räumlich, organisatorisch und eigentumsrechtlich voneinander getrennte Institutionen. Gleichwohl nahm aber auch das städtische Museum Kunstgut aus der Bodenreform auf. In einem konkreten Fall betraf dies wertvolle Danziger Möbel aus dem Gutshaus Bennstedt, die auf Wunsch der ausgewiesenen ehemaligen Besitzerin im Frühjahr 1946 in die „Obhut und Pflege" des Museums übernommen wurden, um sie so „vor der Vernichtung und wenigstens für die Öffentlichkeit zu retten", wie der kommissarische Direktor Erich Neuß (1899–1982) schrieb.[26]

Ab wann und in welchem Umfang die Kunstgegenstände aus der Bodenreform in die Ausstellungsarbeit des Moritzburg-Museums einbezogen wurden, lässt sich nicht exakt

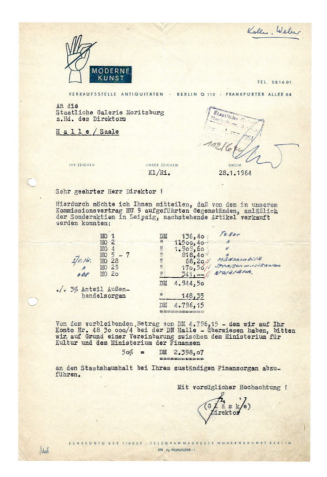

Abb. 8   Abrechnung des Volkseigenen Handelsbetriebes (VEH) „Moderne Kunst" für Kunstwerke, die die Staatliche Galerie Moritzburg im Dezember 1963 für einen Verkauf zur Verfügung gestellt hatte.

bestimmen. Im Zeitraum von 1908 bis 1933 hatte die Moritzburg insbesondere durch die Erwerbungen der Direktoren Max Sauerlandt (1880–1934), Paul Thiersch (1879–1928) und Alois Schardt (1889–1955) ein Sammlungsprofil gewonnen, mit dem sie zu einem der wichtigsten Museen für die Kunst der Moderne in Deutschland zählte.[27] Der erste Nachkriegsdirektor der Moritzburg Gerhard Händler (1906–1982) knüpfte ab November 1947 explizit an diese Tradition an, indem er versuchte, die durch die nationalsozialistische Beschlagnahmeaktion „Entartete Kunst" 1937 in die Sammlung gerissenen Lücken durch Ankäufe zu schließen, um das Museum „wieder zu einer Heimstätte lebender Kunst zu machen".[28] Bei einer Überprüfung der Moritzburg, die die DZVV im Auftrag der SMAD im Februar 1948 unternahm, stieß dieses Vorhaben allerding auf Ablehnung. Gerhard Strauß bemängelte das „etwas einseitige Museum" und drängte darauf, die Moritzburg in ein „kulturhistorisches Museum" umzuwandeln, das „gesellschaftskritisch zu dem Kunst- und Kulturgut aus der Bodenreform Stellung" beziehen sollte.[29]

Als Gerhard Händler dann im Oktober 1948 die Moritzburg mit einer neuen Ausstellung der Öffentlichkeit präsentierte, zog er damit erneut die Kritik der übergeordneten Kultur- und Parteiinstanzen auf sich. Gerhard Strauß monierte im Januar 1949 die vornehmlich nach „ästhetischen Gesichtspunkten" erfolgte Auswahl der Kunstwerke und vermisste eine Darstellung der „gesellschaftlichen Entwicklung".[30] Stefan Heymann (1896–1967), stellvertretender Leiter der Abteilung Parteischulung, Kultur und Erziehung im Zentralkomitee (ZK) der SED, fand das „Verhältnis zwischen expressionistischer, surrealer, abstrakter und ähnlich formalistischer Kunstrichtungen mit realistischen Künstlern [...] geradezu absurd" und war der Auffassung, dass „diese Art der Museumsgestaltung sofort beseitigt werden muss". Die Voraussetzungen dafür sah er vor allem durch die in der Moritzburg gesammelten Kunstwerke aus der Bodenreform gegeben, mit deren Hilfe es möglich sei, „ein mehr oder weniger lückenloses Bild der künstlerischen und allgemeinen Entwicklung der letzten 200 Jahre zu geben [...]. Das ganze Museum müsste aber auf eine neue Grundlage gestellt werden. Ob der jetzige Museumsleiter, Dr. Händler, diese Arbeit leisten kann, erscheint mir unwahrscheinlich", so Heymann.[31]

In der Tat, eine Diffamierung der Moderne als „bürgerliche Verfallskunst" konnte Gerhard Händler schwerlich mittragen.[32] Er verließ noch im Februar 1949 Halle (Saale) und ging in die westlichen Besatzungszonen. Zu dieser Zeit war die zentrale Magazinierung des Kunst- und Kulturguts aus der Bodenreform in der Moritzburg schon in vollem Gange. So wurden allein im Zeitraum von November 1948 bis Mai 1949 von dem nun für die Bergungsaktionen verantwortlichen Heinz Arno Knorr (1909–1996) insgesamt 2720 Gemälde in die Moritzburg verbracht und im „Kellerraum unter dem Rundsaal" eingelagert. (Abb. 6–7) Dazu gehörten allein 966 Bilder aus dem Bestand des Landeskonservators im Landesmuseum, 567 aus Schloss Stolberg, 295 aus Schloss Ostrau, 180 aus Schloss Beichlingen und 124 aus Schloss Wernigerode,[33] um nur die größten Positionen zu nennen. Da sich die unbeheizbaren Kellerräume für eine

Deponierung als ungeeignet erwiesen, fanden innerhalb der Moritzburg mehrere Umlagerungen statt. Ab Februar 1950 bewahrte man die Gemälde dauerhaft im Dachgeschoss des Talamts auf.

Die Zusammenfassung der Bodenreformbestände in der Moritzburg und die Absicht, diese für eine „volksbildende Auswertung" zu nutzen, begründeten die Einrichtung der „Landesgalerie Sachsen-Anhalt". Pläne dazu hatte es bereits seit Februar 1949 gegeben,[34] doch zog sich ihre Gründung bis zum April 1950 hin. Zu dieser Landesgalerie gehörten eine Gemäldegalerie, ein Grafisches und ein Münzkabinett in der Moritzburg sowie sechs Burgen und Schlösser (Falkenstein, Neuenburg, Saaleck, Wernigerode, Mosigkau und Wörlitz). Außerdem übernahm die Landesgalerie im Rahmen der ihr zugeordneten Landesmuseumspflege die fachliche Betreuung von 60 kommunalen Museen. Der Abteilung Bodenreform fiel die Bergung, Inventarisierung, Magazinierung und Verwertung des Kunst- und Kulturgutes zu. Damit waren die Voraussetzungen geschaffen, die bisher von Hilfskräften und einem freischaffenden Maler vorgenommene Magazinierung und Sortierung der Bodenreformbestände nun systematisch in sogenannten Ortslisten zu erfassen, in denen alle Objekte in alphabetischer Reihung der Herkunftsorte verzeichnet, beschrieben und mit einer Ortslisten-Inventarnummer versehen wurden. Diese Ortslisten, die nur für die Gemälde und das Kunsthandwerk vollständig erhalten sind, bilden zusammen mit den im Landesarchiv Sachsen-Anhalt vorliegenden Bergungsakten bis heute die wichtigste Quelle für die Provenienzforschung zu den Bodenreformbeständen der Kulturstiftung Sachsen-Anhalt.

Nach der im Juli 1952 vollzogenen Auflösung der Länder und der damit verbundenen territorialen Neugliederung der DDR in 14 Bezirke ging das nun als „Staatliche Galerie Moritzburg" bezeichnete Museum wieder in die Trägerschaft der Stadt Halle über. Auch wenn es weiterhin noch vereinzelte Transporte aus enteigneten Schlössern und Gutshäusern in die Moritzburg gab, galt die Bergung von Kunst- und Kulturgut aus der Bodenreform mit der im September 1952 erfolgten Übergabe einer entsprechenden Gesamtaufstellung an die Abteilung Kunst und kulturelle Massenarbeit im neu eingerichteten Rat des Bezirkes Halle als abgeschlossen.[35] Zu diesem Zeitpunkt befanden sich in der Moritzburg ausweislich der Ortslisten und Inventare 3 324 Gemälde, 4 226 kunsthandwerkliche Objekte, 28 Plastiken, 511 Möbel, 7 092 Grafiken und 10 861 Münzen und Medaillen aus der Bodenreform.[36]

Da auch das „Bodenreformgut" gemäß den 1953 vom Museumsbeirat der Bezirke Halle und Magdeburg herausgegebenen „Richtlinien für die Inventarisation in den Kreis- und Heimatmuseen" der „üblichen Inventarisierung" unterlag,[37] wurden Teile der bisher in den Ortslisten erfassten Kunstwerke nun in die Sammlungen des Moritzburg-Museums integriert und in die regulären Inventarbücher übernommen. Ausgewählt wurden hierzu jedoch nur solche Werke, die sich als „galeriefähig" erwiesen und in Dauer- oder Sonderausstellungen gezeigt werden konnten. Gleichgültig, ob man heute Ausstellungskataloge aus den 1950er oder aus den 1980er Jahren wie „Niederländische Maler

Abb. 9   Unbekannter Künstler, Anna Maria, Gräfin von der Schulenburg-Burgscheidungen geb. von der Asseburg-Falkenstein, um 1800. Öl auf Leinwand, 63 × 49 cm. Kulturstiftung Sachsen-Anhalt, Kunstmuseum Moritzburg Halle (Saale), Inv.-Nr. MOI01005. Das aus der Bodenreform stammende Gemälde wurde am 22. April 1964 für einen Verkauf an den VEH „Moderne Kunst" ausgewählt, verblieb aber aus unbekannten Gründen in der Moritzburg. Der Ankaufspreis sollte 170,50 DDR-Mark betragen.

des XVII. Jahrhunderts" (1954), „Schönes Glas" (1957), „Fayencen und Porzellane des Barock" (1984) oder „Der Mensch in der Landschaft" (1988/89) zur Hand nimmt – überall trifft man auf Sammlungsobjekte, deren Herkunft sich auf enteignete Schlösser und Gutshäuser zurückführen lässt.[38]

Verwertung und Vernichtung
von Kunst- und Kulturgut aus der Bodenreform

Qualitätvolle Kunstwerke aus der Bodenreform stellten also einerseits durchaus eine Bereicherung der originären Museumssammlungen dar. Andererseits belasteten die Bodenreformbestände aufgrund ihrer großen Menge die Depotkapazitäten der Moritzburg. Insofern bot die im November 1954 von der Abteilung Kultur beim Rat der Stadt Halle an den Moritzburgdirektor Otto Heinz Werner (1914–2000) erteilte Anweisung, „abgabefähige Depotbestände" zu veräußern,[39] eine willkommene Gelegenheit zur Aussonderung nicht museal verwendbarer Stücke. Grundlage für den in Archivquellen meist als „Absetzung" bezeichneten Vorgang bildete eine am 28. Oktober 1954 erlassene Anordnung des Ministeriums der Finanzen der DDR, die „zur Ausschöpfung aller [...] vorhandenen Reserven und zur Durchsetzung des Prinzips der strengsten Sparsamkeit" festlegte, nicht mehr genutzte „bewegliche Vermögensgegenstände" an „Bedarfsträger" im Bereich der staatlichen Verwaltung, der volkseigenen Wirtschaft oder an Parteien und Massenorganisationen gegen Erstattung des Zeitwertes abzugeben. Auch ein Verkauf an Privatpersonen war statthaft.[40] Wie sich einer im Landesarchiv Sachsen-Anhalt

überlieferten Verkaufsliste entnehmen lässt, waren hierzu unter anderem 2 712 kunsthandwerkliche Objekte aus den Bodenreformbeständen ausgesondert worden, hauptsächlich Porzellane und Gläser, aber auch Kleinkunst und Schmuck. Die auf der Liste mit Bleistift verzeichneten Verkaufspreise bewegten sich zwischen 0,50 Mark für eine schmale Vase mit Goldmalerei, 3,- Mark für einen Essteller KPM und 15,- Mark für eine chinesische Schale. Gläser wurden fast durchgängig mit Preisen zwischen 0,50 und 3,- Mark taxiert. Im „gehobenen" Preissegment findet man einen getriebenen und gravierten Bronzepokal für 25,- Mark, eine Kartoffelschüssel inklusive eines mit Putto verzierten Deckels für 75,- Mark oder eine Deckelvase mit Goldrand für 100,- Mark. Neben kunsthandwerklichen Objekten wurden des Weiteren 26 Möbelstücke und 32 Bilder verkauft oder getauscht. So erwarb der Direktor der Universitätskinderklinik in Halle Prof. Dr. Joseph Dieckhoff im Mai 1956 unter anderem 16 Gemälde zum Preis von insgesamt 1 695,- Mark. Bei den Bildern handelte es sich um Arbeiten mittlerer Qualität aus dem 17., 18. und 19. Jahrhundert, die allesamt aus Bodenreformbeständen entnommen worden waren.[41]

Auch der Staatliche Kunsthandel der DDR beteiligte sich am Geschäft mit enteigneten und in Museen verwahrten Kunstgegenständen. Im Jahr 1958 hatte in Kooperation mit dem Deutschen Innen- und Außenhandel – Kulturwaren – der staatlich organisierte und auf die Devisenerwirtschaftung ausgerichtete Export von Kunstwerken und Antiquitäten aus der DDR ins westliche Ausland begonnen. Nach Gründung des Volkseigenen Handelsbetriebes (VEH) „Moderne Kunst" am 1. Dezember 1962 erließ der Minister für Kultur der DDR Hans Bentzien eine als „Vertrauliche Dienstsache" gekennzeichnete „Anweisung über die Abgabe von Antiquitäten der bildenden Kunst, des Kunsthandwerks und der Numismatik durch die Museen der DDR an den Staatlichen Kunsthandel", die am 1. Oktober 1963 in Kraft trat.[42] Die Anweisung sah vor, dem Kunsthandel nur solche Sammlungsobjekte aus den Museen zum Verkauf anzubieten, die „von geringem kunsthistorischen Wert oder mehrfach vorhanden sind und nicht zum nationalen Kunstbesitz gerechnet werden." Die Auswahl der Stücke oblag zwar den Direktoren der Museen, die Ankaufspreise wurden allerdings vom Kunsthandel festgelegt.

Mit Hilfe einer bei der Ersterschließung des Archivbestandes des Kunstmuseums Moritzburg Halle (Saale) aufgefundenen umfangreichen Akte ließ sich detailliert rekonstruieren, in welchem Umfang Kunstwerke aus der Staatlichen Galerie Moritzburg an den VEH „Moderne Kunst" übergeben wurden (Abb. 8). Die erste Übergabe von 108 Tellern erfolgte am 4. Dezember 1963; die letzte fand am 21. Juni 1966 statt und umfasste 50 Gemälde und 63 Porzellane. Die Abrechnung und Rückführung unverkäuflicher Stücke zog sich bis zum Juli 1972 hin. Insgesamt gab die Staatliche Galerie Moritzburg 560 Einzelstücke auf Kommissionsbasis an den VEH „Moderne Kunst" ab, von denen man allerdings 62 als unverkäuflich zurückgab, sodass sich die Zahl der tatsächlich verkauften Stücke auf 498 beläuft; davon ließen sich 253 anhand der Inventarnummern eindeutig einer Bodenreform-Provenienz zuordnen. Bei vielen weiteren Stücken – insbesondere bei 120 Gemälden, die ohne Angabe der Inventarnummern zur Abgabe gelistet wurden – muss mit sehr hoher Wahrscheinlichkeit

ebenfalls eine Herkunft aus der Bodenreform angenommen werden. Die Stücke wurden vom VEH „Moderne Kunst" auf Auktionen versteigert oder auf anderen Wegen gegen Devisen an Kunst- und Antiquitätenhändler in der Bundesrepublik, in Belgien und in den Niederlanden verkauft. Die Moritzburg erhielt für ihre Verkäufe insgesamt 76 422,51 DDR-Mark, allerdings mussten davon 50 % an das Ministerium der Finanzen der DDR abgeführt werden (Abb. 9).[43]

Mit der im Januar 1973 im Bereich Kommerzielle Koordinierung gegründeten Kunst und Antiquitäten GmbH (KuA) entstand ein Außenhandelsunternehmen, dessen Tätigkeit anfangs ausschließlich darauf gerichtet war, die musealen Sammlungsbestände in der DDR für die Devisenbeschaffung zu nutzen. Eine Ministerratsverfügung vom 18. Januar 1973 führte dazu aus: „Aus dem staatlichen Fundus sind Antiquitäten und Museumsbestände für den Export in das NSW [Anm. d. Verf.: Nichtsozialistische Wirtschaftsgebiet] in Höhe von 55 Mio. VM [Anm. d. Verf.: Valutamark] [...] zur Verfügung zu stellen und dem Bereich Kommerzielle Koordinierung des Ministeriums für Außenwirtschaft zum Export anzubieten."[44] Der vom Ministerium für Kultur (MfK) für die Verkaufsaktion eingesetzte Joachim Mückenberger (1926–2020), damals Generaldirektor der Staatlichen Schlösser und Gärten Potsdam-Sanssouci, legte noch im Januar 1973 einen Soll-Plan für die Museen vor, der für den Bezirk Halle ein Verkaufsvolumen von sechs Millionen Mark auswies; davon hatte allein die Staatliche Galerie Moritzburg drei Millionen Mark zu erbringen.[45] Die Aktion stieß in zahlreichen Museen der DDR auf Unverständnis und zum Teil auch auf Widerstand. Im Bezirk Halle und speziell in der Moritzburg traten allerdings „[k]eine besonderen Probleme auf", da die an das Museum zurückfließenden Mittel für die Profilierung der Sammlung genutzt werden sollten.[46] Die Angebotsliste aus der Moritzburg lag dem Rat des Bezirkes am 19. März 1973 vor, wurde dort geprüft, dann an Mückenberger bzw. an das MfK weitergeleitet – und löste einen politischen Skandal aus. Die Wellen schlugen hoch, da die Liste an erster Position ein äußerst problematisches Werk enthielt: ein von Adolf Hitler gemaltes Aquarell mit einer Darstellung des Königlichen Hofbräuhauses in München, in dem am 20. Februar 1920 die NSDAP gegründet worden war.

Abb. 10   Vereinbarung zwischen der Staatlichen Galerie Moritzburg Halle und der Kunst und Antiquitäten GmbH vom 15. Juli 1982 über die Abgabe von 205 Gemälden und deren „Vertrieb in das NSW" (Nichtsozialistische Wirtschaftsgebiet). Laut der Vereinbarung sollten die erzielten Erlöse an die Moritzburg zurückfließen und zwar 50 % in Valutamark und 50 % in DDR-Mark.

Abb. 11   Absetzungsprotokoll vom 4. Juni 1962. In den Archiven der Kulturstiftung Sachsen-Anhalt haben sich zahlreiche Absetzungs- und Vernichtungsprotokolle erhalten. Allerdings wurden nicht alle Absetzungen und Vernichtungen protokolliert, sodass sich die Gesamtzahl der verlorenen bzw. zerstörten Kunstwerke nicht exakt bestimmen lässt.

Die Reaktionen aus dem MfK ließen nicht lange auf sich warten: Der für die Verkaufsaktion verantwortliche Mitarbeiter beim Rat des Bezirkes Halle wurde gemaßregelt und in einen Produktionsbetrieb strafversetzt. Wie Archivdokumente und Informationen in den Inventaren des Kunstmuseums Moritzburg Halle (Saale) belegen, war das Hitler-Aquarell bei einer Erstbergung im Juli 1946 in einem enteigneten Schloss in der Börde sichergestellt, zunächst in das Magdeburger Museum verbracht und dann vermutlich im Februar 1949 in die Moritzburg überführt worden. Der Eintrag des Hitler-Aquarells im Inventarbuch der Grafischen Sammlung ist auf den 16. November 1951 datiert und enthält den Herkunftsvermerk „V. E." für „Volkseigentum". Auch wenn die Verkaufsaktion der KuA aufgrund der kritischen Berichterstattung in der westdeutschen Presse von der DDR-Staatsführung Ende März 1973 abgebrochen wurde, entnahm man das Hitler-Aquarell aus der Sammlung der Moritzburg und brachte es über mehrere Umwege zum Verkauf.[47] Es befindet sich heute in amerikanischem Privatbesitz.

Erst im September 1979 unternahm die KuA einen neuen Anlauf, die Museen in den „internationalen Kunsthandel" einzubeziehen. In den Museen bestehe eine erhebliche Diskrepanz zwischen den für die Sicherung der Bestände und den baulichen Erhalt benötigten Mitteln und den „durch Bodenreform, Sequestrierung, Schenkung und Vermächtnisse stark angestiegenen Fundi", so die Begründung. Laut Einschätzung der KuA befand sich in den Museen der DDR ein „bewegliches Volksvermögen" im Wert von angeblich „ca. 200 Mrd. Mark".[48]

Auch die Moritzburg gehörte zu jenen Ausstellungshäusern, die sich an der „zusätzlichen Erwirtschaftung von Devisen aus dem NSW" zu beteiligten hatte. Moritzburg-Direktor Hermann Raum (1924–2010) veranlasste daraufhin eine Durchsicht der Sammlungsbestände, in deren Ergebnis im Mai 1981 eine Liste mit „Gemälde[n] zum Absetzen aus der Sammlung" vorlag; sie enthielt zunächst 235 Werke, wurde aber im Verlauf der Verkaufsverhandlungen mit der KuA auf 205 Werke reduziert.

Gemäldetitel wie „Christine Henriette Luise, Gräfin zu Stolberg, 1762", „Catharine Sophie von Münchhausen, geb. von Selmitz, 1730" oder „Dietrich Hermann von der Schulenburg, Ende 17. Jh." lassen erahnen, dass es sich dabei mehrheitlich um Ahnenbilder aus adligem Schlossbesitz handelte. Am 17. September 1981 wurden die Gemälde im Gotischen Gewölbe der Moritzburg bereitgestellt, dort von Mitarbeitern der KuA besichtigt und mit einem Gesamtpreis von 95 940,- Mark bewertet. Sowohl der Rat der Stadt Halle als Träger des Museums als auch das Ministerium für Kultur und die ihm nachgeordnete Kulturgutschutzkommission erteilten eine Freigabe.

Eine zwischen der Staatlichen Galerie Moritzburg und der KuA geschlossene Vereinbarung lag am 15. Juli 1982 vor (Abb. 10). Zu einem Verkauf der Bilder sollte es dennoch nicht kommen, denn der Leiter der Kulturabteilung des Rates des Bezirkes Halle meldete Bedenken an. Er verlangte vom Rat der Stadt Halle „prüfen zu lassen, ob es [sich] bei den angegebenen Werken um solche handelt, die nicht aus Bodenreform-Besitz stammen. Sollte sich Bodenreform-Gut darunter befinden, empfehle ich die Aussonderung aus der Liste, um der möglichen Erhebung von Besitzansprüchen durch die ehemaligen Eigentümer vorzubeugen".[49] Da 90 % der gelisteten Gemälde tatsächlich im Zuge der Bodenreform in die Galerie gekommen waren, stoppte man die Aushändigung an die KuA.

Der Verkauf von Kunstwerken aus der Bodenreform war nur eine Möglichkeit, sich dieser in vielerlei Hinsicht problematischen Bestände zu entledigen. In zeitlicher Parallelität zur verkaufsweisen Aussonderung von Museumsstücken lässt sich anhand von Archivdokumenten ein weiterer Vorgang beobachten, der wohl zu den dunkelsten Kapiteln in der Geschichte der Staatlichen Galerie Moritzburg gehört: die aktive Vernichtung von Kunstwerken.

Als Anfang der 1960er Jahre eine Neuinventarisierung des Gemäldebestandes der Moritzburg begann, verband sich damit auch die direktorale Anweisung, nicht inventarisierte Bilder „auf ihren künstlerischen und historischen Wert zu prüfen" und „Stücke ohne erkennbaren Wert [...] zu vernichten".[50] Im Blickpunkt standen dabei vor allem die im Dachgeschoss des Talamtes abgestellten „etwa 2–3 000 Gemälde" aus der Bodenreform, die bisher nur grob nach ihren Herkunftsorten erfasst worden waren und die man nun in drei Kategorien schied: 1) Gemälde, die sich für einen Verkauf eignen, 2) Gemälde, die aufgrund ihres historischen, kulturhistorischen oder genealogischen Wertes an andere Museen abzugeben waren, und 3) Gemälde ohne künstlerischen Wert, die „zur Vernichtung" bestimmt waren.

Wenn in diesem Zusammenhang von „riesigen Bildermengen aus der Bodenreform" die Rede ist,[51] so klingt in diesem Sprachgebrauch schon an, dass man diesen umfangreichen Bestand nun als „musealen Ballast" wahrnahm. Verstärkt wurde diese Haltung durch den teilweise schlechten Erhaltungszustand der Bilder, der eine museale Verwendung und weitere Aufbewahrung ausschloss.

So protokollierte man etwa am 4. Juni 1962 die Vernichtung von 43 Bildern (Abb. 11), die sich nach jahrelanger Lagerung im sogenannten Panzerkeller im Westflügel der Moritzburg-Ruine nur noch als „zusammengeschnürte

Packen Leinwände" zu erkennen gaben und „stark beschädigt [und] z. T. ohne ersichtliche Zeichnung" waren.[52]

Die zahlreich erhalten gebliebenen Absetzungs-, Abschreibungs-, Umsetzung-, Vernichtungs-, Übereignungs- und Tauschprotokolle aus den 1960er und 1970er Jahren dokumentieren jedoch nicht nur die Aussonderung von Objekte aus dem Bodenreformkontext. Auch Stücke aus dem originären Sammlungsbestand der Moritzburg waren davon betroffen. Beispielhaft lässt sich dies an der Absetzung von Möbeln zeigen.[53] So wurden am 10. März 1964 (Übereignungs-Protokoll Nr. 18) und am 15. April 1967 (Übereignungs-Protokoll Nr. 45) insgesamt 166 Möbelstücke an das Städtische Museum Moritzburg in Zeitz übereignet: 101 Stücke stammten aus der Bodenreform, 37 gehörten zum Altbestand der Moritzburg, 28 wiesen eine unbekannte Herkunft auf.[54] Ähnlich verhielt es sich mit der „Verfügung vom 1.5.1965". Mit ihr wurden Möbelstücke zur „Auswertung oder zum Tausch gegen andere museumswürdige Gegenstände freigegeben", die „stark beschädigt, wurmzernagt, zerfallen, nicht reparaturfähig" waren und demzufolge „keinen Museumswert" mehr besaßen. Eine entsprechende „Zusammenstellung" umfasste 182 Einzelstücke (darunter Schränke, Tische, Stühle, Sessel, Stand-, Wand- und Tischuhren, Spiegel, Wappen, Leuchter oder Blumenkübel), von denen sich 102 der Bodenreform, 26 dem „alten" Moritzburgbestand und 54 einer ungeklärten Herkunft zuordnen ließen.[55]

Die größte Vernichtungsaktion fand im Frühjahr 1966 statt. Das knappe Vollzugsprotokoll vermerkte dazu: „Die Sichtung der Bodenreformbestände an Gemälden auf dem

Abb. 12–14   Die bei Bauarbeiten 1992 geöffneten Dachschrägen im Talamt der Moritzburg enthielten Leinwandfragmente, Pastelle und Fotografien. Die „künstlerisch und kulturhistorisch wertlosen Bilder" stammten größtenteils aus der Bodenreform und waren dort Mitte der 1960er Jahre „eingelagert" worden, um die überfüllten Depots der Moritzburg zu entlasten. Durch eine Bergung und Notkonservierung konnten die Kunstwerke vor einem weiteren Verfall bewahrt werden.

Spitzboden wurde am 31. Mai [19]66 abgeschlossen. Von 1065 Gemälden wurden 898 vernichtet, da diese in keiner Weise musealen Bedingungen entsprachen und sich außerdem in äußerst schlechtem Zustand befanden."[56] Einen ungefähren Eindruck davon, wie die Vernichtung der Gemälde praktisch vollzogen wurde, gewinnt man bei der Lektüre von Dokumenten aus dem Archiv der Stasi-Unterlagen-Behörde. Überliefert ist darin ein Befragungsprotokoll, in dem eine Reinigungs- und Aufsichtskraft zehn Jahre nach der Vernichtungsaktion gegenüber der Volkspolizei darüber berichtete, „dass in der Galerie davon gesprochen wird, dass auf dem Spitzboden ältere Gemälde von früher, welche alte Offiziere und eine Art Ahnengalerie darstellten, vorhanden waren, welche vom Boden nach unten geworfen wurden und [die] man in der Heizung verbrannt habe".[57] Offenbar konnte man sich bei diesem Akt der Kunstgutvernichtung aber nicht dazu entschließen, alle Gemälde tatsächlich vollständig zu zerstören. Denn nach Aussagen des an der Vernichtung beteiligten Restaurators hatte man die „alten Gemäldeleinwände" vielmehr beim Einbau eines neuen Bibliothekszimmers im Dachgeschoss des Talamtes („Spitzboden") als „Auspolsterungsmaterial" benutzt, um damit den Fußboden unter den Dielenbrettern auszugleichen. Bei den „künstlerisch und kulturhistorisch wertlosen Bilder[n]" habe es sich um „Ahnendarstellungen aus Adelsfamilien oder um belanglose Landschaften ohne künstlerische Bedeutung" gehandelt, die „ohnehin ‚nur noch Makulaturwert' besessen" hätten, so die Stellungnahme des Restaurators im Juli 1973 gegenüber dem Direktor des Museums.[58]

Eine Vase wird zur Lampe und findet ihren rechtmäßigen Eigentümer

von Andrea Himpel

Die Kulturstiftung Sachsen-Anhalt beherbergt in ihren musealen Sammlungen unzählige wertvolle kunst- und kulturhistorische Objekte. Sie hat den Auftrag, diese Sammlungsbestände zu erhalten, der Öffentlichkeit zu vermitteln und deren Geschichte zu erforschen. Dazu gehört es auch, die Erwerbungszusammenhänge der Objekte zu klären und damit ihre Herkunft zu bestimmen, um Rechtssicherheit zu Eigentumsfragen zu erhalten. Diese Aufgabe fällt der Provenienzforschung zu. Dabei zeigt sich, dass politische Ereignisse und gesellschaftliche Umwälzungen in hohem Maße auch die Museen tangieren. So gelangten im Zuge der 1945 begonnenen Bodenreform aus enteigneten Schlössern und Gutshäusern große Mengen an Gemälden, Grafiken, kunsthandwerklichen Gegenständen, Münzen und Möbeln in die Sammlungen ostdeutscher Museen. Für Sachsen-Anhalt bzw. die ehemalige Provinz Sachsen bildete das in der Moritzburg in Halle (Saale) für Kunst- und Kulturgut aus der Bodenreform eingerichtete Zentraldepot einen Dreh- und Angelpunkt. Hier wurden die Objekte zusammengeführt, inventarisiert, für Ausstellungen benutzt, aber auch an andere Museen oder Institutionen verliehen, schlimmstenfalls „abgesetzt".

Nach der Vereinigung der beiden deutschen Staaten 1990 und dem Inkrafttreten des Entschädigungs- und Ausgleichsleistungsgesetzes (EALG) am 1. Dezember 1994[59] standen die Museen vor der Herausforderung, die enteigneten Kunstobjekte und Einrichtungsgegenstände zu identifizieren und an die rechtmäßigen Eigentümer zurückzugeben. Die Ausschlussfrist für etwaige Rückgabeanträge endete zwar bereits am 31. Mai 1995, doch sind aufgrund der großen Zahl von Anträgen und der mitunter verworreneren Objektverschiebungen noch immer nicht alle vermögensrechtlichen Verfahren abgeschlossen.

Für die ordnungsgemäße Rückübertragung der Objekte sind die in den einzelnen Bundesländern eingerichteten Ämter zur Reglung offener Vermögensfragen verantwortlich. Diese Ämter stellen zunächst die Berechtigung der Antragstellenden fest. Dazu ergeht ein Grundlagenbescheid. Danach folgt auf dem Wege eines Amtshilfeverfahrens ein Rechercheersuchen an die Museen. Allein im Kunstmuseum Moritzburg Halle (Saale) wurden seit 1995 insgesamt 135 Rechercheanfragen zu 185 Enteignungsorten bearbeitet. Die erste Rückgabe erfolgte 1996.

Zur Geschichte der Rückübertragung von Kunstwerken aus Bodenreformenteignungen gehört auch der Umstand, dass sich Betroffene schon vor dem Ende der DDR nach dem Vorhandensein von Kunstwerken aus ihren enteigneten Gütern erkundigten. So erhielt die Staatliche Galerie Moritzburg in Halle am 15. Juli 1990 einen Brief der Familie von Werder. Die Familie besaß bis zu ihrer entschädigungslosen Enteignung im Zuge der Bodenreform unter anderem das Rittergut Sagisdorf in Reideburg unweit von Halle (Saale). Der Brief betonte, welche Bedeutung die einst im Rittergut vorhandenen Kunstgegenstände für die eigene

| Abb. 15 | Unbekannter Künstler, vasenförmiges Gefäß, vermutlich Tibet, unbekannte Datierung. Bronze, Höhe: 31 cm. Derzeit: Kulturstiftung Sachsen-Anhalt, Kunstmuseum Moritzburg Halle (Saale), Inv.-Nr. O 32. Das Gefäß wurde vermutlich zu Beginn des 20. Jahrhunderts zu einer Schreibtischlampe umgearbeitet. |
| Abb. 16 | Die Unterseite der „Vase" zeigt den Aufkleber mit der „O"-Nr. und die Bleistiftbeschriftung „Moritzburg Reideburg". Die Löcher im Boden und im Standfuß wurden zur Elektrifizierung der Lampe eingebracht. |

Familiengeschichte besaßen. Der damalige Direktor des Museums Dr. Peter Romanus veranlasste daraufhin – auch wenn es zu dieser Zeit noch gar keine rechtliche Handhabe für eine Rückübertragung gab – Ermittlungen in den Sammlungen des Museums, die allerdings zu keinem Ergebnis führten. Erst nach Inkrafttreten des EALG konnten rechtlich gestützte Ermittlungen erfolgen. Das offizielle Rechercheersuchen zu verbrachten Objekten aus dem Gut Sagisdorf vom Landesamt zur Reglung offener Vermögensfragen ist auf den 17. März 1997 datiert.

Bei Nachforschungen im Stadtarchiv Halle fand sich ein Brief vom 20. April 1946, in dem es bezüglich des Rittergutes Sagisdorf hieß, „daß die Russen fast alles mitgenommen haben. Eines Tages waren sie gleich mit 10 Lastkraftwagen da und luden alles auf. Das wenige übrig gebliebene ist z. Zt. in einer Bodenkammer im Hause untergebracht [...]".[60]

Die im Landesarchiv Sachsen-Anhalt in Magdeburg überlieferten Bergungsakten gaben zwar Hinweise auf Objekte, die im Rittergut Sagisdorf sichergestellt und in das Zentraldepot nach Halle verbracht worden waren, doch konnten seinerzeit in den Sammlungen der Moritzburg keine Stücke ausfindig gemacht werden.

Die fortschreitende Inventarisierung und Digitalisierung der Bodenreformbestände deckt jedoch Fehlstellen in den Inventaren und Dokumentationsunterlagen auf und ermöglicht eine vertiefende, auf Einzelobjekte bezogene Provenienzforschung. Bei der Überprüfung eines Konvolutes von asiatischen Objekten geriet so ein vasenförmiger Gegenstand in den Fokus (Abb. 15). Die meisten Objekte des Konvolutes trugen einen kleinen und mit einem rotweiß gepunkteten Rand versehenen Aufkleber mit der

Bezeichnung „O" und einer Nummer (Abb. 16). War man bisher davon ausgegangen, dass sich hinter dem „O" ein Enteignungsort der Bodenreform verbarg, so konnte dieses Kürzel durch Vergleiche mit anderen Objektgruppen als „Ostasiatika" aufgelöst werden. Bei einer genauen Autopsie der „Vase" wurde zudem eine Bleistiftaufschrift entdeckt, die als „Reideburg" zu lesen war. Ferner fand sich im Landesarchiv Sachsen-Anhalt, Abt. Magdeburg, ein als „Bestandsaufnahme" bezeichnetes Dokument aus der Zeit um 1950, auf dem sich unter den in Sagisdorf sichergestellten Gegenständen auch eine „Lampe verarbeitet aus ostasiatischer Vase" befand.[61] Eine zweifelsfreie Zuordnung dieser elektrifizierten Vase gelang schließlich, als der Enkel des enteigneten Eigentümers ein Foto zur Verfügung stellte, das den Schreibtisch seines Großvaters mit dem zu einer Lampe umgearbeiteten Gefäß zeigt (Abb. 17). Mit einer solch erfolgreichen und rechtssicheren Beweisführung ist es im Idealfall letztendlich möglich, enteignete Objekte an die entsprechenden Eigentümer zu restituieren, sodass die Rückübertragung der „ostasiatischen Vase" auf Grundlage des EALG bei Drucklegung dieses Beitrages in die Wege geleitet wurde.

Abb. 17   Schreibtisch des Hans-Klaus von Werder auf einer undatierten Fotografie mit umgearbeiteter Lampe aus einer ostasiatischen Vase im Herrenzimmer des Gutes Sagisdorf.

Abb. 18   Restauratorin Andrea Himpel bei einer notkon-
servatorischen Behandlung der Malschicht eines
im Dachgeschoss des Talamtes der Moritzburg
geborgenen Gemäldes aus der Bodenreform.

Abb. 19   Unbekannter Künstler, Herrenporträt, 2. Hälfte
19. Jahrhundert. Öl auf Leinwand, 70 × 57 cm
(Fragment). Kulturstiftung Sachsen-Anhalt,
Kunstmuseum Moritzburg Halle (Saale), Bergungs-
nummer 425.
Das Gemälde wurde vermutlich 1966 aus dem
Spannrahmen herausgeschnitten und dann in
den Dachschrägen des Talamtes „eingelagert".
Im Februar 1992 geborgen und unter der Ber-
gungsnummer 425 registriert, erfolgte eine Notkonservierung, bei der das Gemälde gereinigt,
die Malschicht gefestigt und Risse gesichert
wurden. Auf der Rückseite befindet sich der
mit Kreide aufgebrachte Herkunftsvermerk
„Stendal". Eine Zuordnung zu einem konkreten
Enteignungsort war bisher nicht möglich.

Das „Erbe" der Bodenreform und die Rückübertragungen nach dem Entschädigungs- und Ausgleichsleistungsgesetz

Als im Februar 1992 Sanierungsarbeiten am Dach des Tal-amtes begannen, wurde das gesamte Ausmaß der Vernich-tungsaktion sichtbar. Beim Öffnen der Wandverkleidung an den Dachschrägen kamen dort 581 stark beschädigte Gemäldeeinwände zum Vorschein (Abb. 12–14)! Weitere Entdeckungen im Juli 1999 und im Februar 2000 summier-ten die Zahl der „Dachbodenfunde", darunter auch Aqua-relle, Pastelle, Grafiken und Fotos, auf über 1 400 Objekte. Man hatte die Gemälde mit grober Hand und einem Mes-ser aus den Spannrahmen herausgeschnitten und die teilweise auch herausgerissenen Leinwände nicht nur ge-knickt oder gerollt zwischen die Dachsparren geklemmt, sondern auch in einem offenbar nur für diesen Zweck im Bibliotheksraum eingebauten Fußbodenpodest „eingela-gert".[62] Viele Bilder waren nur noch fragmentarisch erhal-ten und stark verschmutzt. Die jahrzehntelange Einwirkung von Hitze, Kälte und Witterung hatten der Substanz zuge-setzt, die Malschichten waren in einigen Fällen in einem derartigen Maße zerstört, dass sich eine Wiederherstellung unmöglich gestaltete. Durch eine Umlagerung in ein provi-sorisches Depot und umfangreiche Maßnahmen zu einer Notkonservierung konnte aber zumindest der weitere Ver-fall der Bilder gestoppt werden (Abb. 18). Ferner erfolgte nunmehr die numerische Erfassung der Gemälde in Ber-gungslisten. Durch den Verlust der Schmuck- und Spann-rahmen waren allerdings wichtige Provenienzmerkmale verloren gegangen, sodass bisher nur bei circa 60 % der aufgefundenen Gemälde ein konkreter Enteignungsort bestimmt werden konnte. Darüber hinaus existieren meh-rere Gemälde-Konvolute, bei denen durch Umlagerungen oder Zweitverbindungen Hinweise auf den ursprünglichen Enteignungsort verwischt worden waren. Diese Gemälde tragen auf ihren Rückseiten mit Kreide oder Ölfarbe auf-gebrachte Herkunftsangaben wie „Stendal", „Kreismuseum Bitterfeld" oder „Weißenfels" (Abb. 19). Bei diesen Orten handelt es sich jedoch nicht um Enteignungsorte, sondern um lokale Sammeldepots oder Museen, aus denen die Gemälde erst in den 1950er Jahren in die Moritzburg ver-bracht worden waren.

Stand 1992 noch die Frage im Raum, wie mit den mehr-heitlich aus Bodenreformbeständen stammenden Gemäl-defragmenten weiter zu verfahren sei, so ergab sich mit dem am 1. Dezember 1994 in Kraft getretenen „Gesetz über die Entschädigung nach dem Gesetz zur Regelung offener Vermögensfragen und über staatliche Ausgleichsleistun-gen für Enteignungen auf besatzungsrechtlicher oder besatzungshoheitlicher Grundlage" (EALG),[63] eine vollkom-men neue Rechtslage. Schon nach dem Fall der Mauer im November 1989 und der sich im Sommer 1990 anbahnen-den Vereinigung der beiden deutschen Staaten sah sich die Moritzburg mit Rückgabeforderungen konfrontiert. Zu dieser Zeit war jedoch noch keineswegs absehbar, dass es je zu einer Rückgabe der 1945 enteigneten Kunstgegen-stände kommen würde. Denn die „Gemeinsame Erklärung der Regierungen der Bundesrepublik Deutschland und der Deutschen Demokratischen Republik zur Regelung offener

Vermögensfragen" vom 15. Juni 1990, die später Bestandteil des am 31. August 1990 unterzeichneten Einigungsvertrages wurde, hatte ganz im Gegenteil festgelegt, dass die entschädigungslosen Enteignungen im Zuge der Bodenreform nicht rückgängig gemacht werden sollten.[64] Dieser Rechtsgrundsatz fußte auf der bis heute kontrovers diskutierten Behauptung, die Sowjetunion habe ihre Zustimmung zur deutschen Einheit von der Unumkehrbarkeit der Bodenreformenteignungen abhängig gemacht.[65] Die „Gemeinsame Erklärung" enthielt allerdings auch einen Passus, wonach es einem künftigen gesamtdeutschen Parlament vorbehalten bleiben solle, eine abschließende Entscheidung über etwaige staatliche Ausgleichsleistungen zu treffen.

Das nach langer parlamentarischer Debatte vom Bundestag im September 1994 verabschiedete EALG umfasste als sogenanntes Artikelgesetz insgesamt zehn Gesetze bzw. Änderungsgesetze. Unter Artikel 2 erschien das „Gesetz über staatliche Ausgleichsleistungen für Enteignungen auf besatzungsrechtlicher oder besatzungshoheitlicher Grundlage, die nicht mehr rückgängig gemacht werden können" (AusglLeistG). Es sprach Personen, die zwischen 1945 und 1949 Vermögenswerte durch entschädigungslose Enteignung verloren hatten, Ausgleichsleistungen zu. Außerdem sollten gemäß AusglLeistG § 5, Abs. 1, „Bewegliche, nicht in einen Einheitswert einbezogene Sachen" zurückübertragen werden.[66] Mit „bewegliche Sachen" wurden jene Kunstgegenstände bezeichnet, die einst zur Ausstattung von Schlössern und Gutshäusern gehört hatten und gemäß der „Verordnung über die Bodenreform in der Provinz Sachsen" vom 3. September 1945 als „totes Inventar" mit enteignet worden waren.

Die Reaktionen auf das AusglLeistG in den Museen auf dem Gebiet der einstigen DDR spiegelten die Befürchtungen vieler Mitarbeiterinnen und Mitarbeiter, die

Ausstellungshäuser könnten nun große Teile ihrer Sammlungen verlieren, wider. Überregionale Tageszeitungen und Zeitschriften machten mit Überschriften wie „Adel verpflichtet. Ostdeutschen Museumsdirektoren flattern fast täglich Rückgabeanträge auf den Schreibtisch", „Verdorrt die ostdeutsche Museumslandschaft?" oder „Die Furcht der Galerien und Museen um ihre Schätze" die breite Öffentlichkeit auf das Problem aufmerksam.[67] Die ganz und gar nicht polemisch gemeinte Frage, ob den ostdeutschen Museen ein „schmerzhafter Aderlass" drohe,[68] verweist auf die Komplexitäten, die sich mit der Umsetzung des AusglLeistG ergaben.

Auf der einen Seite standen die Museen in den neuen Bundesländern, die sich Mitte der 1990er Jahre zahlreichen Herausforderungen gegenübersahen. Sie mussten sich in der gesamtdeutschen Kulturlandschaft etablieren, mit Ausstellungen auf sich aufmerksam machen und ihr Dasein mit möglichst hohen Besucherzahlen gegenüber ihren Trägern rechtfertigen. Hinzu kamen Personalabbau, Etatkürzungen und im Falle der Moritzburg auch der Umstand, dass aufgrund von Aus- und Umbaumaßnahmen große Teile der Sammlung verpackt werden mussten und durch die angespannte Depotsituation eine gezielte Suche nach einzelnen Gegenständen nur unter großem Zeitaufwand möglich war.

Auf der anderen Seite standen die Alteigentümer bzw. deren Erben, die mit der „Gemeinsamen Erklärung" das ihnen in der Bodenreform zugefügte Unrecht durch die Bundesregierung sanktioniert sahen und obendrein innerhalb einer Frist von lediglich sechs Monaten bis zum 31. Mai 1995 ihre Ansprüche geltend machen mussten. Zwischen diesen beiden Polen agierten schließlich die Ämter zur Regelung offener Vermögensfragen. Diese sahen sich einer Flut von Anträgen gegenüber und konnten nach umfangreichen

Recherchen zum Verbleib von Kunstgütern vielen Antragstellern in einem aufwendigen Verwaltungsverfahren oft erst nach Jahren überhaupt einen Bescheid über die Feststellung der Berechtigung zustellen. Das Landesamt zur Regelung offener Vermögensfragen Sachsen-Anhalt hat seit 1994 rund 400 Anträge auf Rückgabe „beweglicher Sachen" bearbeitet. Da sich die einstige Provinz Sachsen geografisch über die Landesgrenzen des 1990 gegründeten Landes Sachsen-Anhalt erstreckte, gingen in der Moritzburg auch Anfragen aus den Landesämtern in Thüringen, Sachsen und Brandenburg ein. Bisher wurden für die Sammlungen des Kunstmuseums Moritzburg Halle (Saale) 135 Rechercheanfragen zu 185 Enteignungsorten (Stand Dezember 2022) beantwortet und über 14 000 Einzelobjekte zurückübertragen. Dabei konnte anfangs das im AusglLeistG verankerte Nießbrauchrecht genutzt werden, das es Museen erlaubte, Kunstwerke für die Dauer von 20 Jahren bis zum 31. November 2014 weiterhin in ihren Ausstellungen zu zeigen. Zudem war es in einigen Fällen möglich, in das Eigentum der Anspruchsberechtigten zurückübertragene Stücke für das Museum zu erwerben. Die Diskrepanz zwischen der Anzahl jener Kunstgegenstände, die ab 1950 in den Bodenreform-Ortslisten erfasst wurden und jenen, die sich nach 1990 tatsächlich noch in den Sammlungen befanden, ließ sich aufgrund der nicht immer protokollierten „Absetzungen" zuweilen kaum schlüssig rekonstruieren. Überdies erschwerten die teils rudimentären Angaben in den Bergungsakten, falsche Zuordnungen in den Ortslisten sowie fehlende bzw. ungenaue Informationen in den Inventarbüchern die zweifelsfreie Identifizierung einzelner Kunstwerke. In einigen wenigen Fällen sah sich die Museumsleitung deshalb seitens der Antragsteller Vorwürfen der Verfahrensverzögerung oder der verweigerten Herausgabe von Kunstwerken ausgesetzt, die juristische Auseinandersetzungen nach sich zogen.

Die Bodenreform und ihre Folgen werden die Kulturstiftung Sachsen-Anhalt auch in den kommenden Jahren weiter beschäftigen – und dies nicht nur mit Blick auf den Erhalt der Kunstwerke, eine kontinuierlich weiterzuführende Provenienzforschung und die gesetzliche Verpflichtung zur Rückübertragung „beweglicher Sachen". Grundsätzlich stellt sich auch die Frage nach dem künftigen Umgang mit dem „Erbe" der Bodenreform und dessen Einbindung in die Ausstellungs-, Vermittlungs- und Öffentlichkeitsarbeit der Museen. So gehört zu den „Dachbodenfunden" auch die Fotografie einer Mutter mit ihren fünf Kindern, in der sich die ganze Tragik der Bodenreformenteignungen verdichtet (Abb. 20). Der beschädigte Rahmen und die zerbrochene Glasscheibe stehen dabei gleichsam für das Schicksal hunderter Familien, die durch die Enteignungen im Zuge der Bodenreform nicht nur ihren Besitz verloren, sondern denen man auch persönliche Familienerinnerungsstücke entrissen hatte. Die Provenienz der Aufnahme konnte bisher nicht geklärt werden und möglicherweise wird sich die Herkunft auch nie bestimmen lassen. Das Foto ist zugleich aber auch Teil der Sammlungsgeschichte des Kunstmuseums Moritzburg Halle (Saale). Insofern ist Provenienzforschung nicht nur als Voraussetzung dafür zu verstehen, Rechtssicherheit herzustellen und Restitutionen zu ermöglichen. Sie ist im Sinne von Hellmut Th. Seemann, dem ehemaligen Präsidenten der Klassik Stiftung Weimar, auch Erinnerungsarbeit und als solche unabschließbar, weil sie Spuren des Unrechts in unseren Sammlungen sichtbar macht.[69] Das trifft ohne Zweifel auch auf den Kulturgutentzug in der SBZ und DDR zu.

Abb. 20   Fotografie mit unbekannter Herkunft, um 1930. Zu den sogenannten Dachbodenfunden gehören auch über 200 Fotografien, die Personen, Orte oder Ereignissen zeigen. In den meisten Fällen wurden die Rahmen absichtlich entfernt. Da damit auch die Fotorückwände, auf denen oft die abgebildeten Personen namentlich genannt werden, verloren gingen, ist heute eine Zuordnung zu einer konkreten Familie oder einem Herkunftsort kaum mehr möglich.

1 Kurz zusammengefasst bei: Jan Scheunemann, Kunstmuseum Moritzburg Halle (Saale): Provenienzforschungsprojekt zur Moritzburg als Zentraldepot für Kunst- und Kulturgut aus der Bodenreform, in: Christian Philipsen/Eike Henning Michl (Hrsg.), Kulturstiftung Sachsen-Anhalt. Jahrbuch 2019, Gommern 2020, S. 162 f.

2 Ulrich Enders, Die Bodenreform in den westlichen Besatzungszonen Deutschlands 1945–1949, in: Arnd Bauerkämper (Hrsg.), „Junkerland in Bauernhand"? Durchführung, Auswirkungen und Stellenwert der Bodenreform in der Sowjetischen Besatzungszone. Historische Mitteilungen. Beiheft 20, Stuttgart 1996, S. 169–180, hier S. 171.

3 Arnd Bauerkämper, Die Bodenreform in der Sowjetischen Besatzungszone in vergleichender und beziehungsgeschichtlicher Perspektive, in: Arnd Bauerkämper (Hrsg.), „Junkerland in Bauernhand"? Durchführung, Auswirkungen und Stellenwert der Bodenreform in der Sowjetischen Besatzungszone. Historische Mitteilungen. Beiheft 20, Stuttgart 1996, S. 7–19, hier S. 11.

4 Aufruf des Zentralkomitees der Kommunistischen Partei Deutschlands an das deutsche Volk zum Aufbau eines antifaschistisch-demokratischen Deutschlands vom 11. Juni 1945, in: Ministerium für Auswärtige Angelegenheiten der DDR/Ministerium für Auswärtige Angelegenheiten der UdSSR (Hrsg.), Um ein antifaschistisch-demokratisches Deutschland. Dokumente aus den Jahren 1945–1949, [Ost-]Berlin 1968, S. 56–63, hier S. 62.

5 Manfred Wille, Die Verabschiedung der Verordnung über die Bodenreform in der Provinz Sachsen, in: Arnd Bauerkämper (Hrsg.), „Junkerland in Bauernhand"? Durchführung, Auswirkungen und Stellenwert der Bodenreform in der Sowjetischen Besatzungszone. Historische Mitteilungen. Beiheft 20, Stuttgart 1996, S. 87–102, hier S. 87 f.

6 Verordnung über die Bodenreform in der Provinz Sachsen, in: Volks-Zeitung vom 4. September, 1945, S. 1 f.

7 Landesarchiv Sachsen-Anhalt [künftig: LASA], Abt. Magdeburg, K 3, Nr. 8385, Aufstellung des Ministeriums der Finanzen Sachsen-Anhalt über die Verwertung der aus der Bodenreform anfallenden Objekte vom 19. November 1949.

8 Konrad Breitenborn/Manfred Wille, „Fort mit der Junkerherrschaft!" Die Bodenreform in Sachsen-Anhalt, in: Rüdiger Fikenscher/Boje Schmuhl/Konrad Breitenborn (Hrsg.), Die Bodenreform in Sachsen-Anhalt. Durchführung – Zeitzeugen – Folgen, Halle (Saale) 1999, S. 19–74, hier S. 73 f.

9 Betr.: Sicherung wertvollen Kunstgutes im Rahmen der Bodenreform, in: Verordnungsblatt für die Provinz Sachsen 1, 1945, S. 34.

10 Hans-Joachim Mrusek, Herrmann Wäscher und die Burgenforschung, in: Irene Roch (Hrsg.), Beiträge zur Burgenforschung. Hermann Wäscher zum 100. Geburtstag, Halle (Saale) 1989, S. 9–24. – Hans Berger, Hermann Wäscher und die Denkmalpflege, in: Irene Roch (Hrsg.), Beiträge zur Burgenforschung. Hermann Wäscher zum 100. Geburtstag, Halle (Saale) 1989, S. 25–32. – Dirk Höhne, Wäscher, Hermann, in: Andreas Beyer/Bénédicte Savoy/Wolf Tegethoff (Hrsg.), De Gruyter allgemeines Künstlerlexikon. Die bildenden Künstler aller Zeiten und Völker 114. Voigt, Eberhard – Wang, Gongyi, Berlin/Boston 2022, S. 289 f.

11 LASA, Abt. Magdeburg, K 10, Nr. 7448, Bl. 74–75, hier Bl. 74, Schreiben von Heinz A. Knorr (Leiter der Staatlichen Galerie Moritzburg) an die Staatliche Kommission für Kunstangelegenheiten, Referat Bildende Kunst vom 10. November 1952, betr.: Einzelvertrag des Architekten Hermann Wäscher in Halle (S.). Das von Knorr erwähnte Schreiben von Hermann Wäscher an Ministerpräsident Erhard Hübener konnte trotz intensiven Recherchen im Bestand LASA, Abt. Magdeburg, Land Sachsen-Anhalt (1945–1952)/Ministerpräsident, K 2, nicht aufgefunden werden.

12 Grundlegend für die Erforschung der „Kulturgutbergung" im Zuge der Bodenreform und das diesbezügliche Wirken von Wolf Schubert sind: Konrad Breitenborn, „Eigentum des Volkes" – Kunst- und Kulturgutenteignung durch die Bodenreform, in: Rüdiger Fikenscher/Boje Schmuhl/Konrad Breitenborn (Hrsg.), Die Bodenreform in Sachsen-Anhalt. Durchführung – Zeitzeugen – Folgen, Halle (Saale) 1999, S. 117–152. – Boje Schmuhl/Konrad Breitenborn (Hrsg.), Eigentum des Volkes. Schloss Wernigerode. Depot für enteignetes Kunst- und Kulturgut, Halle (Saale) 1999.

13 Befehl Nr. 85 des Obersten Chefs der SMAD über die Erfassung und den Schutz der Museumswerte und die Wiedereröffnung und Tätigkeit der Museen vom 2.10.1945, in: Ministerium für Auswärtige Angelegenheiten der DDR/Ministerium für Auwärtige Angelegenheiten der UdSSR (Hrsg.), Um ein antifaschistisch-demokratisches Deutschland. Dokumente aus den Jahren 1945–1949, [Ost-]Berlin 1968, S. 165–167.

14 Der Begriff „Schlossbergung" wurde vor allem im Land Sachsen verwendet. Siehe dazu: Thomas Rudert/Gilbert Lupfer, Die so genannte „Schlossbergung" als Teil der Bodenreform 1945/46, in: Museumskunde 73, 2008, S. 57–64. – Thomas Rudert/Gilbert Lupfer, Die „Schlossbergung" in Sachsen als Teil der Bodenreform 1945/46 und die Staatlichen Kunstsammlungen Dresden, in: Dresdener Kunstblätter 56/2, 2012, S. 114–122.

15 Bundesarchiv Berlin [künftig: BArch Berlin], DR 2/1025, Bl. 23 f., Aktennotiz Gerhard Strauss (DZVV) vom 30. November 1945.

16 Richtlinie der Deutschen Zentralverwaltung für Volksbildung zum SMAD-Befehl Nr. 177 vom 18. Juni 1946 über die Rückführung der Museumswerte und die Wiedereröffnung der Museen vom 3. Juli 1946, in: Ministerium für Auswärtige Angelegenheiten der DDR/Ministerium für Auswärtige Angelegenheiten der UdSSR, (Hrsg.), Um ein antifaschistisch-demokratisches Deutschland. Dokumente aus den Jahren 1945–1949, [Ost-]Berlin 1968, S. 293–297, hier S. 295 f.

17 LASA, Abt. Magdeburg, K 10, Nr. 7446, Bl. 300–301, hier Bl. 300, Schreiben von Wolf Schubert (Provinzialkonservator) an Robert Siewert (1. Vizepräsident der Provinz Sachsen) vom 1. November 1945, betr.: Schwierigkeiten bei der Durchführung des Befehls Nr. 85 des Chefs der Sowjetischen Militärischen Administration (Berlin, 2.10.1945).

18 Kulturstiftung Sachsen-Anhalt, Archiv Kunstmuseum Moritzburg Halle (Saale) [künftig: KST/AKM], Altakten, Nr. 80, Schreiben von Wolf Schubert an Konrad Strauss vom 11. Oktober 1946.

19 KST/AKM, Altakten, Nr. 32, Erlass vom 14. Oktober 1946, betr.: Bodenreform – Veräußerung von Kunst- und Kulturgut.

20 LASA, Abt. Magdeburg, K 10, Nr. 7447, Bl. 40, Verdächtige Kunsthandlungen in Berlin, undatiert [1948/49].

21 Geheimes Staatsarchiv Preußischer Kulturbesitz, VI. HA, NL Kurt Reutti, Nr. 6, Bl. 102–105, hier Bl. 103 v, Schreiben von Kurt Reutti (Referat Rückführung von Kunstgütern) an Gerhard Strauss (DZVV) vom 10. März 1949, betr.: Sicherung herrenlosen Kunst- und Kulturgut.

22 BArch Berlin, DR 2/1125, Bl. 62, Schreiben von Gerhard Strauß (DZVV, Abt. Kunst und Literatur) an Minister Paul Wandel vom 6. Februar 1950.

23 LASA, Abt. Magdeburg, K 10, Nr. 7426, Bl. 4, Gesamtaufstellung über das geborgene Kunst- und Kulturgut aus der Bodenreform im ehemaligen Land Sachsen-Anhalt, undatiert [1952].

24 Eine gute Einführung in die Geschichte und Nutzung der Moritzburg bieten die Beiträge im Sammelband: Michael Rockmann (Hrsg.), Ein „höchst stattliches Bauwerk". Die Moritzburg in der hallischen Stadtgeschichte 1503–2003. Forschungen zur hallischen Stadtgeschichte 5, Halle (Saale) 2004.

25 KST/AKM, Altakten, Nr. 63, Schreiben von Erich Neuß vom 23. Mai 1946, betr.: Sportinstitut der Universität in der Moritzburg/Vermerk nach Vortrag in der Referentenbesprechung des Volksbildungsamtes am 20. Mai 1946.

26 LASA, Abt. Magdeburg, K 10, Nr. 45, Bl. 377, Schreiben von Erich Neuß (Städtisches Museum für Kunst und Kunstgewerbe Halle) an Wolf Schubert (Landeskonservator) vom 30. März 1946. – Ebd., Schreiben von Mertens (Magistrat der Stadt Halle) an den Amtsvorsteher Eckert (Bennstedt) vom 14. Mai 1946, betr.: Kulturgüter aus Bennstedt.

27 Zur Sammlungsgeschichte des heutigen Kunstmuseums Moritzburg Halle (Saale) allgemein: Andreas Hüneke, Das schöpferische Museum. Eine Dokumentation zur Geschichte der Sammlung moderner Kunst. 1908–1949, Halle (Saale) 2005. – Christian Philipsen/Thomas Bauer-Friedrich (Hrsg.), Bauhaus Meister Moderne. Das Comeback. Schriften für das Kunstmuseum Moritzburg Halle (Saale) 20, Leipzig 2019.

28 KST/AKM, Altakten, Nr. 75, Schreiben von Gerhard Händler (Moritzburg) an Alice Sauerland (Hamburg) vom 23. Februar 1948.

29 LASA, Abt. Magdeburg, K 10, Nr. 7, Bl. 305–307, hier Bl. 305, Aktennotiz vom 16. Februar 1948, betr.: Museumsüberprüfung der Stadt Halle am 11. und 12.2.1948 durch Herrn Dr. Strauß von der Deutschen Verwaltung für Volksbildung und Herrn Prof. Stengel Berlin.

30 KST/AKM, Altakten, Nr. 85, Schreiben von Gerhard Strauss (DZVV) an Ludwig Einicke (Ministerium für Volksbildung Halle) vom 25. Januar 1949, betr.: Moritzburgmuseum/Giebichenstein [Abschrift].

31 LASA, Abt. Merseburg, P 515, Nr. 614, Bl. 4, Bericht über die Moritzburg in Halle/S. vom 10. Februar 1949, gez. Heymann [Abschrift]. Zur Auseinandersetzung um die von Gerhard Händler im Oktober 1949 in der Moritzburg eröffnete Ausstellung und die beabsichtigte Berücksichtigung „älterer Kunst" aus den im Zuge der Bodenreform enteigneten Schlössern und Herrenhäusern siehe: Maike Steinkamp, Das unerwünschte Erbe. Die Rezeption „entarteter" Kunst in Kunstkritik, Ausstellungen und Museen der SBZ und frühen DDR. Schriften der Forschungsstelle „Entartete Kunst" 2, Berlin 2008, S. 209–225.

32 Nachlass Gerhard Händler, Mühlheim, Bericht von Gerhard Händler vom 21. Januar 1949.

33 KST/AKM, Altakten, Nr. 32, Schreiben von Wilhelm Götz (Landesamt für Naturschutz und Kulturpflege, Halle) an Ludwig Einicke (Ministerium für Volksbildung, Kunst und Wissenschaft, Halle) vom 7. Juni 1949. – LASA, Abt. Magdeburg, K 10, Nr. 7447, Bl. 58, Schreiben von Heinz Arno Knorr (Landesamt für Naturschutz und Kulturpflege, Halle) an das Moritzburgmuseum Halle vom 10. Juni 1949. – LASA, Abt. Magdeburg, K 10, Nr. 7439, Bl. 172, Schreiben von Wilhelm Götz (Landesamt für Naturschutz und Kulturpflege) an das Moritzburgmuseum Halle vom 22. November 1948, betr.: Einlagerung der Bilder aus Schloss Wernigerode.

34 KST/AKM, Altakten, Nr. 85, Schreiben von Wilhelm Götz (Landesamt für Naturschutz und Kulturpflege) an die Deutsche Wirtschaftskommission vom 18. Februar 1949, betr.: Genehmigung eines Stellenplanes für die Landesgalerie Sachsen-Anhalt.

35 KST/AKM, Altakten, Nr. 87, Schreiben von Heinz Arno Knorr (Staatliche Galerie Moritzburg) an den Rat des Bezirkes Halle, Abt. Kunst und kulturelle Massenarbeit vom 5. September 1952, betr.: Übergabe der Kataloge (Gesamtaufstellung) über das geborgene Kunst- und Kulturgut aus der Bodenreform im ehemaligen Land Sachsen-Anhalt.

36 Die Zahlen stammen aus der Auswertung von: KST/AKM, Ordner Bestandserfassung, Ortslisten Gemälde (2. Bd.) Sachgebiet Restitution; Ortslisten Kunsthandwerk (2 Bd.) Kunstmuseum Moritzburg Halle (Saale), Sammlung Münzen und Kunsthandwerk; Bestandsaufnahme Sammlungen Stiftung Moritzburg vom 7. April 2004.

37 Privatarchiv Jan Scheunenmann, Nachlass Heinz Arno Knorr, Richtlinien für die Inventarisation in den Kreis- und Heimatmuseen vorgeschlagen vom Museumsbeirat der Bez. Halle und Magdeburg, 1953.

38 Staatliche Galerie Moritzburg Halle (Hrsg.), Katalog zur Ausstellung niederländischer Maler des XVII. Jahrhunderts, Halle (Saale) 1954. – Otto Heinz Werner, Schönes Glas in der Moritzburg zu Halle. Schriftenreihe der Staatlichen Galerie Moritzburg in Halle 11, Halle (Saale) 1957. – Staatliche Galerie Moritzburg Halle (Hrsg.), Fayencen und Porzellane des Barock aus den Sammlungen der Staatlichen Galerie Moritzburg Halle, Halle (Saale) 1984. – Staatliche Galerie Moritzburg Halle (Hrsg.), Der Mensch in der Landschaft. Malerei und Grafik vom 17. bis 20. Jahrhundert aus eigenen Beständen, Halle (Saale) 1988.

39 Die Aufforderung wurde im Juni 1955 mit der Begründung wiederholt, durch den Erlös einen Beitrag zur Finanzierung der kulturellen Einrichtungen der Stadt leisten zu können: Stadtarchiv Halle [künftig: StA Halle], A 3.21, Nr. 138, Schreiben vom Rat der Stadt Halle, Abteilung Finanzen, an den Rat des Bezirkes, Abt. Kultur, vom 24. Juni 1955, betr.: Einnahmefestsetzung für die Staatliche Galerie Moritzburg in Halle.

40 Anordnung über die Abgabe und den Verkauf beweglicher Vermögensgegenstände durch Organe der staatlichen Verwaltung und deren Einrichtungen vom 28.10.1954, in: Zentralblatt der DDR 145 vom 13. November, 1954, S. 544 f.

41 KST/AKM, Schriftwechsel Gemäldesammlung 1955/1956. Rechnung für Prof. Dr. Dieckhoff vom 19. Mai 1956.

42 Archiv Staatliche Kunstsammlungen Dresden, Generaldirektion 02/GD, Nr. 460, Anweisung über die Abgabe von Antiquitäten der bildenden Kunst, des Kunsthandwerks und der Numismatik durch die Museen der DDR an den Staatlichen Kunsthandel vom 1. Oktober 1963.

43 Kulturstiftung Sachsen-Anhalt, Archiv Sachgebiet Restitution [künftig: KST/ASR], Akte „Kommissionsverträge VEH Moderne Kunst".

44 BArch Berlin, DR 1/9018, Bl. 178–181, hier Bl. 178, Verfügung Nr. 4/73 vom 18. Januar 1973. Zur Gründung der KuA siehe auch: Ulf Bischof, Die Kunst und Antiquitäten GmbH im Bereich Kommerzielle Koordinierung, Berlin 2003, S. 73–82.

45 BArch Berlin, DR 1/9018, Bl. 162–168, Aufgabenstellung für die Museen vom 22. Januar 1973, gez. Joachim Mückenberger (Bevollmächtigter) und Wilfried Maaß (stellv. Minister für Kultur).

46 BArch Berlin, DR 1/9018, Bl. 98–103, hier Bl. 103, Unbezeichneter Bericht von Joachim Mückenberger über den Verlauf der Verkaufsaktion, undatiert [März 1973].

47 Zum Thema: Jan Scheunemann, Geschäfte mit Museumsstücken aus der DDR auf dem internationalen Kunst- und Antiquitätenmarkt, in: Mathias Deinert/Uwe Hartmann/Gilbert Lupfer (Hrsg.), Enteignet, entzogen, verkauft. Zur Aufarbeitung der Kulturgutverluste in der SBZ und DDR. Provenire – Schriftenreihe des Deutschen Zentrums Kulturgutverluste 3, Berlin/Boston 2022, S. 201–210.

48 BArch Berlin, DL 201/1745, Mitteilung von Joachim Farken (KuA) an Manfred Seidel vom 11. September 1979, betr.: Verkauf von Kunstgegenständen aus den Museen und Staatlichen Sammlungen der DDR in das NSW.

49 KST/ASR, Mappe „Aussonderung GmbH", Schreiben von Günther Kuhbach (Mitglied des Rates für Kultur beim Rat des Bezirkes Halle) an Isolde Schubert (Rat der Stadt Halle, Abt. Kultur) vom 9. November 1982 [Kopie, Unterstreichungen im Original].

50 KST/ASR, Ordner „Listen Dr. Speer", Anweisung über den Abschluss der Inventarisierungsarbeiten in der Gemäldegalerie vom 15. Juni 1962, gez. Heinz Schönemann.

51 KST/ASR, Ordner „Listen Dr. Speer", Zwischenbericht über den Stand der Überprüfung der Gemäldeabteilung, undatiert [1962].

52 KST/ASR, Ordner „Absetzungs-Protokolle", Absetzungsprotokoll vom 4. Juni 1962 [Kopie].

53 Zum Möbelbestand der Moritzburg siehe etwa: Luise Hahmann, Kunstvolle Möbelstücke – Verborgene Schätze der Sammlung Kunsthandwerk & Design des Kunstmuseums Moritzburg (Halle), in: Christian Philipsen/Eike Henning Michl (Hrsg.), Kulturstiftung Sachsen-Anhalt. Jahrbuch 2020, Gommern 2021, S. 50–63.

54 KST/ASR, Ordner „Absetzungs-Protokolle", Übereignungs-Protokoll Nr. 18 vom 10. März 1964 und Übereignungs-Protokoll Nr. 45 vom 14. April 1967.

55 KST/ASR, Ordner „Absetzungs-Protokolle", Zusammenstellung zur Absetzung von Möbeln vom 1. Mai 1965.

56 KST/ASR, Ordner „Absetzungs-Protokolle", Protokoll vom 1. August 1966.

57 BArch MfS AOG Halle 3328/85, Bl. 66–68, hier S. 67, Befragungs-Protokoll zur Person Elisa B. vom 6. April 1976.

58 StA Halle, Rat der Stadt, A 3.21, Nr. 87, Schreiben von Heinz Schierz (Staatliche Galerie Moritzburg Halle) an Isolde Schubert (Rat der Stadt Halle, Abt. Kultur) vom 18. Juli 1973.

59 Gesetz über die Entschädigung nach dem Gesetz zur Regelung offener Vermögensfragen und über staatliche Ausgleichsleistungen für Enteignungen auf besatzungsrechtlicher oder besatzungshoheitlicher Grundlage (Entschädigungs- und Ausgleichsleistungsgesetz – EALG), in: Bundesgesetzblatt I/65 vom 30. September, 1994, S. 2 624–2 639.

60 StA Halle, Reideburg Bd. 3, Nr. 120, Schreiben des Magistrats der Stadt Halle, Ortsteil Reideburg, an Ilse von Werder vom 20. April 1946.

61 LASA, Abt. Magdeburg, K 10, Nr. 7443, Bl. 119 f., Bestandsaufnahme von Kunst- und Kulturgut aus dem ehemaligen Besitz von Werder, Reideburg, Stadtkreis Halle.

62 Dazu: Andrea Himpel/Albrecht Pohlmann, 1 000 Leinwandbilder unter dem Dach. Auffindung, Notkonservierung und Restitution eines Bilderschatzes aus der Bodenreform (1945) in Sachsen-Anhalt, in: Österreichischer Restauratorenverband (Hrsg.), Kunst unterwegs. 23. Tagung des Österreichischen Restauratorenverbandes 2012. Konservieren, Restaurieren. Mitteilungen des Österreichischen Restauratorenverbandes 14, Wien 2013, S. 108–117.

63 EALG (wie Anm. 59)

64 Gesetz zu dem Vertrag vom 31. August 1990 zwischen der Bundesrepublik Deutschland und der Deutschen Demokratischen Republik über die Herstellung der Einheit Deutschlands – Einigungsvertragsgesetz – und der Vereinbarung vom 18. September 1990. Vom 23. September 1990, in: Bundesgesetzblatt II/35 vom 28. September, 1990, S. 885–1236. – Gemeinsame Erklärung der Regierung der Bundesrepublik Deutschland und der Deutschen Demokratischen Republik zur Regelung offener Vermögensfragen. Vom 15. Juni 1990, in: Bundesgesetzblatt II/35 vom 28. September, 1990, S. 1237–1239.

65 Constanze Paffrath, Macht und Eigentum. Die Enteignungen
    1945–1949 im Prozeß der deutschen Wiedervereinigung, Köln/
    Weimar/Wien 2004.
66 EALG (wie Anm. 59), S. 2631.
67 Peter Chemnitz, Adel verpflichtet. Ostdeutschen Museumsdirek-
    toren flattern fast täglich Rückgabeanträge auf den Schreibtisch,
    in: Focus vom 20. Februar, 1995, S. 120 f. – Anke Petermann,
    Verdorrt die ostdeutsche Museumslandschaft? Rückübertragung
    von Bodenreformgut, in: Neue Bildende Kunst 6, 1995, S. 62 f. –
    Ute Semkat, Die Furcht der Galerie und Museen um ihre Schätze,
    in: Die Welt vom 10. April 1996, S. 2.
68 Karola Waterstraat, Droht den Museen ein schmerzhafter Ader-
    laß?, in: Mitteldeutsche Zeitung vom 8. August, 1995, S. 12.
69 Hellmut Th. Seemann, Vorwort, in: Franziska Bomski/Helmut
    Th. Seemann/Thorsten Valk (Hrsg.), Spuren suchen. Provenienz-
    forschung in Weimar. Jahrbuch der Klassik Stiftung Weimar
    2018, Göttingen 2018, S. 7–13, hier S. 8.

Abbildungsnachweis

bpk – Deutsches Historisches Museum: Abb. 1, 3.
Kulturstiftung Sachsen-Anhalt, Walter Danz (Foto): Abb. 2.
Mit freundlicher Genehmigung von Frau Claudia Böning, München:
Abb. 4.
Kulturstiftung Sachsen-Anhalt, Archiv Kunstmuseum Moritzburg
Halle (Saale): Abb. 5, 10.
Sächsische Landesbibliothek – Staats- und Universitätsbibliothek
Dresden/Deutsche Fotothek, Fotograf: Johannes Mühler: Abb. 6.
Martin-Luther-Universität Halle-Wittenberg, Institut für Kunst-
geschichte und Archäologien Europas, Bildarchiv Kunstgeschichte,
Nachlass Hermann Wäscher, unbekannter Fotograf: Abb. 7.
Kulturstiftung Sachsen-Anhalt, Archiv Sachgebiet Restitution:
Abb. 8, 11–14.
Kulturstiftung Sachsen-Anhalt, Andrea Himpel (Foto): Abb. 9, 15–16,
19–20.
Mit freundlicher Genehmigung von Herrn Christopher von Werder:
Abb. 17.
Matthias Kunkel: Abb. 18.

Neue Formen der Begegnung im digitalen Wandel

Workshopformate „mit Zukunft"
in der Musikakademie Sachsen-Anhalt
Kloster Michaelstein

von Sebastian Berakdar

Sebastian Berakdar (Jg. 1993) studierte Klavier in Hannover und Salzburg sowie Kultur- und Medienmanagement und Gesellschaftspolitik in Hamburg und Edinburgh. Als Pianist ist er regelmäßiger Gast in renommierten Konzertsälen und auf Klassik-Festivals in Deutschland, Europa, Amerika und Asien. Neben seiner künstlerischen und pädagogischen Tätigkeit befasst er sich im Rahmen verschiedener Projekte mit kulturpolitischen Steuerungsmodellen sowie mit Strategien für den digitalen Wandel im Kulturbereich.

Der kontinuierliche Wandel war und ist allen menschlichen Gesellschaften immanent. Natürliche Generationenwechsel sowie politische, philosophische und naturwissenschaftliche Evolutionen und Revolutionen haben seit mindestens 12 000 Jahren Ideologien, Überzeugungen und Religionen sowie zivilgesellschaftliche und staatliche Organisationsstrukturen hervorgebracht und entscheidend geprägt.[1] Die wissenschaftliche Revolution und der technische Fortschritt haben die Dynamik des Wandels seit der Aufklärung vorangetrieben und kontinuierlich verstärkt.[2] Die auf diese Weise entstandene globalisierte Gesellschaft der Gegenwart ist komplexer und dynamischer als alle vorhergehenden Gesellschaftssysteme.[3]

Durch alltägliche Routinen und gesellschaftliche Strukturen wird meist nicht offensichtlich, dass unsere Umwelt fortwährend von Transformationsprozessen geprägt ist. Meist sind es die Auswirkungen plötzlicher Veränderungen wie der Corona-Pandemie, und, zuletzt, des russischen Angriffskrieges gegen die Ukraine, die unser Bewusstsein dafür stärken, dass unsere heutige Welt durch Komplexität, Unsicherheit, Volatilität und Ambiguität geprägt ist. Jedoch sind es besonders langfristige, strukturelle Veränderungen, welche die Antizipation zukünftiger Entwicklungen erschweren und dazu führen, dass effektive Handlungskonzepte sich kaum mehr auf der Basis linear-kausaler Denkmuster entwickeln lassen.[4]

Im Kulturbereich machten vor allem die Auswirkungen der Corona-Pandemie Veränderungsdynamiken sichtbar.[5] Obwohl ihr Berufsbild Musikerinnen und Musiker „per definitionem" seit jeher unmittelbar mit volatilen, unsicheren, komplexen und mehrdeutigen Umfeldern konfrontiert,[6] haben Lockdowns, Kontaktbeschränkungen und Veranstaltungsabsagen im Jahr 2020 selbst die widerstandsfähigsten und anpassungsfähigsten Akteurinnen und Akteure vor existentielle Herausforderungen gestellt.[7]

Besonders betroffen waren in dieser Hinsicht individuelle Akteurinnen und Akteure im Bereich der „klassischen Hochkultur" – also der klassischen Musik, Literatur sowie der Bildenden und Darstellenden Künste – und staatlich geförderte Kultur- und Bildungseinrichtungen. Als gewachsene Institution im Sinne der neo-institutionalistischen Organisationstheorie[8] mit langer Tradition, weist der öffentlich geförderte Kulturbereich nicht selten ein gewisses Maß an „organisational slack"[9] auf, also ein Beharrungsvermögen auf überkommenen Strukturen, Produkten und Prozessen.

Dabei ist der Kulturbereich seit den 1970er Jahren mit einer extrem turbulenten Umwelt konfrontiert. Tiefgreifende gesellschaftliche Umbrüche und ausgeprägte ästhetische Veränderungen,[10] Krisen der kommunalen Haushalte und die deutsche Wiedervereinigung im Jahr 1990 haben individuelle Akteurinnen, Akteure und Organisationen in der jüngeren Vergangenheit auf verschiedene Weise mit der Notwendigkeit konfrontiert, sich intensiv mit veränderten Kontextbedingungen auseinanderzusetzen.[11]

Megatrends und ihre gesellschaftliche Bedeutung

Auch in der Zukunft werden übergreifende Transformationsprozesse das Handlungsfeld von individuellen Kulturschaffenden und Kulturorganisationen prägen und sie dazu herausfordern, sich künstlerisch, wirtschaftlich und organisationstheoretisch mit den Veränderungen ihrer gesellschaftlichen Umgebung auseinanderzusetzen. In der öffentlichen Debatte und im wissenschaftlichen Diskurs werden solche Transformationsprozesse auch mit dem Begriff „Megatrends" beschrieben. Diesen prägte John Naisbitt im Jahr 1982 mit seinem Bestseller „Ten New Directions Transforming Our Lives".[12] Megatrends bezeichnen einen „tiefgreifenden sozialen, wirtschaftlichen, ökologischen oder technologischen Wandel, der sich über die kommenden Jahrzehnte entwickelt. Ein solcher Prozess beginnt zunächst graduell, entfaltet mit fortschreitender Zeit aber umfassende Auswirkungen"[13].

Die Ergebnisse der wissenschaftlichen Analyse zukünftiger Megatrends der Commonwealth Scientific and Industry Research Organisation, Australiens nationaler Agentur für Wissenschaft und Innovation, fasst Stefan Hajkowicz in seiner im Jahr 2015 erschienenen Abhandlung „Global Megatrends: Seven Patterns of Change Shaping Our Future" zusammen.[14] Als einflussreiche Trends werden dabei unter anderem der technologische Fortschritt, eine steigende Lebenserwartung und eine steigende Weltbevölkerung, der Klimawandel und seine Auswirkungen, eine Betonung des Individualismus gegenüber kollektivistischen Gesellschaftsmodellen, der Wechsel von einer bewahrenden zu einer vorausschauenden Perspektive und eine sich verändernde Arbeitswelt identifiziert.[15] Mit Bezug auf die von Hajkowicz aufgestellte Definition des Megatrend-Begriffs lässt sich feststellen, dass viele der genannten Entwicklungen schon heute die Aktivitäten sowohl von individuellen Akteuren des Kulturbereichs als auch von Kultureinrichtungen und -organisationen relevant beeinflussen und eine prominente Rolle bei der strategischen Entwicklung aktueller und zukünftiger Programme, Angebote und Produkte spielen.

Die Hürden der Auseinandersetzung erkennen

Vor allem die „klassische Hochkultur" sieht sich seit der Jahrtausendwende immer wieder öffentlichen Debatten über ihre Relevanz und ihre Zukunftsfähigkeit ausgesetzt.[16] Diese können durchaus als Indikator für die Veränderungsdynamiken im Kulturbereich betrachtet werden.[17] Allerdings offenbaren sie auch, dass unter den beteiligten Betrachterinnen und Betrachtern verschiedene Wahrnehmungen der Realität bestehen. Abhängig von deren

individueller Perspektive begründen sich die Debatten aus einem anhaltenden Publikumsrückgang aufgrund der mangelnden Bereitschaft zur Innovation von Angeboten seitens der Akteurinnen, Akteure und Organisationen, aus struktureller Ineffizienz und einem Rückstand bei der Digitalisierung von Unternehmensstrukturen sowie aus einer rückläufigen Legitimation öffentlicher Kulturförderung in der breiten Bevölkerung.[18] Wiederrum andere Betrachterinnen und Betrachter begründen die Notwendigkeit von Veränderungen der rechtlichen Rahmenbedingungen und der kulturpolitischen Praxis.[19]

Begreift man die spezifische Kultur einer Gesellschaft im Sinne des Kulturbegriffs von Kroeber und Kluckhohn[20] als ihre Gesamtgestalt oder die Lebensweise dieser Gesellschaft, liegt die Vermutung nahe, dass Kulturschaffende und -organisationen, die sich in ihren künstlerischen Arbeitsprozessen natürlicherweise intensiv mit ihrem gesellschaftlichen Umfeld und den dort ablaufenden Veränderungen auseinandersetzen, über herausragende Vorteile verfügen, um im heute bestehenden Kontext volatiler Megatrends flexibel zu agieren.[21] Unterstützt wird diese Annahme durch die Tatsache, dass Kulturarbeit sich, zumindest teilweise, durch die Bearbeitung oder Reflexion momentaner, dominanter Gesellschaftstrends und den ihnen „inhärenten Werten und Normen"[22] legitimiert. Jedoch erfordert die Auseinandersetzung mit umfassenden Veränderungen des gesellschaftlichen Umfelds, im Bewusstsein des eigenen Selbstverständnisses, sowohl von individuellen Akteurinnen und Akteuren als auch von Organisationen spezielle Kompetenzen, die bei den meisten Akteurinnen

und Akteuren nicht selbstverständlich vorhanden sind. Dazu zählen insbesondere die Schaffung eines Bewusstseins für Art und Anatomie der ablaufenden Prozesse, den Aufbau gänzlich neuer Kompetenzen und die Kontextualisierung bestehender Fähigkeiten sowie eine Reflexion der eigenen Entscheidungslogik.

An dieser Stelle setzt im musikalischen Bereich das Förderprogramm „Landmusik" an, welches als gemeinsame Initiative der Bundesbeauftragten für Kultur und Medien und des Deutschen Musikrates im Rahmen des Programms „NEUSTART Kultur" im Jahr 2021 ins Leben gerufen wurde.[23] Seinen Fokus legt dieses Förderprogramm auf die Stärkung des Musiklebens im ländlichen Raum, um so die qualitative Annäherung von urbanen und ländlichen Räumen zu unterstützen. Die verstärkte Förderung der Landkreisräume beruht dabei nicht nur auf der im Grundgesetz verankerten Verpflichtung zur Herstellung gleichwertiger Lebensverhältnisse in städtischen und ländlichen Räumen, sondern explizit auch auf dem Willen, den gesellschaftlichen Zusammenhalt zu stärken.[24] Denn für das gemeinschaftliche Zusammenleben auf dem Land spielt vor allem die Kultur, insbesondere die Musik, eine bedeutende Rolle: in Vereinen und in Anbindung an die Kirche(n) werden Traditionen gepflegt und neue Formen aufgebaut. Gesellschaftlicher Zusammenhalt basiert auf der Erfahrung von Gemeinschaft, der Wertschätzung von Unterschieden und der Neugier auf Mitmenschen sowie auf das gesellschaftliche Umfeld insgesamt. Begegnungen bilden daher einen entscheidenden Katalysator beim Aufbau dieses Zusammenhalts.[25]

Allerdings gelten die beschriebenen Wirkungszusammenhänge nicht nur für den ländlichen Raum. Auch in größeren gesellschaftlichen Kontexten leisten Kultur und Musik einen essenziellen Beitrag zu gesellschaftlicher Identität und einem gemeinsamen Selbstverständnis.[26] Das Fortschreiten der von Stefan Hajkowicz beschriebenen Megatrends führt, auf einer abstrakten Ebene, auch gesamtgesellschaftlich zu genau den Herausforderungen, die das Förderprogramm „Landmusik" in ruralen Räumen adressiert, beispielsweise die Stärkung des gesellschaftlichen Zusammenhalts bei zunehmender kultureller Diversität und im digitalen Raum, oder die dezentrale Kooperation und Strukturentwicklung über räumliche Distanzen hinweg. Diese Abstraktion misst dem Förderprogramm eine interessante Zukunftsperspektive bei, die von Beteiligten mit den von ihnen durchgeführten Maßnahmen zum Teil aktiv aufgegriffen und bearbeitet wurde.

Den Hürden der Auseinandersetzung begegnen

Das Förderprogramm „Landmusik" gründete sich auf drei Säulen.[27] Zum einen unterstützte ein Programm für Projektförderung gezielt Unternehmungen, die Musik im ländlichen Raum erlebbar machen und die Identifikation der Bürgerinnen und Bürger mit ihrer Region stärken. Die Förderung richtete sich gleichermaßen an den Amateurbereich und an professionelle Akteure. Jedoch mussten sich die geförderten Projekte auf eine definierte Landgemeinde oder Kleinstadt mit maximal 20 000 Einwohnerinnen und Einwohnern begrenzen. Mit der zweiten Säule, dem Preis „Landmusikort des Jahres", wurden herausragende musikalische Projekte im ländlichen Raum gefördert. Ziel dieses Vorhabens war eine Erhöhung der Aufmerksamkeit für kreative Ideen aus dem ländlichen Raum, damit diese als konkrete Anwendungsfälle positive Impulse für andere Orte setzen. Die dritte Säule bildete ein breit aufgestelltes Fortbildungsprogramm zu vier Themenkomplexen, welches gemeinsam von vier Landesmusikakademien ausgearbeitet wurde. Dabei fanden an den vier Standorten in Brandenburg, Hessen, Thüringen und Sachsen-Anhalt Workshops und Kurse für haupt- und nebenamtliche Akteurinnen und Akteure zu Entwicklungsperspektiven der Musik im ländlichen Raum statt, die sich teilweise an spezielle Zielgruppen im ländlichen Raum, darüber hinaus aber auch an alle Interessentinnen und Interessenten richteten. Das Fortbildungsangebot startete im November 2021 und endete im Dezember 2022.

Das Hauptanliegen dieser Fortbildungsangebote bildete die Ergänzung bereits bestehender Angebote durch die Vermittlung ambitionierter und experimenteller Inhalte. Durch eine gemeinsame, moderierte Bearbeitung von Transformations- und Zukunftsthemen unter Einbeziehung von verschiedenen professionellen, nebenberuflichen und ehrenamtlichen Akteurinnen und Akteuren des Kulturbereichs wurden Potenziale der praktischen Nutzung neuer Ansätze und Technologien in der künstlerischen und pädagogischen Praxis identifiziert, um eine nachhaltige Aktivierung des Musiklebens im ländlichen Raum zu fördern. Besonders charakteristisch für diese Fortbildungsreihe war ihr Fokus auf Dialog, Vernetzung und Kommunikation, ohne Begrenzungen durch Sparten, räumliche und zeitliche Distanzen. Mit dieser konzeptionellen Abkehr von der unidirektionalen Vermittlung von Inhalten ging die Fortbildungsreihe insbesondere auf die steigende Komplexität von Zukunftsentwicklungen ein.

Workshops in der Musikakademie Sachsen-Anhalt Kloster Michaelstein

Innerhalb dieser gemeinschaftlichen Initiative der vier Musikakademien widmete sich die Musikakademie Sachsen-Anhalt Kloster Michaelstein (Abb. 2) dem Themenkomplex „Stammtisch digitales Musizieren. Distanzmusizieren & Präsenzmusizieren mit digitalen Mitteln". Unter dem Eindruck der sprunghaft beschleunigten Digitalisierung durch die Corona-Pandemie standen somit digitale Werkzeuge im Fokus, die zum einen ein gemeinsames Musizieren im Internet über räumliche Entfernungen ermöglichen, zum anderen das Musizieren in traditionellen Kontexten im physischen Raum bereichern. Während der Projektlaufzeit fanden insgesamt 18 Seminare statt, in denen jeweils ein digitales Werkzeug vorgestellt und von den Teilnehmenden unter fachkundiger Anleitung gemeinsam erprobt wurde. In anschließenden Diskussionen wurde ergebnisoffen erörtert, welche Anwendungsbereiche, Potenziale und Risiken für die jeweiligen Werkzeuge nach den ersten Eindrücken identifiziert werden können. Sowohl Anleitungen als auch die protokollierten Diskussionen wurden anschließend allen Teilnehmenden schriftlich bereitgestellt. Auch außenstehende Personen konnten nach Anfrage auf die Materialien zugreifen, um eine eigenständige Beschäftigung mit den Seminarinhalten in einer breiteren Öffentlichkeit zu gewährleisten. Insgesamt wurden mit den Fortbildungen der Musikakademie Sachsen-Anhalt Kloster Michaelstein im Rahmen des Förderprogramms „Landmusik" über 100 Musikerinnen und Musiker sowie Pädagoginnen und Pädagogen erreicht.

Abb. 2   Tradition und Moderne sind kein Gegensatz: Das ehemalige Zisterzienserkloster Michaelstein bei Blankenburg im Harz beherbergt heute neben einem Museum, Gastronomie, Übernachtungs-, Veranstaltungs- und Tagungsmöglichkeiten die Landesmusikakademie Sachsen-Anhalt.

Abb. 3   Präsenz-Seminar im Rahmen des Förderprogramms „Landmusik" in der Musikakademie Sachsen-Anhalt Kloster Michaelstein.

Abb. 4–5   Die Saxofonistinnen Katja Lau (oben)
und Meike Goosmann (unten) der Berliner
Musikgruppe „BrassAppeal" beim
gemeinsamen Musizieren über die Digitale
Bühne.

Seminare zum Themenfeld Distanzmusizieren konzentrierten sich auf die Präsentation und Einführung von spezialisierten Software-Anwendungen für das gemeinsame Musizieren in Echtzeit über das Internet (Abb. 3). Denn herkömmliche Audio- und Videokonferenzdienste sind für diesen Anwendungsfall in der Regel ungeeignet. Neben einer üblicherweise unvollständigen Übertragung von Audiofrequenzen ist es vor allem die Zeitverzögerung der Übertragung, auch als Latenz bezeichnet, die der gemeinsamen künstlerischen und pädagogischen Arbeit im Internet entgegensteht.[28] Denn das Musizieren ist eine äußerst zeitkritische Angelegenheit. Das betrifft die musikalischen Aktivitäten von Einzelpersonen und das Musizieren in Gruppen gleichermaßen. Mit welchen Herausforderungen dieser Umstand für technologische Lösungen zum gemeinsamen Musizieren in Echtzeit über das Internet (Abb. 4–6) verbunden ist, wird am Beispiel der Latenz deutlich: je nach Genre und Charakter der gemeinsam gespielten Musik können zum Teil schon Latenzen ab 30 Millisekunden ein gemeinsames Musizieren verhindern. Trotz dieser hohen Anforderungen bestehen einige Open-Source Anwendungen, die technische Lösungen für dieses in Pandemie-Zeiten durchaus drängende Problem anbieten.[29] Im Rahmen der „Landmusik"-Seminare im Kloster Michaelstein wurden die Software-Lösungen „Jamulus", „SonoBus" und „Digital Stage" vorgestellt. Schwerpunkt dieser Seminare bildete die praktische Anwendung jener Software-Lösungen gemeinsam mit den Teilnehmenden. Während der Bedarfsanalyse wurden wiederholt frühere Berührungsängste mit diesen weithin unbekannten digitalen Werkzeugen geäußert. Ein Grund hierfür könnte der Mangel an Anwendungsszenarien für solche Technologien vor der Corona-Pandemie darstellen. Um die Niedrigschwelligkeit der Seminare zu gewährleisten, ging der gemeinsamen Erörterung von möglichen Anwendungen, Potenzialen und Herausforderungen eine moderierte technische Ersteinrichtung voraus.

Beim gemeinsamen Musizieren in Präsenz kamen digitale Medien und Werkzeuge hingegen schon vor der Corona-Pandemie alltäglich zum Einsatz: Digitale Notenbibliotheken wie die „Petrucci Music Library" für gemeinfreie Musikeditionen, die dezentrale Plattform für Notenmaterial „MuseScore", Software zum Notensatz wie „Sibelius", „Finale", „Dorico" und eine nahezu unüberschaubare Vielfalt von Programmen für Streaming, Recording, Audio- und Videobearbeitung prägen schon seit Jahren oder gar Jahrzehnten Praxis und Berufsalltag von Musikpädagoginnen und -pädagogen, sowie Musikerinnen und Musikern aller Genres. Trotzdem sind Kompetenzen zum Umgang mit diesen Werkzeugen verschieden verteilt. Hier spielen vor allem Alter und Tätigkeitsfeld eine entscheidende Rolle. Der Berufsalltag von Musizierenden im Bereich Jazz, Rock oder Pop erfordert in vielen Fällen den Umgang mit Studio-Technik, mit Recording-Software oder Software zur Audio- und Videobearbeitung (Abb. 7–10). Das Repertoire digitaler Werkzeuge klassischer Musiker ging, zumindest vor der Pandemie, selten über die Nutzung der „Petrucci Music Library" hinaus. Für Musikpädagoginnen und -pädagogen stellt das Arrangieren von Musikwerken mithilfe von Notensatzprogrammen einen üblichen Anwendungsfall

digitaler Werkzeuge dar. Aufgrund dieser heterogenen Interessenlage, die sich schlicht aus der Berufspraxis der einzelnen Akteurinnen und Akteure begründet, wurde in Seminaren zu digitalen Werkzeugen für das gemeinsame Musizieren in Präsenz stets jeweils ein Werkzeug vorgestellt. Diese Seminarreihen waren zudem nicht konsekutiv aufgebaut, sodass auch einzelne Veranstaltungen mit Erkenntnisgewinn besucht werden konnten. Gerade deswegen wurden Teilnehmende ermutigt, auch Seminare zu Werkzeugen zu besuchen, mit denen ihre künstlerische oder pädagogische Praxis keine Berührung bietet. Denn durch die Expertise anderer Teilnehmerinnen und Teilnehmer bildeten die Seminare einen sicheren Raum, in welchem nicht nur Nutzungskompetenzen, sondern, durch den Austausch im Plenum, auch Beispiele der praktischen Nutzung in anderen als den eigenen Kontexten gewonnen werden konnten.

Digitalisierung: „State of Play" der modernen Gesellschaft

Alle an der Fortbildungsinitiative beteiligten Musikakademien konzentrierten sich auf zukunftsrelevante Themenkomplexe. Die Landesmusikakademie Hessen erkundete das gemeinschaftsbildende Potenzial von Musik im Rahmen praktischer Fachtage, die Musikakademie Rheinsberg untersuchte wiederum gemeinsam mit den Teilnehmenden während einer Denkfabrik die Einflüsse innovativer Veranstaltungsformate im ländlichen Raum auf die kulturelle Teilhabe. Die Thüringer Landesmusikakademie Sondershausen regte durch Impulsvorträge und Workshop-Tage zu einem Wissenstransfer zwischen den zuvor in der zweiten Säule des Förderprogramms ausgewählten „Landmusik-Orten" und dem Konzept der Smart Cities an. Dabei setzten Angebote wesentlich auf Begegnung und Austausch im physischen Raum.

Sowohl aus praktischen Gründen als auch als konzeptionelles Mittel wählte die Musikakademie Sachsen-Anhalt Kloster Michaelstein bei der Durchführung ihres Themenkomplexes vorrangig ein digitales Format. Von insgesamt 18 Seminaren wurden 15 Termine im digitalen Raum über Videokonferenzdienste abgehalten, drei weitere Treffen fanden in Präsenz statt (Abb. 3). Dieses Vorgehen ermöglichte „Online-Stammtische" im zweiwöchigen Rhythmus, unabhängig vom Wohnort der Teilnehmenden oder den geltenden Einschränkungen, die sich aus der momentanen Lage der Corona-Pandemie ergaben. Im Laufe der gesamten Workshopreihe konnte so ein Austausch zwischen Teilnehmenden nahezu aller Bundesländer erreicht und aufrechterhalten werden. Auch internationale Teilnehmende nahmen die Möglichkeit wahr, sich an inhaltlichen Diskussionen zu beteiligen und den inhaltlichen Austausch in der Gruppe zu suchen. Vor allem aber begünstigten die Regelmäßigkeit und die Routine, mit der die „Stammtische" stattfanden, eine wiederholte Teilnahme und förderten dadurch die Entstehung eines Gruppengefühls im digitalen Raum. Auf diese Weise bildete schon die Seminarreihe

Abb. 6   Musikerinnen und Musiker des Kompetenzzentrums für Popularmusik Brandenburg beim gemeinsamen Musizieren in Echtzeit über das Internet.

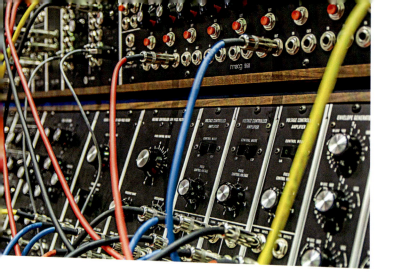

selbst ein Beispiel für ein Vermittlungsformat, das über räumliche Distanzen hinweg wirken kann und zudem einen gegenseitigen Austausch der Teilnehmenden untereinander, im Sinne eines Stammtisches, dauerhaft unterstützt.

Auch nach dem Ende der über mehrere Monate anhaltenden Kontaktbeschränkungen im Winter 2021 herrschten in der Bevölkerung gegenüber Kulturbesuchen und Veranstaltungen noch große Vorbehalte.[30] Die Zurückhaltung bei der Wahrnehmung von Präsenzangeboten wirkte sich auch auf die Nachfrage nach Fortbildungsangeboten im Rahmen des Förderprogramms „Landmusik" aus. An allen Standorten mussten einzelne Fortbildungen in Präsenz abgesagt oder auf einen späteren Zeitpunkt verschoben werden. Das Format der „Online-Stammtische" ermöglichte hingegen eine durchgehende Ansprache von Teilnehmenden. Dieser situative Vorteil gegenüber den Präsenzangeboten und die Beliebtheit der Online-Formate unter den Teilnehmenden führte dazu, dass ab April 2022 sämtliche Präsenzphasen zum Distanz- und Präsenzmusizieren mit digitalen Mitteln in das Format der Online-Stammtische überführt wurden.

Aus Perspektive eines Veranstalters besteht die Gefahr, diese Dynamik negativ zu bewerten. Allerdings schaffen Daten zur allgemeinen Mediennutzung der Bevölkerung Raum für eine alternative Deutung. Als traditionsreicher und etablierter Ort der Aufarbeitung, Vermittlung und Verbreitung des musikkulturellen Erbes sowie Forum der Begegnung von Musizierenden, Pädagoginnen und Pädagogen hat der physische Raum bei den Aktivitäten der Musikakademie Sachsen-Anhalt Kloster Michaelstein zweifelsfrei eine herausragende Bedeutung. Jedoch in der Lebensrealität der breiten Bevölkerung ist der digitale Raum inzwischen als gleichwertig zu betrachten. Das veranschaulicht insbesondere die jährliche Grundlagenstudie der öffentlichen Rundfunkanstalten zur Nutzung digitaler Medien in Deutschland, bei der die deutschsprachige Wohnbevölkerung ab 14 Jahren repräsentativ befragt wurde.

Abb. 7   Verbindungen herstellen: Experimente mit haushaltsüblicher und fortgeschrittener Aufnahmetechnik waren Bestandteil der Präsenz-Veranstaltungen im Rahmen der „Landmusik"-Seminare.

Abb. 8   Veränderte Arbeitswelt: Der digitale Arbeitsplatz eines Gitarristen.

Abb. 9   Die außergewöhnliche Vielfalt von Tasteninstrumenten im digitalen Zeitalter.

Abb. 10   Mikrofone, Mischpulte und Kopfhörer: Studiotechnik im Einsatz.

Abb. 11   Nicht nur gefühlte Wahrheit: Auch Befragungsergebnisse einer ARD/ZDF-Onlinestudie (siehe Anm. 31) stellen deutlich heraus, dass die Nutzung des Internets in der breiten Bevölkerung mittlerweile Normalität ist.

Allgemeine Internetnutzung in Deutschland
(in Prozent)

90   89   94   94

2018   2019   2020   2021

Internetnutzung nach Altersgruppen
(in Prozent)

14–29 Jahre	30–49 Jahre	50–69 Jahre	70 Jahre u. älter
100	100	95	77

Die in Abb. 11 vorgestellten Befragungsergebnisse aus einer wesentlich umfangreicheren ARD/ZDF-Onlinestudie[31] stellen deutlich heraus, dass die Nutzung des Internets in der breiten Bevölkerung mittlerweile eine alltägliche Normalität darstellt. Der Anstieg der Nutzung in den Jahren 2020 und 2021 lässt sich mit hoher Wahrscheinlichkeit auf die Corona-Pandemie zurückführen, die sich während der Zeit der Kontaktbeschränkungen aus Gründen des Infektionsschutzes als Treiber der digitalen Transformation im Alltag erwiesen hat. Betrachtet man die Internetnutzung im Jahr 2021 aufgeteilt nach Altersgruppen, ergibt sich ein noch deutlicheres Bild. Es ist ersichtlich, dass das Internet, zumindest statistisch gesehen, von allen (!) Menschen bis zu einem Alter von 49 Jahren genutzt wird. Auch bei Altersgruppen über 70 Jahren bilden Internetnutzerinnen und -nutzer inzwischen die klare Mehrheit. Diese Daten legen nahe, eine verstärkte Nachfrage nach Online-Formaten wie der digitalen „Stammtische" weniger als Anomalie, sondern vielmehr als folgerichtig anzusehen.

Vor dem Hintergrund des vorhergehend beschriebenen Phänomens des „organisational slack" betrachtet, bilden diese Daten in Verbindung mit den praktischen Erfahrungen aus den Online-Stammtischen gewissermaßen eine Gegenthese zu der zunehmend geäußerten Befürchtung der Zersetzung analoger Kultur- und Bildungsarbeit durch den digitalen Wandel.[32] Die zunehmende Bedeutung digitaler Angebote bringt lediglich die Notwendigkeit mit sich, Besuche oder Teilnahmen im physischen Raum vom Begriff der Nachfrage zu differenzieren. Ein Rückgang der Wahrnehmung von Präsenzangeboten bedeutet demnach nicht zwangsläufig einen sinkenden Bedarf an Kulturangeboten. Mit Bezug auf die identifizierten Megatrends ist jedoch anzunehmen, dass die Veränderung der allgemeinen Lebensrealität der Menschen selbstverständlich zu veränderten Anforderungen an Kultur- und Bildungsangebote führt. Durch die in nahezu allen Wirtschaftsbereichen praktizierte Kundenorientierung[33] wird in der heutigen Zeit daher, bis zu einem gewissen Grad, auch von Kulturschaffenden ein Perspektivwechsel im Sinne des Einbeziehens ebendieser veränderten Bedürfnisse verlangt. Werden sie diesem Anspruch nicht gerecht, besteht zunehmend die Gefahr, dass ein Kultur- oder Bildungsangebot eine Zielgruppe zwar inhaltlich anspricht, jedoch nicht mit ihrem Verständnis eines „good deal" vereinbar ist. Um die Diskrepanz zwischen Teilnahmen im physischen Raum und der insgesamt bestehenden Nachfrage aufzulösen, müssen Aktivitäten im physischen und im digitalen Raum als gesamtstrategisches Konzept betrachtet werden.[34] Im Kontext der Online-Stammtische trat die Musikakademie Sachsen-Anhalt Kloster Michaelstein als Institution in ihrer physischen Erscheinung in den Hintergrund, verlor dabei aber insgesamt nicht an Bedeutung. Allerdings erfolgte ihre Legitimation vor allem aus den konzeptionellen Aspekten, welche sie in den Vermittlungsprozess einbrachte. Die Musikakademie Sachsen-Anhalt Kloster Michaelstein trat somit im Wesentlichen in moderierender Funktion auf, als Plattform, die durch ihren konzeptionellen Einfluss Wissenstransfer ermöglichte und steuerte. Diese neue Rolle der Institution und die daraus entstehende Dynamik förderten während der Online-Stammtische zugleich maßgeblich den multilateralen Austausch zwischen den Teilnehmenden.

Der Einsatz digitaler oder experimenteller Vermittlungsformate stellt also immer auch eine strategische Entscheidung dar. Denn eine Veränderung der Begegnungsformen erfordert auch eine Veränderung didaktischer Herangehensweisen und der sozialen Dynamik unter den Teilnehmenden. Umgekehrt können digitale Begegnungsformen die Umsetzung neuer didaktischer Ansätze unterstützen und auf gleichwertigem Austausch basierende Vermittlungskonzepte bereichern. Die Online-Stammtische der Musikakademie Sachsen-Anhalt Kloster Michaelstein boten in dieser Hinsicht ein Forum für einen explorativen und experimentellen Umgang mit dem Vermittlungsprozess, aus dem sowohl die Teilnehmenden als auch die Musikakademie Sachsen-Anhalt Kloster Michaelstein selbst anregende Impulse für die Konzeption zukünftiger Aktivitäten ableiten konnten.

Partizipative Angebotsgestaltung und „Cultural Governance"

Neue Formen der Begegnung und Vermittlung in unserem heutigen Verständnis grenzen sich üblicherweise sehr bewusst von dem langjährigen Monopol des sogenannten Frontalunterrichts[35] in der deutschen Bildungslandschaft ab. Dass es sich bei den Seminaren der Musikakademie Sachsen-Anhalt Kloster Michaelstein von Beginn an um ein unkonventionelles, sozial-kollaboratives Format handelte, verdeutlicht schon der titelgebende Neologismus „Online-Stammtisch". Der wachsende Zuspruch zu solchen Formaten in der heutigen Zeit begründet sich zu Teilen auch aus ihrer Korrespondenz mit dem von Stefan Hajkowicz beschriebenen Megatrend hin zu einer zunehmenden Betonung des Individuellen gegenüber Gruppenkontexten. Die ersten „Online-Stammtische" verdeutlichten den Mehrwert einer persönlichen Ansprache, des direkten Erfahrungsaustausches und einer ortsunabhängigen Vernetzung für die Teilnehmenden. Diese Resonanz unterstützte die Überlegung, die Teilnehmenden mit ihren Fragen, Wünschen und praktischen Erfahrungen nicht nur in den Prozess der inhaltlichen Vermittlung einzubinden, sondern sie darüber hinaus auch an der Konzeption der verbleibenden Seminare direkt zu beteiligen. Aus einer analytisch-wissenschaftlichen Perspektive steht dieses Vorgehen im engen Zusammenhang mit dem Primat der deutschen Kulturpolitik seit Beginn der Jahrtausendwende[36] und dem Prinzip der „Cultural Governance". Der „Governance"-Ansatz entwickelte sich als Folge der zunehmenden Komplexität politischer Entscheidungsprozesse im Kontext der globalisierten Gesellschaft.[37] Als Weiterentwicklung der klassischen Steuerung mit hierarchischen Handlungsmodellen nimmt „Governance" die relevanten Interessen aller beteiligten Akteurinnen und Akteure in den Fokus. Dazu stehen eine Vielzahl von Handlungsmodellen zur Verfügung.[38] Der „Governance"-Ansatz ermöglicht somit eine Bearbeitung komplexer Prozesse unter breiter Mitwirkung der beteiligten Akteurinnen und Akteure. Auf Basis vorhandener Kompetenzen und Ressourcen werden dazu Aufgaben und Verantwortlichkeiten von der steuernden Instanz an diese Akteurinnen und Akteure übertragen.[39]

Diesem Gedanken folgend und nachdem im April 2022 die Umwandlung geplanter Präsenzseminare in weitere Online-Stammtische beschlossen wurde, wurde zunächst die Themenauswahl der bis zu diesem Zeitpunkt durchgeführten Seminare gemeinsam mit den Teilnehmenden evaluiert. Danach wurden die Themen für die nach der Sommerpause angesetzte Seminarreihe in einer digitalen Gesprächsrunde gemeinsam festgelegt, unter Berücksichtigung der geäußerten spezifischen Interessen und Wünsche der Teilnehmenden. Dieses Vorgehen erweiterte das Themenspektrum der Seminarreihe im Herbst 2022 erheblich. Neben den vorhergehend vorgestellten digitalen Werkzeugen zum Distanz- und Präsenzmusizieren behandelte diese Seminarreihe außerdem Prozesse und digitale Werkzeuge für das Online-Marketing, die Durchführung von Online-Veranstaltungen sowie Open-Source-Software für den digitalen Instrumental- und Musikunterricht.

Die Moderation dieser offenen Kommunikation über die Gestaltung der „Online-Stammtische" öffnete Perspektiven für ein Format, das den Aspekt der breiten Kollaboration nicht nur im Vermittlungsprozess, sondern auch in der Konzeption eines Angebotes selbst verankert. Daraus ergibt sich ein strategischer Ansatz, der ein Einbeziehen von Anforderungen und Bedürfnissen bestehender und potenzieller Ziel- und Publikumsgruppen ermöglicht, sich aber zugleich entscheidend von der Kundenorientierung im betriebswirtschaftlichen Sinn differenziert. Die Abgrenzung charakterisiert sich dabei insbesondere durch die gleichwertige Betrachtung eingebrachter Inhalte sowie durch eine kompetente, transparente und sachliche Moderation von Entscheidungsprozessen. Diese Charakteristika wirken im kollaborativen Prozess der Gestaltung als vertrauensbildende Faktoren zusammen.

Spannungsfeld von Tradition und Erneuerung

Die Corona-Pandemie und die damit einhergehende Beschleunigung des digitalen Wandels haben auf mehreren Ebenen Potenziale der experimentellen und explorativen Vermittlung von Kultur zur Stärkung des gesellschaftlichen Zusammenhalts aufgezeigt. Außerdem hat sich im Verlauf der Entwicklung offenbart, dass die künstlerische und pädagogische Arbeit im Kontext der identifizierten Megatrends[40] ein hohes Maß an Kompetenz und der Fähigkeit zu Transferleistungen auf Seiten der Kulturschaffenden erfordert. Unter den vorgestellten Megatrends hat die rasante technologische Entwicklung heute die wohl größte und erfahrbarste Auswirkung auf unsere Lebensrealität. Obwohl der technologische Fortschritt den hohen Wert des direkten zwischenmenschlichen Kontakts bei der künstlerischen und pädagogischen Arbeit nicht in Frage stellt, so ermöglicht er doch eine Vielzahl neuer und innovativer Medien für den zwischenmenschlichen Kontakt, auch über räumliche Distanzen hinweg.[41] Diese neuen Medien ermöglichen auch die Herausbildung neuer Formen der Begegnung, beispielsweise im digitalen Raum. Das gemeinsame Entdecken und die kollektive Auseinandersetzung mit diesen neuen Formen zwischenmenschlicher Begegnung bildeten daher zentrale Aspekte der Fortbildungen in der Musikakademie Sachsen-Anhalt Kloster Michaelstein im Rahmen des Förderprogramms „Landmusik".

Neue Formen der Begegnung im digitalen Raum bleiben im Licht der Megatrends weder situative Alternativen, noch reiner Selbstzweck einer künstlerischen Auseinandersetzung oder der pädagogischen Praxis. Vielmehr bilden sie Brücken hin zu der Einbindung verschiedener Kontexte der Kulturarbeit in eine Gesellschaft der Zukunft. Wie für viele andere Aktivitäten und Vorgänge in Wirtschaft und Gesellschaft stellen zwischenmenschliche Begegnungen und bilateraler bzw. multilateraler Austausch sowohl für künstlerische Aktivitäten als auch für die pädagogische Arbeit eine essenzielle Voraussetzung dar. Die Schaffung neuer Begegnungsformen im digitalen Raum bildet daher Grundlage und Ausgangspunkt für eine kulturelle Teilhabe in digitalen Gesellschaften.

Unter dem Eindruck des Digitalisierungsschubs während und in Folge der Corona-Pandemie betonten zahlreiche Akteurinnen und Akteure aus Kultur, Politik und Gesellschaft immer wieder, dass die Begegnung im physischen Raum als die zu bevorzugende, qualitativ hochwertigste Form der Begegnung im künstlerischen und pädagogischen Arbeitsfeld anzusehen ist.[42] Dieser Standpunkt, begründet aus Praxiserfahrungen und heuristischen Analysen dieser Akteurinnen und Akteure, mag durchaus berechtigt sein. Beschaffenheit und Charakteristik der Megatrends zeichnen jedoch ein abweichendes Bild: Denn in einer Zukunft, welche durch die von Stefan Hajkowicz beschriebenen Megatrends geprägt ist, stellt sich weniger die Frage nach der Qualität, sondern, in erster Linie, nach potenziell möglichen Formen der Begegnungen. Der technische Fortschritt verändert alle Gesellschaftsbereiche, unter anderem die Arbeitswelt und das allgemeine Konsumverhalten, und erhöht auch auf diese Weise den Druck auf den Kulturbereich, digitale und weitere alternative Begegnungsformen zu integrieren. Die Auswirkungen dieser Wechselwirkungen sind bereits heute sichtbar. So unterstreichen beispielsweise Lehrkräfte in staatlichen Musikschulen einerseits den besonderen Wert des Präsenzunterrichts,[43] zugleich beklagt ihre Interessenvertretung, der Verband Deutscher Musikschulen, einen Mangel an Nachwuchskräften, unter anderem aufgrund der sinkenden Attraktivität traditioneller Berufsbilder.[44] Unabhängig von einer fachlich-ästhetischen Beurteilung digitaler Begegnungsformen in der künstlerischen und pädagogischen Praxis indizieren die bisherigen Entwicklungen, dass die Nachfrage nach diesen Formen in der Zukunft mit hoher Wahrscheinlichkeit weiter steigen wird, und zwar sowohl seitens der breiten Bevölkerung als auch von Akteurinnen und Akteuren der künstlerischen und pädagogischen Tätigkeitsfelder. Daraus ergibt sich für ebendiese Akteurinnen und Akteure auch langfristig die Notwendigkeit, bei ihren Aktivitäten sowohl den physischen als auch den digitalen Raum miteinzubeziehen. Die Corona-Pandemie war als disruptive Entwicklung zugleich Treiberin und Innovatorin für die Nutzung digitaler Begegnungsformen im Rahmen künstlerischer und pädagogischer Aktivitäten.[45] Die zeitweise Ausschließlichkeit dieser Begegnungsformen während der Pandemie und die unter diesem Eindruck geäußerte Kritik bergen die Gefahr der Fehlinterpretation, dass die Gestaltung des digitalen Wandels im Kulturbereich zwangsläufig mit einer Substitution von traditionellen mit neuen Begegnungsformen verbunden sein muss. Eine Konsolidierung initialer Digitalisierungsinitiativen zielt jedoch weniger auf eine Hierarchisierung von Begegnungsformen ab. Vielmehr verfolgt sie eine nachhaltige Integration verschiedener physischer und digitaler Begegnungsformen unter Nutzung ihrer jeweiligen Potenziale.[46] Das Hochschulforum Digitalisierung, ein öffentlich finanzierter Thinktank, der sich mit der Hochschulbildung im digitalen Zeitalter auseinandersetzt, betont dabei erneut die Entwicklung gesamtstrategischer Konzepte als entscheidende Herausforderung bei der Interaktion des physischen und des digitalen Raums.[47] Für Kulturschaffende und -organisationen stellt die Entwicklung solcher Strategien und der zugehörigen Umsetzungskonzepte einen komplexen individuellen und iterativen Prozess dar.[48] Vor dem Hintergrund der vorgestellten Megatrends ist allerdings zu erwarten, dass solche Prozesse in der Zukunft einen zunehmend bedeutenden Erfolgsfaktor für die Herstellung von Begegnungen und die kulturelle Teilhabe insgesamt bilden werden.

Kultureinrichtungen: Quo vadis?

Gesellschaftliche Megatrends wie der digitale Wandel stellen individuelle Akteurinnen, Akteure und Organisationen, auch und besonders im Kulturbereich, vor die Herausforderung, sich mit einer veränderlichen Umwelt auseinanderzusetzen und dabei beständig neue Haltungen und Handlungskonzepte zu entwickeln. Doch trotz der eindeutigen Handlungsnotwendigkeit werden menschliche Konflikte zwischen dem Bewahren bestehender Praktiken und Umgangskulturen und ihrer Veränderung im Angesicht zukünftiger Lebenswelten selten von einer pragmatisch-sachlichen Perspektive bestimmt. Obwohl diese Konflikte, ebenso wie Megatrends, alle gesellschaftlichen Bereiche umfassen, bietet besonders der Kulturbereich einen vielversprechenden Raum für eine Auseinandersetzung, die auch soziale, kulturelle und politisch-ideologische Dimensionen miteinbezieht. Bei der Reflexion künstlerischer und pädagogischer Praxis im Kontext des digitalen Wandels bedürfen diese Dimensionen besonderer Aufmerksamkeit.

Die volatile, unsichere, komplexe und mehrdeutige Natur gesellschaftlicher Veränderungsprozesse erschwert ein Handeln auf Basis hierarchischer, strukturorientierter Denkmuster.[49] Seit der Jahrtausendwende implementieren Organisationen daher zunehmend ressourcenbasierte Ansätze, die eine iterative Gestaltung von Situationen und Sachverhalten im Kontext unsicherer Umgebungen vermitteln.[50] Die Unsicherheit kann nicht reduziert werden, jedoch ermöglicht die zielorientierte Aktivität, im Bewusstsein der eigenen Ressourcen, den Erhalt der eigenen Handlungsfähigkeit im Kontext der Veränderung.

Für die Herstellung gleichwertiger Lebensbedingungen in ruralen und urbanen Räumen definierte das unter anderem in der Musikakademie Sachsen-Anhalt Kloster Michaelstein durchgeführte Förderprogramm „Landmusik" den gesellschaftlichen Zusammenhalt als klare Zielvorstellung, welche mithilfe der spezifisch vorhandenen kulturellen Ressourcen bearbeitet werden soll. Diese Herangehensweise lässt sich auf einen größeren Kontext gesellschaftlicher Transformation übertragen. Der zwischenmenschliche Austausch und der gesellschaftliche Zusammenhalt können dabei, unabhängig von Begegnungsformen und Medien, als übergeordnete Ziele kultureller Arbeit im Kontext gesellschaftlicher Megatrends definiert werden. Die zur Verfügung stehenden Ressourcen zur Gestaltung dieser Prozesse ergeben sich aus der Aufarbeitung, Pflege und Vermittlung des kulturellen Erbes sowie aus den darauf aufbauenden künstlerischen und pädagogischen Aktivitäten und der Pluralität verschiedener Formen der zwischenmenschlichen Begegnung. Aus dieser Perspektive betrachtet stellt das Förderprogramm „Landmusik" anschaulich die wertvollen Ressourcen sowie die vielseitigen Potenziale heraus, die traditionsreiche Kultureinrichtungen wie die beteiligten Musikakademien durch die Innovation neuer Formen der Begegnung bei der aktiven Mitgestaltung von Kulturen zukünftiger Gesellschaften entfalten.

1   Yuval Noah Harari, Sapiens. A brief history of humankind, London 2015, S. 46.
2   Ebd., S. 451 ff.
3   Hartmut Rosa, Weltbeziehungen im Zeitalter der Beschleunigung. Umrisse einer neuen Gesellschaftskritik, [2]Berlin 2013, S. 14.
4   Annette Jagla, Gestaltung statt Prognose. Mit Effectuation die Zukunft erfinden, in: Handbuch Kulturmanagement 65, 2019, S. 36.
5   Forschungsperspektiven zu zukünftigen Entwicklungen von Organisationen und Einzelakteurinnen wie -akteuren liefern unter anderem: John O'Hagan/Karol J. Borowiecki, Orchestrating change. The future of orchestras post COVID-19, in: Elisa Salvador/Trilce Navarrete/Andrej Srakar (Hrsg.), Cultural Industries and the Covid-19 Pandemic. A European Focus, London 2021, S. 254–267. – Diana Tolmie, 2050 And beyond: A futurist perspective on musicians' livelihoods, in: Music Education Research 22/5, 2020, S. 596–610.
6   Nathan Bennett/G. James Lemoine, What a difference a word makes: Understanding threats to performance in a VUCA world, in: Business Horizons 57/3, 2014, S. 311–317. – Pierre-Michel Menger, Artistic Labor Markets and Careers, in: Annual Review of Sociology 25, 1999, S. 541–574.
7   Lia Becher/Amayu W. Gena/Hayder Alsaad/Bernhard Richter/Claudia Spahn/Conrad Voelker, The spread of breathing air from wind instruments and singers using schlieren techniques, in: Indoor Air 31/6, 2021, S. 1798–1814. – Nathalie Charlotte, High Rate of SARS-CoV-2 Transmission Due to Choir Practice in France at the Beginning of the COVID-19 Pandemic, in: Journal of Voice 37/2, 2020, S. 292.e09–292.e14. Online unter: <https://doi.org/10.1016%2Fj.jvoice.2020.11.029> [13.03.2023].
8   Dazu ausführlich: Walter W. Powell/Paul J. DiMaggio (Hrsg.), The New Institutionalism in Organizational Analysis, Chicago 1991.
9   Begriffsprägung insbesondere durch: Lynne G. Zucker, Institutional Theories of Organization, in: Annual Review of Sociology 13/1, 1987, S. 443–464. Siehe außerdem: Johannes Leitner/Michael Meyer, Organizational Slack and Innovation, in: Elias G. Carayannis (Hrsg.), Encyclopedia of Creativity, Invention, Innovation and Entrepreneurship, New York 2013, S. 1412–1419.
10 Die Auswirkungen gesellschaftlicher Liberalisierung und Individualisierung auf die distinktionsorientierte Soziologie der Kunstrezeption von Bourdieu beschreibt: Gerhard Schulze, Die Erlebnisgesellschaft. Kultursoziologie der Gegenwart, [6]Frankfurt am Main 1996.
11 Birgit Mandel/Annette Zimmer, Die Krise der darstellenden Künste und die Rolle der Kulturpolitik, in: Birgit Mandel/Annette Zimmer (Hrsg.), Cultural Governance, Wiesbaden 2021, S. 3.
12 John Naisbitt, Megatrends. Ten new directions tranforming our lives, New York 1982.
13 Stefan Hajkowicz, Global megatrends. Seven patterns of change shaping our future, Victoria 2015, S. 14.
14 Ebd., o. S.
15 Zu diesen Ergebnissen kam der am 9. April 2020 online abgehaltene „Global Foresight Summit – The Great Pause" im Jahr 2020, unter anderem ausführlich aufbereitet im Abschlussbericht der Konferenz. Siehe: <https://www.globalforesightsummit.com/> [05.12.2022]. Dazu auch: Hajkowicz, Global megatrends (wie Anm. 13), S. 33–42.
16 Mandel/Zimmer, Krise der Künste (wie Anm. 11), S. 2.
17 Ebd., S. 3
18 Ebd., S. 2. Außerdem: Birgit Mandel, Theater in der Legitimationskrise? Interesse, Nutzung und Einstellungen zu den staatlich geförderten Theatern in Deutschland – eine repräsentative Bevölkerungsbefragung, Hildesheim 2020, S. 32–37.
19 Deutsche Orchestervereinigung e. V., Orchester 2030. Kommunal- und Staatsorchester in Deutschland: Nachhaltige Strukturen, Finanzierung, Entwicklungspotenziale, [5]Berlin 2021, S. 9; S. 20; S. 23 ff.
20 „Kultur besteht aus expliziten und impliziten Verhaltensmustern, die durch Symbole erworben und weitergegeben werden und die unverwechselbare Leistung menschlicher Gruppen darstellen, einschließlich ihrer Verkörperung in Artefakten." Im englischen Original: Alfred Louis Kroeber/Clyde Kluckhohn, Culture. A Critical Review of Concepts and Definitions. Papers of the Peabody Museum of American Archaeology and Ethnology, Harvard University 47/1, Cambridge 1952, S. 181.

21 Richard Sorg, Neues zur Geschichte der menschlichen Gesellschaft, in: Utopie kreativ 144, 2002, S. 933–938.
22 Mandel/Zimmer, Krise der Künste (wie Anm. 11), S. 3.
23 Siehe eine Pressemitteilung des Deutschen Musikrates unter dem Titel „Landmusik: Projektförderung startet –Deutscher Musikrat zahlt Fördermittel an 77 Projekte aus" vom 31. August 2021: <www.musikrat.de/aktuelles/detailseite/landmusik-projektfoerderung-startet-deutscher-musikrat-zahlt-foerdermittel-an-77-projekte-aus> [13.03.2023].
24 Siehe dazu S. 116 des Koalitionsvertrages zwischen CDU, CSU und SPD in der 19. Legislaturperiode („Ein neuer Aufbruch für Europa. Eine neue Dynamik für Deutschland. Ein neuer Zusammenhalt für unser Land") aus dem Jahr 2018: <www.bundesregierung.de/breg-de/service/archiv/alt-inhalte/koalitionsvertrag-zwischen-cdu-csu-und-spd-195906> [13.03.2023].
25 Webseite des Förderprogramms „Landmusik": <www.landmusik.org> [18.12.2022].
26 Jan Assmann, Das kulturelle Gedächtnis. Schrift, Erinnerung und politische Kultur in frühen Hochkulturen, [8]München 2018, S. 16.
27 Webseite des Förderprogramms „Landmusik": <http://www.landmusik.org> [18.12.2022].
28 Das Projekt „Die Digitale Bühne – digital-stage.org" dokumentiert laufend Praxiserfahrungen von Nutzenden zu diesem Sachverhalt auf seiner Webseite: <http://digital-stage.org> [02.12.2022].
29 Hier sind vor allem die Projekte „Jamulus" und „SonoBus" zu nennen, welche durch eine weltweite Community von ehrenamtlichen Entwicklern vorangetrieben werden, sowie „Digital Stage" und „Jacktrip", welche auf gemeinnütziger Basis arbeiten.
30 Vera Allmanritter/Oliver Tewes-Schünzel, Kulturelle Teilhabe in Berlin 2021. Einstellungen zu Kulturbesuchen und Hygienemaßnahmen während der COVID-19-Pandemie und Wiederbesuchsabsicht. kurz&knapp-Bericht 1, Berlin 2021, S. 6. Online verfügbar unter: <www.iktf.berlin/wp-content/uploads/2022/10/IKTf_kurzundknapp_Nr.1_2021_Corona-Kulturbesuche-1.pdf> [16.03.23].
31 Das Diagramm basiert auf den Erhebungen und Zahlen von: Natalie Beisch/Wolfgang Koch, Aktuelle Aspekte der Internetnutzung in Deutschland. 25 Jahre ARD/ZDF-Onlinestudie: Unterwegsnutzung steigt wieder und Streaming/Mediatheken sind weiterhin Treiber des medialen Internets, in: Media Perspektiven 10, 2021, S. 486–503. Online verfügbar unter: <www.ard-media.de/fileadmin/user_upload/media-perspektiven/pdf/2021/2110_Beisch_Koch.pdf [16.03.2023].
32 Verschiedene Perspektiven auf diese fortlaufende Debatte in Fachkreisen und Öffentlichkeit stellen unter anderem der Blog ORCHESTERLAN(D) von unisono – Deutsche Musik- und Orchestervereinigung e. V. und Birgit Mandel im SWR2 Treffpunkt Klassik am 12. Januar 2023 vor. Zum Blog: <https://orchesterland.wordpress.com> [16.03.2023]. Zum Gespräch: <www.swr.de/swr2/musik-klassik/publikumsforscherin-birgit-mandel-zum-publikumsschwund-in-der-deutschen-kultur-100.html> [30.03.2023].
33 Dazu etwa: Heribert Meffert/Christoph Burmann/Manfred Kirchgeorg/Maik Eisenbeiß, Marketing. Grundlagen marktorientierter Unternehmensführung. Konzepte – Instrumente – Praxisbeispiele, [13]Wiesbaden 2019, S. 12 ff.
34 Richard Stang/Anke Petschenka/Christine Gläser/Alexandra Becker, Der physische Raum im Kontext der Digitalisierung. Perspektiven für Lehr- und Lernraumkonstellationen an Hochschulen, in: Hochschulforum Digitalisierung (Hrsg.), Digitalisierung in Studium und Lehre gemeinsam gestalten. Innovative Formate, Strategien und Netzwerke, Wiesbaden 2021, S. 314.
35 Begriffsprägung vornehmlich durch: Peter Petersen/Else Petersen, Die Analyse des Frontalunterrichts mit Hilfe von erziehungswissenschaftlicher Aufnahme und Tatsachenliste, in: Wissenschaftliche Zeitschrift der Friedrich-Schiller-Universität Jena 3, 1954, S. 509–529.
36 Eine dezidierte Analyse der Kulturpolitik und einen strategischen Ausblick auf zukünftige Entwicklungen liefert: Deutscher Bundestag (Hrsg.), Schlussbericht der Enquete-Kommission „Kultur in Deutschland". 16. Wahlperiode. Drucksache 16/7000, Berlin 2007, S. 91 ff. Online unter: <https://dserver.bundestag.de/btd/16/070/1607000.pdf> [16.03.2023].
37 Zum Begriff: Tanja Klenk, Governance, in: Sylvia Veit/Christoph Reichard/Göttrik Wewer (Hrsg.), Handbuch zur Verwaltungsreform, Wiesbaden 2019, S. 154 ff.

38 Arthur Benz, Governance – Modebegriff oder nützliches sozialwissenschaftliches Konzept?, in: Arthur Benz (Hrsg.), Governance – Regieren in komplexen Regelsystemen. Eine Einführung, Wiesbaden 2004, S. 11–28.

39 Tobias J. Knoblich/Oliver Scheytt, Zur Begründung von Cultural Governance, in: Aus Politik und Zeitgeschichte 8, 2009, S. 34.

40 Hajkowicz, Global megatrends (wie Anm. 13).

41 Stang u. a., Der physische Raum (wie Anm. 34), S. 312 ff.

42 Seit dem Frühjahr 2020 entwickelte sich zu diesem Thema eine Debatte in der breiten Öffentlichkeit und in Fachkreisen. Empirische Daten liegen bisher nur begrenzt vor, jedoch untersucht unter anderem das Forschungsprojekt „Digital Concert Experience" seit Ende 2020 die Wirkung klassischer Kulturangebote im virtuellen Raum: <https://digital-concert-experience.org> [16.03.2023].

43 Dieses Themenfeld wurde besonders während der Schulschließungen im Rahmen der Corona-Schutzmaßnahmen teilweise sehr emotional diskutiert. Eine ausführliche Aufarbeitung dargestellter Standpunkte liefert das ifo Institut München mit einer Studie von: Ludger Wößmann/Vera Freundl/Elisabeth Grewenig/Philipp Lergetporer/Katharina Werner/Larissa Zierow, Bildung in der Coronakrise: Wie haben die Schulkinder die Zeit der Schulschließungen verbracht und welche Bildungsmaßnahmen befürworten die Deutschen, in: ifo Schnelldienst 9, 2020, S. 25–39. Online unter: <www.ifo.de/publikationen/2020/aufsatz-zeitschrift/bildung-der-coronakrise-wie-haben-die-schulkinder-die-zeit> [16.03.2023].

44 Siehe dazu einen Beschluss der Bundesversammlung des Verbandes deutscher Musikschulen, vom 3. Oktober 2020: <www.musikschulen.de/medien/doks/Positionen_Erklaerungen/koblenzer-erklaerung-beschluss-vdm-bundesversammlung-03-10-2020.pdf> [16.03.2023].

45 Stang u. a., Der physische Raum (wie Anm. 34), S. 313.

46 Dazu: Dorit Günther/Marc Kirschbaum/Rolf Kruse/Tina Ladwig/Anne Prill/Richard Stang/Inka Wertz, Zukunftsfähige Lernraumgestaltung im digitalen Zeitalter. Thesen und Empfehlungen der Ad-hoc Arbeitsgruppe Lernarchitekturen des Hochschulforum Digitalisierung. Arbeitspapier 44, Berlin 2019. Online unter: <https://hochschulforumdigitalisierung.de/sites/default/files/dateien/HFD_AP_44-Zukunftsfaehige_Lernraumgestaltung_Web.pdf> [16.03.2023].

47 Stang u. a., Der physische Raum (wie Anm. 34), S. 313.

48 Günther u. a., Lernraumgestaltung im digitalen Zeitalter (wie Anm. 46).

49 Die Entrepreneurship-Forschung eröffnet vielseitige Perspektiven zu Entscheidungslogiken und Handlungsweisen in unsicheren Umgebungen, siehe dazu etwa: Saras D. Sarasvathy/Nicholas Dew/S. Ramakrishna Velamuri/Sankaran Venkatararan, Three Views of Entrepreneurial Opportunity, in: Zoltan J. Acs/David B. Audretsch (Hrsg.), Handbook of Entrepreneurship Research. An Interdisciplinary Survey and Introduction, New York 2003, S. 141–160.

50 Jagla, Effectuation (wie Anm. 4), S. 36.

Abbildungsnachweis
satzundsieg: Abb. 1.
Sebastian Hoesel: Abb. 2.
Kulturstiftung Sachsen-Anhalt, Peter Grunwald (Foto): Abb. 3.
Digitale Bühne: Abb. 4–5.
ZPOP Education/Jonah Freigang: Abb. 6.
Steve Harvey: Abb. 7.
Andrey Metelev: Abb. 8.
Polina Kuzovkova: Abb. 9.
Jose Leon: Abb. 10.
Natalie Beisch/Wolfgang Koch, Aktuelle Aspekte der Internetnutzung in Deutschland. 25 Jahre ARD/ZDF-Onlinestudie: Unterwegsnutzung steigt wieder und Streaming/Mediatheken sind weiterhin Treiber des medialen Internets, in: Media Perspektiven 10, 2021, S. 486–503 (Datengrundlage): Abb. 11.

„Neue Wege des Schauens tun sich auf"[1]

Die Sammlung Fotografie des Kunstmuseums Moritzburg Halle (Saale)

von Jule Schaffer und Manuela Winter

Dr. Jule Schaffer (Jg. 1982) leitet seit April 2019 die Sammlung Fotografie des Kunstmuseums Moritzburg Halle (Saale). Themenschwerpunkte ihrer Forschung sind die Fotografie aus Ost-Deutschland, der 1920er Jahre sowie zeitgenössische, insbesondere konzeptuelle fotografische Ansätze. Jule Schaffer studierte von 2003–2009 Kunstgeschichte, Englische Philologie und Theater-, Film- und Fernsehwissenschaft in Köln und Sevilla. Als Stipendiatin der a.r.t.e.s. Graduate School for the Humanities Cologne und der Andrea von Braun Stiftung promovierte sie zu fotografischen Konzepten von Heiligkeit und Sakralität. Währenddessen arbeitete sie für die Gesellschaft für Moderne Kunst am Museum Ludwig, Köln, sowie als Lehrbeauftragte an der Folkwang Universität der Künste in Essen und der Kunstakademie Düsseldorf. 2015–2019 war sie als wissenschaftliche Mitarbeiterin in der Photographischen Sammlung/SK Stiftung Kultur, Köln, tätig, wo sie diverse Ausstellungsprojekte realisierte.

Manuela Winter (Jg. 1984) studierte Kunstgeschichte und Germanistische Literaturwissenschaft an der Martin-Luther-Universität Halle-Wittenberg und absolvierte im Anschluss von 2012–2014 ein wissenschaftliches Volontariat an der Städtischen Galerie Bietigheim-Bissingen. Von 2014–2020 arbeitete sie als wissenschaftliche Referentin in der Lyonel-Feininger-Galerie Quedlinburg, wo sie zahlreiche Ausstellungsprojekte in Zusammenarbeit mit der Museumsdirektion umsetzte. Seit 2020 ist Manuela Winter als Mitarbeiterin in der Sammlung Fotografie des Kunstmuseums Moritzburg Halle (Saale) tätig.

1987 begründete die Schenkung des Nachlasses von Hans Finsler (1891–1972) die Sammlung Fotografie des Kunstmuseums Moritzburg Halle (Saale). Finsler, berühmt für seine Aufnahmen im Stil des „Neuen Sehens" und der „Neuen Sachlichkeit", war der Stadt Halle eng verbunden, da er in den 1920er Jahren an der Burg Giebichenstein Kunsthochschule Halle (im Folgenden: BURG) die erste Fotoklasse für Sachfotografie an einer Kunstakademie initiiert hatte. Die Auseinandersetzung des Museums mit dem „neuen" Medium Fotografie reicht jedoch sehr viel weiter zurück: Bereits vor über 100 Jahren, am Ende des 19. Jahrhunderts – und damit außergewöhnlich früh innerhalb der deutschen Museumslandschaft –, belegen die Jahresberichte der Stadtverwaltung Halle (Saale) wiederholt Ausstellungen zeitgenössischer Kunstfotografie.[1] Vom 15. Juli bis zum 5. August 1900 zeigte das Museum eine Fotoausstellung, in der man unter anderem Aufnahmen des Piktorialisten Hugo Henneberg (1863–1918) präsentierte. Seit den 1880er Jahren versuchten ambitionierte Amateure, Fotografie als Kunst zu etablieren. Sie orientierten sich stilistisch an der Malerei und den grafischen Künsten.[2] Henneberg war der Ehemann von Marie Henneberg (1851–1931), deren Porträt von Gustav Klimt (1862–1918) heute zu den Highlights der Sammlung des Museums gehört.[3] Im Kontext der Ausstellungen fanden über die Jahre auch einzelne Erwerbungen statt. So ist etwa von Henneberg der Ankauf eines Gummidrucks dokumentiert, der jedoch im Bestand des Kunstmuseums Moritzburg Halle (Saale) nicht mehr nachweisbar ist. Immer noch vorhanden sind wiederum fünf wertvolle Fotografien von Lyonel Feininger (1871–1956), die im Zuge seiner berühmten Halle-Bilder um 1929 entstanden.

Weitere Abzüge wurden später vereinzelt erworben und zunächst in der Grafischen Sammlung verwahrt, so etwa mehrere Aufnahmen von Hugo Erfurth (1874–1948), die den Maler und Zeichner Josef Hegenbarth (1884–1962) zeigen (Abb. 2).[4] Erfurth, in Halle (Saale) geboren, machte sich ab 1893 insbesondere im Großraum Dresden als Fotograf einen Namen. Seine Porträtfotografien der gesellschaftlichen Größen seiner Zeit aus Kunst und Kultur, Wirtschaft und Politik zeichnen sich durch einen oft sachlichen Stil aus, der psychologisierend Charaktereigenschaften der Porträtierten herausarbeitet und in der Umsetzung auf kunstvolle Techniken wie Pigment- oder Bromöldrucke zurückgreift. Die fotografischen Porträts von Josef Hegenbarth sind Paradebeispiele für Erfurths Schaffen und in der Zusammenschau virtuos in der spielerischen Darstellung verschiedener Charakterzustände. Mit Gründung der Sammlung Fotografie am Ende der 1980er Jahre gingen diese Blätter in das neu eröffnete fotografische Inventar über.

Seit den 1970er Jahren wurden zudem Ausstellungen zur Kultur und Geschichte der bildkünstlerischen Fotografie gezeigt, beispielsweise 1983 zu Gottfried Riehm (1858–1928).[5] Bereits 1978 hatte die innovative Präsentation „Medium Fotografie. Eine Ausstellung zur Kulturgeschichte der Fotografie" in Halle (Saale) einen umfassenden Einblick in die vielfältige Entwicklung der künstlerischen Fotografie gegeben – ein Projekt mit internationaler Ambition und Resonanz sowie die erste Ausstellung dieser Art in der DDR.[6] Die Schau schlug einen großen Bogen durch die deutsche und internationale Fotogeschichte, von Hermann Krone (1873–1916) über August Sander (1876–1964) bis zu damals zeitgenössischen Positionen wie Günter Rössler (1926–2012), Wolfgang G. Schröter (1928–2012) und Christian Borchert (1942–2000).

Die Etablierung einer eigenen fotografischen Sammlung in den 1980er Jahren erscheint vor dem Hintergrund dieser Aktivitäten folgerichtig. Sie ging zudem einher mit einer zunehmenden Musealisierung der künstlerischen Fotografie in Gesamtdeutschland.[7] In den folgenden Jahrzehnten wuchs die Sammlung auf heute etwa 80 000 Objekte an – eine Anzahl fotografischer Schätze, Entdeckungen, Meisterwerke und Einzelstücke, die sich schwerlich in Gänze greifen lässt und je nach Perspektive stets neue Blickwinkel eröffnet. Einen kleinen Kompass zur Erschließung dieser fotografischen Vielfalt mittels Einführung in größere

Bereiche, Konvolute, Exemplarisches und nicht zuletzt die Projekte und Aktivitäten der Fotosammlung des Kunstmuseums Moritzburg Halle (Saale) bildet dieser Beitrag.

Sammlungsschwerpunkte: Vom „Neuen Sehen" über Fotografie in der DDR bis zum konzeptuellen Bildansatz

Mit der großzügigen Schenkung des Nachlasses von Hans Finsler durch dessen Tochter Regula Lips-Finsler (1921–2007) im Jahr 1987 war ein wesentlicher Schwerpunkt der Sammlung Fotografie etabliert: Das „Neue Sehen" und die Neue Sachlichkeit der 1920er Jahre legten einen Grundstein, der zum Schwerpunkt der klassischen Moderne in der übrigen Museumssammlung parallel läuft. Finsler war 1922 nach Halle (Saale) gekommen und hatte zunächst an der BURG als Bibliothekar gearbeitet. Mit Blick auf die seines Erachtens schlecht umgesetzte fotografische Darstellungspraxis der BURG-Erzeugnisse, die sich lediglich an klassischen Studiotraditionen orientierte, jedoch den Objekten nicht gerecht wurde, hatte er sich der Fotografie als Amateur zugewandt.[8]

In der Folge entwickelte er eine eigene Bildsprache und einen fotografischen Stil, den er als „optische Grammatik"[9] artikulierte. Das Ziel war, mit den Mitteln der Fotografie die Dinge so darzustellen, dass sie in ihrer Funktion und ihrer Materialität erkennbar wurden. 1928 zeigte Hans Finsler unter dem Titel „Neue Wege der Photographie" im Roten Turm auf dem halleschen Marktplatz eine erste Essenz dieses Schaffens.

Die Bedeutsamkeit der neuen fotografischen Tendenzen zu ihrer Zeit hob der Kunstkritiker Ernst Dannehl (Lebensdaten unbekannt) in den „Hallischen Nachrichten" 1928 in seiner Rezension zu Finslers Ausstellung hervor. Die Vehemenz der neuen Bildsprache in ihrer Wirkung auf die zeitgenössischen Betrachterinnen und Betrachter verdeutlicht ein längeres Exzerpt aus dieser Besprechung:

Abb. 3   Hans Finsler, Hände beim Staniolieren, 1927/28. Silbergelatine, 300 × 197 mm. Kulturstiftung Sachsen-Anhalt, Kunstmuseum Moritzburg Halle (Saale), Inv.-Nr. MOSPhFi00050.

Abb. 4   Hans Finsler, Elektrische Birne, 1928. Silbergelatine, 127 × 92 mm. Kulturstiftung Sachsen-Anhalt, Kunstmuseum Moritzburg Halle (Saale), Inv.-Nr. MOSPhFi00693.

„Was ist das? Neue Wege? Ja, geht nur hin! Wirklich etwas ganz Neues, Andersgeartetes, als man bisher zu sehen bekam. Zunächst >Sachphotographie<: Sie sehen allerlei Gewebe: Seiden-, Woll-, Handgewebe, Tüll, alles in Originalgröße, also als sähe man selbst mit den Augen der Kameraoptik, nicht mehr eine Aufnahme aus gewisser Entfernung, die als mehr oder weniger künstlerisch behandeltes Bild auftritt. Das ist das erste Neue, was einem übrigens erst allmählich [...]. Man wundert sich schon nicht mehr, dass nun ein Bild einen elektrischen Schalter, einen Steckkontakt mit Stecker und Schnur zeigt, oder eine Glühbirne, eine Fassung. Wie entsteht plötzlich die >Sachlichkeit< dieser Dinge, die ja einfach schön sind. Wussten Sie schon etwas von einer Schönheit dieser so nebensächlichen, untergeordneten Dinge? Dann Arbeitsvorgänge. Ein Bild heißt >Ciselieren<. Wir sehen eine Schale, halb fertig ziseliert, eine Hand hält ein Ziseliereisen, die andere ein Hämmerchen darüber, das eben leicht zuschlagen will. [...] >Staniolieren<: jetzt wird es schon fast unheimlich, was für Augen man bekommt; eine Schachtel voll Konfekt, schwarz, mattglänzend, zwei Hände (was für beseelte, lebendige Finger!). Ein selbstständig arbeitendes Wesen ist das geworden, die matte, schwarze Kugel hat zur Hälfte ein glitzerndes Kleid an. Das war der stärkste Eindruck. Das ist etwas Neues: Diese Arbeitsvorgänge haben ja eine unheimlich seelische Sprache, Schönheit ist in ihnen. [...] Und nun auch Baulichkeiten, Teile von Kirchen, moderne Fabrikarchitektur. Da die Cröllwitzer Brücke, von oben gesehen, plötzlich steht sie schief, macht einen Sprung in der Bilddiagonale. Flugzeugimpressionen! >Neue Wege<! Und dann der Spiegel! Da liegt ein Emailhandspiegelchen und ein Kamm und man sieht ihre Kanten doppelt, er

schwebt im Raum, Umrisse geistern dazwischen: das Ganze liegt auf einer Spiegelfläche [...] Ich trete hinaus auf den Markt: ich sehe noch mit Kenneraugen: das Treppenhaus im Neubau Huth, das Gitternetz der Leitungen am Himmel, das Schwarz-Weiss des Rathauses wird unheimlich lebendig. Neue Wege des Schauens tun sich auf."[10]

Das so Neue dieser innovativen Fotografie waren geänderte Perspektiven, der Fokus auf alltägliche Objekte und Arbeitsprozesse, die in ihrer Wesenhaftigkeit herausgearbeitet werden sollten, und die Abkehr von einer Fotografiesprache, die malerisch-künstlerisch sein wollte, wie sie noch um die Jahrhundertwende bei den Piktorialisten oder auch den Porträts von Hugo Erfurth dominiert hatte.

Finsler avancierte in den kommenden Jahren zu einem wichtigen Protagonisten dieser neuen Bildsprache, mit Beteiligungen an so relevanten Ausstellungen wie der „Film und Foto" (1929), und Werner Gräff integrierte zwei von Finslers Aufnahmen in seine epochale Schrift „Es kommt der neue Fotograf!",[11] darunter die von Dannehl genannten „Hände beim Staniolieren" (1927/28) (Abb. 3). Dieses wesentliche Konvolut der Fotogeschichte als Museum zu übernehmen, bedeutete daher ein nicht geringes Unterfangen. Der Nachlass umfasst über 10 000 Objekte, darunter Glasplattenabzüge, Planfilmnegative, Silbergelatineabzüge und Kontaktabzüge (Abb. 3–5). Ein erster Meilenstein in der Bearbeitung dieses umfangreichen Konvoluts wurde 1991 mit einer monografischen internationalen Schau zum Schaffen Finslers erreicht.[12] Zudem gelang es T.O.Immisch, dem langjährigen Kustos der Sammlung Fotografie im Kunstmuseum Moritzburg Halle (Saale), den Schwerpunkt der Fotografie der 1920er Jahre auszubauen und so das Schaffen Finslers fundiert zu kontextualisieren.

Die Nachlässe von Gerda Leo und Heinrich Koch

Neben dem umfangreichen Nachlass Finslers gelangten so auch große Bestände seiner Schülerin Gerda Leo (1909–1993) und seines Nachfolgers Heinrich Koch (1896–1934) in das Museum. 1993 kam durch glückliche Umstände im Rahmen von Recherchearbeiten der Kontakt zu Leo zustande, die bereits in den 1930er Jahren von Deutschland in die Niederlande gezogen war. In der Folge wurden die Fotografien ihrer Zeit an der halleschen BURG dem Kunstmuseum Moritzburg Halle (Saale) übereignet.[13] Seither befinden sich im Bestand der Sammlung Fotografie 799 Abzüge, davon einige in eigens arrangierten Fotoalben, und etwa 80 Glasplatten- und Rollfilmnegative. Diese entstanden alle in dem kurzen Zeitraum von sechs Jahren, von 1926 bis 1932, in denen Gerda Leo ihre künstlerische Ausbildung erhielt und als Finslers Assistentin auch eigene Auftragsarbeiten übernahm. Ihre Aufnahmen kennzeichnen charakteristische Elemente des „Neuen Sehens": eng gefasste Bildausschnitte, Isolierung der fotografierten Objekte, Spiele von Licht und Schatten, Schärfe und Unschärfe sowie gewagte Perspektiven.[14] Besonders hervorzuheben sind vier Fotografien, die 1929 ebenfalls auf der bedeutenden Wanderausstellung „Film und Foto" gezeigt wurden und exemplarisch ihren Bildansatz verdeutlichen. So wirken die „Lederhandschuhe" (1929), als wäre man gerade aus ihnen herausgeschlüpft (Abb. 6). Noch in der Handgeste geformt, ruhen sie auf hellem Grund, genauestens drapiert und mit Seitenlicht bestens ausgeleuchtet. Leo setzt in dieser Fotografie im Stil des „Neuen Sehens" den von Finsler postulierten Anspruch der Objektdarstellung mit fotografischen Mitteln par excellence um: Das Motiv wird auf das Wesentliche reduziert, was der eng gefasste Ausschnitt ohne jegliches Raumgefüge unterstreicht. Alle Seiten werden visualisiert: Der rechte Handschuh zeigt den Handrücken, der linke die Innenfläche, die noch vor dem Handgelenk beschnitten

Abb. 5   Hans Finsler, Gestreifter Crêpe, 1934/35. Silbergelatine, 388 × 291 mm. Kulturstiftung Sachsen-Anhalt, Kunstmuseum Moritzburg Halle (Saale), Inv.-Nr. MOSPhFi00644.

Abb. 6   Gerda Leo, Lederhandschuhe, 1929. Silbergelatine, 96 × 138 mm. Kulturstiftung Sachsen-Anhalt, Kunstmuseum Moritzburg Halle (Saale), Inv.-Nr. MOSPh01784(92).

und somit nur in Teilen sichtbar ist. Mit bestechender Schärfe fühlt man fast die feinen Rillen des ledrigen Stoffes. Der Schattenfall betont die Dreidimensionalität des Handschuhs. Bildschärfe, Ausschnitthaftigkeit und Graustufenwerte visualisieren meisterhaft Form und Funktion des Objekts.

Aller guten Dinge sind drei: Kurze Zeit darauf konnte der Nachlass von Heinrich Koch als Dauerleihgabe der Arkudes Foundation, Köln, für die fotografische Sammlung gewonnen werden. Die 227 Silbergelatineabzüge komplettieren mit den 80 Fotografien aus Ankäufen und Schenkungen den Bestand von Koch im Kunstmuseum Moritzburg Halle (Saale). Koch war zunächst Schüler Finslers und folgte zum Ende des Wintersemesters 1931/32 mit Finslers Weggang in die Schweiz auf ihn als Leiter der Fotoklasse an der BURG. Wie bei Gerda Leo war Kochs Schaffenszeit begrenzt: Von 1929 bis zu seinem tragischen Unfalltod 1934 schuf er ein Œuvre, das in der Stilistik dem „Neuen Sehen" verhaftet ist. Seine ausdrucksstarken Porträts und präzisen Sachaufnahmen, etwa von Stoffen, beweisen das eindrücklich: Enge Bildausschnitte, eine intelligente Lichtführung und Objekte, deren Inszenierung die Materialität bezeugen, sind nur einige Elemente in Kochs Fotografien (Abb. 7).[15]

Anders gesehen: Konstruktivismus und Surrealismus in der Sammlung Fotografie

Neben den großen Nachlässen konnten im Laufe der Jahre zentrale Einzelbilder der Moderne für die Fotosammlung erworben werden. Sie stellen wichtige Ergänzungen zur Sammlung dar und bieten einen Einblick in die breitere Kunstproduktion der Zeit, darunter Konstruktivismus und Surrealismus. So etwa das „Selbstporträt als Konstrukteur" (1924) von Lasar Markowitsch Lissitzki (Abb. 8), besser bekannt als El Lissitzky (1890–1941), sowie zwei Vorstufen des Bildes.[16] Auch hier zeigt sich eine dezidierte Hinwendung zur Sachlichkeit, wie Sophie Lissitzky-Küppers (1891–1978) betonte: „Der Zirkel und das Lineal vertrieben die Seele und die metaphysischen Spekulationen. Die Konstruktivisten […] traten auf. Sie sehen mit mehr Klarheit in die Zeit. Sie flüchten nicht ins Metaphysische… Sie wollen Sachlichkeit, wollen für tatsächliche Bedürfnisse arbeiten. Sie fordern wieder den kontrollierbaren Zweck in der künstlerischen Produktion."[17]

Neben diesen konstruktivistischen Arbeiten beinhaltet die Sammlung einige Fotobuchpreziosen aus dem Bereich der surrealistischen Kunst an der Grenze zwischen Fotografie und Literatur. Claude Cahun (1894–1954) war in der deutschen Kunstrezeption lange Zeit unterrepräsentiert, was überrascht, agierte Cahun doch inmitten der bekannten Surrealisten und französischen Denker der ersten Hälfte des 20. Jahrhunderts wie André Breton (1896–1966), René Crevel (1900–1935), Lise Deharme (1898–1980), Robert Desnos (1900–1945), Henri Michaux (1899–1984), Sylvia Beach (1887–1962), Georges Bataille (1897–1962) und Jacques Lacan (1901–1981). Ihr Künstlerbuch „Aveux non avenus" erschien nach zehnjähriger Arbeit 1930 in den „Éditions du Carrefour" von Pierre G. Lévy (1894–1945) in Paris (Abb. 9) und verdeutlicht die lebenslange Auseinandersetzung Cahuns mit dem eigenen Körper, die Grenzauflösung von Mann und Frau mit nichtbinärer oder genderfluider Geschlechtsidentität, ihr offenes Lesbisch-Sein und die weit vorausgreifenden, modernen Ansichten des von Cahun gelebten Frauen- oder besser Menschenbildes. Eine erste kleine Annäherung (und Bewegung gegen das Vergessen) an diesen schreibenden, fotografierenden, schauspielernden, bis zum Widerstand gegen den Faschismus politisch aktiven Menschen seitens des Landeskunstmuseums konnte am 4. Juni 2021 mit einem Blogbeitrag initiiert werden.[18] Ebenfalls im Bereich des Surrealismus war der Fotograf Hans Bellmer (1902–1975) tätig, der die Auseinandersetzung mit dem Körper in eine abstrahierend vom Fetisch getriebene Richtung praktizierte. Seine gebauten, fragmentierten, neu zusammengesetzten, inszenierten und schließlich fotografierten Puppenkörper

Abb. 7   Heinrich Koch, Holzstapel, um 1930. Silbergelatine, 159 × 238 mm. Kulturstiftung Sachsen-Anhalt, Kunstmuseum Moritzburg Halle (Saale), Dauerleihgabe der Arkudes Foundation, Köln, Inv.-Nr. LGSPhK4162.

Abb. 8   El Lissitzky, Selbstporträt (Konstrukteur), 1924. Estate Print, Silbergelatine, 228 × 163 mm. Kulturstiftung Sachsen-Anhalt, Kunstmuseum Moritzburg Halle (Saale), Inv.-Nr. MOSPh00062.

fächern ein sehr eigenes, teils verstörendes Bildspektrum auf, das vielen Surrealisten als Inspirationsquelle diente. Seine zwei Bücher „La Poupée" (1936) und „Les Jeux de la Poupée" (1949) konnten 2005/06 als Highlights für die Sammlung erworben und mit weiterem Material ergänzt werden.

Das Bildarchiv des Fotokinoverlages

Eine ähnlich umfassende Herangehensweise leitete die Sammlungstätigkeit mit Bezug zum fotografischen Schaffen zu Zeiten der DDR. Dieses ist in der Sammlung durch umfangreiche Konvolute vertreten – wenige andere Museen können auf ähnliche Bestände zurückgreifen. So beherbergt das seit 1992 in der Sammlung Fotografie verwahrte Bildarchiv des VEB Fotokinoverlags Leipzig circa 30 000 fotografische Abzüge von professionellen Fotografinnen und Fotografen sowie Amateurinnen und Amateuren.[19] Der Fotokinoverlag konnte auf eine traditionsreiche Auseinandersetzung mit dem Medium Fotografie zurückblicken: Bereits 1839 hatte die Vorgängerinstitution im Verlag von Georg Carl Knapp (1753–1825) das erste Buch zur Fotografie in Deutschland herausgebracht. Bis 1957 wuchs der Wilhelm Knapp Verlag zum bedeutendsten Fachverlag für fotografische Sachbücher – angesiedelt in Halle (Saale). Insbesondere die Zeitschrift „Die Fotografie" entwickelte sich nach Übernahme beziehungsweise Transformierung des VEB Wilhelm Knapp Verlag zum VEB Fotokinoverlag zum führenden Fotoorgan der DDR. Die im Bildarchiv vorhandenen Abzüge weisen oftmals direkte Referenzen zu den einzelnen Ausgaben der Zeitschrift auf und bieten

somit gehaltvolles Recherchematerial für vielfältige Forschungsprojekte zum künstlerisch orientierten fotografischen Schaffen in Ostdeutschland.

Ein Beispiel: Sibylle Bergemann (1941–2010) stellte 1975 ihre später als „Mutter und Kind" betitelte Serie zu den vielschichtigen Beziehungen zwischen Frauen und ihren Kindern vor (Abb. 10).[20] Text und Bildmaterial skizzieren das Projekt in einer Frühphase seiner Entstehung, die vorhandenen Abzüge geben wertvolle Hinweise auf zur Serie gehörende Motive. Ebenfalls im Bildarchiv vertreten sind Klassiker der Fotografie, wie etwa Karl Blossfeldt (1865–1932), dessen stilisierte Pflanzenmotive in der Geschichte der Fotografie vielfach kopiert oder adaptiert wurden.[21]

Abb. 9   Claude Cahun, Moi-même, 1930. Heliogravüre (Fotomontage), 150 × 103 mm. In: Claude Cahun / Suzanne Malherbe, Aveux non avenus. Éditions du Carrefour, Paris 1930, Taf. 3. Kulturstiftung Sachsen-Anhalt, Kunstmuseum Moritzburg Halle (Saale), Inv.-Nr. MOSPh02572.

Abb. 10   Sibylle Bergemann, Thea und Mathias, aus der Serie „Mutter und Kind", um 1975. Handabzug auf Silbergelatinepapier, 245 × 163 mm. Kulturstiftung Sachsen-Anhalt, Kunstmuseum Moritzburg Halle (Saale), Dauerleihgabe Fotokinoverlag, Leipzig, Inv.-Nr. MOFK01077.

Die Gesellschaft für Fotografie und wichtige Positionen der 1980er Jahre

Die knapp 10 000 Werke umfassende Bildersammlung der Gesellschaft für Fotografie im Kulturbund der DDR (GfF) kam Mitte der 1990er Jahre in die Sammlung und ergänzt den Schwerpunkt der im Osten Deutschlands produzierten Fotografie. Die GfF ging 1982 aus der Zentralen Kommission für Fotografie hervor und sollte das fotografische Schaffen in der DDR regulieren.[22] Sie vergab unter anderem Förderaufträge, sammelte aber auch in anderen Zusammenhängen eingereichte Bilder, etwa für Gruppenausstellungen oder Wettbewerbe. Insbesondere die Projektförderungen umfassen für das fotografische Schaffen der 1980er Jahre äußerst relevante Positionen und ermöglichten die Realisierung freier Projekte.

Darunter sind beispielsweise die poetischen Stillleben von Manfred Paul (Jg. 1942) (Abb. 11).[23] Mit der Großformatkamera aufgenommen, zeigen sie kontemplative Konstellationen, Motive mit Obstschüsseln und Kabeln, die wie drapiert wirken und doch gefundene Alltagsmomente festhalten. Die vergleichend beobachtenden „Familienporträts" Christian Borcherts entstanden Mitte der 1980er Jahre. Mit gleichbleibenden Kamera-Einstellungen entwarf er eine Art fotografisches Sozialporträt der Gesellschaft.[24] Barbara Köppes (Jg. 1942) umfangreiches Projekt „15 Versuche über Frauen in künstlerischen Berufen, 1982–84" stellt Frauen im Spannungsfeld zwischen kreativer Arbeit und Lebensalltag vor.[25]

Alle drei Projekte widmen sich klassischen Themen wie Familie, Beruf und Alltag, provozieren jedoch in der konkreten Umsetzung Fragen nach sozialen Konstellationen. Roger Melis (1940–2009) widmete sich ebenfalls Porträts von Kunstschaffenden, die er in sensibel inszenierten Schwarzweiß-Aufnahmen umsetzte.[26] Als Ziel seiner Porträts formulierte er, Bilder des Menschen zu schaffen, „die etwas über seinen Charakter und seine Ausstrahlung, seine Art zu denken und zu sprechen verraten"[27]. Menschenleer zeigen sich dagegen die städtischen Ansichten und urban geprägten Landschaften, die der gelernte Stadtplaner Ulrich Wüst (Jg. 1949) seit Ende der 1970er Jahre aufnimmt.[28] Stilistisch ganz anders wirkt Maria Sewcz' (Jg. 1960) eindrückliche Serie „inter esse II, Berlin 1987–1989".[29] In Bildfragmenten vermittelt sie großstädtisches (Er-)Leben in harten Kontrasten und unerwarteten Blickwinkeln und löst Fragen nach der Verortung der menschlichen Figur aus. Einen ähnlich präzisen, jedoch stilistisch anders ausagierten Blick für die Gegebenheiten des Alltags weisen die Fotografien von Evelyn Richter (1930–2021)[30] und Ursula Arnold (1929–2012)[31] auf: Wie lässt sich der Stadtraum mit der Kamera als soziales Feld erschließen?

Preziosen und Raritäten

Eigene Erwerbungen vertieften bereits in den 1980er und frühen 1990er Jahren diesen Sammlungsbereich, in Gruppen oder als Einzelzugänge. Besonders hervorzuheben ist der 1989 erfolgreich gelungene Ankauf des Gesamtkonvoluts von Helga Paris' (Jg. 1938) wichtiger Serie „Häuser und Gesichter, Halle, 1983–1985" (Abb. 12), das unter dem klingenden Titel „Diva in Grau" Kulturgeschichte schrieb.[32]

Abb. 11   Manfred Paul, ohne Titel, aus der Serie „Stillleben", 1985. Silbergelatine, 235 × 292 mm. Kulturstiftung Sachsen-Anhalt, Kunstmuseum Moritzburg Halle (Saale), Dauerleihgabe Fotokinoverlag, Leipzig, Inv.-Nr. MOFK04151.

Abb. 12   Helga Paris, ohne Titel, aus der Serie „Häuser und Gesichter. Halle 1983–1985", 1983–1985. Silbergelatine, 333 × 228 mm. Kulturstiftung Sachsen-Anhalt, Kunstmuseum Moritzburg Halle (Saale), Inv.-Nr. MOSPh00265.

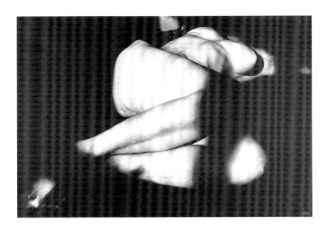

aufgefächert. Dazu gehören etwa ausdrucksstarke Aktfotografien von Tina Bara (Jg. 1962), die mit intensiven Lichtkontrasten und ungewöhnlichen Ausschnitten die abgebildeten Körper fragmentieren und sie in intimer Geste nah an den Blick heranführen (Abb. 13).[34] Auch Bilder von Eva Mahn (Jg. 1947) gehören dazu, darunter ein Selbstporträt, das sie kurz nach der Flucht ihres Partners nach West-Berlin zeigt, stark und zugleich verletzlich (Abb. 14). Als Einzelbilder und Konvolut offenbart sich hier ein wahrer Schatz der Fotokunst.

Als weiteres thematisches Konvolut konnte 1991 eine Gruppe von knapp 60 Selbstporträts von Fotografinnen und Fotografen angekauft werden, die das weite Feld des Künstlerselbstbildnisses aufschlagen. Ungewöhnlich konzeptuell sind dabei die Arbeiten von Kurt Buchwald (Jg. 1953), von dem sich weitere Serien und Einzelbilder in der Sammlung befinden. Sein fotografisches Projekt „Asphalt und Arbeit" (1985/86) etwa führt den arbeitenden Körper und die Materialien geschickt in formauflösenden Bildern zusammen, die das Fotografische als Wahrnehmungsmodus und Bildinszenierung befragen.

Bereits 1986 war deren Ausstellung in der Galerie Marktschlösschen in Halle (Saale) avisiert, die Bilder gestellt, die Kataloge produziert, die Einladungen versandt. Jedoch: Der Rat des Bezirks entschied anders; die Fotografien schienen ein zu schlechtes Licht auf die Industriestadt zu werfen. Nach mehreren Verschiebungen wurde die Präsentation schließlich abgesagt und konnte erst nach der sogenannten Wende im Januar/Februar 1990, organisiert durch das Kunstmuseum Moritzburg Halle (Saale), gezeigt und schließlich durch das Museum erworben werden. Fotografien der Stadt Halle (Saale) bildeten in der Folge einen eigenen Sammlungsschwerpunkt aus, der mit Arbeiten von Konstanze Göbel (Jg. 1950) oder der jüngsten Schenkung von Ulrich Wüst im Jahr 2022 stetig wächst.

Mitte Oktober 1989 und damit keine vier Wochen vor dem 9. November erschien der Band „DDR Frauen fotografieren. Lexikon und Anthologie",[33] der von einer Ausstellung an mehreren Orten begleitet wurde und danach fragte, inwiefern Frauen anders fotografieren. Durch eine glückliche Fügung fanden über den Kontakt zum Verleger Hansgert Lambers (Jg. 1937) die meisten der ausgestellten Arbeiten Eingang in die Sammlung Fotografie. Die Schaffensphase der 1970er und 1980er Jahre von in der DDR arbeitenden Fotografinnen wird über dieses Konvolut in qualitativ hochwertigen Auszügen exemplarisch breit

Abb. 13   Tina Bara, ohne Titel, 1989. Silbergelatine, 330 × 492 mm. Kulturstiftung Sachsen-Anhalt, Kunstmuseum Moritzburg Halle (Saale), Inv.-Nr. MOSPh00958.

Abb. 14   Eva Mahn, Selbst, 1989. Silbergelatine, 479 × 481 mm. Kulturstiftung Sachsen-Anhalt, Kunstmuseum Moritzburg Halle (Saale), Inv.-Nr. MOSPh01451.

Abb. 15   Andreas Rost, Ludwig, aus der Serie „Tacheles", 1992. Silbergelatine, 280 × 213 mm. Kulturstiftung Sachsen-Anhalt, Kunstmuseum Moritzburg Halle (Saale), Inv.-Nr. MOSPh03562.

Einen besonderen Fokus setzt die etwa 1000 Bilder umfassende visuelle Dokumentation „Fotografie und Gedächtnis", mit der Mitte der 1990er Jahre in 25 Einzelprojekten der Zustand ausgewählter Orte, Landschaften und Industriestandpunkte in Sachsen-Anhalt nach der Wende festgehalten wurde – ein kulturelles Unterfangen von hoher dokumentarischer Relevanz wie gleichermaßen eine mit Blick auf ein Archiv angelegte fotografische „Flaschenpost für die Zukunft"[35] in Schwarzweiß.

Insbesondere an den Einzelpositionen wird dabei sichtbar, dass sich die Sammlung über die historische Umbruchzeit des Jahres 1989 hinaus öffnet, auch geografisch. Arbeiten zeitgenössischer Fotografinnen und Fotografen sowohl aus dem Osten als auch aus dem Westen Deutschlands sowie internationale Positionen bilden einen eigenen, stetig wachsenden Sammlungskomplex, der Historisches anreichert und in die Zukunft führt. Positionen wie Klaus Elles (Jg. 1954) „Welt-Bilder" (1993–1999), Mattias Leupolds (Jg. 1959) Projekt „Gartenlaube" (1994) oder Thomas Florschuetz' (Jg. 1957) großformatige, vierteilige Wandarbeit „Vorhang 03" (1999–2004) bewegen sich im Feld der konzeptuell-inszenierenden Fotografie.

Eher dokumentarisch ausgerichtet sind beispielsweise die Arbeiten von Andreas Rost (Jg. 1966) und Inge Rambow (1940–1921). Letztere legte etwa mit ihrer Serie „Wüstungen" (1992) eindrückliche Aufnahmen von Tagebaulandschaften vor.[36] Großformatig zeigen sie die Zerstörung der Landschaft, die zugleich in Lila- und Brauntönen eine sehr eigene, fast poetische ästhetische Kraft entfaltet. Anders gewichtet zeigen sich die Bilder von Rost, die einem umfangreichen Konvolut von 200 Fotografien verschiedenster Serien entstammen. Das Porträt eines jungen Mannes gehört zu der Anfang der 1990er Jahre aufgenommenen fotografischen Begleitung des Kunsthauses „Tacheles" in

Berlin (Abb. 15).[37] Zehn Jahre später fotografierte Rost im Rahmen der Fußballweltmeisterschaft Menschenmassen, die hinter einem im Vordergrund parkenden Auto vorbeiziehen. Beide Reihen regen an zur Auseinandersetzung mit menschlichen Interessen. Um ganz und gar Menschliches geht es auch Ibo Minssen (Jg. 1936) mit seinen Aufnahmen des Kölner Karnevals. In Schwarzweiß-Aufnahmen bekommen die farbexplosiven Feierlichkeiten der letzten Jahre dabei etwas Historisches, an die Zeit vor Corona Gemahnendes.[38]

Sammlungserweiterungen waren und sind immer abhängig von (meist knappen) Budgets und Verfügbarkeit. Erst jüngst glückte aber der Ankauf eines konzeptuell-kuratorischen Werkkomplexes des Leipziger Fotografen Erasmus Schröter (1956–2021): Neben zwei Arbeiten aus der Serie „Contest" (Abb. 16) konnte seine Sammlung von Echt-Foto-Postkarten aus der DDR erworben werden, die er thematisch in eigens angefertigten, farbigen Rahmen zusammenstellte. In dem durch die Sammlung gesetzten internationalen Kontext verbinden sich dabei künstlerische Ansätze über Landesgrenzen hinweg. Nicht „Ost-Kunst" oder „West-Kunst" ist dabei die Devise, sondern das Gemeinschaftliche, Übergreifende verschiedener Strömungen und künstlerischer Ausdrucksformen, unabhängig von geografischer Lokalisierung und gesellschaftlichem System. So knüpft Schröters Fremdmaterialsammlung unmittelbar an einen weiteren konzeptuellen Sammlungsschwerpunkt an.

Das Fotoforum Kassel

Mitte der 2000er Jahre kam durch eine glückliche Fügung die Sammlung konzeptuelle Fotografie des Fotoforums Kassel in Form einer großzügigen Schenkung von circa 2 000 Arbeiten ins Museum. 1972 von Floris M. Neusüss (1937–2020) im Rahmen seiner Tätigkeit an der Gesamthochschule Kassel gegründet, widmete sich das Fotoforum Kassel in Ausstellungen und Projekten internationalen Tendenzen der künstlerischen Fotografie.[39] Die eng in die Lehre integrierten Aktivitäten des Forums waren zu diesem Zeitpunkt in Deutschland einmalig. Mit der aktiven Einbindung konzeptueller Ansätze aus den USA, Frankreich, Polen und anderen europäischen Ländern nahm es eine Vorreiterrolle im Bereich der experimentellen Fotografie in Deutschland ein.

So verhandelte beispielsweise 1982 die Ausstellung „Photo Recycling Photo"[40] das Thema der Wiederverwendung von bereits vorhandenem fotografischen Material. Im Begriff des Recyclings schwingen zeithistorische Themen wie Umweltschutz und -verschmutzung mit, die auch heute aktuell sind. Verschiedene Künstlerinnen und Künstler integrierten vorhandene Fotos und Bilder in ihre Arbeiten oder hinterfragten Praktiken der Bildnutzung.

Die Arbeitsgruppe Fotoforum Kassel, bestehend aus Burkhard Bensmann (Jg. 1959), Thomas Huther (Jg. 1956) und Vito Oražem (Jg. 1959) wertete etwa für ihre Arbeit „Bilder-Rhizom auf Microfiche" (1980–1982) 12 000 Fotografien aus (Abb. 17), die 1980 im Rahmen des Wettbewerbs der Firma Photo Porst „Die Minute des Jahres – Eine Nation knipst sich selbst, 21. Juni 1980, 16.00–16.01 Uhr"

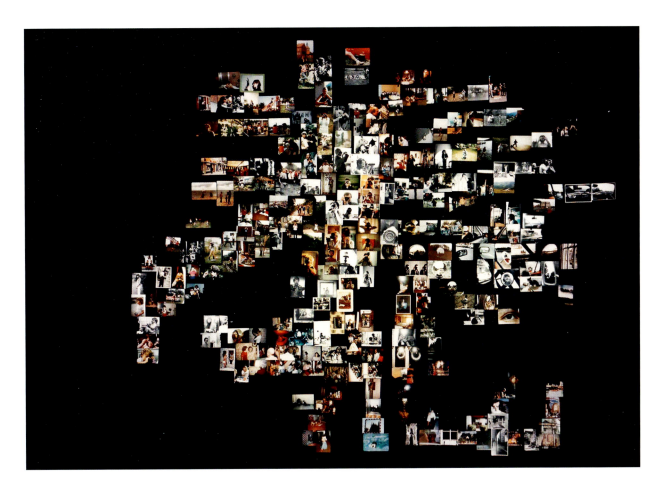

eingereicht worden waren (Abb. 18). Vier Bildcollagen fügten einzelne Themenstränge, etwa „Unser Kind", in Form einer rhizomatisch angelegten Struktur zusammen, in der jedes Bild, ausgehend von einem Knotenpunkt, miteinander in Verbindung stand. Die von Gilles Deleuze (1925–1995) und Félix Guattari (1930–1992) entworfene Philosophie zur netzartigen Struktur des Rhizoms als Ordnungsmetapher von Wissen diente als Inspirationsquelle und methodisches Vorgehen. Endmodell der vielschichten Arbeit war eine interaktive Microfiche-Installation, bei der Kunstinteressierte eingeladen waren, sich auf eine visuelle Reise durch die jeweilige Themenwelt zu begeben. Einen anderen Ansatz, um auf mediale Rezeptionsmuster aufmerksam zu machen, wählte der US-amerikanische Künstler und Kunsttheoretiker Allan Kaprow (1927–2006). In Kooperation mit der ZEIT wählte er drei Fotografien aus, die in vier Ressorts der ZEIT gleichzeitig mit jeweils anderen Bildunterschriften abgedruckt wurden.

Hinzu kommen experimentelle, die Betrachterinnen und Betrachter fordernde fotografisch basierte Arbeiten so namhafter Künstlerinnen und Künstler wie Valie Export (Jg. 1940), Bernd und Hilla Becher (1931–2007, 1934–2015), Bernhard Johannes Blume (1937–2011), Christian Boltanski (1944–2021), Hans-Peter Feldmann (Jg. 1941) und Jürgen Klauke (Jg. 1943), um nur einige zu nennen. Ähnlich umfangreich ist die experimentelle Fotografie in Deutschland wohl lediglich in der Sammlung Rolf H. Krauss in Stuttgart vertreten.

Viele weitere Schätze wären unter den etwa 80 000 Objekten der hauseigenen Sammlung zu heben, bilden die vorgestellten Positionen doch lediglich einen Bruchteil der vertretenen Künstlerinnen und Künstler ab. Die umfangreiche Tätigkeit der Sammlung Fotografie des Kunstmuseum Moritzburg Halle (Saale) verdankt sich sowohl glücklichen Fügungen, einem mutigen und präzisen konzeptuellen Vorgehen, finanziellem Spielraum für Erwerbungen, der mal mehr, mal weniger gegeben war, und insbesondere dem individuellen Engagement von Kunstsammelnden, das mit jeder Schenkung an ein Museum einhergeht. Nicht zuletzt entsteht eine Sammlung auch immer durch die Menschen, die mit und an ihr arbeiten. Besonderer Dank gilt daher dem langjährigen Gründungskustos der Sammlung, T. O. Immisch, der über Jahrzehnte Preziosen entdeckt, erschlossen und in Publikationen und Ausstellungen äußerst versiert einem größeren Publikum vermittelt hat. Ohne ihn wäre die Sammlung heute in dieser Form nicht denkbar.

Abb. 16   Erasmus Schröter, ohne Titel, aus der Serie „Contest", 2011–2018. C-Print auf Diasec, 1500 × 1200 mm. Kulturstiftung Sachsen-Anhalt, Kunstmuseum Moritzburg Halle (Saale), Inv.-Nr. MOSPh05699.

Abb. 17   Burkhard Bensmann / Thomas Huther / Vito Oražem (Arbeitsgruppe Fotoforum), Bilder-Rhizom auf Mikrofiche: Bild und Spiegelbild [Teil einer vierteiligen Arbeit], 1980–1982. C-Print, 192 × 289 mm. Kulturstiftung Sachsen-Anhalt, Kunstmuseum Moritzburg Halle (Saale), Inv.-Nr. MOSPhFFK00412.

Abb. 18   Zusammenstellung von Einsendungen zum
Wettbewerb „Die Minute des Jahres. Eine
Nation knipst sich selbst" der Firma Photo
Porst des Jahres 1980 aus dem Bestand des
Kunstmuseums Moritzburg Halle (Saale).

Eine Sammlung zeigt sich – Ausstellungshistorie

Eine fotografische Sammlung ist – genau wie andere
Museumssammlungen – kein in sich geschlossenes System. Vielmehr gelten auch hier die zentralen Museumsaufgaben: Sammeln, Bewahren, Erforschen, Vermitteln und
seit den letzten 15 Jahren auch Digitalisieren, doch dazu
später mehr. Zentrales Instrument der musealen Vermittlung
sind die Ausstellungen. Deren Begleitpublikationen dokumentieren die Tätigkeit der Sammlung und tragen diese
räumlich und zeitlich in die Welt. Bereits zu Beginn der
1990er Jahre gelangen mit den großen monografischen
Ausstellungen zu Hans Finsler, Heinrich Koch und Gerda
Leo exquisite Einblicke in die Welt des „Neuen Sehens",
die Bekanntes wie Unbekanntes eloquent zu präsentieren
wussten.

Es folgte eine Vielzahl von Personal- und Gruppenausstellungen, die sowohl die Bereiche der Sammlung abdeckten
als auch thematisch neue Wege und aktuelle Tendenzen
der Fotografie aufzeigten – oft in Kooperation mit wichtigen nationalen und internationalen Museen. Die folgende,
kleine Chronologie versteht sich bei diesem Umfang nicht
als umfassender Überblick, sondern vielmehr als subjek-
tiv gewählter Querschnitt, der Ausstellungshighlights des
Kunstmuseums Moritzburg Halle (Saale) aus mehreren
Jahrzehnten präsentiert, die repräsentativ für die Aktivitäten der Sammlung Fotografie scheinen:

- *„Das Schöne ist der Glanz des Wahren: Tendenzen der
DDR-Photographie der achtziger Jahre"* (1990): Die
noch vor der Wende konzipierte und Ende 1990
gezeigte Ausstellung war nicht nach Bildautorinnen
und Bildautoren gegliedert, sondern zeigte Arbeits-
weisen sowie Entwicklungs- und Arbeitsrichtungen
der Fotografinnen und Fotografen in den 1980er Jahren in der DDR, etwa sozialdokumentarische Projekte
(z. B. Konstanze Göbel), Medienreflexionen (z. B. Kurt
Buchwald), Inszenierungen (z. B. Claus Bach, Jg. 1956)
oder Bild-Text-Gefüge (z. B. Manfred Butzmann,
Jg. 1942).[41]

- *„Evelyn Richter. Zwischenbilanz"* (1992): Evelyn Richter
prägte mit ihrer Lehrtätigkeit an der Hochschule für
Grafik und Buchkunst in Leipzig (HGB) eine ganze
Generation von Fotografinnen und Fotografen in der
DDR. 1992 trug man ihrem Schaffen mit einer retrospektiv angelegten Ausstellung im Kunstmuseum
Moritzburg Halle (Saale) Rechnung: Der Öffentlichkeit wurde eine Übersicht präsentiert, die alle Bereiche ihrer freien fotografischen Arbeiten umfasste.[42]

- *„Arno Fischer. Photographien"* (1997): Wie Evelyn Richter
bildete Arno Fischer an der HGB in Leipzig auch eine
ganze Generation von Fotografinnen und Fotografen
in der DDR aus. In der großen monografischen Ausstellung 1997 im Kunstmuseum Moritzburg Halle (Saale)
wurde erstmalig neben seinen Reisebildern die Serie
„Situation Berlin" vorgestellt.[43]

- *„Chimaera. Aktuelle Photokunst aus Mitteleuropa"* (1997):
Länderübergreifend wurden Tendenzen, Wechselwirkungen, Parallelen und Unterschiede in der zeitgenössischen Fotografie in Mitteleuropa in einer Ausstellung
aufgezeigt. Ein internationales Kuratoren-Team aus
den beteiligten Ländern Slowakei, Polen, Ungarn, Tsche-
chien, Österreich und Deutschland wählte 16 Künstlerinnen und Künstler aus, die Themen um das kollektive
Gedächtnis mit dem menschlichen Körper verflochten
hatten.[44]

- *„Recollecting a Culture: Photography and the Evolution
of a Socialist Esthetic in East Germany"* (1998): Zusammen mit John P. Jacob und dem Photographic Resource
Center at Boston University wurde versucht, die Geschichte der Fotografie in der DDR anhand publizier-
ter Bilder von Amateur-, Berufs- und Pressefotografin-
nen und -fotografen zu interpretieren. Grundlage für
die Recherchen war vor allem die vom Fotokinoverlag
Leipzig verlegte Zeitschrift „Die Fotografie". Folglich
speiste sich die Ausstellung aus dem Bestand des
Fotokinoverlages, der seit 1991 im Kunstmuseum
Moritzburg Halle (Saale) beherbergt ist, unter anderem
mit Fotografien von Richard Peter senior (1895–1977),
Karl Heinz Mai (1920–1964), Ute Mahler (Jg. 1949),
Matthias Leupold (Jg. 1959) und Sven Marquardt
(Jg. 1962).[45]

- *„Ist die Photographie am Ende? Aktuelle Photo- und Medienkunst"* (2000): Im April 2000 fand in Halle (Saale) ein Symposion der Deutschen Gesellschaft für Photographie e. V. statt, welches sich der Situation der Fotografie im Kontext von Kunst und Medien widmete; korrespondierend hierzu die Ausstellung im Kunstmuseum Moritzburg Halle (Saale) als Spielwiese von über 30 internationalen Positionen mit der ganzen Bandbreite zwischen analog und digital, zwischen realitätstreu und frei erfunden, zwischen traditioneller Kunst und multimedialer Grenzüberschreitung.[46]

- *„Ursula Arnold. Belle Tristesse"* (2000): Ursula Arnold lebte lange Zeit zurückgezogen, hatte aber seit ihrer Studienzeit ständig fotografiert – eher im eigenen Auftrag, ohne an Veröffentlichung zu denken. 2000 konnten erstmals umfangreiche Teile aus ihrem Gesamtwerk im Kunstmuseum Moritzburg Halle (Saale) ausgestellt werden. Der ab 1956 in Leipzig entstandenen Serie von Straßenszenen kam dabei besondere Bedeutung zu. Auf die Zusammenarbeit aufbauend, konnte später eine Reihe von Arbeiten für die Sammlung Fotografie erworben werden.[47]

- *„Do not Refreeze: Photography Behind the Berlin Wall"* (2007): In Kooperation mit den UH Galleries in Hatfield (UK), nördlich von London gelegen, wurde für 2007 eine Wanderausstellung für England konzipiert, die Fotografien der 1960er und 1970er Jahre aus der DDR mit Fokus auf den poetischen und den sozialdokumentarischen Bereich zeigte. Die Arbeiten von Ursula Arnold, Sibylle Bergemann, Arno Fischer, Helga Paris, Evelyn Richter, Erasmus Schröter, Gundula Schulze Eldowy (Jg. 1954), Maria Sewcz und Ulrich Wüst kamen aus den Beständen der Sammlung Fotografie und ergänzten Leihgaben der Künstlerinnen und Künstler.[48]

- *„Die zweite Avantgarde. Das Fotoforum Kassel 1972–1982"* (2007): Die Ausstellung verstand sich als großer öffentlicher Auftakt für die Schenkung der Sammlung konzeptuelle Fotografie des Fotoforums Kassel. Impulsgeber war Floris M. Neusüss, der sich ein Archiv und eine Sammlung namhafter und weniger bekannter Fotokünstlerinnen und Fotokünstler aufbaute. So bildete die konzeptuelle westdeutsche und internationale Fotografie nach 1945 den Kern der Präsentation.[49]

- *„Nickolas Muray. Double Exposure"* (2015): Als erstes Museum in Deutschland stellte das Kunstmuseum Moritzburg Halle (Saale) das Schaffen des amerikanischen Fotografen Nickolas Muray (1892–1965) vor. Die retrospektiv angelegte Schau würdigte mit mehr als 200 Schwarzweiß- und Farbfotografien das beeindruckende Werk, welches sowohl in der Porträt- als auch in der sich Anfang des 20. Jahrhunderts herausbildenden Werbefotografie wegweisende Maßstäbe setzte.[50]

- *„Reflections of India. Fotografien von Manfred Paul, Manjari Sharma, André Wagner"* (2017): Im Zentrum der Ausstellung standen die drei fotografischen Positionen von Manfred Paul, Manjari Sharma (Jg. 1979) und André Wagner (Jg. 1980). Die unabhängig voneinander, in verschiedenen Kontexten und unterschiedlichen gesellschaftlichen Rahmen entstandenen Aufnahmen weisen erstaunliche Gemeinsamkeiten, aber auch Unterschiede auf und ermöglichten einen faszinierenden Blick auf Indien in der jüngeren Vergangenheit und Gegenwart.[51]

- *„Ins Offene. Fotokunst im Osten Deutschlands seit 1990"* (2018): Anknüpfungspunkte der Ausstellung „Ins Offene" waren künstlerische Fragestellungen und Positionen der in der Berlinischen Galerie 2012 / 2013 gezeigten Schau „Geschlossene Gesellschaft". Anhand von mehr als 400 Fotografien von 20 Fotografinnen und Fotografen wurden in der Ausstellung die Fragen gestellt, wie sich die Fotokünstlerinnen und -künstler der ehemaligen DDR fast 30 Jahre seit der Wiedervereinigung entwickelt, wie sich diejenigen aus den alten Bundesländern seit 1990 künstlerisch mit dem Osten des Landes auseinandergesetzt und wie sich die junge Generation der Fotografinnen und Fotografen im geeinten Deutschland mit dessen Osten beschäftigt haben.[52]

- *„Karl Lagerfeld. Fotografie. Die Retrospektive"* (2020): Die Ausstellung war die weltweit erste Retrospektive zur Fotografie Karl Lagerfelds (1933–2019) sowie die erste umfassende Werkschau in Mitteldeutschland und präsentierte seine vielfältigen Interessensgebiete, darunter Architektur, Landschaft, Abstraktion, Porträt, Selbstporträt und Modefotografie – sowohl seine Werbekampagnen als auch Editorial-Shoots für bedeutende internationale Modezeitschriften und seine freien Arbeiten. Einige der ausgestellten Werke waren erstmals überhaupt öffentlich zu sehen.[53]

Aktivierungsprojekte hinter und vor den Kulissen der Sammlung Fotografie

Der temporären Sichtbarkeit musealer Schätze in Ausstellungen steht ein großes Arbeitsvolumen entgegen, das sich sozusagen hinter den Kulissen abspielt: Fotografien kommen in die Sammlung, werden geschenkt, geliehen oder angekauft, anschließend inventarisiert, auf ihren Zustand geprüft, gegebenenfalls restauriert, digitalisiert, konservatorisch verpackt, passepartouriert oder gerahmt, und dann erforscht, kontextualisiert und aufbereitet. Parallel dazu gibt es inhaltliche Projekte, welche eine Sammlung auch außerhalb von Ausstellungen zeigen und so gewissermaßen „vor den Kulissen aktivieren" können, um so Glanzstücke wie Unbekanntes gleichermaßen ins Bewusstsein der Öffentlichkeit zu bringen. Beispielhaft wird dies weiter unten an dem Kooperationsprojekt „adaption_reaktion" beschrieben. Doch zunächst zu den internen Bereichen der Sammlungsbetreuung.

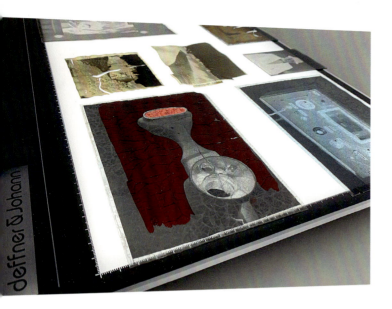

Bildstoffs, ob einfarbig oder mehrfarbig, und nicht zuletzt bereits vorhandene Schäden zu berücksichtigen, um perspektivisch die beste Erhaltungsgrundlage für das Objekt zu schaffen.[55] Denn jedes Material hat seine Eigenheiten und Anforderungen, durch die auch Schadensbilder variieren können.

Prof. Dr. Bertrand Lavédrine (Jg. 1958) entwickelte 2003 ein Schema für die Lichteinwirkung auf Fotografien.[56] Werden etwa Fotografien aus dem 19. Jahrhundert bei 50 Lux für drei Monate in einer Ausstellung gezeigt, sollten diese anschließend für drei Jahre in der Dunkelheit einer Schublade oder Verpackung aufbewahrt werden. Silbergelatineabzüge auf Barytpapier verkraften in der Theorie hingegen bei 100 Lux 14-wöchige Ausstellungen jährlich. Die chemische Zusammensetzung des Fotomaterials gibt also stets die konservatorischen Bedingungen vor. Nichtsdestotrotz ist jede Entscheidung der Präsentation immer in Abhängigkeit vom konkreten Abzug zu sehen. Ist dieser bereits geschädigt? Zeigen sich Altersspuren? Im Zweifel gilt: Lieber zurückhaltend exponieren, denn einmal entstandene Schäden durch klimatische Einflüsse sind meist nicht umkehrbar – und fotografisches Material ist oft sehr sensibel.

So wie es ein Schema für die Lichteinwirkung gibt, existieren Normen für die klimatischen Bedingungen. Für Fotografien gilt: je kälter, desto besser, auch Einfrieren darf in Betracht gezogen werden. Allerdings besteht dies oft nicht den Praxistest und ist unökonomisch, wenn die Fotografien noch bearbeitet werden müssen oder in absehbarer Zeit gezeigt werden sollen. Denn bei einer Aufbewahrung bei -20°C muss beispielsweise eine längere Auftauzeit berücksichtigt werden, damit die Fotografien nicht durch Kondenswasser Schaden nehmen; zudem arbeitet das Material mit jeder Temperaturschwankung.

Die vielfältigen Arbeitsbereiche entwickeln sich analog zum jeweiligen Wissensstand weiter, dem Inventarbuch steht seit einigen Jahren die Datenbank zur Seite, die Pergaminhülle wird durch säurefreies Papier ersetzt. Bei einer 80 000 Objekte starken Sammlung sind Neuerungen im Ablauf oder in der Herangehensweise dabei nicht als einmaliges Projekt zu sehen. Vielmehr handelt es sich um einen anhaltenden Prozess, der stets aufs Neue angepasst und angeglichen werden muss. Jeder Leitungswechsel birgt dabei das Potenzial einer Revision, der Setzung neuer Schwerpunkte, nicht nur im konzeptionellen Bereich der Sammlung, sondern auch und gerade in den vielfältigen organisatorischen Feldern der Sammlungsbetreuung. So konnten in den letzten Jahren insbesondere in den Bereichen der Digitalisierung und der Lagerung nach modernsten konservatorischen Standards Maßnahmen ergriffen werden, um die Sammlung „fit zu machen für die Zukunft".

Das Foto als Sammlungsobjekt – konservatorische Standards

Der 2015 erfolgte Umzug der Sammlung Fotografie in ein klimatisiertes Depot war bereits ein großer Fortschritt in Sachen Bestandserhaltung. Denn Fotografien mögen es vor allem klimatisch stabil, kühl und nicht zu feucht. Gerade auch mit Blick auf einen perspektivisch geplanten Zentraldepot-Neubau der Kulturstiftung Sachsen-Anhalt und die dort benötigten klimatischen Bedingungen für eine fotografische Sammlung fand im Sommer 2022 eine interne Weiterbildung zum Thema Konservierung statt. Als ausgewiesene Expertin im Bereich der Fotorestaurierung konnte Marjen Schmidt als Vortragende gewonnen werden.[54] Komprimiert wurde ein spezifisches Skill-Set rund um ein- oder mehrfarbige Fotografien, Träger, Bindemittel und Bildstoff / lichtempfindliche Substanzen vermittelt (die pure Chemie), um so den Geheimnissen der Objekte auf die Spur zu kommen (Abb. 19).

Für die museale Bestandsaufnahme einer Fotografie gilt es – neben den Standards der „klassischen" Objekterfassung aus Künstlerin / Künstler, Titel, Jahr, Objektbezeichnung, Maßen oder Provenienz –, idealerweise auch fotospezifische Faktoren wie die Form der Ausbelichtung, das Material des Bildträgers und der Bindemittelschicht sowie des

Klima und Licht sind neben den richtigen Materialien zur Lagerung somit die wesentlichen Punkte in der fachgerechten Konservierung von Fotografien. Viele Schäden an fotografischen Objekten sind irreversibel und die Entstehung dieser gehören daher am besten präventiv vermieden.[57] Fotografien sind empfindlich und Chemikalien arbeiten unablässig weiter – ein weites Feld, das es achtsam in den Museumsalltag zu integrieren gilt.[58] Insbesondere vor dem Hintergrund der Klimakrise sowie aktueller ökologischer und ökonomischer Entwicklungen zum Thema Energie und Klima stehen Überlegungen zur Lagerung von Kulturgut zudem immer in einem größeren gesellschaftlichen Kontext, den es stets aufs Neue auszuloten gilt.

Neu verpackt und digitalisiert –
Sammlungsbetreuung im Landeskunstmuseum

Über die fortlaufende konservatorische Betreuung der Sammlung hinaus gilt es, einzelne Konvolute gezielt umzulagern, um sie für die Zukunft zu sichern. Einen ersten Erfolg stellte die 2013 bis 2016 erfolgte Inventarisierung und Umlagerung des sehr umfangreichen Bestands des Fotokinoverlags dar. Insbesondere hervorzuheben ist dabei die ehrenamtliche Tätigkeit des ehemaligen Fotokino-Redakteurs Gerhard Ihrke (Jg. 1934), ohne den insbesondere die inhaltliche Erschließung des Konvoluts wohl in dieser Form noch längst nicht erreicht wäre. Gerade auch die Vernetzung der einzelnen Blätter zu den Ausgaben der Zeitschrift „Die Fotografie", in denen sie publiziert wurden, enthält wertvolle Informationen zur Kontextualisierung der fotografischen Bildaussagen.

Abb. 19   Anschauungsobjekte von Marjen Schmidt bei dem 2022 im Kunstmuseum Moritzburg Halle (Saale) veranstalteten Workshop zur Fotokonservierung. In der vorderen Reihe sind zwei Celluloseacetatfilme abgebildet, im hinteren Bereich zwei Cellulosenitratfilme. Deutlich sichtbar ist in den Planfilmnegativen die bereits brüchige Schicht.

Abb. 20   Aufbewahrung der Negative von Hans Finsler vor der Umlagerung.

Abb. 21   Grafikschrank für die konservatorisch korrekte Lagerung der Abzüge von Hans Finsler.

Ein weiteres groß angelegtes Konservierungs- und Inventarisierungsunterfangen im Kunstmuseum Moritzburg Halle (Saale) begann im Herbst 2021 mit der systematischen Umlagerung und sukzessiven Erschließung der Negative von Hans Finsler. Was man vorab im Alltagsgeschäft zu bewältigen versuchte, konnte nun durch eine konzertierte Planung als Aufgabe für einen Projektbeschäftigten ausgegliedert und im Rahmen mehrerer Monate bereits weitreichend umgesetzt werden. Die zum Gründungsbestand gehörenden Negative von Hans Finsler durften aus ihren säurehaltigen braunen Büroumschlägen aus- und in neue säurefreie Vierklappumschläge und Kisten einziehen (Abb. 20–21).

Die Besetzung einer Museologenstelle im Herbst 2020 trug der Bedeutung der Sammlung Fotografie des Kunstmuseums Moritzburg Halle (Saale) überdies Rechnung. Die Verwaltung der Kunstwerke in Form einer digitalen Inventarisierung und Sammlungsverwaltung bietet gerade für große Sammlungsbestände ein immenses Potenzial für Querreferenzen und thematische Forschungsmöglichkeiten. Insbesondere mit Blick auf die nun seit Jahren sich stetig weiter entwickelnde digitale Vernetzung und Organisation erweitern sich die klassischen Museumsaufgaben. Die Digitalisierung tritt als vielschichtiges Projekt hinzu, das mehrere Ebenen der Museumsarbeit miteinander verknüpft. Der alltägliche Umgang mit den Objekten wird durch ihre digitale Erfassung in Datenbanken vereinfacht, zugleich bestand und besteht aber weiterhin eine große Diskrepanz zwischen vorhandenen Datensätzen und Sammlungsvolumen.

Zweifellos bietet die digitale Erfassung von Objekten in Datenbanken Lösungen, Museumskollektionen gesamt oder in Teilen online zu stellen und so – wenn auch nicht in ihrer physischen Präsenz – Interessierten dauerhaft zugänglich zu machen. Was online steht, wird sichtbarer – auch für Suchmaschinen und internationale Forschungsprojekte. Teile der Bestände des Kunstmuseums Moritzburg Halle (Saale) und der Sammlung Fotografie sind zu diesem Zweck bereits auf der kostenfreien Online-Plattform „museum-digital" veröffentlicht. Um die Sammlungsbestände weiter zu aktivieren, lag in den letzten Jahren ein Schwerpunkt darauf, diesen Bestand auszubauen und auch um zeitgenössischere Positionen zu erweitern. Als erste Bestände wurden diejenigen von Gerda Leo und Christian Borchert gesichtet und in je einer Auswahl online publiziert. Neben den bereits genannten „Familienporträts" wurde Borchert als Chronist des DDR-Alltags für seine Stadtdokumentationen vornehmlich von Berlin und seiner Geburtsstadt Dresden bekannt. Sein Werk ist im Kern eine Auseinandersetzung mit den Menschen in ihrer Umgebung. Es ist das leise Alltägliche, das Borchert für nachfolgende Generationen mit einem feinen Gespür für das Wesentliche in poetisch-künstlerischen Aufnahmen dokumentierte. Borchert war seit 1974 als freischaffender Fotograf tätig. In der Sammlung Fotografie des Kunstmuseums Moritzburg Halle (Saale) geben weit über 200 Abzüge des Fotografen einen vielfältigen Einblick in sein Werk. Die Bestände speisen sich fast zu gleichen Teilen aus den Dauerleihgaben des Fotokinoverlags, Leipzig, der Gesellschaft

für Fotografie im Kulturbund der DDR und Ankäufen, entweder direkt vom Fotografen oder über Galerien. 2020 widmete sich die Kulturstiftung Sachsen-Anhalt diesem komplexen Bestand mit dem Ziel, ihn zu digitalisieren, zu erforschen und schließlich in einer Auswahl online bei „museum-digital" zu publizieren.[59]

Derlei Projekte verlangen ein konzentriertes Arbeiten, das im Alltagsgeschäft während Ausstellungsvorbereitungen, Projektrealisierungen, der Bestandsarbeit und vielem mehr allzu oft untergeht. Eine Auswahl von 49 Fotografien lädt nun bei „museum-digital" zum Recherchieren und Stöbern ein, darunter wichtige Serien wie „Dresden – Tektonik der Erinnerung", „Berliner", „Blick aus meinem Fenster" und vor allem die Bilder aus seinem Langzeitprojekt der „Familienporträts" (Abb. 22).[60]

Thema bei einem solchen Unterfangen sind auch stets die Bildrechte der Fotografinnen und Fotografen. Der Nachlass von Borchert befindet sich in der Sächsischen Landesbibliothek – Staats- und Universitätsbibliothek Dresden (SLUB). Im online zugänglichen Archiv der Fotografen der Deutschen Fotothek bieten über 12000 digitalisierte

Arbeitsabzüge die Möglichkeit, sich intensiv mit Borcherts Werk auseinanderzusetzen. Besonderer Dank gilt in diesem Kontext Dr. Jens Bove, dem Leiter der Deutschen Fotothek, sowie Bertram Kaschek, dem Kurator der großen Borchert-Retrospektive 2019 in den Staatlichen Kunstsammlungen Dresden[61], die das Projekt kollegial unterstützten. Als Anschlussprojekt und weiterer Meilenstein, um die Sammlung Fotografie des Kunstmuseums Moritzburg Halle (Saale) sichtbarer zu machen, gelang zuletzt die Online-Publikation von fast 100 Fotografien Gerda Leos bei „museum-digital".[62] Weitere Konvolute sind in Planung.

Aus der Schublade ans Licht – Fotos sichtbar machen

Über die Digitalisierung wird so bislang zumindest ein kleiner Teil der etwa 80 000 Objekte der Sammlung Fotografie dauerhaft sichtbar. Die Mehrheit entzieht sich nichtsdestotrotz den Blicken der Besucherinnen und Besucher. Lebendig werden Bilder jedoch vor allem in der Betrachtung, wenn ihr Potenzial aktiviert und mit zeitgenössischen Gedanken vernetzt wird, sodass neue Bedeutungsebenen hinzutreten können. Dies kann im klassischen Ausstellungsformat geschehen oder über offen konzipierte inhaltliche Projekte verschiedenster Art, etwa Vorträge, Privatsichtungen und Vorlagen, Forschungsprojekte, Publikationen und Kooperationen. Beispielhaft für ein aktuelles, gelungenes Format mit vielschichtigen Ebenen der Bildaktivierung ist das Kooperationsprojekt „adaption_reaktion".

Im Studienjahr 2022/23 waren die Studierenden des Schwerpunkts Kommunikationsdesign/Fotografie der

Abb. 22   Christian Borchert, Familie M. (Maurer, Stationshilfe), aus der Serie „Familienporträts", 1983. Bromsilbergelatine, 160×237 mm. Kulturstiftung Sachsen-Anhalt, Kunstmuseum Moritzburg Halle (Saale), Inv.-Nr. MOSPh01003.

Abb. 23   Studierende beim Besuch im Kunstmuseum Moritzburg Halle (Saale) zur Sichtung von Originalen während des Projekts „adaption_reaktion" im Wintersemester 2022.

BURG eingeladen, sich über zwei Semester unter dem Fokus „adaption_reaktion" mit einzelnen Werken der Sammlung auseinanderzusetzen (Abb. 23).[63] Sie sichteten Originale aus dem Depot und erarbeiteten zu einer ausgewählten Arbeit eine eigene fotografische Reaktion. Abschließend wurden die Gegenüberstellungen in zwei Plakatausstellungen im städtischen Raum und als Publikation veröffentlicht. Die Werke des Museums entstammten den hier vorgestellten Sammlungsbereichen sowie den Genres Akt, Einzel- und Gruppenporträt, Landschaftsaufnahmen, Stillleben, inszenierte, konzeptuelle und dokumentarische Fotografie.

Die Interessen der Studierenden dienten dabei gleichsam als Brennglas, um einen sehr aktuellen Zugang zur fotografischen Sammlung des Museums offenzulegen. Aspekte wurden erweitert, aktualisiert oder es traten ganz neue Themen hinzu. Neben den fotografischen Sammlungsbereichen als allgemeinen Interessensgebieten stellten so etwa Projekte von Fotografinnen einen besonderen Fokus dar, dem sich ein starkes Interesse an familiären Themen anschloss, etwa der Vereinbarkeit von Familie und Beruf oder dem Verhältnis von Mutter und Kind. Themen wie Migration, Integration und soziale Fragmentierung schienen ebenso relevant wie die Auseinandersetzung mit dem Körper als Form und Ausdrucksträger von Nähe und Distanz. Politisches zwischen Inszenierung, Idealisierung und Realität wurde hinterfragt. Der öffentliche Raum, Städtisches, Architektur und industriell versehrte Landschaften stellten die Frage danach, wie wir als Gesellschaft miteinander leben möchten. Als weiteres Explorationsfeld kamen persönliche Erinnerungsmomente und die Auseinandersetzung mit der eigenen Familiengeschichte anhand von historischem fotografischem Material zwischen Dokumentation und Inszenierung hinzu. Nicht zuletzt wurde die gleichbleibende Relevanz sehr diverser Themen wie Freiheit, künstlerischer Ausdruck, Selbstbestimmung und Nischeninteressen in der Auswahl der Studierenden sichtbar (Abb. 1). Methodisch findet diese Form der künstlerischen Arbeit mit Bildern und Gegenständen aus Archiven Anschluss an ein Kunstschaffen, in dem gerade im Bereich Fotografie die Auseinandersetzung mit bereits vorhandenem Material seit den 1970er Jahren zunehmend an Relevanz gewinnt.[64]

Formal, inhaltlich oder ästhetisch reagierten die Studierenden somit auf zeitgebundene Bildäußerungen, deren vielschichtige Kontexte sie in Bezug zur eigenen Erfahrungswelt setzten, indem sie sich abgrenzten oder visuelle Verbindungen herstellten. Digitales trat neben Analoges, Farbe neben Schwarzweiß, moderne Einrichtung repetierte historische Raumkonstellationen, einzelne Bildelemente stellten Verbindungen her oder durchbrachen sie. Auch variierte die Bildanzahl: Einzelbilder traten neben Bildzusammenstellungen oder mehrere Bilder reagierten auf ein ausgewähltes Motiv. Die Fotografien aus der Sammlung des Landeskunstmuseums bildeten effektive Reibungspunkte zur Auseinandersetzung mit den Grundlagen des Mediums Fotografie, an denen die eigene Haltung sich formen konnte. Dabei rückte auch die Materialität der Abzüge in den Fokus. Im Kontakt mit den historischen

Originalen wurde deutlich, dass fotografische Bilder nicht nur fluide digitale Bildaussagen sind, also nicht nur das Motiv zählt, sondern sich insbesondere im musealen Kontext ihr Potenzial je nach konkreter physischer Interpretation anders entfalten kann. Die haptische Qualität der Bilder von Barbara Köppe etwa, aufgelegt auf schwarzen Karton, ist dabei ebenso einprägsam wie die Differenz von Motiven, die teils in verschiedenen Größen oder variabel vor weißem oder schwarzem Fond vorhanden sind. Ebenso zeigen sich changierende Grauwerte und Kontraste von in der DDR produzierten ORWO-Papieren oder „Westpapier", kleine Arbeitsabzüge oder ausgearbeitete Ausstellungsabzüge als Teil der bildhistorischen und werkspezifischen künstlerischen Äußerung. Das Bild wird somit nicht allein als gewissermaßen körper- oder trägerloses Motiv relevant, sondern als kontextgebundene Erscheinung verstanden.

Ausstellungen und Publikation des Projektes „adaption_reaktion" öffnen diesen visuellen Dialog- und „Beziehungsraum"[65], wie ihn die Studierenden beschreiben, zwischen zwei künstlerischen Positionen wiederum hin zu den Betrachterinnen und Betrachtern. Als Gegenpol zur geschlossenen Depot- und Ateliersituation intervenierten die Plakatausstellungen in den öffentlichen Raum und nutzten Schaufenster als Präsentationsflächen. Die Bilder als Motive wanderten so aus der Depot-Schublade in die Mitte der Stadt, ans Licht und zu den Passanten. Stadien der vertieften Auseinandersetzung mit künstlerischen Positionen können sich gerade in derartigen Kooperationsprojekten entfalten – und erreichen idealerweise auch ein Publikum, das den Weg ins Museum bislang nicht gewählt hat. Durch die studentischen Interventionen entstand so ein multiperspektivischer Interpretationsraum, der verdeutlicht, was eine Museumssammlung sein kann – auch aus dem Depot heraus.

In die Zukunft gedacht

Die Sammlung Fotografie des Kunstmuseums Moritzburg Halle (Saale) bietet über ihre verschiedenen Schwerpunkte, Fotopreziosen und Aktivitäten vielfältige Zugänge zur Fotografie. Sie dient dem Kunstgenuss, stößt aber als kultureller Erinnerungsspeicher auch visuelle und gedankliche Reflexionen über das Fotografische, ästhetische Entscheidungen und Bildmuster sowie politische und gesellschaftliche Zusammenhänge an. Wenn Ernst Dannehl 1928 mit Blick auf Hans Finslers Fotografien formulierte: „Neue Wege des Schauens tun sich auf", so mag dies als Leitfaden für die Aufgabe und Funktion einer fotografischen Sammlung im Großen wie im Kleinen dienen. Die Weiterentwicklung von Sammlungskonzeption, Konservierungsstandards, Vermittlungsprojekten und Sammlungstätigkeit prägt stets eine doppelte Perspektive, der Blick geht zurück und nach vorn.

Bilder stets neu zu betrachten, zu evaluieren und Schicht um Bedeutungsschicht offen zu legen, den Blick und das reflektierte Sehen zu schulen, ist Material- wie Kulturarbeit und auch gesellschaftlicher Auftrag. Im Medium Fotografie entfaltet sich durch den eminenten Bezug zur Lebensrealität der meisten Menschen, die täglich mit der Kamera oder dem Handy fotografieren und Bilder betrachten, ein besonderes Spannungsfeld mit viel Potenzial. Die klassischen musealen Aufgaben Sammeln, Bewahren, Erforschen und Vermitteln entwickeln in Ausstellungen, Publikationen und insbesondere in der individuellen Bildbetrachtung, wie sie etwa in dem Studierendenprojekt „adaption_reaktion" exemplarisch vorgestellt wurde, ihre langfristig angelegte Zielsetzung. Im Blick der Betrachterinnen und Betrachter – und damit potenziell Ihnen allen – wird die Sammlung aktiviert, wird Vergangenheit in der Gegenwart lebendig und in die Zukunft gedacht.

1   Thomas Bauer-Friedrich, Klimt kommt nach Halle!, in: Christian Philipsen/Thomas Bauer-Friedrich/Wolfgang Büche (Hrsg.), Gustav Klimt & Hugo Henneberg. Zwei Künstler der Wiener Secession. Schriften für das Kunstmuseum Moritzburg Halle (Saale) 18, Köln 2018, S. 9–15, hier S. 12 f.

2   Für nähere Informationen siehe das Piktoralismus-Portal der Kunstbibliothek der Staatlichen Museen zu Berlin: <https://piktorialismus.smb.museum> [06.02.2023].

3   Bauer-Friedrich, Klimt nach Halle (wie Anm. 2), S. 12 f.

4   Siehe dazu einen Blogbeitrag von Jule Schaffer unter dem Titel „Die Nummer 1: Hugo Erfurth porträtiert Joseph Hegenbarth" vom 8. September 2022: <www.kunstmuseum-moritzburg.de/kunst-erleben/digital-entdecken/museumsblog/8-september-2022> [26.01.2023].

5   Staatliche Galerie Moritzburg Halle (Hrsg.): Halle um die Jahrhundertwende. Fotografien von Gottfried Riehm 1858–1928, Naumburg 1983.

6   Andreas Hüneke/Gerhard Ihrke/Alfred Neumann/Ullrich Wallenburg (Hrsg.), Medium Fotografie, ³Leipzig 1982.

7   Vgl. für eine knappe Zusammenfassung des zeitlichen Ablaufs der Gründung zentraler fotografischer Sammlungen in deutschen Museen: Anja Jackes, Stiftung Moritzburg Halle/Saale. Fotografie sammeln, bewahren, vermitteln: ein Erfahrungsbericht, in: Rundbrief Fotografie 17/1, 2010, S. 14–17, hier S. 14.

8   Thüring, Hans Finsler (wie Anm. 1), S. 61.

9   Ebd., S. 69.

10 Dannehl nach: Thüring, Hans Finsler (wie Anm. 1), S. 64–67.

11 Werner Gräff, Es kommt der Neue Fotograf! [Reprint des Originals von 1929 in der Reihe "The Sources of Modern Photography"], New York 1979.

12 Es handelt sich um die Ausstellung „Hans Finsler. Neue Wege der Photographie", die vom 14. April bis 26. Mai 1991 in der Staatlichen Galerie Moritzburg Halle gezeigt wurde.

13 Die Fotografin verstarb leider während dieses Prozesses und so ist es der Großzügigkeit des Nachlasses zu verdanken, dass nach Gerda Leos Tod 1993 die meisten Aufnahmen als Ankauf und umfangreiche Schenkung in die Sammlung des Kunstmuseums Moritzburg Halle (Saale) kamen.

14 Siehe dazu einen Blogbeitrag von Manuela Winter unter dem Titel „Gerda Leo und ihr ,Neues Sehen'" vom 24. April 2022: <www.kunstmuseum-moritzburg.de/kunst-erleben/digital-entdecken/museumsblog/24-april-2022> [19.01.2023].

15 Eine stilistische Analyse am Beispiel des Themas Holz bei Hans Finsler, Gerda Leo und Heinrich Koch (sowie Walter Danz) findet sich in einem Blogbeitrag von Manuela Winter unter dem Titel „Hans Finsler, Heinrich KOch, Gerda Leo, Walter DanZ" vom 27. Juli 2022: <www.kunstmuseum-moritzburg.de/kunst-erleben/digital-entdecken/museumsblog/27-juli-2022> [19.01.2023].

16 Zur genauen Geschichte und Einordnung des Bildes siehe einen Blogbeitrag von Manuela Winter unter dem Titel „Der Konstrukteur El Lissitzky" vom 30. Dezember 2021: <www.kunstmuseum-moritzburg.de/kunst-erleben/digital-entdecken/museumsblog/30-dezember-2021> [14.02.2023].

17 Sophie Lissitzky-Küppers, El Lissitzky. Maler, Architekt, Typograf, Fotograf. Erinnerungen, Briefe, Schriften, Dresden 1976, S. 19.

18 Siehe dazu den Blogbeitrag von Manuela Winter unter dem Titel „Claude Cahun: ,Aveux non avenus', von 1930. Der komplexe Kosmos des surrealistischen Selbstbildes" vom 4. Juni 2021: <www.kunstmuseum-moritzburg.de/kunst-erleben/digital-entdecken/museumsblog/04-juni-2021> [26.01.2023].

19 Zur Geschichte des ehemaligen Wilhelm Knapp Verlags, später Fotokinoverlag, siehe: Miriam Halwani, Fotografie lesen. Zur Geschichte des Wilhelm Knapp Verlags, in: Fotogeschichte. Beiträge zur Geschichte und Ästhetik der Fotografie 110, 2008, S. 23 f.

20 Sibylle Bergemann, Frauen und ihre Kinder – ein Thema ohne Ende, in: Fotografie. Zeitschrift für kulturpolitische, ästhetische und technische Probleme der Fotografie 3, 1975, S. 4.

21 Ann Wilde/Jürgen Wilde (Hrsg.), Karl Blossfeldt. Urformen der Kunst, Dortmund 1986.

22 Zur Gesellschaft für Fotografie im Kulturbund der DDR siehe: Inka Schube, Im Auftrag des Staates. Die Gesellschaft für Fotografie im Kulturbund der DDR. Ein potent-impotentes Allmachtssystem der 1980er Jahre, in: Fotogeschichte. Beiträge zur Geschichte und Ästhetik der Fotografie 102, 2006, S. 25–30.

23 Eugen Blume, Manfred Paul. Nature Morte 1983–1985, Leipzig 2016.

24 Mathias Bertram/Jens Bove (Hrsg.), Christian Borchert. Familienporträts. Fotografien 1974–1994, Leipzig 2014. Siehe auch

die umfangreiche Dokumentation der Bestände des Kunstmuseums Moritzburg Halle (Saale) zu Christian Borchert bei
„museum-digital": <https://st.museum-digital.de/collection/1101>
[10.01.2023].

25 Ursula Röper (Hrsg.), Barbara Köppe. Das (de)konstruierte Glück.
Fotografien DDR 1964–1990, Berlin 2015.

26 Mathias Bertram (Hrsg.), Roger Melis. Künstlerporträts. Fotografien 1962–2002, Leipzig 2008.

27 Ebd., S. 5.

28 Hartmann Projects (Hrsg.), Ulrich Wüst. Stadtbilder 1979–1985,
Stuttgart 2021.

29 Wie Maria Sewcz Momente aus dem Berliner Alltag gleichsam
visuell herausschneidet, beschreibt Inka Schube in: Inka
Schube, inter esse, in: Sprengel Museum Hannover/Inka Schube
(Hrsg.), Maria Sewcz. inter esse. Göttingen 2013, o. S.

30 Zum Werk Evelyn Richters: Staatliche Galerie Moritzburg Halle
(Hrsg.), Evelyn Richter. Zwischenbilanz. Photographien aus den
Jahren 1950–1989, Halle 1992. – Museum Kunstpalast Düsseldorf
(Hrsg.), Evelyn Richter, Leipzig 2022.

31 Franziska Schmidt/T. O. Immisch (Hrsg.), Ursula Arnold. Belle
Tristesse. Photographien, Berlin 2000.

32 Jörg Kowalski/Dagmar Winklhofer (Hrsg.), Diva in Grau. Häuser
und Gesichter in Halle. Fotografien von Helga Paris, Halle (Saale)
1991.

33 Gabriele Muschter (Hrsg.), DDR Frauen fotografieren. Lexikon
und Anthologie, Berlin 1991.

34 Zu Tina Bara siehe: Ebd., S. 32 ff.

35 Diethart Krebs/Sophie Schleußner (Hrsg.), Fotografie und Gedächtnis. Sachsen-Anhalt. Eine Bilddokumentation, Berlin 1997,
S. 8.

36 Museum für Moderne Kunst Frankfurt am Main (Hrsg.),
Inge Rambow. Wüstungen. Fotografien 1991–1993, Frankfurt
am Main 1998.

37 Andreas Rost, Tacheles. Alltag im Chaos, Berlin 1992.

38 Siehe dazu einen Blogbeitrag von Jule Schaffer unter dem Titel
„Karnevalistische Impressionen. #diesmalnicht von Weiber-
fastnacht bis Aschermittwoch" vom 11. Februar 2021:
<www.kunstmuseum-moritzburg.de/kunst-erleben/digital-
entdecken/museumsblog/11-februar-2021> [26.01.2023].

39 Für eine Übersicht der Aktivitäten des Fotoforums siehe:
T. O. Immisch/Floris M. Neusüss (Hrsg.), Die zweite Avantgarde.
Das Fotoforum Kassel 1972–1982, Halle (Saale) 2007, S. 204.

40 Floris M. Neusüss (Hrsg.), Photo recycling Photo. Ein Bermuda-
Dreieck für die Fotografie, Kassel 1982.

41 Staatliche Galerie Moritzburg Halle (Hrsg.), Das Schöne ist der
Glanz des Wahren. Tendenzen in der DDR-Photographie der
80er Jahre, Halle (Saale) 1990.

42 Staatliche Galerie Moritzburg Halle, Evelyn Richter (wie
Anm. 31).

43 T. O. Immisch/Klaus E. Göltz (Hrsg.), Arno Fischer. Photographien,
Leipzig 1997.

44 T. O. Immisch/John P. Jacob (Hrsg.), Chimæra. Aktuelle Photokunst
aus Mitteleuropa, Leipzig 1997.

45 John P. Jacob (Hrsg.), Recollecting a Culture: Photography and the
Evolution of a Socialist Esthetic in East Germany, Boston 1998.

46 Tina Schelhorn/T. O. Immisch (Hrsg.), Ist die Photographie am
Ende? Aktuelle Photo- und Medienkunst, Halle (Saale) 2000.

47 Schmidt/Immisch, Ursula Arnold (wie Anm. 32).

48 Nicola Freeman/Matthew Shaul (Hrsg.), Do not Refreeze: Photography Behind the Berlin Wall, Manchester 2007.

49 Immisch/Neusüss, Die zweite Avantgarde (wie Anm. 40).

50 Stiftung Dome und Schlösser in Sachsen-Anhalt/Salomon
Grimberg/Thomas Bauer-Friedrich (Hrsg), Nickolas Muray.
Double Exposure. Schriften für das Kunstmuseum Moritzburg
Halle (Saale) 6, München 2015.

51 Christian Philipsen/Thomas Bauer-Friedrich/Cornelia Wieg
(Hrsg.), Indien. Fotografien von Manfred Paul, Manjari Sharma,
André Wagner. Schriften für das Kunstmuseum Moritzburg
Halle (Saale) 14, Halle (Saale) 2017.

52 Christian Philipsen/Thomas Bauer-Friedrich (Hrsg.), Ins Offene.
Fotokunst im Osten Deutschlands seit 1990. Schriften für das
Kunstmuseum Moritzburg Halle (Saale) 17, Halle (Saale) 2018.

53 Steidl Verlag/Edition 7L (Hrsg.), Karl Lagerfeld. Fotografie
(Göttingen 2020).

54 Marjen Schmidt ist Fotoretuscheurin, Diplom-Fotoingenieurin
und Fotorestauratorin im Agfa Foto-Historama, Köln, sowie
in der Sammlung Fotografie im Stadtmuseum München und ist
seit 1992 freiberuflich tätig, zudem öffentlich bestellte und

vereidigte Sachverständige für Fotografie und Lehrbeauftragte
an der Akademie der Bildenden Künste in Stuttgart. Ihre Publikation ist ein unverzichtbares Arbeitsmaterial für alle, die mit
Fotografien arbeiten: Marjen Schmidt, Fotografien. Erkennen –
Bewahren – Ausstellen. MuseumsBausteine 17, ² Berlin 2022.

55 Eine sehr gute Recherchemethode für das Erkennen der verschiedenen fotografischen Materialien liefert der Graphics
Atlas: <http://www.graphicsatlas.org> [23.01.2023].

56 Bertrand Lavédrine, A Guide to the Preventive Conservation
of Photograph Collections, Los Angeles 2003. Online abrufbar
unter: <http://hdl.handle.net/10020/gci_pubs_preven_conserv_
photo> [23.01.2023].

57 Schäden können beispielweise der Glasbruch bei Glasnegativen
sein, eine sich ablösende fotoempfindliche Schicht, eine Verbräu-
nung, Wellung des Papiers, Schimmel oder Fischfraß.

58 Mehr Informationen zum Foto-Workshop mit Marjen Schmidt
finden sich in einem Blogbeitrag von Manuela Winter unter dem
Titel „Mit Licht gezeichnet – Das Bewahren von Fotografien.
Ein Workshop mit der Fotorestauratorin Marjen Schmidt" vom
8. Dezember 2022: <www.kunstmuseum-moritzburg.de/kunst-
erleben/digital-entdecken/museumsblog/8-dezember-2022>
[23.01.2023].

59 Zu finden unter: <https://st.museum-digital.de/collection/1101>
[19.01.2023].

60 Bertram/Bove, Familienporträts (wie Anm. 25).

61 Informationen zur Ausstellung „Christian Borchert. Tektonik der Erinnerung" im Kupferstich-Kabinett der Staatlichen
Kunstsammlungen Dresden vom 26. Oktober 2019 bis zum
08. März 2020 unter: <https://kupferstich-kabinett.skd.museum/
ausstellungen/christian-borchert-tektonik-der-erinnerung>
[19.01.2023].

62 <https://st.museum-digital.de/collection/1083> [19.01.2023].

63 Siehe für den folgenden Abschnitt auch: Jule Schaffer, Bildakti-
vierungen im fotografischen Raum. Visuelle Dialoge mit Werken
aus der Sammlung Fotografie des Kunstmuseums Moritzburg
Halle (Saale), in: Christian Philipsen/Jule Schaffer/Stephanie
Kiwitt (Hrsg.), adaption_reaktion. Halle (Saale) 2023, o. S.

64 So etwa beispielsweise das Heimatstipendium der Kunststiftung
Sachsen-Anhalt.

65 Christian Philipsen/Jule Schaffer/Stephanie Kiwitt (Hrsg.),
adaption_reaktion, Halle (Saale) 2023, o. S.

Abbildungsnachweis
Schwerpunkt Fotografie/Kommunikationsdesign der
Burg Giebichenstein Kunsthochschule Halle: Abb. 1, 23.
Kulturstiftung Sachsen-Anhalt (Reproduktion): Abb. 2–13, 15, 22.
© Nachlass Hans Finsler: Abb. 3–5.
© Hans Ulrich Jessurun d'Oliveira, Amsterdam: Abb. 6.
© Nachlass Claude Cahun: Abb. 9
© Estate Sibylle Bergemann/OSTKREUZ: Abb. 10.
© Manfred Paul: Abb. 11.
© Helga Paris: Abb. 12.
© Tina Bara: Abb. 13.
© EVA MAHN, Eva Mahn (Reproduktion): Abb. 14.
© Andreas Rost: Abb. 15.
© Nachlass Erasmus Schröter, Erasmus Schröter (Reproduktion):
Abb. 16.
© Burkhard Bensmann/Thomas Huther/Vito Oražem, Vito Oražem
(Reproduktion): Abb. 17.
Kulturstiftung Sachsen-Anhalt (Foto): Abb. 18–21.
© SLUB/Deutsche Fotothek: Abb. 22.

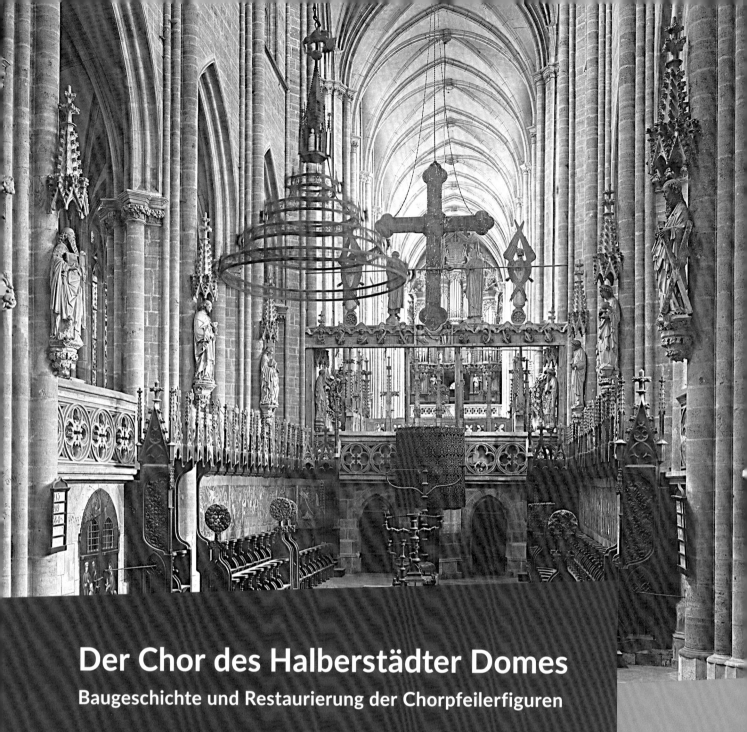

Der Chor des Halberstädter Domes

Baugeschichte und Restaurierung der Chorpfeilerfiguren

von Heiko Brandl und Corinna Grimm-Remus

Dr. Heiko Brandl (Jg. 1968) studierte Kunstgeschichte, Evangelische Theologie und Orientalische Archäologie an der Universität Halle-Wittenberg und der Università degli Studi zu Pisa. Seine Dissertation untersuchte die Skulpturen des 13. Jh. im Magdeburger Dom. Heiko Brandl veröffentlichte zahlreiche Beiträge zur mittelalterlichen Kunst und wirkte als Herausgeber. Hervorzuheben sind die Denkmalmonographien zum Magdeburger und zum Naumburger Dom. Derzeit ist mit dem Großinventar zum Halberstädter Dom eine entsprechende Publikation in Vorbereitung. Heiko Brandl arbeitet als wissenschaftlicher Mitarbeiter beim Landesamt für Denkmalpflege und Archäologie Sachsen-Anhalt.

Dr. Corinna Grimm-Remus (Jg. 1975) absolvierte eine Ausbildung zum Steinmetz und anschließend das Studium der Konservierung und Restaurierung von Stein an der Fachhochschule Potsdam. Ihre Diplomarbeit zur Konservierung des Halberstädter Muschelkalkes führte sie 2001 an den Halberstädter Dom, an dem sie regelmäßig als freiberufliche Restauratorin arbeitet. 2023 wurde sie an der Martin-Luther-Universität Halle-Wittenberg mit einer Dissertation zu den Halberstädter Chorfiguren promoviert. Corinna Grimm-Remus schrieb zahlreiche Fachbeiträge, wirkte erfolgreich an Forschungsprojekten mit und ist als Mitarbeiterin der Fachhochschule Potsdam mit der Praxisausbildung von Steinrestauratoren betraut.

Abb. 1   Dom zu Halberstadt. Innenansicht des
          Chorraums mit Blick nach Westen auf
          einer Fotografie der Königlich-Preußischen
          Messbild-Anstalt aus dem Jahr 1898.

Abb. 2   Dom zu Halberstadt. Westbau,
          Untergeschosse.

Der vorliegende Beitrag gliedert sich in zwei Abschnitte: Im ersten Teil analysiert Heiko Brandl die überaus komplexe Baugeschichte des Halberstädter Domchores, im zweiten Teil berichtet Corinna Grimm-Remus über die Notsicherung und Restaurierung des Chorfigurenzyklus. Die durch schädigende Umwelteinflüsse hochgradig gefährdeten Skulpturen waren von 2016 bis 2021 Gegenstand eines von der Deutschen Bundesstiftung Umwelt (DBU) geförderten Forschungsprojektes. Nach einer Vorstellung der Skulpturen werden deren äußerst komplexe Schadensphänomene, die den Anlass für dieses Forschungsprojekt lieferten, erläutert, dann die Projektphasen, die Genese des Notsicherungskonzeptes und dessen erfolgreiche Umsetzung beschrieben.

Zur Baugeschichte des Halberstädter Domchores[1]

Der Halberstädter Dom St. Stephanus und Sixtus zählt zu den herausragenden gotischen Kathedralbauten in Deutschland. Das Bauwerk hat eine komplexe Entstehungsgeschichte, die sich vom 13. bis ins frühe 16. Jahrhundert erstreckt. Um den Domchor einordnen zu können, muss zunächst das vorangehende Baugeschehen in den Blick genommen werden. Der Domneubau begann um 1230. Ein konkreter Bauanlass oder ein Datum zum Baubeginn sind nicht überliefert. Meist wird vermutet, dass sich Halberstadt dem Bauboom des 13. Jahrhunderts nicht entziehen konnte, damals entstanden neue Kathedralen unter anderem in Magdeburg, Mainz, Naumburg und Meißen. Wollte das Bistum Halberstadt aktuell und konkurrenzfähig bleiben, dann erwies sich eine repräsentative bauliche Aufwertung des Domes als unerlässlich.

Der Domneubau begann um 1230 im Westen. Unmittelbar vor der alten Doppelturmfront wurde ein neuer Westbau[2] errichtet (Abb. 2). Parallel dazu baute man südlich des alten Domes einen neuen zweigeschossigen Kreuzgang (Abb. 3). Maßgebliche Parameter für die Baugestalt des Neubaus lieferte der Vorgängerbau. Die Kenntnisse zum Vorgängerdom beruhen auf der archäologischen Forschungsgrabung 1952–1954 von Fritz Bellmann und Gerhard Leopold.[3] Ihnen folgend handelte es sich bei der 1220[4] geweihten Kathedrale um eine dreischiffige Basilika mit Querhaus. Den Chor umzog ein schmaler Gang, der die östlich vorgelagerte Außenkrypta erschloss. Am Nordquerhaus befand sich die sogenannte Ludgerkapelle und am Ostflügel der Klausur der „Alte Kapitelsaal". Vereinfachende Illustrationen

sollen die großen baulichen Zusammenhänge nach aktuellem Forschungsstand anschaulich machen, der alte Dom ist in Türkis und die Neubauten sind hellgrün markiert (Abb. 4a). Der Domneubau übernahm die Form einer dreischiffigen Basilika bei annähernd gleicher Breite des Schiffes und Motive wie das ausladende Querhaus und die Doppelturmfassade. Während der Bauzeit blieb der alte Dom weiter in Nutzung, je nach Baufortschritt brach man Teilbereiche ab.

Eine Vorstellung vom mittelalterlichen Baubetrieb an einer sakralen Großbaustelle vermittelt die Stiftskirche zu Wetzlar (Abb. 5). Wie in Halberstadt wurde hinter der alten Westfassade ein neuer Westbau errichtet. Das Bauvorhaben in Wetzlar blieb allerdings unvollendet und deshalb der alte Westbau erhalten, sodass die Stiftskirche heute über zwei Westbauten verfügt. Weitere Beispiele für „doppelte" Westbauten als Ergebnis von Neubauprojekten bieten etwa St. Paul in Worms und St. Andreas in Hildesheim.

Mit dem neuen Halberstädter Westbau hatte man die Anschlüsse für Anbauten im Osten und Westen vorbereitet. Im Westen sollte eine dreischiffige Vorhalle anschließen und im Osten ein dreischiffiges Langhaus. Diese Pläne wurden verworfen und stattdessen ein viel höheres und geringfügig breiteres Langhaus ausgeführt (Abb. 4b und Abb. 6). An den massiven Westbau schließt im Osten nunmehr ein filigraner Gliederbau an. Die Mauern sind dünner, die Fenster größer und daher mit Maßwerken ausgesteift. Die Schubkräfte der Gewölbe werden jetzt über Strebepfeiler und Strebebögen abgeführt. Mit diesem hochmodernen Langhausbau sicherte sich das Domkapitel als Bauherr eine Spitzenposition innerhalb der rasant voranschreitenden Bauentwicklung des 13. Jahrhunderts, die maßgeblich von der Rezeption der französischen Gotik bestimmt wurde. Mit dem neuen Langhaus legte man die Baugestalt für alle folgenden Bauabschnitte fest und definierte die Breite und Höhe des Schiffes, die Pfeilerformen und das Gewölbeschema.

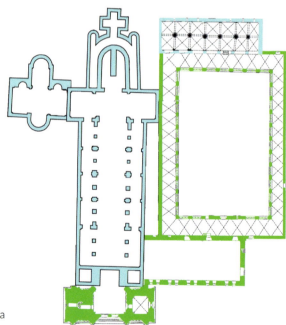

a

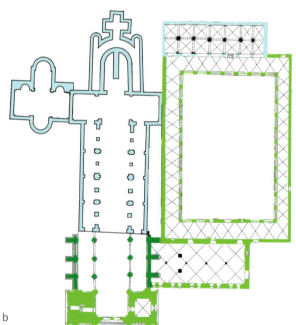

b

Abb. 3   Dom zu Halberstadt. Kreuzgang Ostflügel.

Abb. 4a   Dom zu Halberstadt. Schematische Darstellung
                Bauphase ca. 1230–1250, Vorgängerbauten (Blau),
                Neubauten Westbau und Klausur (Grün).

Abb. 4b   Dom zu Halberstadt. Schematische Darstellung
                Bauphase ca. 1250–1270, Vorgängerbauten (Blau),
                Neubauten Westbau und Klausur (Grün), Langhaus
                Westjoche (Dunkelgrün).

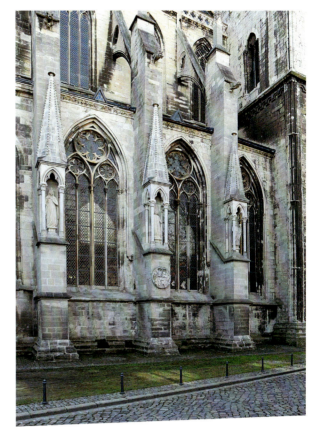

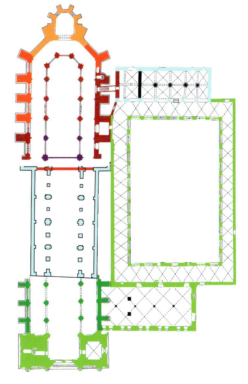

Abb. 5   Stiftskirche Wetzlar. Links gotischer
          Westbau, rechts romanischer
          Westbau.

Abb. 6   Dom zu Halberstadt. Langhaus,
          nordwestliche Joche.

Abb. 7   Dom zu Halberstadt. Marienkapelle
          am Chorumgang.

Abb. 8   Dom zu Halberstadt. Schematische Darstellung
          der Bauphasen am Chor.
          1. Bauphase, ca. 1350–1360 (Orange),
             Marienkapelle nebst Anschluss Chorumgang.
          2. Bauphase, ca. 1360–1370 (Rot), Chorumgang.
          3. Phase, ca. 1370–1385 (Weinrot),
             Chorumgang und Binnenchorpfeiler.
          4. Phase, ca. 1385–1400/01 (Lila),
             westliche Chorpfeiler und Chorobergaden.

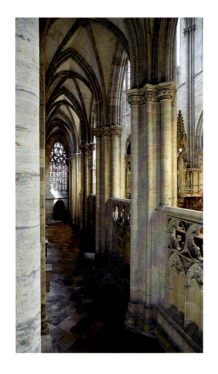

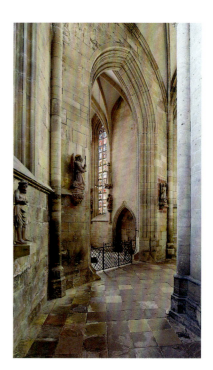

Die Marienkapelle als Auftakt zum Chorneubau

Nach einer Bauunterbrechung wurden um 1350–1360 östlich des alten Domes die Arbeiten mit dem Bau der Chorscheitelkapelle wieder aufgenommen. Mit der Marienkapelle (Phase „Orange") begann die Baugeschichte des Domchores, denn Chor und Kapelle sind untrennbar miteinander verbunden (Abb. 7–8).

Der Chorbau gliedert sich in Binnenchor, Chorumgang und Chorscheitelkapelle. Kranzkapellen fehlen, stattdessen ist der Chorumgang mit Wandnischen für Altäre ausgestattet. Binnenchor und Chorumgang trennen etwa vier Meter hohe Mauerabschnitte, die sogenannten Chorschranken (Abb. 9). Deren Zweck ist eine Abgrenzung des liturgisch bedeutendsten Bereiches der Domherren mit Hauptaltar und Chorgestühl herzustellen, sie bilden eine Barriere gegen die Laien. Vier Portale erschließen den Binnenchor, zwei Eingänge führen im Westen durch den Lettner und je ein Portal liegt nördlich und südlich im Chorumgang (Abb. 10).

Den Ostabschluss des Chores bildet ein klassisches 5/8-Polygon. Im Scheiteljoch des Chorumgangs öffnet sich nach Osten schließlich die Marienkapelle. Die Baugeschichte des Domchores ist rasch skizziert: Um 1350 begannen die Arbeiten und um 1400 war der Chor vollendet. Der Baubeginn beruht auf Rückrechnung und einer Urkunde von 1354 zum Abbruch der bereits erwähnten Ludgerkapelle, die für den Chorneubau niedergelegt wurde.[5] Eine päpstliche Urkunde von 1401 berichtet wiederum, dass man den neuen Chor im laufenden Jahr in Nutzung genommen hatte.[6] In der älteren Domliteratur wird das Jahr 1401 als Termin einer Chorweihe mitgeteilt, obgleich die Urkunde keine Weihehandlung erwähnt. Mit einer Bauzeit von etwa 50 Jahren besteht ein Rahmen, der im Folgenden weiter ausdifferenziert und durch Belege untermauert werden soll.

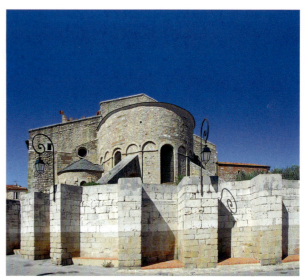

Abb. 9   Dom zu Halberstadt. Nördlicher Chorumgang nach Osten.

Abb. 10   Dom zu Halberstadt. Chorschranke, Südportal.

Abb. 11   Dom zu Halberstadt. Nördlicher Chorumgang, Blick in die Marienkapelle.

Abb. 12   Kathedrale von Elne, Südfrankreich. Unvollendeter Chorneubau des 13. Jahrhunderts.

Abb. 13   Dom zu Halberstadt. Nördlicher Chorumgang, Formenwechsel nach dem fünften Strebepfeiler.

Abb. 14   Dom zu Halberstadt. Südlicher Chorumgang nach Osten.

Abb. 15   Dom zu Halberstadt. Südquerhaus, Ostwand. Verspringende Fugen markieren eine senkrechte Baunaht.

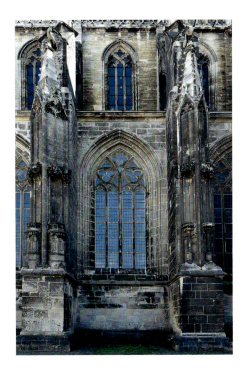 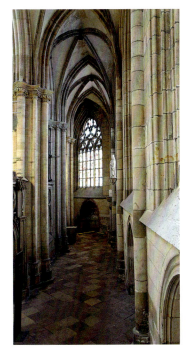 

Die Marienkapelle liegt außerhalb des alten Domes. Ähnlich wie beim Westbau waren für die Bauausführung keine Abbrucharbeiten am alten Dom erforderlich. Mit der Marienkapelle änderte sich die Baurichtung: Hatte man zuvor von Westen nach Osten gebaut, verlief der Neubau fortan von Ost nach West. Die Chorscheitelkapelle öffnet sich zum Chorumgang mit einem großen Spitzbogen (Abb. 11). Gemeinsam mit diesem Eingangsbogen kamen zwei Strebepfeiler für den Chorumgang und die anschließenden Sockelwände zur Ausführung. Damit waren der künftige Wandaufriss und die Gestalt der Strebepfeiler festgelegt. Auf der Südseite endete die Außenwand knapp hinter dem ersten Strebepfeiler mit einer Abtreppung. Im Norden sind Unregelmäßigkeiten im Versatz erst am zweiten Strebepfeiler von Osten erkennbar.

Die Vollendung der Marienkapelle überliefert eine Urkunde von 1362; darin wird dem Priester vom alten Krypta-Altar erlaubt, die Messe künftig am Marienaltar in der neuen Marienkapelle zu feiern.[7] Als Begründung wird angegeben, dass der alte Marienaltar für den Chorneubau abgebrochen worden sei. Die Urkunde liefert also zwei wichtige Informationen, erstens, dass die Marienkapelle 1362 liturgisch nutzbar, also baulich vollendet war, und zweitens, dass die Krypta des Vorgängerdomes zu diesem Zeitpunkt schon niedergelegt war. Den Bauabschluss bestätigen dendrochronologische Untersuchungen der Dachwerke, denn die Balken für das Dach über der Marienkapelle wurden 1359/60 gefällt.[8]

Die mittelalterliche Baupraxis, östlich hinter dem alten Chor einen Chorneubau zu errichten, veranschaulicht eindrucksvoll die Kathedrale von Elne in Südfrankreich. Der dortige Neubau blieb unvollendet, daher blickt man heute auf eine Sockelmauer, deren rechteckige Vorsprünge die Position der geplanten Strebepfeiler anzeigen (Abb. 12).

In der zweiten Bauphase, circa 1360–1370 (Phase „Rot"), schritt der nördliche Chorumgang voran (Abb. 8). Auf der

Nordseite bestand nach Niederlegung der Ludgerkapelle Baufreiheit, während sich auf der Südseite noch genutzte Klausurbauten befanden. Die nördliche Sockelwand wurde in horizontal-durchlaufenden Quaderlagen bis zum fünften Strebepfeiler von Osten errichtet. Am fünften Strebepfeiler sieht man eine Abtreppung. Die sichtbare Zäsur im Sockel ist gleichermaßen in der Fensterzone auszumachen (Abb. 13). Das linke Fenstergewände zeigt wie bei den vorangehenden Fenstern überkreuzte Stäbe, die am rechten Gewände und den westlich folgenden Fenstern aber fehlen. Links sind, wie zuvor, zweireihige Blattkapitelle versetzt. Mit dem rechten Kapitell beginnt eine Serie einreihiger Blattkapitelle. Auch die Gestaltung der Strebepfeiler ändert sich. Beim linken Strebepfeiler sind an den Kanten über dem Kaffgesims polygonale Podeste eingesetzt, rechts aber kurze Säulen mit Blattkapitellen eingestellt. Der beschriebene Formenwechsel beginnt beim südlichen Chorumgang bereits mit dem zweiten Joch von Osten. Demnach gehört auf der Südseite nur das erste Joch neben der Marienkapelle zur zweiten Bauphase.

Eine Rechnung von 1366/67 liefert Einblicke ins Baugeschehen.[9] Gelistet sind Arbeiten an zwei Fenstern und das Versetzen eines Gerüstes auf der Nordseite des Chores. Vermerkt werden auch Ausgaben für Bretter, die teilweise zum Bau einer Wand über dem Lektorium (Lettnerbühne) dienten. Gerhard Leopold und Ernst Schubert vermuteten daher eine provisorische Zwischenwand,[10] errichtet über dem alten Lettner, um das in Nutzung befindliche Langhaus gegen die Baustelle im Chor abzuschirmen. Zur Klärung dieser Interpretation bedarf es aber noch weiterer Forschungen.

In der dritten Bauphase, circa 1370–1385 (Phase „Weinrot"), wurde der Chorumgang vollendet (Abb. 8). Zunächst führte man die Nordwand über Eck bis zur Ostwand des Querhauses. Verschiedene Quaderlagen treffen aufeinander und markieren eine vertikale Baunaht. Die Baubeobachtung

entspricht dem archäologischen Befund. Das Chorfundament setzt sich über Eck fort und trifft dort auf das angesetzte neue Querhaus-Fundament.[11] Der südliche Chorumgang folgte nach einem Teilabbruch des Ostflügels der Klausur (Abb. 14). Die Ostwand des Südquerhauses zeigt ebenfalls eine senkrechte Baunaht (Abb. 15). Nachdem die Außenwände standen, konnten die Binnenchor-Pfeiler baueinheitlich errichtet werden. Hinweise zur Bauabfolge fehlen, selbst eine Auswertung der Steinmetzzeichen ließ kein Voranschreiten der nördlichen Pfeiler erkennen. Abzusondern waren allein die vier westlichen Pfeiler, die erst zur vierten Bauphase gehören. An den Innenseiten der Pfeiler wurden bei der Aufmauerung Konsolen und Baldachine zur Aufstellung von Figuren versetzt. Spätestens ab 1370/80 gehörte der im später näher erläuterten Forschungsprojekt untersuchte Chorpfeilerfigurenzyklus demnach zur Planung.

Die Übergänge zwischen den einzelnen Baukampagnen sind fließend und für eine präzise Zeitstellung liegen kaum Hinweise vor. Doch gibt es Indizien: In der Liebfrauenkirche Halberstadt befand sich die Grabplatte für Bischof Arnulf (gest. 1023). Deren überlieferte Inschrift[12] berichtet von einer Auffindung der bischöflichen Gebeine im Dom und deren Überführung in die Liebfrauenkirche im Jahr 1372. Arnulf wurde vor dem Südquerhausportal des alten Domes bestattet.[13] Die Hebung der Gebeine dürfte also mit dem Abbruch des alten Südquerhauses verbunden gewesen sein, sodass die Grabinschrift Hinweise zum Bauverlauf liefert. Von umfangreichen Arbeiten zeugt auch eine Urkunde von 1372.[14] Bischof Albrecht gestattete dort eine temporäre Nutzung von tragbaren Holzaltären. Dies lässt auf eine Nichtverfügbarkeit der regulären Altäre schließen und verweist somit nochmals auf Verluste durch Niederlegung liturgisch genutzter Bauteile.

In der vierten Bauphase circa 1385–1400 (Phase „Lila") wurden die fehlenden westlichen Pfeiler des Binnenchors errichtet, der Obergaden ausgeführt und mit der Einwölbung der Chor vollendet (Abb. 8). Die stilistische Abgrenzung der westlichen Pfeiler beruht auf Änderungen an der Kapitellplastik und dem Auftreten neuer Steinmetzzeichen. Für die Dachwerke über dem Chorumgang liegt ferner eine dendrochronolgische Datierung vor. Danach wurden die Hölzer im Norden und Süden baueinheitlich nach 1393/94 aufgerichtet.[15] Um die Dachwerke zu montieren, bedarf es eines entsprechenden Unterbaus, demnach waren die vier westlichen Pfeiler vollendet. Zusammen mit den Pfeilern kamen die westlichen Chorschranken zur Ausführung. Die imposante Lettnerhalle wurde erst in den 1470er Jahren angebaut. Bis zur schriftlich fixierten Chorvollendung 1400/01 stehen unter Berücksichtigung der Dachwerksdatierung auf 1393/94 somit noch sechs bis sieben Jahre zur Verfügung. Da die verbleibende Bauzeit knapp bemessen erscheint, dürften weite Bereiche des Chorobergadens, also die Mittelschiffswände, bereits zuvor errichtet worden sein (Abb. 16–17). Daten zu den Dachwerken über dem Chormittelschiff liegen aber nicht vor, da das Chordach im Zweiten Weltkrieg 1945 komplett verbrannte.[16] Die Vollendung des Chores 1400/01 lässt sich somit einzig an der päpstlichen Urkunde von 1401 festmachen.

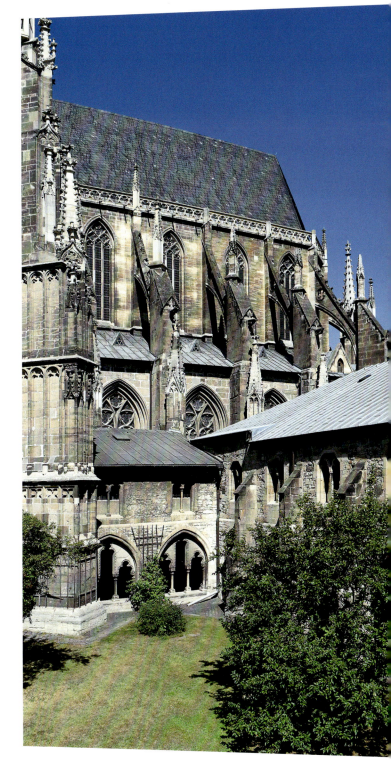

Abb. 16   Dom zu Halberstadt. Binnenchor nach Osten.

Abb. 17   Dom zu Halberstadt. Blick über den Kreuzhof auf die Chorsüdseite.

Abb. 18 a: Apostel Judas Thaddäus
(Inv.-Nr. DHBSGI-I039, Pfeiler N 7)

Abb. 18 b: Apostel Bartholomäus
(Inv.-Nr. DHBSGI-I040, Pfeiler N 6)

Abb. 18 c: Apostel Johannes
(Inv.-Nr. DHBSGI-I041, Pfeiler N 5)

Abb. 18 d: Heiliger Sixtus (Inv.-Nr. DHBSGI-I046, Pfeiler S 1)

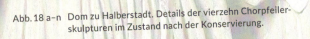

Abb. 18 a–n Dom zu Halberstadt. Details der vierzehn Chorpfeiler-
skulpturen im Zustand nach der Konservierung.

Abb. 18 e: Heiliger Stephanus (Inv.-Nr. DHBSGI-I045, Pfeiler N 1)

Abb. 18f: Apostel Petrus
(Inv.-Nr. DHBSGI-I044, Pfeiler N 2)

Abb. 18g: Apostel Andreas
(Inv.-Nr. DHBSGI-I042, Pfeiler N 4) Apostel

Abb. 18h: Jakobus Major
(Inv.-Nr. DHBSGI-I043, Pfeiler N 3)

Abb. 18i: Apostel Paulus
(Inv.-Nr. DHBSGI-I047, Pfeiler S 2)

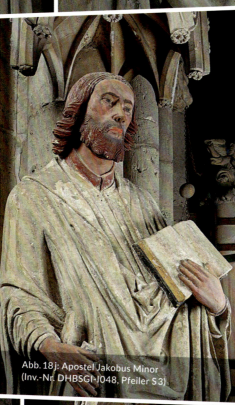

Abb. 18j: Apostel Jakobus Minor
(Inv.-Nr. DHBSGI-I048, Pfeiler S 3)

Abb. 18k: Apostel Philippus
(Inv.-Nr. DHBSGI-I049, Pfeiler S 4)

Abb. 18l: Apostel Matthäus
(Inv.-Nr. DHBSGI-I050, Pfeiler S 5)

Abb. 18m: Apostel Thomas
(Inv.-Nr. DHBSGI-I051, Pfeiler S 6)

Abb. 18n: Apostel Matthias
(Inv.-Nr. DHBSGI-I052, Pfeiler S 7)

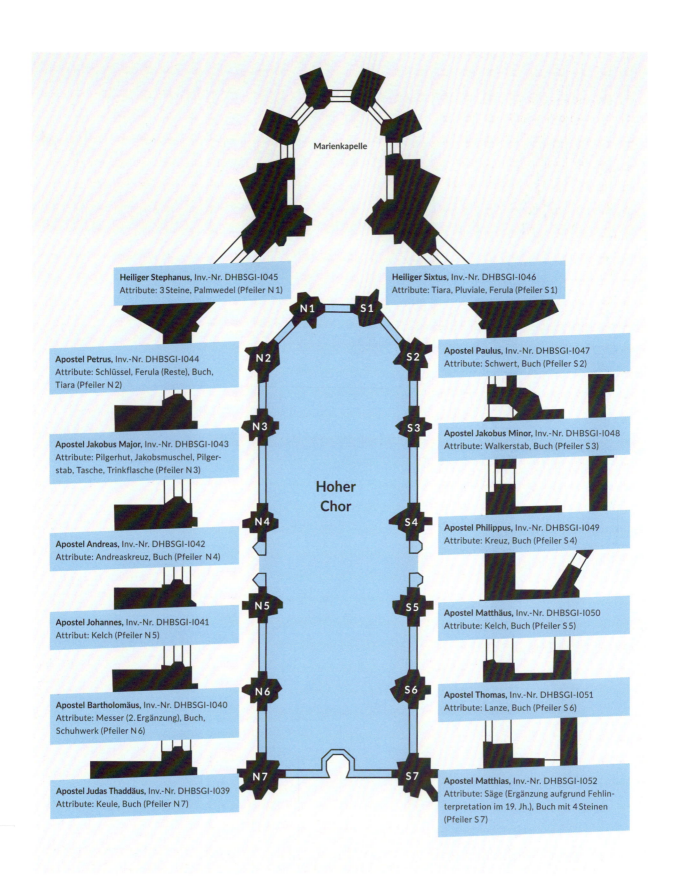

Marienkapelle

Heiliger Stephanus, Inv.-Nr. DHBSGI-I045
Attribute: 3 Steine, Palmwedel (Pfeiler N 1)

Heiliger Sixtus, Inv.-Nr. DHBSGI-I046
Attribute: Tiara, Pluviale, Ferula (Pfeiler S 1)

Apostel Petrus, Inv.-Nr. DHBSGI-I044
Attribute: Schlüssel, Ferula (Reste), Buch, Tiara (Pfeiler N 2)

Apostel Paulus, Inv.-Nr. DHBSGI-I047
Attribute: Schwert, Buch (Pfeiler S 2)

Apostel Jakobus Major, Inv.-Nr. DHBSGI-I043
Attribute: Pilgerhut, Jakobsmuschel, Pilgerstab, Tasche, Trinkflasche (Pfeiler N 3)

Apostel Jakobus Minor, Inv.-Nr. DHBSGI-I048
Attribute: Walkerstab, Buch (Pfeiler S 3)

Hoher Chor

Apostel Andreas, Inv.-Nr. DHBSGI-I042
Attribute: Andreaskreuz, Buch (Pfeiler N 4)

Apostel Philippus, Inv.-Nr. DHBSGI-I049
Attribute: Kreuz, Buch (Pfeiler S 4)

Apostel Johannes, Inv.-Nr. DHBSGI-I041
Attribut: Kelch (Pfeiler N 5)

Apostel Matthäus, Inv.-Nr. DHBSGI-I050
Attribute: Kelch, Buch (Pfeiler S 5)

Apostel Bartholomäus, Inv.-Nr. DHBSGI-I040
Attribute: Messer (2. Ergänzung), Buch, Schuhwerk (Pfeiler N 6)

Apostel Thomas, Inv.-Nr. DHBSGI-I051
Attribute: Lanze, Buch (Pfeiler S 6)

Apostel Judas Thaddäus, Inv.-Nr. DHBSGI-I039
Attribute: Keule, Buch (Pfeiler N 7)

Apostel Matthias, Inv.-Nr. DHBSGI-I052
Attribute: Säge (Ergänzung aufgrund Fehlinterpretation im 19. Jh.), Buch mit 4 Steinen (Pfeiler S 7)

N 1 S 1
N 2 S 2
N 3 S 3
N 4 S 4
N 5 S 5
N 6 S 6
N 7 S 7

Abb. 19   Dom zu Halberstadt. Pfeilerzählung und Anordnung der Skulpturen im Hohen Chor.

Abb. 20   Dom zu Halberstadt. Blick in den Hohen Chor nach Osten mit erster Gerüststellung 2017.

Resümee zur Baugeschichte des Domchores

Die kurze Vorstellung der Baugeschichte des Domchores soll mit einem Ausblick zum weiteren Geschehen abschließen. Bis 1460/70 wurde das Querhaus mit einem Bauverlauf von Nord nach Süd vollendet. Parallel dazu kamen die östlichen Seitenschiffe und abschließend das Mittelschiff zur Ausführung. Ein Gewölbeschlussstein im Mittelschiff trägt die Jahreszahl 1486. Wenige Jahre später, am 28. August 1491, lud der Magdeburger Erzbischof Ernst von Sachsen in seiner Funktion als Bischof von Halberstadt zur feierlichen Schlussweihe des Domes nach Halberstadt ein.[17] Nach der Weihe folgten im frühen 16. Jahrhundert der Neubau der sogenannten Neuenstädter Kapelle auf dem Kreuzhof und des „Neuen Kapitelsaals" im Obergeschoss des Klausur-Nordflügels.

Fazit: Der Halberstädter Domchor wurde um 1350 begonnen und nach etwa fünfzigjähriger Bauzeit im Jahr 1400/01 vollendet. Die Parameter für die Architektur lieferten der Vorgängerbau, die frühgotischen Westjoche des Langhauses und die Marienkapelle am Ostende der Kirche. Die Binnenchorpfeiler folgen dem System der Langhauspfeiler, während der Chorumgang im Aufriss das System der Marienkapelle mit Altarnischen und kämpferlosen Wandpfeilern weiterführt. Ungeachtet formaler und stilistischer Aktualisierungen scheint das Domkapitel an einer Erstplanung aus dem 13. Jahrhundert festgehalten zu haben. Die Marienkapelle im Scheitel des Chorumgangs bildet einen zeitgemäßen Ersatz für die ehemalige Außenkrypta des Vorgängerbaus.

Eine weitere Modifizierung wäre vielleicht im Verzicht auf Kranzkapellen zu erkennen. Baumotive wie die geplante Vorhalle am Westbau und der Chorumgang im Osten verweisen auf Pilgerkirchen. Vor dem Hintergrund, dass Bischof Konrad im Jahr 1208 einen kostbaren Reliquienschatz nach Halberstadt verbrachte, könnten sich ein Bauanlass und eine Bauabsicht abzeichnen. Der prachtvolle Chorfigurenzyklus – zwölf Apostel und zwei Dompatrone – sollte in diesem Kontext interpretiert werden. Der Versatz der Konsolen an den Chorpfeilern belegt, dass seit etwa 1370/80 Pläne zu diesem sehr spezifischen Bildprogramm bestanden. Der ältere Figurenzyklus einer Anbetung der Heiligen Drei Könige in der Marienkapelle mag eine Anregung geboten haben, maßgeblich für den vollständigen Apostelzyklus nebst Dompatronen war allerdings ein Chorfigurenzyklus im Kölner Dom.

Vorstellung des Skulpturenzyklus

Die vierzehn spätgotischen Pfeilerfiguren des Chores zählen zum hochrangigen skulpturalen Bestand des Domes. Hier handelt es sich um einen für Mitteldeutschland einmaligen vollständigen Apostelzyklus, der um die zentrale Skulpturengruppe der Bistumspatrone Stephanus und Sixtus an den östlichen Polygonpfeilern ergänzt wird (Abb. 18–19). In Deutschland existieren nur zwei vergleichbare Zyklen in einem Chorraum, jener bereits erwähnte in Köln, entstanden mit der Chorausstattung vor 1322[18], und ein weiterer in Aachen, geplant vor 1414 und datiert auf 1430[19]. In Frankreich sind monumentale vollständige Apostelzyklen in einem Chor nur aus der

Sainte Chapelle in Paris, geweiht 1248[20], bekannt. Man darf annehmen, dass der Halberstädter Reliquienschatz und dessen Konzentration bzw. „Sichtbarmachung" im Chor in Beziehung und möglicherweise sogar der Initiator für die Planung eines Apostelzyklus nach Pariser und Kölner Vorbild war.

Während auch der Halberstädter Zyklus bereits erwähntermaßen um 1370 mit Chorbau geplant und der Chor 1401 in Nutzung genommen wurde, hat man bislang die Entstehung der Skulpturen in einem vergleichsweise langen Zeitraum zwischen 1425 bis circa 1470[21], als Zeugnis über 40-jähriger Stiftungstätigkeit, angenommen. Die einzig datierte Skulptur des Zyklus ist allerdings die des Apostels Andreas. Im Schrägbalken seines Kreuzes ist die Jahreszahl 1427 in römischen Ziffern eingeschlagen. Jüngere Forschungen der Autorin zeigen jedoch, dass sich bereits bei der Chorweihe mindestens eine Skulptur an ihrem vorgesehenen Platz befand, sodass der Entstehungszeitraum sogar noch größer anzusetzen ist.[22]

Die lebensgroßen Skulpturen gelten stilistisch als ein „wahres Kompendium der Stilgeschichte im zweiten und

Abb. 21 a: Verschmutzungen Gestein – Deposition von Fremdpartikeln (Schmutz, Mörtelreste, Staub), teilweise auch locker haftend

Abb. 21 b: Fehlstellen, entstanden durch mechanische Einflüsse, häufig durch klare Bruchkanten gekennzeichnet

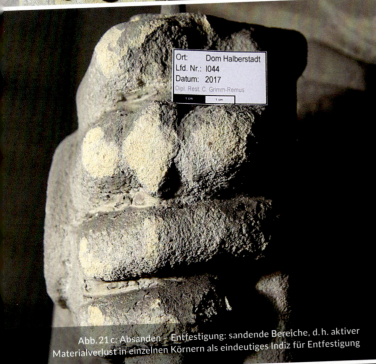

Abb. 21 c: Absanden – Entfestigung: sandende Bereiche, d. h. aktiver Materialverlust in einzelnen Körnern als eindeutiges Indiz für Entfestigung

Abb. 21 d: Salzeffloreszenzen – Ausblühungen in Form eines lockeren weißen Flaums auf der Natursteinoberfläche

Abb. 21 e: geschädigte Baldachine und Fialhelme – Verschmutzungen, partielle Entfestigungen, lose Teile, Verluste, geschädigte Verfugung, defekter Versatz

Abb. 21 f: geschädigte Holzattribute – Verschmutzungen, partielle Entfestigungen, lose Teile, Verluste

Abb. 21 a–r   Dom zu Halberstadt. Beispiele von unterschiedlichen Schadensphänomenen an den Chorpfeilerfiguren.

Abb. 21 g: Fassungsverluste

Abb. 21 h: Verschmutzungen Fassung – Deposition von Fremdpartikeln (Schmutz, Mörtelreste, Staub), z. T. auch locker haftend

Abb. 21 i: ablösende Fassungsbereiche, flächig dünn, unterbunden – flächige Abhebung in Form einer Schichtentrennung zwischen der stark unterbundenen Farbschicht der ersten Überfassung und dem Fassungspaket der zweiten Überfassung

Abb. 21 j: ablösende Fassungsbereiche, flächig bis blasig kompakt, teilweise „aufgeplatzt"

Abb. 21 k: ablösende Fassungsbereiche, blasig, unterbunden, teilweise „aufgeplatzt"

Abb. 21 l: ablösende Fassungsbereiche mit Volumenzunahme, unterbunden

Abb. 21 m: ablösende Fassungsbereiche, kleinteilig kompakt, unterbunden

Abb. 21 n: „perforierte" Fassungsbereiche – kleinste Löcher in der obersten Farbschicht der Gewänder → kleinste Ausblühungen durchstoßen die oberste Farbschicht

Abb. 21 o: pudernde Fassung bis Verlust

Abb. 21 p: Verfärbungen von Fassungsbestandteilen der Inkarnate, z. B. Umwandlung von Bleicarbonat in Bleisulfid

Abb. 21 q: krustenartige Veränderungen der Oberfläche einschließlich Fassung Versinterungen

Abb. 21 r: Materialablagerungen durch Wassereinfluss (Wasserläufer)

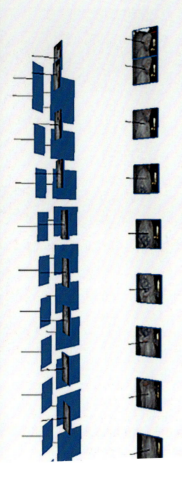

dritten Viertel des 15. Jahrhunderts"[23]. Während die frühen Skulpturen in der Zeit des „Weichen Stils"[24] entstanden, datieren die späten Skulpturen in die sogenannte Übergangszeit[25]. Eine stilistische Einheit lässt sich also nicht ausmachen. Dies ist neben der Seltenheit als Chorfigurenzyklus auch außerhalb Deutschlands ein zusätzliches Alleinstellungsmerkmal der Halberstädter Chorfiguren. Sie befinden sich noch heute in authentischer Aufstellung auf den bereits im Bau versetzten Konsolen und sind rückwärtig mit einer eisernen Haken- bzw. Ösenkonstruktion gesichert. Den oberen Abschluss bildet jeweils der ebenfalls mit dem Chorbau versetzte Baldachin. Auf der Nordseite, an den Heiligen Stephanus anschließend, folgen die Apostel Petrus, Jakobus Major, Andreas, Johannes, Bartholomäus und Judas Thaddäus. Auf der Südseite, an den Heiligen Sixtus anschließend, folgen die Apostel Paulus, Jakobus Minor, Philippus, Matthäus, Thomas und Matthias[26] (Abb. 18–19).

Gefertigt wurden die Skulpturen aus regionalem Sandstein und Kalkstein. Bei den Sandsteinen der untersuchten Skulpturen handelt es sich nach den Messungen mit einem mobilen Infrarot-Spektroskop ausschließlich um regionale Sandsteine aus der Kreide der Halberstädter Mulde, dem sogenannten Involutus-Sandstein[27]. Für diesen Involutus-Sandstein sind zahlreiche Abbaustellen südlich von Halberstadt bekannt.

Bei den verwendeten Kalksteinen konnten bereits makroskopisch einzelne Muschelhohlformen identifiziert werden, sodass es sich um Muschelkalk handelt. Dass auch dieser mit großer Wahrscheinlichkeit aus regionalen Lagerstätten stammt, legen Dünnschliffmikroskopien nahe.[28]

Bewiesen werden konnte im Rahmen der Dissertation der Autorin ebenso, dass die Skulpturen mit ihrer Aufstellung eine Farbfassung erhielten. So haben sich Fassungsreste in typischer mittelalterlicher Maltechnik erhalten. Diese mittelalterliche Erstfassung folgt klar einer polychromen Gestaltungsabsicht. Ebenso typisch ist dabei die verwendete Farbpalette: Es konnten Pigmente wie Azurit, Bleimennige, Zinnober, Bleiweiß, Bleizinngelb und verschiedene Vergoldungstechniken befundet werden. Obwohl dank des hohen analytischen Aufwands viele mittelalterliche Fassungsreste nachweisbar waren, reichen sie für eine vollständige Rekonstruktionsdarstellung jedoch nicht aus. Über dieser mittelalterlichen Farbfassung finden sich zwei Überfassungen, die seitens der Verfasserin beide in das 19. Jahrhundert datieren.

Anlass des Projektes und Projektphasen

Im Rahmen der Zusammenarbeit zwischen der Kulturstiftung Sachsen-Anhalt als Eigentümerin des Halberstädter Domes, der Fachhochschule Potsdam, der Technischen Hochschule Köln und der Verfasserin erfolgte im Zuge einer 2014 durchgeführten Reinigungskampagne erstmals eine fachliche Bewertung der Erhaltungszustände einiger Chorfiguren. Hierbei erwies sich insbesondere der Zustand der Farbfassungen mit unterschiedlichen Schadensbildern als dramatisch.

Erste Versuche einer Notsicherung wurden abgebrochen, da keine der in der Restaurierung üblichen Konservierungstechniken dem Schadensbild gerecht wurden. Der besondere Anspruch an die durchzuführende Sicherung ergab sich aus dem äußerst fragilen Zustand der Farbfassungen in Kombination mit der massiven Verschmutzung der Figuren. Dem Bindemittelabbau, bei äußerst geringer Fassungsdicke kombiniert mit massiven Schmutzauflagen, war als besonderer Herausforderung zu begegnen. Zudem befand sich die oft deformierte Fassung teilweise vom Träger – dem Gestein – abgelöst, wenige Millimeter vor der Steinoberfläche stehend, vergleichbar mit einer dünnen Papierhaut. So war auch das „Replatzieren" bzw. Wiederanbinden der Fassung an den Steinträger eine entscheidende Aufgabe bei einer künftigen Sicherung.

Ein Projektantrag durch die Kulturstiftung Sachsen-Anhalt bei der Deutschen Bundesstiftung Umwelt (DBU) wurde 2016 positiv beschieden, sodass die ersten Planungen unter dem Projekttitel „Praxisorientierte Vorversuche sowie Notsicherungen zur modellhaften Fassungssicherung mit Hilfe einer ‚Facing-Technologie' stark umweltgeschädigter, unrestaurierter, mittelalterlicher Steinskulpturen im Halberstädter Dom" noch Ende des gleichen Jahres beginnen konnten. Kooperationspartner der Kulturstiftung waren hierbei das Landesamt für Denkmalpflege und Archäologie Sachsen-Anhalt (LDA, hier die Abt. Bau- und Kunstdenkmalpflege), das Institut für Diagnostik und Konservierung an Denkmalen in Sachsen und Sachsen-Anhalt e. V. (IDK) und die Verfasserin. Zudem erfolgte ein enger Austausch mit Dr. Heiko Brandl, dem Leiter des Forschungsprojektes „Inventarisierung des Halberstädter Domes"[29].

Bei dem DBU-Forschungsprojekt wiederum galt es, innovative Festigungs- und Reinigungsmethoden für Farbfassungen und Skulpturen zu ermitteln, die ein weitgehend berührungsloses Arbeiten ermöglichen mussten. Hier stand vor allem die Frage eines „Facings" im Mittelpunkt; es war demnach eine Schutzschicht zu finden, die eine Fassungsfestigung und das „Replatzieren" erlaubte, aber den Verlust der Fassung durch direkte Berührung verhinderte. „Facing" bezeichnet also eine Überklebung bzw. ein partielles oder gesamtes Abkleben der Fassungsschicht mit einem sogenannten Hilfsbildträger.[30] Dieser Hilfsbildträger stellt eine Schutzschicht während der Durchführung konservatorischer und restauratorischer Maßnahmen dar und wird abschließend wieder entfernt. Das „Facing" fixiert und sichert zunächst die geschädigte Fassung. Anschließend können Maßnahmen wie zum Beispiel die Konsolidierung von Malschichten und auch die Reinigung von Oberflächen durch das „Facing" hindurch ausgeführt werden.[31] Vorversuche mit üblichen „Facing"-Materialien, wie beispielsweise Japanpapier, waren im Vorfeld nicht zielführend.

In einer ersten Projektphase wurden im Frühjahr 2017 nach der Gerüststellung im östlichen Chorbereich (Abb. 20) aus den dort befindlichen acht Skulpturen drei repräsentative Objekte, die Skulpturen des Stephanus, Paulus und Jakobus Minor, ausgewählt, deren Material- und Fassungsbestand sowie deren Schadensbild modellhaft für weitere Skulpturen des Gesamtbestandes sind.

In einer zweiten Phase erfolgten an ausgewählten Skulpturen grundlegende Voruntersuchungen, auf deren Basis eine übertragbare Herangehensweise für die Notsicherung weiterer Plastiken im Dom, aber auch modellhaft für andere Objekte erarbeitet wurde. Im Rahmen der einzelnen Arbeitsschritte flossen studentische Examensarbeiten ein, die durch die Fachhochschule Potsdam und die Technische Hochschule Köln sowie durch die Verfasserin und das IDK betreut wurden. Zudem bildeten beide Hochschulen, vertreten durch Prof. Gottfried Hauff und Prof. Dr. Regina Urbanek, den Fachbeirat des Forschungsprojektes.

Auf Grundlage der Ergebnisse der ersten beiden Projektphasen konnte 2017/2018 ein erstes Konzept für Notsicherung und Restaurierung vorgestellt werden. Denn es gelang, in verschiedenen Versuchen ein geeignetes „Facing"-Material und Festigungsmittel sowie eine sehr schonende Reinigungsmethode, die eine Abnahme der Verschmutzungen noch vor der Fassungsfestigung erlaubt, zu finden!

In der dritten Phase wurde schließlich im Rahmen einer ersten Notsicherung das modellhaft entwickelte Vorgehen am östlichen Skulpturenschatz umgesetzt, kritisch überprüft und angepasst. 2019 erfolgte dazu die erweiterte Gerüststellung im westlichen Chorbereich des Halberstädter Doms, sodass die verbleibenden sechs Skulpturen untersucht und bearbeitet werden konnten. Zum Jahresende 2021 fand das Notsicherungsprojekt seinen erfolgreichen Abschluss, dessen überzeugende Ergebnisse nachfolgend kurz zusammengefasst werden sollen.[32]

Abb. 22   Dom zu Halberstadt. Anordnung der Aufnahmepositionen des eigens für das Projekt entworfenen Kamera-Arrays mit elf Fotoapparaten.

Abb. 23   Dom zu Halberstadt. Starke Schmutzauflagen auf horizontalen Flächen, hier Apostel Andreas, Vorzustand 2017.

Schadensphänomene und Schadensursachen

Mit der Teil-Gerüststellung 2017 war es erstmals möglich, die Schadensphänomene an den Skulpturen näher zu erfassen. Allgemein fand man vergleichbar geringe Schadenspotentiale im Bereich der Träger vor, unabhängig davon, ob diese aus Sandstein oder Kalkstein bestanden. Konservatorisch bearbeitungsbedürftig waren hier vor allem die massiven Verschmutzungen und partiell leichte Entfestigungen des Sandsteins. Es gab keinerlei Standsicherheitsprobleme und keine relevanten Rissbildungen an den Skulpturen zu beobachten. Fehlstellen am Gestein waren vorrangig mechanisch, beispielsweise während des Zweiten Weltkriegs, entstanden. Es zeigten sich keine fortschreitenden Verluste durch eine Steinentfestigung oder einen Steinzerfall. Ausnahmslos waren die vierzehn Skulpturen durch eine mehr oder weniger lockere Verschmutzung, teilweise mehrere Millimeter dick, gekennzeichnet. Auf horizontalen Flächen fanden sich Auflagerungen von bis zu über 20 mm Mächtigkeit. Besonders an hervorstehenden Bereichen, wie den Armen und bestimmten Gewandbereichen, waren sogenannte Läuferspuren bzw. Schmutzfahnen in Form von Materialablagerungen/-ansammlungen[33] zu beobachten.

Ein sehr hohes Schadensausmaß bestand hingegen im Bereich der Fassung. Hier waren vorrangig die Gewänder betroffen und an den gesamten vierzehn Skulpturen hochgradig gefährdet. Im Detail gab es unterschiedliche Ausprägungen der Fassungsschäden (Abb. 21).

Als Hauptursachen für diesen schlechten Erhaltungszustand der Farbfassung darf man zum einen die klimatische Wechselbeanspruchung der Objekte verantwortlich machen, die stets anzunehmen war, aber zwischen 2006 und 2011 durch eine Messstelle am Lettner auch belegt ist[34]: Die Werte schwanken hier im Jahresmittel zwischen min. -4° bis max. 23° C und min. 39 % bis max. 95 % relative Luftfeuchtigkeit. Die zusätzlich sehr ungünstigen Klimabedingungen im 19. Jahrhundert während der Restaurierung der Obergadenfenster und die Kriegsschäden mit deren klimatischen Auswirkungen bis mindestens 1948 führten teilweise sogar zu einer „freien Bewitterung" der Skulpturen, welche in Kombination mit dem materialbedingten Schadenspotential durch die Verwendung von „Gips"[35] in einer der Überfassungen die massiven Schäden und Verluste der Farbfassung verursachte. Zudem wurde mit der Befunderhebung zugleich die Verwendung eines Anhydrits, also dehydratisierter Gips, als Bestandteil der mittelalterlichen Grundierung nachgewiesen. Die damit verbundenen langfristigen Folgen einer Volumenzunahme dieses Materials im Kontext der Exposition der Skulpturen gelten damit

Abb. 24   Dom zu Halberstadt. Schutzkabine zur Reinigung der Skulpturen.

Abb. 25   Dom zu Halberstadt. Lasergerät zur Reinigung der Skulpturen.

Abb. 26   Dom zu Halberstadt. Gereinigter Gewandbereich. Auch stark geschädigte Fassungsbereiche mit wenig Kontakt zum Untergrund bleiben erhalten.

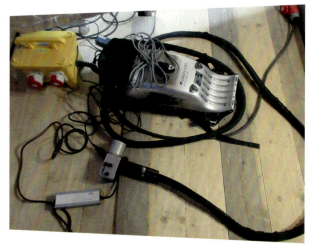

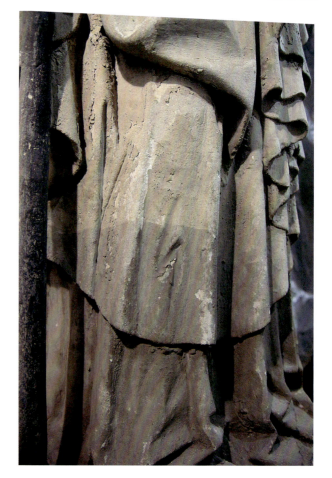

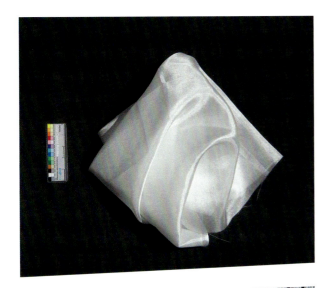

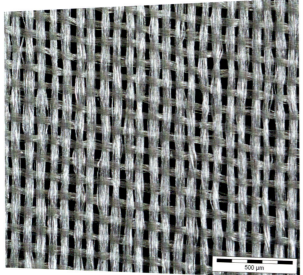

Abb. 27   Habotai-Seide diente letztlich als geeignetes „Facing"-Material.

Abb. 28   Leinwandbindung der Habotai-Seide unter dem Mikroskop.

Abb. 29   Probekörper mit abstehenden Malschichten zur Suche nach geeignetem „Facing"-Material.

ebenso als schadensursächlich.[36] Nicht zuletzt trugen auch die mangelnde Pflege der schwer zugänglichen Figuren und die dadurch entstandene, stark hygroskopische Schmutzauflagerung zur äußerst schlechten Erhaltung bei.

Entwicklung und Umsetzung des Notsicherungskonzeptes

Ausgesprochenes Ziel des Vorhabens war erwähntermaßen die Notsicherung des Fassungsbestandes. Dies war jedoch nicht ohne Eingriffe in die Gesamtsubstanz der Figuren möglich, immer unter der Maßgabe des kleinstmöglichen aber konservatorisch notwendigen Eingriffs. Vorrangig sollten Schäden und Schadenspotentiale nachhaltig behoben werden. Das im Projekt erarbeitete Notsicherungskonzept umfasste dabei insgesamt elf wesentliche Arbeitsschritte, die an den vierzehn Skulpturen ausgeführt wurden und nachfolgend beschrieben werden sollen: 1) Bestands- und Zustandserfassung, Dokumentation inklusive 3D-Erfassung, 2) Mechanische Vorreinigung – wenn möglich, 3) Vorreinigung per Laser, 4) Fassungsfestigung, 5) Festigung der Träger, 6) Reinigung, 7) Nachreinigung per Laser, 8) Nachfestigung der Fassung, 9) Retuschen, 10) Ergänzungen von Fassungen, 11) Ergänzungen von Heiligenattributen.

Die erstellten Befunde und Maßnahmen wurden als restauratorische Dokumentationen gesichert. So wurden Befundblätter erstellt und Maßnahmen digital kartiert. Zudem erfolgte eine restauratorische Dokumentation einzelner Arbeitsschritte in Wort und Bild. Zusätzlich erfasste die Bauhaus-Universität Weimar, federführend Dipl. Ing. Norman Hallermann, im Vorfeld aller Maßnahmen und ebenso nach Abschluss der Sicherungen die Skulpturen dreidimensional. Beweggründe hierfür waren, dass der herkömmliche 2D-Dokumentationsprozess zum einen sehr zeitintensiv, aber auch das Anfertigen von Einzelbildern häufig nicht umfassend und deren Zuordnung meist schwierig ist. Darüber hinaus existiert in 2D keine direkte bzw. intuitive Verknüpfung von Geometrie, Bild und Annotation. Zudem sollte das erstellte Datenmaterial umfassend die Grundlage für eine Zustandsüberwachung darstellen und vielleicht auch erst später auftauchende Fragen und Phänomene an den Skulpturen abbilden.

Zusammen mit den restauratorischen Fragestellungen und Anforderungen einigte man sich auf folgende umzusetzende Kriterien: berührungslose Erfassung (insbesondere beim Drohneneinsatz), maßstabsgetreue Abbildung der Geometrie (Georeferenzierung durch eingemessene Targets oder Maßstäbe), geometrische Auflösung der 3D-Rekonstruktion $\leq 0,5$ mm (Bildauflösung $\leq 0,15$ mm/Pixel), farbgetreue Abbildung der Oberfläche (Tageslichtlampen mit hohem CRI-Wert ohne Erwärmen der Skulpturen) sowie Farbkalibrierung), Differenzmessungen zwischen verschiedenen Aufnahmen, Verortung/Einbettung der Skulpturen in den Dom (Grobmodell). All diese Punkte setzte man schließlich in mehreren Kampagnen unter ständiger Verbesserung und Weiterentwicklung mittels eines selbstgebauten Kamera-Arrays um (Abb. 22).[37]

In einem ersten Arbeitsschritt der konservatorischen Figuren-Sicherung erfolgte in weitestgehend stabilen Bereichen bzw. Bereichen mit mehreren Millimetern Schmutz- und

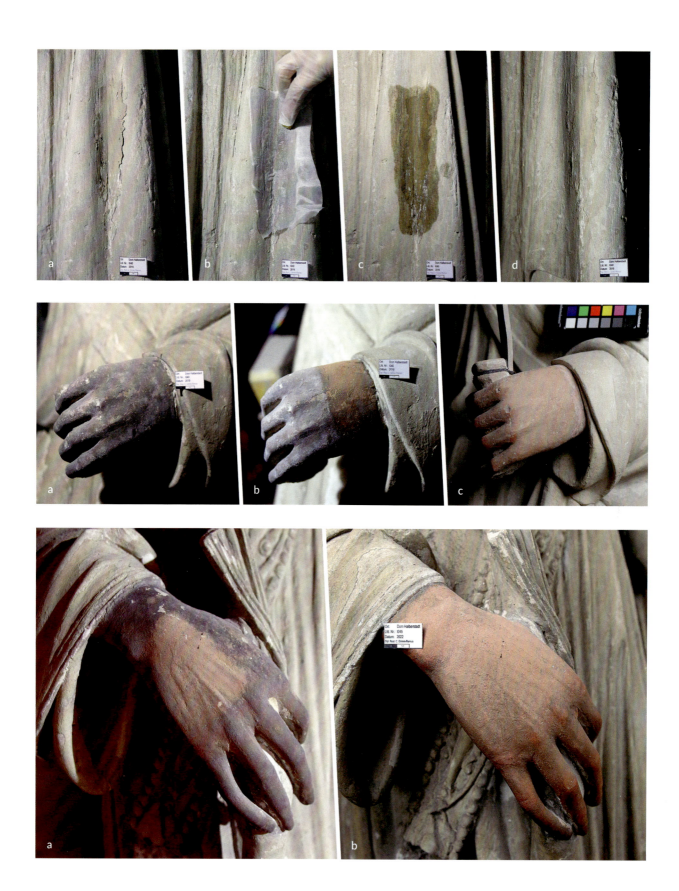

Abb. 30 a–d Dom zu Halberstadt. Vor, während und nach
der Fassungsfestigung „mit Störleim und Seide".

Abb. 31 a–c Dom zu Halberstadt. Linke Hand des Bartholomäus
im Vor-, Zwischen- und Nachzustand.

Abb. 32 a–b Dom zu Halberstadt. Rechte Hand des heiligen
Stephanus im Zwischen- und Nachzustand.

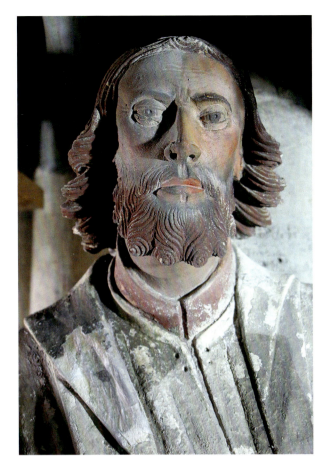

Geröllablagerungen[38] (Abb. 23) eine vorsichtige Vorreinigung mittels weicher Pinsel und Staubsauger. Letzterer wurde nur im sicheren Abstand zum Objekt eingesetzt, um jegliche Verluste der fragilen Farbigkeit zu vermeiden.

Im nächsten Arbeitsschritt wurde gemäß den Vorversuchen innerhalb einer restauratorischen Abschlussarbeit von Anna Steyer und Judith Hartung an der Technischen Hochschule Köln[39] eine Laserreinigung ausgeführt. Das berührungslose Reinigen und die Abnahmen der Verschmutzungen war aus restauratorischer Sicht hier als Vorzugsvariante anzusehen, da zum einen die Verschmutzungen nicht mit der Fassung gefestigt bzw. verbunden werden sollten und zum anderen die Fassungsfestigung der gereinigten Oberflächen eine bessere Kontrolle während des Festigungsvorgangs erlaubt. Neben diesen konservatorischen Aspekten sollte die Abnahme der starken Schmutzauflage ebenso die Gesamterscheinung der Skulpturen in ihrer Form und Farbigkeit wiederherstellen. Die Herausforderung bestand darin, den späteren Gesamtzustand stabil und harmonisch, jedoch nicht „überreinigt" wirken zu lassen. Dies galt es auch vor dem Hintergrund des gesamten Chores zu beachten, der patiniert unbearbeitet bleiben sollte. So erfolgte zunächst die schrittweise Laser-Reinigung hauptsächlich im Bereich der Gewänder, diese nachgewiesenermaßen ohne Pigmente, welche sich durch Lasereinwirkung hätten verändern können. Zudem wurden alle steinsichtigen Bereiche von Schmutz und Auflagen befreit. Dabei setzte man einen Reinigungsgrad um, der eine Patinierung der Oberflächen noch erkennen lässt. Hierfür kam ein sogenannter Zeilenlaser vom Modell CL 20 und CL 50 der Firma cleanLASER

zum Einsatz, ein Gerät mit sehr hohen Pulsfrequenzen (Abb. 24–25). Es handelt sich dabei um einen Faserlaser, welcher Strahlung der Wellenlänge 1064 nm erzeugt und dessen Laserstrahl in Form einer Scanlinie emittiert wird, die variabel einzustellen ist.[40] Es war möglich, mit dem Lasergerät die höchst fragile Gewandfassung, welche kaum mehr Haftung zum Untergrund hatte, zu reinigen. So ließen sich sowohl die lockeren als auch die anhaftenden Auflagen von den Figuren entfernen (Abb. 26).

Nachfolgend konnte zur umgehenden Sicherung die Festigung der Fassung mit der bereits beschriebenen „Facing"-Technik umgesetzt werden. Im Rahmen einer restauratorischen Abschlussarbeit an der Fachhochschule Potsdam durch Jette Gutglück[41] wurde hier eine Habotai-Seide 140 mit einer Dichte von 20 g/m² als geeignetes „Facing"-Material recherchiert und an eigens hergestellten Probekörpern mit entsprechenden Schadenssimulationen getestet (Abb. 27–29). Im Gegensatz zur ebenso getesteten Chiffon-Seide (15 g/m²) und Japanpapier (11 g/m²) überzeugte vor allem ihre sichere Handhabung, Flexibilität, Haftung, Saugfähigkeit, Faltbarkeit und hervorragende Transparenz während des Arbeitsprozesses. Auch eine spätere Abnahme dieses Seiden-„Facings" war unproblematisch und absolut rückstandsfrei.[42]

Abb. 33   Dom zu Halberstadt. Während der Reinigung des Gesichtes des Apostels Jakobus minor.

Abb. 34 a–b   Dom zu Halberstadt. Retusche störender Fehlstellen. Hand des Apostels Thomas.

Als Festigungsmittel kam Störleim (6–10 %ig) mit und ohne Vornetzen (30 % Ethanol, 70 % destilliertes Wasser), ein Festigungsmittel mit Langzeiterfahrungen, zum Einsatz (Abb. 30). Auch dies wurde vorab für das Halberstädter Schadensbild umfangreich beprobt und mit anderen Festigungsmitteln wie beispielsweise Polyvinylalkohol oder Tri-Funori verglichen. In leichten Anpassungen, je nach Schadensausprägung, schloss sich in der Regel folgender Arbeitsablauf an: Das „Facing" wurde zumeist trocken oder mit dem Festigungsmittel getränkt, über die zu festigende Stelle gebracht und zugleich mit dem mit Festigungsmittel getränkten Pinsel angestrichen. Auf das „Facing" konnte danach zusätzlich weiter mit Hilfe eines Pinsels Festigungsmittel aufgetragen werden, bis kein Saugverhalten mehr feststellbar war. Die Fläche drückte man anschließend mit einem dichten PU-Schwamm an, wodurch gleichzeitig auch überschüssiges Festigungsmittel abgenommen wurde. Abschließend entfernte man das „Facing" im feuchten Zustand wieder. Randbildungen wurden nicht erzeugt und waren somit auch nicht nachzuarbeiten (Abb. 30).

In den wenigen entfestigten Sandsteinbereichen sollte die strukturelle, also gleichmäßig in der gesamten entfestigten Gesteinsstruktur erfolgende Stabilisierung geschehen. Hierzu wurde ein Kieselsäureesterprodukt mit einer Gelabscheidungsrate von 300 g/l, ein standardisiertes Festigungsmittel, verwendet. Die Festigung wurde bis zur Sättigung des Bereiches durchgeführt, nach einer Stunde wiederholte man die Festigung in gleicher Weise, wiederum bis zur Sättigung. Die Applikation erfolgte mittels Einwegspritze durch Fluten, da es sich um ein kapillar gut saugendes Gestein handelt.

Für die sich anschließende Reinigung der vergleichsweise stabilen, aber stark verschmutzen und verdunkelten Inkarnate (Hautfarben) wurden innerhalb des Projektes trockene Methoden, unterschiedlichste wässrige Methoden und Lösungsmittel getestet. Weder unterschiedliche Puffer, Tenside noch Lösungsmittel zeigten gute Reinigungsergebnisse. Beste Resultate konnten hier mit dem Komplexbildner Triammoniumcitrat erzielt werden. Vor dem eigentlichen Aufbringen des Komplexbildners erfolgte eine Art Hydrophobierung mit Shellsol T, was Schädigungen an der Fassung durch übermäßigen Feuchteintrag vermied. Folgend wurde eine mit Methocel A4C angedickte Triammoniumcitratlösung aufgetragen und nach ca. 20–30 Sekunden Einwirkzeit mit einem PU-Schwämmchen abgenommen. Anschließend erfolgte eine gründliche Nachreinigung mit destilliertem Wasser. Diesen Vorgang wiederholte man je nach Verschmutzungsgrad mehrfach und mit dem Ziel eines möglichst gleichmäßigen Reinigungsergebnisses für die gesamten vierzehn Skulpturen. Allerdings konnte so immer nur schrittweise vorgearbeitet werden, auch um eine Überreinigung einzelner Skulpturen zu vermeiden (Abb. 31–33)

Nach Abschluss dieser Arbeitsschritte fand wiederum eine Nachreinigung mittels Laser im Gewandbereich statt, um Areale, welche vor der Festigung zu stark aufgewölbt bzw. überlappt waren, erreichen zu können. Nach dieser Schlussreinigung wiederum sollten je nach Bedarf einige Gewandbereiche mit einer niedrig konzentrierten Störleim-Lösung (< 4 %) und mittels Airbrush-Technik nachgefestigt werden. Zu guter Letzt erfolgte eine Retusche der Inkarnatbereiche zur Herstellung eines harmonischen Gesamtbildes in Aquarelltechnik (Abb. 31–32; Abb. 34), wohingegen sich eine Retusche im Bereich der Gewänder als nicht notwendig erwies. So ist ein stabiler und zugleich ein sich harmonisch in den Chorraum einfügender Zustand der Skulpturen das Ergebnis dieses Notsicherungsprojektes.

Die an den Aposteln Bartholomäus und Thomas fehlenden bzw. nur noch teilweise vorhandenen Attribute des Messers und der Lanze wurden nach Fotovorlagen in Holz ergänzt.[43] Jene über eine Notsicherung hinausgehenden Arbeiten sollten wieder eine augenscheinliche Identifizierung der einzelnen Apostel ermöglichen (Abb. 35–36).

Abb. 35 a–c Dom zu Halberstadt. Ergänzung des Attributes (Messer) an der Skulptur des Apostels Bartholomäus (b–c) nach einer Fotovorlage von 1936 (a).

Fazit

Die Halberstädter Chorpfeilerfiguren stellen einen einzigartigen Figurenzyklus mit nachgewiesenen mittelalterlichen Farbresten dar, der in einen ebenso einzigartigen Sakralraum eingebettet ist; beides gilt es für zukünftige Generationen zu bewahren! Die im Mittelalter verwendeten Materialien, klimatisch ungünstige Bedingungen und mangelnde Pflege führten zu großen Verlusten und zum katastrophalen Zustand der Farbfassungen an den Skulpturen. Durch eine nahezu berührungslose Schmutzabnahme und Stabilisierung mit einem lang erprobten Festigungsmittel unter Zuhilfenahme einer modellhaften, innovativen Technologie und einem für die Restaurierung bisher nicht genutzten „Facings" konnte wieder ein stabiler Zustand des wertvollen Bestandes erreicht werden (Abb. 37–39). Darüber hinaus hat das Halberstädter Pilotprojekt durchaus Leuchtturmcharakter und wird künftig als Blaupause für vergleichbare Vorhaben in anderen Sakralbauten dienen! Nicht zuletzt dafür gilt allen Projektbeteiligten, Partnern und Fördermittelgebern großer Dank: neben der Kulturstiftung Sachsen-Anhalt selbstverständlich der Deutschen Bundesstiftung Umwelt, dem Landesamt für Denkmalpflege und Archäologie Sachsen-Anhalt, dem Institut für Diagnostik und Konservierung an Denkmalen in Sachsen und Sachsen-Anhalt e. V., der Fachhochschule Potsdam, der Technischen Hochschule Köln, der Bauhausuniversität Weimar und der während des Projektes tatkräftig die Konservierung mit umsetzenden Dipl.-Rest. Diana Berger-Schmidt.

Abb. 36   Dom zu Halberstadt. Ergänzung des Attributes (Lanze) an der Skulptur des Apostels Thomas.

Abb. 37 a–b   Dom zu Halberstadt. Detail des Apostels Bartholomäus. Zustand vor und nach der Konservierung.

Abb. 38 a–b   Dom zu Halberstadt. Detail des Apostels Jakobus Minor. Zustand vor und nach der Konservierung.

Abb. 39 a–b   Dom zu Halberstadt. Detail des heiligen Stephanus. Zustand vor und nach der Konservierung.

1 Der Beitrag zur Baugeschichte liefert einen Werkstattbericht aus dem laufenden Forschungsprojekt „Inventarisierung des Halberstädter Domes", das die Kulturstiftung Sachsen-Anhalt in Kooperation mit dem Landesamt für Denkmalpflege und Archäologie Sachsen-Anhalt und dem Europäischen Romanik Zentrum e. V. durchführt. Für diesen Beitrag wurde ein vom Autor am 27. Juni 2022 im Halberstädter Dom gehaltener Abendvortrag um Anmerkungen ergänzt.

2 Zuletzt: Heiko Brandl/Anja Seliger/Andreas Waschbüsch (Hrsg.), Westbau. Vorhalle. Portal. Forschungen zum Halberstädter Dom. More romano 7, Regensburg 2022.

3 Gerhard Leopold/Ernst Schubert, Der Dom zu Halberstadt bis zum gotischen Neubau, Berlin 1984.

4 Die Weihe 1220 überliefert die Petersberg-Chronik: MGH SS 23, S. 198.

5 Gustav Schmidt (Hrsg.), Urkundenbuch des Hochstifts Halberstadt und seiner Bischöfe 3. 1303–1361. Publikationen aus den königlich-preußischen Staatsarchiven 27, Leipzig 1887, Nr. 2456; S. 557.

6 Gustav Schmidt (Hrsg.), Urkundenbuch des Hochstifts Halberstadt und seiner Bischöfe 4. 1352–1425. Publikationen aus den königlich-preußischen Staatsarchiven 40, Leipzig 1889, Nr. 3164; S. 441–443.

7 Ebd., Nr. 2628; S. 15–17.

8 Landesamt für Denkmalpflege und Archäologie Sachsen-Anhalt [künfitg: LDA Sachsen-Anhalt], Archiv Abt. Denkmalpflege, Sachgebiet Bauforschung, Frank Högg, Büro für historische Bauforschung Wasserleben, Gefügekundlicher Kurzbericht Halberstädter Dom, Chor, vom 17. Juli 2006. – LDA Sachsen-Anhalt, Archiv Abt. Denkmalpflege, Sachgebiet Bauforschung, Thomas Eißing, Universität Bamberg, Institut für Archäologische Wissenschaften, Denkmalwissenschaften und Kunstgeschichte, Dendrochronologischer Bericht Halberstadt Dom, Chorumgang Marienkapelle, vom 10. April 2006.

9 Landesarchiv Sachsen-Anhalt A 13, Nr. 1 093. Ediert von: Gustav Schmidt, Baurechnungen des Halberstädter Doms von 1367, in: Programm des Königlichen Domgymnasiums zu Halberstadt. Ostern 1888 bis 1889, 1889, S. 1–19. Übersetzt von: Ernst Schubert, Einnahmen und Ausgaben des Halberstädter Dombauamts im Jahre 1367. Ein Beitrag zur gotischen Bautechnik, Bauökonomie und Liturgie. Kölner Architekturstudien. Veröfflichungen der Abteilung Architekturgeschichte des Kunsthistorischen Instituts der Universität zu Köln 89, Köln 2009.

10 Leopold/Schubert, Dom zu Halberstadt (wie Anm. 3), S. 77 f.; Anm. 323.

11 Ebd., S. 76 f.

12 Grabinschrift mit Skizze bei: Conrad Matthias Haber, Kurtze jedoch zureichende Beschreibung Von der Ober-Collegiat-Stiffts-Kirchen B. M. V. in Halberstadt Und Derselben vornehmsten Merckwürdigkeiten [...], Halberstadt 1737, S. 7. – Hans Fuhrmann, Die Inschriften der Stadt Halberstadt. Die Deutschen Inschriften 86, Wiesbaden 2014, S. 27–29; Nr. 14.

13 MGH SS 23, S. 92.

14 Schmidt, Urkundenbuch Halberstadt 4 (wie Anm. 6), Nr. 2 826; S. 159.

15 LDA Sachsen-Anhalt, Gefügekundlicher Kurzbericht (wie Anm. 8). – LDA Sachsen-Anhalt, Dendrochronologie (wie Anm. 8).

16 Siehe etwa ein Foto des zerstörten Domes mit abgebranntem Chordach auf dem Umschlag von: Claudia Becker/Jörg Richter (Hrsg.), Dom und Domschatz im 2. Weltkrieg, Halberstadt 2005.

17 Ralf Lusiardi/Andreas Ranft (Hrsg.), Urkundenbuch des Hochstifts Halberstadt und seiner Bischöfe 5. 1426–1513. Quellen und Forschungen zur Geschichte Sachsen-Anhalts 7, Wien 2015, Nr. 4 097; S. 363.

18 Dazu: Ulrike Bergmann, Die Chorpfeilerfiguren des Kölner Doms. Neue Indizien in einem alten Fall der Kunstgeschichte, in: Wallraf-Richartz-Jahrbuch 75, 2014, S. 7–36.

19 Ernst Günther Grimme, Der Dom zu Aachen. Architektur und Ausstattung, Aachen 1994, S. 194.

20 Dieter Kimpel/Robert Suckale, Die gotische Architektur in Frankreich 1130–1270, München 1995, S. 401.

21 Johanna Flemming/Edgar Lehmann/Ernst Schubert, Dom und Domschatz zu Halberstadt, Leipzig 1990, S. 47.

22 Genauere stilistische Beschreibungen, Datierungen, Werkgruppen und technologische Untersuchungen sind in einer jüngst abgeschlossenen, zur Publikation in Vorbereitung befindlichen Dissertation an der Martin-Luther-Universität Halle-Wittenberg beschrieben: Corinna Grimm-Remus, Die Chorpfeilerfiguren des Halberstädter Domes. Geschichte – Ikonographie – Technologie, Halle (Saale) 2023.

23 Flemming u. a., Dom und Domschatz Halberstadt (wie Anm. 21), S. 47.

24 Der „Weiche Stil" bezeichnet eine Stilrichtung in der spätgotischen Malerei und Plastik um 1400. Charakteristisch sind die in runden, fließenden Mulden herabfallenden, zunehmend dreidimensional wirkenden Gewänder. Bezeichnend hierfür sind die sogenannten Schönen Madonnen mit idealisierten, „schönlinigen" Gewandfalten. Siehe: Adolf Feulner/Theodor Müller, Geschichte der deutschen Plastik. Deutsche Kunstgeschichte 2, München 1953. S. 225 ff.

25 Hildegard Marchand, Die Plastik des Halberstädter Domes im fünfzehnten Jahrhundert mit besonderer Berücksichtigung der Übergangszeit von 1430–1460, Leipzig 1924, S. 2.

26 Die bislang als Simon angesprochene Apostelfigur wurde im Rahmen der Dissertation der Autorin als Apostel Matthias identifiziert. Das später hinzugefügte Attribut der Säge ist demnach eine Fehlinterpretation des 19. Jahrhunderts.

27 Kulturstiftung Sachsen-Anhalt, Bauarchiv, Angela Ehling, Dom zu Halberstadt, Skulpturen im Chor, Gesteinsbestimmung vom 24. September 2019, S. 1 f. – Kulturstiftung Sachsen-Anhalt, Bauarchiv, Matthias Zötzl/Corinna Grimm-Remus/Uwe Kalisch, Halberstadt, Dom, 14 Chorskulpturen, Naturstein- und Materialuntersuchungen, in: IDK Bericht HAL/42/2021, 2021, S. 5 ff.

28 Zwar zeigen die Schaumkalke in Rüdersdorf oder aus dem Elm vergleichbare Eigenschaften, wahrscheinlicher ist aber, dass man die nahe gelegenen Kalksteine verwendete.

29 Siehe Anm. 1.

30 Knut Nicolaus, Handbuch der Gemälderestaurierung, Köln 1998, S. 210.

31 Ein Facing ist nicht mit einer Kaschierung zu verwechseln. Bei einer Kaschierung wird ebenfalls eine Schutzschicht aufgebracht, jedoch mit dem Ziel, eine neue Oberfläche zu schaffen. Diese soll die ursprüngliche Fassung (temporär oder längerfristig) sichern, aber auch vor äußeren Einwirkungen schützen. Oft wird diese dann sogar als Träger für eine Übermalung genutzt.

32 Siehe dazu auch den ausführlichen DBU- Bericht AZ33688/01-45 zum Projekt „Praxisorientierte Vorversuche sowie Notsicherungen zur modellhaften Fassungssicherung mit Hilfe einer „Facing- Technologie" stark umweltgeschädigter, unrestaurierter, mittelalterlicher Steinskulpturen im Halberstädter Dom". Vollständig und kostenfrei online verfügbar unter: <www.dbu.de/projekt_33688/01_db_2409.html> [01.03.2023].

33 Diese Materialansammlungen wurden exemplarisch als Calciumsulfat-Dihydrat („Gips") und Calciumoxalat bestimmt. Dazu: Anna Steyer/Judith Hartung, Die mittelalterlichen, gefassten, steinernen Chorpfeilerfiguren im Dom zu Halberstadt. Beispielhafte Untersuchung und Entwicklung eines Reinigungs- und Festigungskonzeptes. Unpublizierte Masterarbeit der Technischen Hochschule Köln, Köln, 2019, S. 74.

34 In einem Langzeitprojekt erfasst und analysiert das Institut für Diagnostik und Konservierung an Denkmalen in Sachsen und Sachsen-Anhalt e. V. (IDK) für die Kulturstiftung Sachsen-Anhalt an mehreren Stellen im Halberstädter Dom diverse Klimawerte.

35 Hier ist zum einen die Volumenzunahme bei Hydratation und Kristallisation des Calciumsulfates zu nennen. Dieser Hydratations- und Kristallisationsdruck führt zu Spannungen bzw. mechanischem Stress. Zum anderen besitzt Calciumsulfat eine vergleichsweise hohe Löslichkeit (2,4 g/Liter).

36 Weitergehende bzw. neuere Forschungen hierzu sind gegenwärtig noch nicht publiziert. Bald dazu: Grimm, Chorpfeilerfiguren Halberstadt (wie Anm. 22).

37 Rahmendaten des Kamera-Arrays: 11 x Sony Alpha 7 R IV Kamera; Auflösung 61 Megapixel; Vollformat; Brennweite 35 mm; LED-Ringlicht; konstante Aufnahmeparameter; 20 Kamerapositionen um die Figur herum (2 × leicht verdreht); 440 automatisierte Bilder (bei wenigen Handaufnahmen) je Skulptur; mittlere Distanz 50 cm; Auflösung 0,053 mm/Pixel; Georeferenzierung über eingemessene codierte Targets.

38 So beispielsweise auf den horizontalen Flächen der Plinthe oder auch im rückwärtigen, ungefassten Bereich der Skulpturen.

39 Steyer/Hartung, Reinigungs- und Festigungskonzept (wie Anm. 33)

40 Je nach Anforderung wurden folgende Einstellungen genutzt: Linse 250 mm oder 150 mm; Scanbreite 2–3 mm; Stärke A–F; Pulsdauer 1–7; Scanfrequenz 1–7.

41 Jette Gutglück, Modellhafte Sicherung der polychromen Fassung

an den gotischen Steinskulpturen des Halberstädter Doms unter Anwendung einer Facing-Technologie. Erprobung geeigneter Facing-Materialien und Festigungsmittel. Unpublizierte Bachelorthesis an der Fachhochschule Potsdam, Potsdam 2017.

42 In einer ersten Vorauswahl wurden Japan-Seidenpapier 11 und 23 g/m², verschiedene Vliesgewebe, Kompressenmaterial, Glasfasergewebe 25 g/m², Baumwollstoffe, Mikrofaserstoffe, Seidenstoffe, Seidenstrickgewebe, ein Mikrofilament-Textil, Tüll, Nylon, transparente Polyesterstoffe und Sympatexmembrane getestet.

43 Ausführung durch Dipl.–Rest. Matthias Zimmer-Belter, Halberstadt.

Abbildungsnachweis

Architekturmuseum der TU Berlin, Inv.-Nr. F 0311, gemeinfrei (https://doi.org/10.25645/3qx3-8ktf): Abb. 1.

Kulturstiftung Sachsen-Anhalt, Heiko Brandl (Foto): Abb. 2–3, 6–7, 9–11, 13–17.

Heiko Brandl (Zeichnungen), unter Verwendung des Grundrisses von Doering 1902 (Oskar Doering, Beschreibende Darstellung der älteren Bau- und Kunstdenkmäler der Kreise Halberstadt Stadt und Land. Beschreibende Darstellung der älteren Bau- und Kunstdenkmäler der Provinz Sachsen 23, Halle/Saale 1902, S. 240 f.) und der Rekonstruktion des Vorgängerbaus, Zustand 1220, Bau II c, nach Leopold/Schubert 1984 (Gerhard Leopold/Ernst Schubert, Der Dom zu Halberstadt bis zum gotischen Neubau, Berlin 1984, Abb. 44): Abb. 4 a–b, 8.

Heiko Brandl (Foto): Abb. 5.

Jochen Jahnke at German Wikipedia (https://commons.wikimedia.org/wiki/File:F10_15_Ste-Eulalie-et-Ste-Julie_d'Elne.0008.JPG), „F10 15 Ste-Eulalie-et-Ste-Julie d'Elne.0008", als gemeinfrei gekennzeichnet, Details auf Wikimedia Commons: https://commons.wikimedia.org/wiki/Template:PD-user: Abb. 12.

Punctum/Bertram Kober: Abb. 18 a–n.

Corinna Grimm-Remus (Foto): Abb. 20, 21 a–r, 23–26, 30 a–d, 31 a–c, 32 a–b, 33, 34 a–b, 35 b–c, 36, 37 a–b, 38 a–b, 39 a–b.

Norman Hallermann, Bauhaus-Universität Weimar: Abb. 22.

Jette Gutglück: Abb. 27–29.

© Bildarchiv Foto Marburg/Holzer-Lexis: Abb. 35a.

„Weil ja auch das Email in irgendeiner Form zusammen entstand"[1]

Emaillearbeiten von Dora und Hubert Kleemann im Kunstmuseum Moritzburg Halle (Saale)

von Aline Meyer

Aline Meyer (Jg. 1997) absolvierte einen Bachelor-Studiengang Museologie an der Hochschule für Technik, Wirtschaft und Kultur Leipzig und setzt ihre akademische Laufbahn aktuell mit einem Masterstudiengang Kunstgeschichte an der Universität Leipzig fort. 2019 und 2020 war sie als Praktikantin in der Sammlung Kunsthandwerk & Design im Kunstmuseum Moritzburg Halle (Saale) tätig. Ihre Bachelorthesis mit dem Titel „Dora und Hubert Kleemann. Die Emailarbeiten im Bestand des Kunstmuseums Moritzburg Halle (Saale)" reichte sie im September 2022 erfolgreich an der HTWK Leipzig als Abschlussarbeit ein.

Abb. 1   Dora und Hubert Kleemann in ihrer Werkstatt in
           Gosen bei Berlin im Juni 1990.

Abb. 2   Das Signum der Kleemanns – „DHK" –, hier auf
           einer Patentbescheinigung vom 11. Februar 1975
           des Amtes für Erfindungs- und Patentwesen
           der DDR.

Emaille als Werkstoff und künstlerisches Ausdrucksmittel ist seit etwa 2000 Jahren bekannt[2] und blickt auf eine große Tradition zurück.[3] Das Emaille stellte – wie die überlieferten Werke belegen – eine der wesentlichen künstlerischen Techniken der Völker des östlichen Mittelmeerraumes, Zentral- und Westeuropas dar.[4] Mitte des 18. Jahrhunderts verlor die Emaillekunst dann erheblich an Bedeutung und wurde erst Ende des 19. Jahrhunderts wiederentdeckt.[5] Besonders die emaillierten Goldschmiedearbeiten René Laliques (1860–1945) aus der Blüte des Jugendstils in Paris um 1900 oder die Emaillearbeiten der Wiener Werkstätten unter Adele von Stark (1859–1923) und Josef Hoffmann (1870–1956) ließen die Begeisterung für das Emaille wieder aufleben.[6]

In Deutschland wurde die Burg Giebichenstein Kunsthochschule Halle – kurz BURG – stilgebend für die Emaillekunst der Moderne, inspiriert von den Wiener Werkstätten, dem Deutschen Werkbund und dem Bauhaus in Weimar.[7] Unter dem Einfluss des Expressionismus etablierte sich das Emaille als bildkünstlerisches Ausdrucksmittel und verließ damit seinen bis dahin zierenden Kleinkunstcharakter bzw. den Bereich des Kunstgewerbes.[8]

Als Emaillekünstlerinnen und -künstler vornehmlich im ostdeutschen Raum wirkten Dora (1926–2017) und Hubert Kleemann (1925–2016) (Abb. 1). Sie spezialisierten sich auf das kunsthandwerkliche Emaille. Beide studierten an der BURG, Dora Kleemann in der Emailleklasse von Lili Schultz (1895–1970) und Hubert Kleemann in der Grafik- und Schriftgestaltungsklasse von Herbert Post (1903–1978).[9] Nach ihrem dortigen Abschluss begannen sie ihre selbstständige Arbeit – zu einer Zeit, in der sich in der DDR insbesondere im Emaille ein Streben nach individuellem künstlerischem Ausdruck zeigte.[10]

Als Künstlerin und Künstler der BURG ist den Kleemanns eine (über)regionale Bedeutung beizumessen, die sie für die Sammlung Kunsthandwerk & Design des Kunstmuseums Moritzburg Halle (Saale) interessant macht. Aus ihrem Nachlass gelangten durch eine großzügige Schenkung der Tochter Birke Kleemann Anfang 2020 insgesamt 18 Emaillearbeiten in den Museumsbestand, die diesen Sammlungszweig hervorragend abrunden.[11]

Exkurs: Die Kunstdoktrin des Sozialistischen Realismus

Ab 1949 kam es mit der Teilung Deutschlands in zwei Staaten zu gesellschaftspolitischen Veränderungen, die in der Kunst und Kultur des ostdeutschen Raumes deutlich spürbar waren. In der DDR entbrannte eine kulturpolitische Debatte darüber, welche Werte die Kunst widerspiegeln und propagieren sollte. Auf dem 3. Parteitag 1950 forderte die Sozialistische Einheitspartei Deutschlands (SED), dass es die Aufgabe der Kunstschaffenden sei, sich mit der Ideologie der Partei auseinanderzusetzen und diese in der Kunst wiederzugeben.[12] Der Sozialistische Realismus wurde in der Literatur und bildenden Kunst zur offiziellen Doktrin der DDR. Die angewandte Kunst genoss im Vergleich dazu größere Freiheiten.[13]

Auf der 5. Tagung des Zentralkomitees der SED 1951 wurde das Schlüsseldokument der Kulturpolitik mit dem Titel „Der Kampf gegen den Formalismus in Kunst und Literatur, für eine fortschrittliche deutsche Kultur" publiziert.[14] Nach dem „in der frühen DDR nach sowjetstalinistischem Vorbild etablierten Sozialistischen Realismus"[15] sollten Kunst und Kultur nur den politischen Interessen der SED dienen, die Politik unterstützen und das Weltbild einer sozialistischen Arbeiter- und Industriegesellschaft propagieren.[16]

Anstatt sich dem politischen Druck 1950/51 unterzuordnen, zogen es einige Lehrende an der BURG vor, ihre Studierenden weiterhin nach ihrem Ermessen zu unterrichten und sich frei auszudrücken. Den SED-Kulturfunktionären war das Praktizieren von freier Kunst an der BURG ein Dorn im Auge. Sie kritisierten, dass die „sozialistische Erziehung der Studierenden"[17] an der BURG nicht vorhanden wäre und die Schulleitung es versäume, den Sozialistischen Realismus autoritär durchzusetzen.[18] Ein Mitglied des Verbandes Bildender Künstler Deutschlands

(VBKD) rief sogar dazu auf, „daß von der Parteiorganisation und von der Direktion [Anm. d. Verf.: der BURG] ein Kampf gegen den ‚Burggeist' geführt werden muß".[19] Der Partei- und Staatschef Walter Ulbricht (1893–1973)[20] sagte in seiner Rede vor der Volkskammer der DDR am 31. Oktober 1951: „Wir wollen in unseren Kunstschulen keine abstrakten Bilder mehr sehen."[21] Und obwohl Ulbricht die „Verbannung der abstrakten Kunst von den Kunstschulen forderte, entstanden an der Burg weiterhin abstrakte und expressive Werke".[22]

Ab Mitte der 1950er Jahre wurde die kulturpolitische Situation in der DDR „für die freiheitlich gesonnen Künstler immer bedrohlicher."[23] Die Presse führte, auf Wunsch der SED-Kulturfunktionäre, 1957 eine Kampagne gegen die freie Kunst, im Besonderen gegen die BURG.[24] Die kulturpolitische Denunzierung der ästhetischen Moderne kennzeichnete die Kampagnen der 1950er und 1960er Jahre, „vor allem die Frühphase [...] bis zur Konsolidierung des Systems in den sechziger Jahren".[25]

Waren die Kleemanns zu Studienzeiten an der BURG noch größtenteils von dem Einfluss der Kunstdoktrin der DDR verschont, so hatte die Kulturpolitik der DDR auf ihre freien Schaffensjahre einen unmittelbaren und großen Einfluss.

Studium an der BURG

Bevor die Kleemanns sich für das Studium an der BURG einschrieben, studierte Dora Kleemann 1944 bis 1947 Musik im österreichischen Graz.[26] Hubert Kleemann wiederum begann 1939 eine Lehre als Schriftsetzer, die er 1942 erfolgreich mit der Gesellenprüfung abschloss.[27]

Dora und Hubert Kleemann, die sich 1946 in Salzwedel kennengelernt und geheiratet hatten, starteten schließlich zum Frühjahrssemester 1947 an der BURG mit dem obligatorischen Vorsemester bei Herbert Stockmann (1913–1947). Hubert Kleemann belegte nach dem Vorsemester die Fachrichtung Grafik und Schriftgestaltung in der Druckerei und Schriftklasse bei Herbert Post.[28]

Dora Kleemann, die eigentlich an die Burg Giebichenstein gekommen war, um Weberei / Textilverarbeitung zu studieren, wurde von Lili Schultz überzeugt, ein Studium in der Emaillewerkstatt zu beginnen.[29] Gegenüber ihrer Tochter Birke sprach Dora Kleemann über den Einfluss von Lili Schultz, dass „etwas von der Begeisterung, die Lili Schultz durchglühte, [...] auch auf mich über[ging]".[30] Dora Kleemann legte am 16. August 1950, in ihrem 5. Studiensemester, die Gesellenprüfung ab.[31] Ihr Gesellenstück – ein Armband – weist eine stilistische Nähe zu ihrer Lehrerin Lili Schultz auf, zusammen mit Einflüssen des Jugendstils. Ihr Studium an der BURG schloss sie 1952 ab. Hubert Kleemann arbeitete nach Studienende ab 1950 als freischaffender Grafiker in Halle (Saale) und trat bereits direkt nach Ende seines Studiums 1950 in den VBKD ein. Dora Kleemann wurde dort 1953 Mitglied.[32]

Arbeiten in einer Werkgemeinschaft

Nach dem Studium kehrten die Kleemanns 1952 nach Salzwedel zurück. Sie eröffneten den Kunstgewerbeladen „Die bunte Stube" mit angeschlossener Werkstatt, die eine

Existenzgrundlage für beide Kunstschaffenden und Plattform für die ersten freien Arbeiten sein sollten. Für den Verkauf stellten sie in der Werkstatt unter anderem Schalen, Teller, Spiegel, Aschenbecher, Ketten und Armbänder her.[33] Durch die intensive gemeinsame Arbeit als Emaille- und Metallgestalterinnen und -gestalter in einer Werkstatt bildeten sie eine Werkgemeinschaft, in der „oft [...] ihre Schöpfungen vom Entwurf bis zur Ausführung die Arbeit beider [waren]"[34]. In dieser „Personalunion"[35] tritt bei ihren Emaillearbeiten das Individuum in den Hintergrund, die gemeinsame Schaffenskraft wird hervorgehoben.

Den Werkstattgedanken der Kleemanns symbolisiert das gemeinsame Signum „DHK" (Abb. 2), zu dem sich Hubert Kleemann in einem Zeitungsinterview mit der Tageszeitung „Der Morgen" 1983 folgendermaßen äußerte: „Wir finden das einfach fairer, weil ja auch das Email in irgendeiner Form zusammen entstand. Alle Vorhaben werden gemeinsam besprochen, jeder bringt seine Ideen dabei ein. Und schließlich verlangt die technische Seite der Emailgestaltung schon ein Zusammenarbeiten – beispielsweise bei großformatigen Dingen, da sind ja auch physische Kräfte gefragt."[36]

Die Entscheidung, eine gemeinsame Werkstatt zu betreiben und die historischen Emailletechniken zusammen zu erforschen und mit diesen zu experimentieren, ist als Verweis an die Entwicklungsgeschichte des Emailles zu werten, dies lässt Hubert Kleemann durchklingen. Auch die Nutzung einer gemeinsamen Werkstattsignatur ist vermutlich auf das Studium der Künstlerin und des Künstlers zurückzuführen. Kunsthandwerk aus den Werkstätten der

BURG wurde in der Regel nicht mit den individuellen Künstlerinnen- und Künstlersignaturen, sondern mit dem BURG-Signet gemarkt.

Viele Jahre war die intensive und fruchtbare Zusammenarbeit der Kleemanns Alltag und prägte den Stil ihrer Arbeiten. Dora Kleemann berichtete in einem Zeitungsinterview im Jahr 2000, dass ihr Mann „die physisch schweren Arbeiten [leistet], während ich so die Fummelsachen mache."[37]

Die gemeinsame Werkstattarbeit brachten die Kleemanns in ihrer Ausstellung „Dora und Hubert Kleemann. Zu vier Händen" in der Kreuzkirche Dresden 2010 zum Ausdruck. Das Ausstellungsplakat zeigt das Emaillebild „Zu vier Händen" (Abb. 3), in dem die Arbeitsweise der Kleemanns bildlich dargestellt wird: Zwei Paar Hände formen zusammen ein glühendes Objekt, das stellvertretend für eine Emaillearbeit steht.

Die Kleemanns entwickelten in ihrer Personalunion eine eigenständige zeitgenössische Stilistik, beeinflusst von den großen Kunstströmungen sowie Künstlerinnen und Künstlern der vergangenen 200 Jahre und weitestgehend unabhängig von der Kunstdoktrin des Sozialistischen Realismus. Dieser Weg ist zum Teil auf ihr Studium an der BURG zurückführen, wo sich vor allem Dora Kleemanns Lehrerin Lili Schultz weigerte, die politisch-ideologischen Aspekte der DDR-Kunstdoktrin in ihre Lehre und Kunst einfließen zu lassen. Die nonkonforme Kunstauffassung der Kleemanns führte dazu, dass sie kaum öffentliche Aufträge bekamen und sich infolgedessen besonders als Emaillekünstlerin und -künstler im sakralen Raum – mit kirchlichen Auftraggebern – etablierten.

Die Kirchen als Auftraggeber

Das Emaille bekam im sakralen Raum bereits im von Byzanz geprägten Mittelalter eine besondere Bedeutung. Es wurde beispielsweise für die Verzierung von Reliquiaren, Bildplatten sowie Tabernakeln genutzt.[38] Intensive Farben nehmen im Kirchenraum eine wichtige Rolle ein, daher ist die Verbindung der leuchtenden Emaillefarben mit der Goldschmiedekunst für Vasa Sacra (liturgisches Gerät) besonders geeignet.[39]

Die Kirchen wurden für die Kleemanns wichtige Auftraggeber und Haupteinnahmequelle, wobei sie sowohl für katholische als auch für evangelische Religionsgemeinschaften arbeiteten.[40] Das Wissen um die Anfertigung von Vasa Sacra hatte Dora Kleemann wahrscheinlich im Studium an der BURG erworben – diese Schlussfolgerung lässt ein Prospekt der Emaillewerkstatt der BURG aus der Zeit um 1929 zu, in dem derartiges Kirchengerät zu sehen ist.[41] Auch unter den Nationalsozialisten wurde die Emaillewerkstatt der BURG unter anderem mit der Anfertigung von Altar- und Hängekreuzen beauftragt. Es ist hier davon auszugehen, dass Lili Schultz diesen Aspekt in ihrem Lehrplan fortführte, möglicherweise wegen der hierfür notwendigen anspruchsvollen Entwürfe.

Dora Kleemann erhielt ihren ersten kirchlichen Auftrag im Jahr 1953: Die katholische Hauskirche in Kirchmöser (Brandenburg) beauftragte sie mit der Anfertigung von Tabernakeltüren, die sie mit der Szene des sinkenden

Petrus gestaltete.[42] Noch im gleichen Jahr widmeten sich Dora und Hubert Kleemann ihrer ersten gemeinsamen sakralen Emaillearbeit. Kirchliche Arbeiten der Kleemanns befinden sich auch im Ausland, etwa in Uganda oder Griechenland, wodurch ihren sakralen Arbeiten nicht nur eine überregionale, sondern sogar eine internationale Bedeutung beizumessen ist.[43]

Kunstgewerbliche Gebrauchsgegenstände

Direkt nach Studienende eröffneten die Kleemanns in Salzwedel einen Kunstgewerbeladen: „Die bunte Stube". In der angeschlossenen Werkstatt entstanden unter anderem Schalen, Etuis, Aschenbecher und Schmuck.[44] Kleinserien, etwa von Schalen, eignen sich besonders hierfür, denn einfache Formen können schnell und materialgerecht produziert sowie durch Dekore individualisiert werden. Dabei entstehen kunsthandwerkliche Objekte, die als dekorative Gebrauchsgegenstände in Privathaushalten das Luxusbedürfnis der Käuferinnen und Käufer

Abb. 3   Ein von Dora und Hubert Kleemann gestaltetes Plakat ihrer 2010 in Dresden gezeigten Ausstellung „Zu vier Händen".

Abb. 4   Dora Kleemann / Hubert Kleemann, Emaillebild in Silberfassung mit Kette, 1976. Drahtemaille auf Silber, geschmiedet, gelötet, gebogen, 7 × 7 cm. Kulturstiftung Sachsen-Anhalt, Kunstmuseum Moritzburg Halle (Saale), Inv.-Nr. MOKHWME00623.

Dies gelang vermutlich dadurch, weil sich die Kleemanns ab 1955 als Emaillekünstlerin und -künstler im sakralen Kontext so weit etabliert hatten, dass sie ihr Einkommen fast ausschließlich mit künstlerisch anspruchsvollen Auftragsarbeiten erwirtschaften konnten und kein zweites Standbein durch einen Kunstgewerbeladen benötigten.

Ausstellungserfolge

Auf erste erfolgreiche Ausstellungsbeteiligungen konnte das Ehepaar bereits am Anfang seiner Karriere verweisen. 1957 waren die Kleemanns in der „Bezirksausstellung" des Verbandes Bildender Künstler Deutschlands des Bezirkes Halle (Saale) vertreten, 1964 bei der Ausstellung „Grassi 64" im heutigen GRASSI Museum für Angewandte Kunst in Leipzig, wo sie auch vereinzelt in den folgenden Jahren ihre Werke präsentierten.[46] Hervorzuheben ist die Beteiligung an der VIII. und der IX. Kunstausstellung der DDR in Dresden. Auf der VIII. Kunstausstellung der DDR 1977/78 zeigte man das Emaillebild „Baum und Sonne IX",[47] auf der IX. Kunstausstellung der DDR 1982/83 die Emaillebilder „Vogelgarten" und „Begegnungen V".[48] Die Beteiligung an diesen hochkarätigen, vom Vorstand des Verbandes Bildender Künstler der DDR (VBK/DDR) kuratierten Ausstellungen hat Kleemanns weiter in diesem künstlerischen Bereich überregional etabliert und gefestigt. Dass sie „zu den bedeutendsten"[49] Emaillekünstlerinnen und -künstlern in der DDR zählten, wird mit ihrer Teilnahme an der „I. Zentralen Emailausstellung der DDR" 1983 in Fürstenwalde unterstrichen.[50]

Außerhalb der DDR waren Dora und Hubert Kleemann bis 1985 in 16 internationalen Kunstausstellungen vertreten, unter anderem 1960 in Moskau (Russland) in der Präsentation „Angewandte Kunst in der DDR", 1964 in Havanna (Kuba) und 1972 in Damaskus (Syrien) in den Ausstellungen „Kunsthandwerk aus der DDR". 1982 und 1984 beteiligten sie sich an der namhaften „Biennale Internationale Limoges" in Limoges (Frankreich).[51]

Diese Liste internationaler Ausstellungen stellt anschaulich dar, dass sich Dora und Hubert Kleemann als Emaillekünstlerin und -künstler nicht nur in der DDR profilieren konnten. Ihre Arbeiten wurden als repräsentativ für die Emaillekunst in der DDR gewertet und sind bis heute als solche anzusehen.

Aus Urkunden im Nachlass der Kleemanns geht hervor, dass sie auch nach 1989 international auf dem Gebiet des Emaille erfolgreich waren, so etwa 1992 und 1994 mit Emaillearbeiten für die sechste und siebte „Biennale Internationale Limoges".

befriedigen können. Die Herstellung von Kleinserien bei den Kleemanns ist allerdings schwer recherchier- und belegbar, jedoch aufgrund ihrer werkstattorientierten Ausbildung – basierend auf Paul Thierschs (1879–1928) Reformen an der BURG und dem Gedanken der Handwerksveredelung sowie dem Ziel des Geschäfts – sehr wahrscheinlich.

Exemplarisch für kunsthandwerkliche Gebrauchsgegenstände und Kleinserien im Œuvre der Kleemanns stehen drei Emaillearbeiten in der Sammlung Kunsthandwerk & Design des Kunstmuseums Moritzburg Halle (Saale): eine Schale mit dem Titel „Paarweise I" (Inv.-Nr. MOKHWME 00622), eine weitere Schale ohne Werktitel (Inv.-Nr. MOKHWME00621) und eine Kette mit Anhänger (Inv.-Nr. MOKHWME00623; Abb. 4). Die Schale „Paarweise I" gehört nachweislich einer Kleinserie an, bei der anderen Schale ohne nähere Bezeichnung ist dies nicht belegbar, aber anzunehmen.

Die Kleemanns zogen 1955 nach Stendal und verzichteten hier auf den Betrieb eines Kunstgewerbeladens. „Schalen und Aschenbecher, Etuis oder dergleichen gehörten vollständig der Vergangenheit an. An diese Stelle kamen dann Kelche, Patenen oder Taufschalen für diverse Kirchen."[45]

Abb. 5   Dora Kleemann/Hubert Kleemann, Apokalypse II, 1975. Reliefemaille auf Kupfer, aufgesiebtes Emaillepulver, getriebene und reliefierte Kupferplatte, bemalter Holzrahmen, 50,1 × 27 cm. Kulturstiftung Sachsen-Anhalt, Kunstmuseum Moritzburg Halle (Saale), Inv.-Nr. MOKHWME00629.

Abb. 6   Dora Kleemann/Hubert Kleemann, Hommage á Rilke, 1980. Messing, aufgesetzte Platten mit Maleremaille, mattgeschliffen, 18 × 16,2 × 16,5 cm. Kulturstiftung Sachsen-Anhalt, Kunstmuseum Moritzburg Halle (Saale), Inv.-Nr. MOKHWME00614.

Öffentliche Aufträge

In den Anfangsjahren der DDR konnte sich das Kunsthandwerk und alle ihm zugeordneten Disziplinen noch den politischen Einflüssen entziehen. Die Qualität kunsthandwerklicher Erzeugnisse war vor allem über ihren Gebrauchswert definiert. Ab Ende der 1950er Jahre jedoch wurden die Forderungen nach Gleichstellung und mehr Beachtung der angewandten Künste von der Kulturpolitik wahrgenommen, das Kunsthandwerk wurde erstmals 1958 zu den zyklischen Kunstausstellungen der DDR zugelassen.[52] Dies lag vermutlich auch an einer steigenden Zahl von Kunsthandwerkerinnen und Kunsthandwerkern, deren zunehmender Schaffenskraft und der Qualität der ausgestellten Arbeiten.[53] Die Herstellung von Alltagsgegenständen mit praktischem Nutzen galt nicht mehr als alleinige Zielsetzung für das Kunsthandwerk, das Einzelstück und dessen gestalterischer Wert rückte stärker in den Fokus.[54]

Die Emaillegestaltung selbst nahm im Kunsthandwerk der DDR eine untergeordnete Rolle ein. Es gab nur wenige profilierte Emaillekünstlerinnen und -künstler, unter ihnen neben der 1958 aus der DDR emigrierten Lili Schultz insbesondere Irmtraud Ohme (1937–2002), Karin Riebesahm (1932–2010), Helmut Senf (Jg. 1933) und eben vor allem Dora und Hubert Kleemann.[55] Erst aus dem Ausstellungskatalog der IX. Kunstausstellung der DDR 1982/83 geht hervor, dass sie sich emanzipiert hatten und von anderen kunsthandwerklichen Gattungen und dem Design hervorhoben. Von ihnen ging in teilweise abstrakten Darstellungen, bei denen es eine intensivere Auseinandersetzung mit dem Sujet bedurfte, eine bildhafte Aussage aus. Damit waren die Emaillearbeiten nicht mehr nur reines Kunsthandwerk, sondern Bildkunst, die über den bloßen Gebrauchsgegenstand hinaus gingen.[56]

Dora und Hubert Kleemann bekamen ab 1977, nach ihrer Teilnahme an der VIII. Kunstausstellung der DDR 1977/78, zunehmend auch öffentliche Aufträge.[57] Ein wichtiger Auftraggeber war der Rat des Bezirkes Frankfurt (Oder), wo die Abteilung Körperkultur und Sport in den Jahren 1977 bis 1985 die Gestaltung von neun Sportpreisen an die Kleemanns vergab.[58] Zu den öffentlichen Aufträgen zählen ferner die grafischen Gestaltungen für Museen und Gedenkstätten durch Hubert Kleemann. Ab dem Ende der 1970er Jahre entstanden als eine Folge der öffentlichen Wertschätzung außerdem zunehmend freie Arbeiten abseits von kirchlichem Gerät.[59]

Die Emaillesammlung des Kunstmuseums Moritzburg Halle (Saale)

Es ist bemerkenswert, dass hochangesehene und einflussreiche Emaillekünstlerinnen und -künstler wie die Kleemanns, die als „nicht mehr wegzudenkende Markenzeichen [...] der Entwicklung guten Kunsthandwerks"[60] in der DDR galten, nicht bereits früher im Bewusstsein der damals Verantwortlichen im halleschen Kunstmuseum präsent waren. Dass man die Arbeiten der Kleemanns dort nicht bereits zu DDR-Zeiten sammelte, ist vermutlich darauf zurückzuführen, dass das Bewusstsein für die großen Sammlungslücken in Bezug auf die regionale Emaillekunst

erst Anfang der 1990er entstand. Seitdem wurde versucht, wenn sich die Möglichkeit bot, diese Desiderate gezielt aufzuspüren und Sammlungslücken zu schließen.

Die Emaillearbeiten der Kleemanns im Bestand des Kunstmuseums Moritzburg Halle (Saale) wurden vom Kustos der Sammlung Kunsthandwerk & Design, Ulf Dräger, aus dem Nachlass der Eheleute ausgewählt. Der Nachlass, der sich 2020 noch in deren ehemaligem Haus in Gosen bei Berlin befand, umfasste mehr als 400 Emaille- und Metallarbeiten.[61] Nach einer Sichtung vor Ort und der fotografischen Dokumentation einiger ausgewählter Arbeiten, die für die Sammlung in Frage kommen könnten, wurde eine Vorauswahl für die Aufnahme in den Museumsbestand getroffen. Hauptkriterien für die Selektion waren Aussagekraft und Stilistik der Emaillearbeiten sowie die Diversität der angewandten Emailliertechniken. Ein weiterer Faktor war die (zuweilen vorläufige) Datierung, um ein möglichst breites Spektrum der Kleemann'schen Schaffensjahre exemplarisch abzubilden.

Die Entwicklung des Stils

Einige Emaillearbeiten lassen sich durch stilistische Merkmale eindeutig jeweils Dora oder Hubert Kleemann zuweisen. In der überwiegenden Zahl der Arbeiten ist dies jedoch nicht möglich, begründet in der engen Zusammenarbeit und dem gemeinsamen Entwurfs- und Realisierungsprozess des Ehepaares. Hubert Kleemann ist bei diesen Gemeinschaftsarbeiten die Anfertigung der Rahmen für die Emaillebilder zuzuschreiben und er tat dies mit der Intention, dass sie Teil des Kunstwerkes werden.[62] Somit ist bei einer Emaillearbeit von Dora Kleemann auch seine Beteiligung vorhanden.

In erster Linie widmeten sich Kleemanns „ganz dem klassischen Email"[63], sie bauten ihre Arbeiten vom Werkstoff und der Technik ausgehend auf. Besonders im sakralen Raum bedienten sich die Künstlerin und der Künstler historischer Emailliertechniken wie dem Zellen- und Grubenschmelz sowie dem Draht- und Maleremaille[64], ohne jedoch dabei in ihrer Bildsprache historisierend zu sein.[65]

Dora und Hubert Kleemann nutzten vornehmlich die linearen Emailliertechniken wie das Drahtemaille und den Zellenschmelz.[66] Am häufigsten kombinierten sie jedoch

verschiedene Emaillier- und Metallbearbeitungstechniken in einem Werkstück, wodurch Bildplatten mit Maler- und Drahtemaille, wie die „Hommage á Lili Schultz" (Inv.-Nr. MOKHWME00625; Abb. 11) oder das Reliefemaille „Apokalypse II" (Inv.-Nr. MOKHWME00629; Abb. 5), entstanden. Die Emaillearbeiten drücken Vertrautheit und Sicherheit im Umgang mit den bevorzugten Werkstoffen aus, die Anzahl der angewandten Emailliertechniken stieg im Verlauf der Jahre an, ebenso die Kombinationen von verschiedenen Techniken. Eine deutliche Entwicklung ist auch bei den Darstellungen festzustellen, sie werden komplexer, tiefer und abstrakter, die Themen, denen sie sich widmen sind zumeist nicht mehr eindeutig und auf den ersten Blick greifbar.

Die Arbeiten der Kleemanns lassen sich nicht einem einzigen Stilbegriff zuordnen. Ab den 1960er Jahren tritt bei ihren Schöpfungen die Abstraktion in den Vordergrund und die freien Werke weisen eine Tendenz zur Geometrisierung auf.[67] Die Künstlerin und der Künstler ließen sich dabei von unterschiedlichen Kunstströmungen inspirieren und rezipierten andere große Meisterinnen und Meister wie Pablo Picasso (1881–1973), Paul Klee (1879–1940) und letztlich auch Lili Schultz. Insbesondere die expressiven Emaillearbeiten beinhalten viele Anregungen aus den modernen Kunstströmungen. Besonders prägnant sind Einflüsse der Abstraktion, des Symbolismus und Surrealismus, wie auch die „Bildsprache eines nachwirkenden Konstruktivismus"[68]. Elemente des Letzteren zeichnen sich durch eine Geometrisierung der Motive aus, auch wenn die Kleemanns nicht so streng gegenstandslos arbeiteten wie der ursprüngliche Konstruktivismus.

Abb. 7   Dora Kleemann/Hubert Kleemann, Sommer, 1949–1952. Zellenschmelz auf Kupfer, 34,2 × 19,9 cm. Kulturstiftung Sachsen-Anhalt, Kunstmuseum Moritzburg Halle (Saale), Inv.-Nr. MOHKWME00616.

Abb. 8   Dora Kleemann/Hubert Kleemann, Rotes Fähnchen, 1976. Maleremaille auf Kupfer, Schablonentechnik, bemalter Holzrahmen, 46 × 34,8 cm. Kulturstiftung Sachsen-Anhalt, Kunstmuseum Moritzburg Halle (Saale), Inv.-Nr. MOKHWME00630.

Abb. 9   Dora Kleemann/Hubert Kleemann, Giseh, 1985–2008. Emaille auf Kupfer, Schablonentechnik, aufgesiebtes Emaille, 55,5 × 28,3 cm. Kulturstiftung Sachsen-Anhalt, Kunstmuseum Moritzburg Halle (Saale), Inv.-Nr. MOKHWME00628.

Von Händen zur Natur

In den Emaillearbeiten von Dora und Hubert Kleemann finden sich immer wiederkehrende Themen und Motive, durch welche die Künstlerin und der Künstler sich ausdrücken und ihre Weltsicht übermitteln. Sie thematisieren in ihren Emaillearbeiten das, was ihnen im Alltag begegnet und sie bewegt.[69] Besonders präsent scheinen Hände und Köpfe, denen sie sich als Sinnbilder für zwischenmenschliche Begegnungen bedienen.[70] Weitere wichtige Themen und Motive sind Natur und Landschaft, Politik und Gesellschaft, Reisen, Industrie und technischer Fortschritt sowie große Meister der Kunst.

Hände, deren Gestik und Schaffenskraft bilden ein Sujet, das Dora Kleemann in vielen Emaillearbeiten behandelte. Hubert Kleemann sagte in einem Zeitungsinterview: „Die Hand des Menschen, das ist das Thema meiner Frau."[71] Auf den Emaillebildern sind die Handpositionen bzw. die Gesten stets sehr ausdrucksstark.[72] Darüber hinaus ist die Hand ein „Symbol für das Werk"[73] und kann daher repräsentativ für die Künstlerin stehen.

Darstellungen von Händen finden sich unter anderem auf dem Messingkasten „Hommage á Rilke" (Inv.-Nr. MOK-HWME00614; Abb. 6). Auf den vier Außenseiten und dem Innenboden dieses Messingkastens sind Emaillebilder gefasst, die ein Paar Hände darstellen. Die Kleemanns setzten sich hierbei mit einer Erzählung von Rainer Maria Rilke (1875–1926) auseinander, bei der es sich vermutlich um „Das Märchen von den Händen Gottes" handelt.[74] In der Erzählung wird geschildert, wie die Hände Gottes vom Himmel herab den Menschen formten. Die Darstellungen auf den Emaillebildern folgen der Erzählung aber nicht eins zu eins, in Rilkes Text kneten die Hände Gottes und formen so den Menschen. Auf der ersten Seite des Messingkastens hat es aber den Anschein, als würden die Hände Gottes den Menschen auf die Erde mit Pinsel und Farbe malen; die Farben des Pinsels fließen zusammen und formen so die Menschen beziehungsweise deren Gesichter, wie auf Seite zwei dargestellt. Hier, so kann vermutet werden, setzte sich Dora Kleemann auch mit sich selbst als Künstlerin auseinander und wie sie mit einem Pinsel in ihrer Hand und den Emaillefarben als ihrem Medium ihre Kunst erschafft und daher die Darstellung abwandelte.

Die Rezeption der Natur wiederum ist eine Motivik, die sich durch das gesamte Œuvre der Kleemanns zieht. Das Thema wird stilistisch häufig variiert. Das Emaillebild „Sommer" (Inv.-Nr. MOKHWME00616; Abb. 7) etwa ist eine symbolistische Arbeit. Hier verwebt Dora Kleemann profane und sakrale Ikonografien und verleiht dem Emaillebild dadurch mehrere Bedeutungsebenen, die ergründet werden sollen.[75] Eine Interpretation ist, dass es sich, ausgehend vom Bildtitel, um die Darstellung einer Allegorie des Sommers handelt. Deren Attribute sind reife Früchte und Kornähren, üblicherweise kombiniert mit der Darstellung in Landschaften mit Getreide oder Gras. Alternativ könnte es sich auch um die biblische Ährenleserin Rut handeln. Das Buch Rut aus dem Alten Testament erzählt die Geschichte der gleichnamigen Moabiterin, die, um für ihre Familie zu sorgen, zur Nachlese auf die bereits abgeernteten Felder geht und hinter den Getreideschnittern hergeht.[76] Für die Nachlese würde auch sprechen, dass sich die beiden Personen im Bildvordergrund ausruhen, die Frau trinkt aus einem Weinschlauch – sie haben bereits die Ernte eingeholt.

Dieses frühe Werk weist eine große stilistische Nähe zu Lili Schultz auf, insbesondere zu den Emaillebildern „Traubenessendes Mädchen" und „Festszene". Die Darstellung der Personen in „Sommer" und die Linienführung der Stege belegen die stilistische Prägung in der Emaillewerkstatt der BURG. In die Reihe dieser Arbeiten gehört auch Dora Kleemanns erste kirchliche Auftragsarbeit, die Tabernakeltüren „Sinkender Petrus" für die katholische Hauskirche in Kirchmöser (Brandenburg).

Politik, Gesellschaft und Reisen

Die Kleemanns reflektierten in ihren Emaillebildern auch das weltweite politische Klima und die gesellschaftliche Lage. Ihr Werk „Rotes Fähnchen" (MOKHWME00630; Abb. 8) entstand 1976 beispielsweise mit deutlich politischem Kontext. Bereits der Titel spricht für sich: Eine rote Fahne ist das

Symbol der SED und des Staates. 1976 fand in Ost-Berlin die „Konferenz der kommunistischen und Arbeiterparteien Europas" vor dem Hintergrund einer „drohende[n] Spaltung der kommunistischen Bewegung Europas"[77] statt.

Auf dem Emaillebild ist im Bildvordergrund ein rotes Rechteck auf roten unregelmäßig verlaufenden Streifen dargestellt. Das rote Rechteck symbolisiert vermutlich den Sozialismus, die verlaufenden Streifen könnten die ideologisch abweichenden eurokommunistischen Parteien darstellen. Symbolisch zerfließt die rote Fahne und stellt keine Einheit mehr dar. Ausgehend von der nonkonformen Kunst der Kleemanns ist davon auszugehen, dass „Rotes Fähnchen" nicht als pro-sozialistisch-kommunistisches Fahneschwenken zu betrachten, sondern eher als regimekritische Positionierung zu verstehen ist.

Dora und Hubert Kleemann zogen außerdem viele Inspirationen aus ihren Reisen. Die danach entstandenen Emaillearbeiten strahlen die Freude am Leben und Entdecken aus.[78] Beispielhaft hierfür ist das Emaillebild „Giseh" (Inv.-Nr. MOKHWME00628; Abb. 9), das nach einer Ägyptenreise in den 2000er Jahren entstand[79]. Die dominierenden warmen Emaillefarben Gelb, Orange und Rot wirken, als würden sie die Wärme der Wüste ausstrahlen. Abstrahiert und auf die Grundformen Kreis, Dreieck und Rechteck reduziert, stellen die Kleemanns eine der Pyramiden von Gizeh dar. Die Geometrisierung der Darstellung erinnert an die analytische Kunstauffassung Wassily Kandinskys (1866–1944).[80]

Abb. 10   Dora Kleemann / Hubert Kleemann, Großer Teller, 1978. Drahtemaille auf Kupfer, mattgeschliffen, Stahlfassung, geschmiedet, Durchmesser 53 cm. Kulturstiftung Sachsen-Anhalt, Kunstmuseum Moritzburg Halle (Saale), Inv.-Nr. MOKHWME00615.

Industrie, technischer Fortschritt und große Meister der Kunst

Dora und Hubert Kleemann widmeten sich in ihren Motiven auch dem industriellen und technischen Fortschritt. Besonders in einem vermeintlichen Arbeiter- und Bauernstaat wie der DDR wurde viel Wert auf die Industrie, die Produktion und den Fortschritt gelegt. Die Kleemanns thematisierten dies in ihren Emaillearbeiten nicht plakativ, sie rezipierten vielmehr grafisch faszinierende, komplizierte Schaltpläne und gaben diesen eine künstlerische Symbolkraft. Dies dokumentiert besonders ein großer Teller (Inv.-Nr. MOKHWME00615; Abb. 10), bei dem aufgelötete Drähte abstrakte Formen für Hände, Gesichter, Augen, Lippen, Füße sowie Oszillogramme (Signalkurven) und technische Symbole bilden. Die symbolhafte Darstellung wirkt wie eine technische Zeichnung oder Skizze einer elektronischen Schaltung. In Anlehnung an einen Fabriklageplan könnte es sich auch um die bildliche Wiedergabe eines Fertigungsprozesses handeln. Die Buchstaben PCL85 (mittig) geben inhaltlich Aufschluss darüber, was produziert wird: Bei der PCL85 handelt es sich um eine Triode-Strahlbündel-Endröhre, die für die TV-Anwendung entwickelt wurde – grob vereinfacht um ein Bauteil für einen Röhrenfernseher.[81] In der Assoziation mit dem Lageplan einer Fabrik, die PCL85 produziert, werden die abstrakten Darstellungen der Gesichter, Augen, Hände und Füße zu Symbolen für die Fabrikarbeiter, die als Teil der Industrie am Herstellungsprozess mitwirken.

Dora Kleemann können aus der Schenkung an das Kunstmuseum Moritzburg Halle (Saale) eindeutig zwei Emaillearbeiten zugeordnet werden, in denen sie Kunst und Kultur beziehungsweise das Werk anderer Künstlerinnen und Künstler rezipierte. „Hommage á Rilke" (Abb. 6) und „Hommage á Lili Schultz" (Abb. 11) verstehen sich als Verweise auf Rainer Maria Rilke und Lili Schultz, aus deren Schaffen Dora Kleemann besonders viel Inspiration schöpfte. Dem Lyriker Rilke fühlte sich Dora Kleemann vermutlich auf intellektueller Ebene verbunden, die enge Verbindung zu Lili Schultz wurde bereits während Dora Kleemanns Studiums an der BURG deutlich. Auch nach dessen Ende blieben die beiden Frauen in Kontakt und pflegten eine Brieffreundschaft.[82] Die Zuschreibung von „Hommage á Lili Schultz" zu Dora Kleemann beruht vor allem auf inhaltlichen Aspekten. Bei dem Emaillebild handelt es sich um eine posthume Hommage an ihre Lehrerin.[83] Dora Kleemann ehrte in diesem Emaillebild nicht nur ihre Lehrerin, die ihr die Emaillekunst eröffnete und sie förderte, sie rezipierte auch die Verbundenheit, die Lili Schultz Paul Klee gegenüber fühlte, bei dem Schultz wiederum am Bauhaus lernte. Besonders die unterschiedlich farbigen Rechtecke im Hintergrund erinnern an einige von Paul Klees Kunstwerken.

Schlussbemerkung

Dora und Hubert Kleemann schufen als Emaillekünstlerin und -künstler keine Designobjekte, sie spezialisierten sich auf das kunsthandwerkliche Emaille als adäquate Form ihres bildkünstlerischen Ethos. Somit waren die Kleemanns Akteure im Bedeutungswandel des Kunsthandwerks zu einer freien Kunst. Sie etablierten sich als freie Kunstschaffende im Emaillekunsthandwerk der DDR, trugen mit ihrem Wirken zur Emanzipation des Kunsthandwerks in der bildenden Kunst der DDR bei und repräsentierten sie international.

Als Kunstschaffende, die an der Burg Giebichenstein Kunsthochschule Halle geprägt wurden, sind sie naturgemäß für das Kunstmuseum Moritzburg Halle (Saale) als Landeskunstmuseum Sachsen-Anhalts von höchstem Interesse. In der Emaillesammlung des Hauses befinden sich bereits Arbeiten der profiliertesten BURG-Künstlerinnen und -Künstler wie Lili Schultz, Klara Maria Kuthe (1894–1981), Maria Likarz-Strauss (1893–1971), Karl Müller (1888–1974) sowie Johanna Schütz-Wolff (1896–1965). Deren Emaillearbeiten repräsentieren die ersten 30 Jahre der Emaillekunst an der BURG. Zu den namhaften zeitgenössischen Emaillekünstlerinnen und -künstlern der BURG, die in der DDR wirkten, zählen wiederum unter anderem Irmtraud Ohme und Helmut Senf, die mit ihren Emaillearbeiten bereits in der Sammlung vertreten sind. Die Werke von Dora und Hubert Kleemann fügen sich nicht nur nahtlos in die Emaillesammlung ein, sie veranschaulichen auch eine weitere wichtige künstlerische Facette der zeitgenössischen Kunst.

Die Emaillearbeiten der BURG-Künstlerinnen und -Künstler der letzten 70 Jahre, die an die Anfangsgeschichte der Emaillewerkstatt anknüpfen, ziehen sich damit als ein roter Faden durch die Emaillesammlung, anhand der sich die weitere Entwicklung der Emaillekunst insbesondere im ostdeutschen Raum nachverfolgen lässt. Es ist Birke Kleemann zu verdanken, dass diese großzügige Schenkung in die Sammlung des Kunstmuseums Moritzburg Halle (Saale) gelang und die bereits vorhandene Emaillesammlung weiter abrundet.

Die 18 profanen Emaillearbeiten, die sich seit 2020 in der Sammlung des Kunstmuseums Moritzburg Halle (Saale) befinden,[84] können nur einen Bruchteil des Schaffens der Kleemanns dokumentieren. Zum einen ist ihr Nachlass äußerst umfangreich, zum anderen befindet sich der überwiegende Teil ihrer Kunstwerke im Besitz evangelischer und katholischer Kirchen sowie kirchlicher Würdenträger. Die aus dem Nachlass getroffene konzentrierte Auswahl zeigt die technische und gestalterische Versiertheit der Künstlerin und des Künstlers exemplarisch auf und umfasst signifikante Hauptwerke des gesamten Kleemann'schen Schaffens. Die Emaillearbeiten der Sammlung decken beispielhaft jedes Schaffensjahrzehnt der Kleemanns ab und veranschaulichen das große Lebenswerk von zwei bedeutenden Kunstschaffenden, die einerseits ihren Lebensmittelpunkt in Sachsen-Anhalt hatten und zugleich mit ihrem Werk die deutsche Emaillekunst maßgeblich bereichern.

Abb. 11　Dora Kleemann / Hubert Kleemann, Hommage á Lili Schultz, 1974. Maler- und Drahtemaille auf Kupfer, reliefierte Kupferplatte, Kupferdraht, mit Silberfolie folierter Holzrahmen, 37,7 × 23,2 cm. Kulturstiftung Sachsen-Anhalt, Kunstmuseum Moritzburg Halle (Saale), Inv.-Nr. MOKHWME00625.

1 Christian Brand, Die Tradition bewahren … wollen Dora und Hubert Kleemann, Emailgestalter in der Gemeinde Gosen, in: Der Morgen vom 6./7. August, 1983, o. S.

2 [Unbekannter Verfasser], Einführung: Die „Schenkung Isolde und Heinrich Ragaller" und das Email im Museum für Angewandte Kunst, in: Museum für Angewandte Kunst der Stadt Köln (Hrsg.), Farbe und Metall. Kunst aus dem Feuer. Lili Schultz. Email im 20. Jahrhundert. Lili Schultz (Schenkung Ragaller) und Schüler, Köln 1991, S. 8–13, hier S. 8.

3 Zur Einführung in die Techniken beispielsweise: Erhard Brepohl, Kunsthandwerkliches Emaillieren, ³Leipzig 1983.

4 Alois Jakob Schardt, Das Email als künstlerisches Ausdrucksmittel, in: Kreis der Städte 2, 1932, S. 1–16, hier S. 3.

5 Anneliese Hanisch, Email im Kirchenraum. Zu den Arbeiten von Dora und Hubert Kleemann, Berlin 1967, S. 12.

6 Ebd., S. 12.

7 Margarete Domscheit, [Ohne Titel], in: Zentrum für Künstlerische Werkstätten und Bildende Kunst des Bezirkes Frankfurt (Oder) (Hrsg.), Werkausstellung Dora und Hubert Kleemann. Email, Textil, Grafik, Frankfurt (Oder) 1985, S. 3–9, hier S. 5.

8 Margarete Domscheit formulierte es folgendermaßen: „Der Expressionismus mit seiner Hinwendung zu ausdrucksstarken festumrissenen Konturen und zur emotionalen Kraft der reinen ungebrochenen Farbe war als Zeitströmung wie dazu geschaffen, die alte und strenge Kunst der Emailgestaltung, die ebenfalls von der aufs Wesentliche reduzierten Linie und von der Leuchtkraft der Farbe lebt, aus den Grenzen des goldschmiedehaft Schmückenden, Zierlichen zu alter und mit neuem Gehalt gefüllter Monumentalität zurückzuführen." Siehe: Domscheit, Werkausstellung Kleemann (wie Anm. 7), S. 5.

9 Hanisch, Email im Kirchenraum (wie Anm. 5), S. 14.

10 Domscheit, Werksausstellung Kleemann (wie Anm. 7), S. 6.

11 Dabei handelt es sich um folgende Werke von Dora und Hubert Kleemann aus der Sammlung Birke Kleemann: Hommage á Rilke, 1980. Messing, aufgesetzte Platten mit Maleremaille, mattgeschliffen, 18 × 16,2 × 16,5 cm. Kulturstiftung Sachsen-Anhalt, Kunstmuseum Moritzburg Halle (Saale), Inv.-Nr. MOKHWME00614 (Abb. 6). – Großer Teller, 1978. Drahtemaille auf Kupfer, mattgeschliffen, Stahlfassung, geschmiedet, D.: 53 cm. Kulturstiftung Sachsen-Anhalt, Kunstmuseum Moritzburg Halle (Saale), Inv.-Nr. MOKHWME00615 (Abb. 10). – Sommer, 1949–1952. Zellenschmelz auf Kupfer, 34,2 × 19,9 cm. Kulturstiftung Sachsen-Anhalt, Kunstmuseum Moritzburg Halle (Saale), Inv.-Nr. MOHKWME00616 (Abb. 7). – Gekreuztes Rot, 1967. Maleremaille auf Kupfer, aufgesiebtes Emaille, Brockenemaille, Messingrahmen, 24,7 × 36,2 cm. Kulturstiftung Sachsen-Anhalt, Kunstmuseum Moritzburg Halle (Saale), Inv.-Nr. MOKHWME00617. – Flacher Teller, 1950–1952. Zellenschmelz auf Kupfer, D.: 17,5 cm. Kulturstiftung Sachsen-Anhalt, Kunstmuseum Moritzburg Halle (Saale), Inv.-Nr. MOKHWME00618. – Geisterhand, 1990. Limogesmalerei auf Kupfer, blattvergoldeter Holzrahmen, 17,7 × 17,6 cm. Kulturstiftung Sachsen-Anhalt, Kunstmuseum Moritzburg Halle (Saale), Inv.-Nr. MOKHWME00619. – Bewölkt, 1985. Limogesmalerei auf Kupfer, blattvergoldeter Holzrahmen, 14,5 × 14,9 cm. Kulturstiftung Sachsen-Anhalt, Kunstmuseum Moritzburg Halle (Saale), Inv.-Nr. MOKHWME00620. – Schale, 1950–1980. Maleremaille auf Kupfer, eingebrannte Goldfolie, D.: 13 cm. Kulturstiftung Sachsen-Anhalt, Kunstmuseum Moritzburg Halle (Saale), Inv.-Nr. MOKHWME00621. – Paarweise I, 2015. Maleremaille auf Kupfer, D.: 12 cm. Kulturstiftung Sachsen-Anhalt, Kunstmuseum Moritzburg Halle (Saale), Inv.-Nr. MOKHWME00622. – Emaillebild in Silberfassung mit Kette, 1976. Drahtemaille auf Silber, geschmiedet, gelötet, gebogen, 7 × 7 cm. Kulturstiftung Sachsen-Anhalt, Kunstmuseum Moritzburg Halle (Saale), Inv.-Nr. MOKHWME00623 (Abb. 4). – Beton, 1967. Industriemaille auf Kupfer, Siebemaille, Brockenemaille, Metallstrukturen, Messing, Beton, Holz, 35,5 × 52 cm. Kulturstiftung Sachsen-Anhalt, Kunstmuseum Moritzburg Halle (Saale), Inv.-Nr. MOKHWME00624. – Hommage á Lili Schultz, 1974. Maler- und Drahtemaille auf Kupfer, reliefierte Kupferplatte, Kupferdraht, mit Silberfolie folierter Holzrahmen, 37,7 × 23,2 cm. Kulturstiftung Sachsen-Anhalt, Kunstmuseum Moritzburg Halle (Saale), Inv.-Nr. MOKHWME00625 (Abb. 11). – Gewachsenes Grün, 1966–1967. Maleremaille auf Kupfer, getriebene und reliefierte Kupferplatte, mit Kupfer beschlagener Holzrahmen, 37,2 × 26,4 cm. Kulturstiftung Sachsen-Anhalt, Kunstmuseum Moritzburg Halle (Saale), Inv.-Nr. MOKHWME00626. – Wasserwürfel, 1998. Graphit und Schmuckemaille auf Kupfer, Holzrahmen, 23,8 × 27,8 cm. Kulturstiftung Sachsen-Anhalt, Kunstmuseum Moritzburg Halle (Saale), Inv.-Nr. MOKHWME00627. – Giseh, 1985–2008. Emaille auf Kupfer, Schablonentechnik, aufgesiebtes Emaille, 55,5 × 28,3 cm. Kulturstiftung Sachsen-Anhalt, Kunstmuseum Moritzburg Halle (Saale), Inv.-Nr. MOKHWME00628 (Abb. 9). – Apokalypse II, 1975. Reliefemaille auf Kupfer, aufgesiebtes Emaillepulver, getriebene und reliefierte Kupferplatte, bemalter Holzrahmen, 50,1 × 27 cm. Kulturstiftung Sachsen-Anhalt, Kunstmuseum Moritzburg Halle (Saale), Inv.-Nr. MOKHWME00629 (Abb. 5). – Rotes Fähnchen, 1976. Maleremaille auf Kupfer, Schablonentechnik, bemalter Holzrahmen, 46 × 34,8 cm. Kulturstiftung Sachsen-Anhalt, Kunstmuseum Moritzburg Halle (Saale), Inv.-Nr. MOKHWME00630 (Abb. 8). – Großer Teller, 1988. Maleremaille auf Kupfer, getriebene Kupferplatte, D.: 37,5 cm. Kulturstiftung Sachsen-Anhalt, Kunstmuseum Moritzburg Halle (Saale), Inv.-Nr. MOKHWME00631.

12 Dorit Litt, Rückbesinnung und Neubeginn. Die Burg Giebichenstein zwischen 1945–1958, in: Staatliche Galerie Moritzburg Halle/Badisches Landesmuseum Karlsruhe/Burg Giebichenstein – Hochschule für Kunst und Design, Halle (Hrsg.), Burg Giebichenstein: Die hallesche Kunstschule von den Anfängen bis zur Gegenwart, Leipzig 1993, S. 53–64, hier S. 59.

13 Eckhardt J. Gillen, Für die Kunst, aber nie gegen die Partei, in: Christian Philipsen/Thomas Bauer-Friedrich/Paul Kaiser (Hrsg.), Sittes Welt. Willi Sitte: Die Retrospektive. Schriften für das Kunstmuseum Moritzburg Halle (Saale) 23, Leipzig 2021, S. 27–44, hier S. 27.

14 Günter Erbe, Die verfemte Moderne. Die Auseinandersetzung mit dem „Modernismus" in Kulturpolitik, Literaturwissenschaft und Literatur der DDR. Schriften des Zentralinstituts für sozialwissenschaftliche Forschung der Freien Universität Berlin 68, Opladen 1993, S. 63.

15 Paul Kaiser, Langblühende Konfliktfelder, in: Christian Philipsen/Thomas Bauer-Friedrich/Paul Kaiser (Hrsg.), Sittes Welt. Willi Sitte: Die Retrospektive. Schriften für das Kunstmuseum Moritzburg Halle (Saale) 23, Leipzig 2021, S. 15–28, hier S. 20.

16 Litt, Rückbesinnung und Neubeginn (wie Anm. 12), S. 60: „Den bildenden Künsten kam dabei die Aufgabe zu, lebensfrohe, schaffenden Menschen im Dienste des Aufbaus einer sozialistischen Gesellschaft darzustellen."

17 Heinrich Ragaller, Die Emailkünstlerin Lili Schultz, in: Museum für Angewandte Kunst Stadt Köln (Hrsg), Farbe und Metall. Kunst aus dem Feuer. Lili Schultz. Email im 20. Jahrhundert. Lili Schultz (Schenkung Ragaller) und Schüler, Köln 1991, S. 27–49, hier S. 45.

18 Litt, Rückbesinnung und Neubeginn (wie Anm. 12), S. 59.

19 Ragaller, Lili Schultz (wie Anm. 17), S. 45.

20 Walter Ulbricht war 1950 bis 1971 Generalsekretär der SED und hatte dadurch die höchste politische Position und Entscheidungsgewalt in der DDR inne.

21 Barbara Möller, Die DDR zahlte nach Quadratmetern, in: Hamburger Abendblatt vom 28. Juli, 2003, o. S. Online unter: <https://www.abendblatt.de/kultur-live/article108465066/Die-DDR-zahlte-nach-Quadratzentimetern.html> [22.12.2022].

22 Litt, Rückbesinnung und Neubeginn (wie Anm. 12), S. 60.

23 Ragaller, Lili Schultz (wie Anm. 17), S. 45.

24 Ebd., S. 45.

25 Erbe, Verfemte Moderne (wie Anm. 14), S. 208.

26 Rainer Behrends, Vorwort, in: [Unbekannter Herausgeber], Email. Ausstellung 2.–23.5.1978. Studio-Galerie des Staatlichen Kunsthandels der DDR, Berlin 1978, S. 2.

27 Hanisch, Email im Kirchenraum (wie Anm. 5), S. 14.

28 Ebd.

29 Birke Kleemann in einer persönlichen Kommunikation mit der Autorin am 28. Juli 2022.

30 Zentrum für Künstlerische Werkstätten und Bildende Kunst des Bezirkes Frankfurt (Oder) (Hrsg.), Werkausstellung Dora und Hubert Kleemann, Email, Textil, Grafik, Frankfurt (Oder) 1985, S. 48.

31 Eva Mahn, Dora Kleemann, in: Staatliche Galerie Moritzburg Halle/Badisches Landesmuseum Karlsruhe/Burg Giebichenstein – Hochschule für Kunst und Design, Halle (Hrsg.), Burg Giebichenstein: Die hallesche Kunstschule von den Anfängen bis zur Gegenwart, Leipzig 1993, S. 521.

32 Christiane Keisch, Kunsthandwerk der Gegenwart. Zeitgenössische Arbeiten aus der DDR in der Sammlung des Berliner Kunstgewerbemuseums, Rostock 1989, S. 146.

33 J. H. [Vollname unbekannt], Künstlerischer Wandschmuck – aus Email geformt. Ein Besuch bei Dora und Hubert Kleemann in Stendal, in: Liberal-Demokratische Zeitung 73 vom 26./27. März, 1960, o. S.

34 Domscheit, Werkausstellung Kleemann (wie Anm. 7), S. 3.

35 Behrends, Vorwort (wie Anm. 26), S. 6.

36 Brand, Tradition bewahren (wie Anm. 1).

37 [Unbekannter Verfasser], Kunst aus dem Feuer. Emailarbeiten aus Gosen in der Entreegalerie, in: Märkische Oderzeitung vom 3./4. Juni, 2000, o. S.

38 Hanisch, Email im Kirchenraum (wie Anm. 5), S. 10.

39 Ebd., S. 9.

40 Birke Kleemann in einer persönlichen Kommunikation mit der Autorin am 28. Juli 2022.

41 Eva Mahn, Email, in: Staatliche Galerie Moritzburg Halle/ Badisches Landesmuseum Karlsruhe/Burg Giebichenstein – Hochschule für Kunst und Design, Halle (Hrsg.), Burg Giebichenstein. Die hallesche Kunstschule von den Anfängen bis zur Gegenwart, Leipzig 1993, S. 131–163, hier S. 133.

42 Hanisch, Email im Kirchenraum (wie Anm. 5), S. 16.

43 Horst Dauer, [Ohne Titel], in: Staatliches Museum Schloss Mosigkau (Hrsg.), Plastik und Email. Wilfried Fitzenberger, Berlin. Dora und Hubert Kleemann, Stendal. Gerhard Rommel, Berlin, Dessau 1968, S. 13–20, hier S. 13.

44 Birke Kleemann in einer persönlichen Kommunikation mit der Autorin am 31. August 2022.

45 Ebd.

46 Dora und Hubert Kleemann nahmen an den Ausstellungen „Grassi 65" (1965), „Grassi 66" (1966), „Grassi 67" (1967), „Grassi 68" (1968), „Grassi 70" (1970) und „Grassi 80" (1980) teil.

47 Ministerium für Kultur der DDR/Verband Bildender Künstler der DDR (Hrsg.), VIII. Kunstausstellung der Deutschen Demokratischen Republik. Dresden 1977/78, Dresden 1977, S. 231.

48 Ministerium für Kultur der DDR/Verband Bildender Künstler der DDR (Hrsg.), IX. Kunstausstellung der Deutschen Demokratischen Republik. Dresden 1982/83, Dresden 1982, S. 330.

49 Domscheit, Werkausstellung Kleemann (wie Anm. 7), S. 9.

50 [Unbekannter Verfasser], Beilage, in: Zentrum für Künstlerische Werkstätten und Bildende Kunst des Bezirkes Frankfurt (Oder) (Hrsg.), Werkausstellung Dora und Hubert Kleemann. Email, Textil, Grafik, Frankfurt (Oder) 1985, S. 1–12, hier S. 9.

51 Eine Teilnahme an einer Emailleausstellung in Limoges ist aufgrund der geschichtsträchtigen Limosiner Emailletradition eine besondere Auszeichnung und dürfte ihre Stellung bereits zu DDR-Zeiten als angesehene Emailkünstlerinnen und -künstler im mitteleuropäischen Raum weiter gefestigt haben.

52 Domscheit, Werkausstellung Kleemann (wie Anm. 7), S. 6.

53 Günter Reinheckel, Zur Eigenart des gegenwärtigen Kunsthandwerkes, in: Ministerium für Kultur der DDR/Verband Bildender Künstler der DDR (Hrsg.), IX. Kunstausstellung der Deutschen Demokratischen Republik. Dresden 1982/83, Dresden 1982, S. 43–47, hier S. 43.

54 Rainer Behrends, Kunsthandwerk, in: Ministerium für Kultur der DDR/Verband Bildender Künstler der DDR (Hrsg.), VIII. Kunstausstellung der Deutschen Demokratischen Republik. Dresden 1977/78, Dresden 1977, S. 97–100, hier S. 99.

55 Behrends, Vorwort (wie Anm. 26), S. 6.

56 Reinheckel, Eigenart des Kunsthandwerks (wie Anm. 53), S. 45.

57 [Unbekannter Verfasser], Beilage Werkausstellung Kleemann (wie Anm. 50).

58 Ebd., S. 4 ff.

59 Keisch, Kunsthandwerk der Gegenwart (wie Anm. 32), S. 118.

60 Ute Samtleben, Feuer in Metall und Glas gebrannt. Emailarbeiten von Dora und Hubert Kleemann in der Potsdamer Nikolaikirche, in: Märkische Union vom 15. Oktober, 1987, o. S.

61 Birke Kleemann in einer persönlichen Kommunikation mit der Autorin am 28. Juli 2022.

62 Ebd.

63 Keisch, Kunsthandwerk der Gegenwart (wie Anm. 32), S. 118.

64 Zu den Techniken siehe: Brepohl, Kunsthandwerkliches Emaillieren (wie Anm. 3), S. 39 ff.; S. 136 ff.

65 Keisch, Kunsthandwerk der Gegenwart (wie Anm. 32), S. 118.

66 Behrends, Vorwort (wie Anm. 26), S. 6.

67 Hanisch, Email im Kirchenraum (wie Anm. 5), S. 25.

68 Keisch, Kunsthandwerk der Gegenwart (wie Anm. 32), S. 118.

69 Frank Eckert, Erlebnisse und Gedanken fließen in die Schmelze ein. Emaille – kleine Kunstwerke aus einem ungewöhnlichen Material, in: Märkische Oderzeitung vom 10. Mai, 1994, o. S.

70 Keisch, Kunsthandwerk der Gegenwart (wie Anm. 32), S. 118.

71 Brand, Tradition bewahren (wie Anm. 36), o. S.

72 Domscheit, Werkausstellung Kleemann (wie Anm. 7), S. 9.

73 Ebd.

74 Nachzulesen bei: Rainer Maria Rilke, Das Märchen von den Händen Gottes, in: Rainer Maria Rilke, Sämtliche Werke 4, Frankfurt am Main 1978, S. 287–297.

75 Es ist bei den Kleemanns nicht unüblich, dass sich christliche Inhalte auch in ihren freien Arbeiten finden.

76 Rut 1–4.

77 Francesco Di Palma, Mittler zwischen den Blöcken? Die PCI, die PCF und die Ost-Berliner „Konferenz der kommunistischen und Arbeiterparteien Europas" 1976, in: Deutschland Archiv vom 1. März, 2017. Online unter: <www.bpb.de/243451> [23.12.2022].

78 Anke Zeisler, Arbeit mit dem Email in ungewohnter Form. Die Kleemanns stellen in der Kleinen Galerie aus, in: Der Morgen vom 22. Juli, 1983, o. S.

79 Birke Kleemann in einer persönlichen Mitteilung an die Autorin am 28. Juli 2022.

80 Wolfgang Büche, Wassily Kandinsky, in: Christian Philipsen/ Thomas Bauer-Friedrich (Hrsg.), Bauhaus Meister Moderne. Das Comeback. Schriften für das Kunstmuseum Moritzburg Halle (Saale) 20, Leipzig 2019, S. 362–367, hier S. 362.

81 Nähere Informationen zur PCL85 finden sich auf der privaten Webseite „Pauls Röhren" unter: <www.pauls-roehren.de/roehren/p/PCL85/PCL85.php> [01.09.2022].

82 [Unbekannter Verfasser], Schenkung Ragaller (wie Anm. 2), S. 13.

83 Lili Schultz verstarb am 18. Juni 1970 in Seeshaupt. Vgl.: Katja Schneider, Lili Schultz, in: Staatliche Galerie Moritzburg Halle/ Badisches Landesmuseum Karlsruhe/Burg Giebichenstein – Hochschule für Kunst und Design, Halle (Hrsg.), Burg Giebichenstein. Die hallesche Kunstschule von den Anfängen bis zur Gegenwart, Leipzig 1993, S. 537.

84 Siehe dazu die vollständige Objektliste in Anmerkung 11.

Abbildungsnachweis

Sammlung Birke Kleemann (Aline Meyer, Reproduktion): Abb. 1–3.
Punctum/Bertram Kober: Abb. 4–5, 7–8, 10–11.
Aline Meyer: Abb. 6, 9.

Kloster Jerichow

Eine Momentaufnahme der neuen Liegenschaft

von Philipp Jahn und Josefine Telemann

Philipp Jahn (Jg. 1988) studierte von 2007 bis 2014 Kunst-geschichte und Archäologien Europas an der Martin-Luther-Universität Halle-Wittenberg und La Sapienza – Università di Roma. Seine Schwerpunkte bilden die hochmittelalterliche Architektur und Bauornamentik ebenso wie die Schatzkunst und das Kunsthandwerk. Nach seiner Tätigkeit im Kunstmu-seum Moritzburg Halle (Saale) war er von 2014 bis 2022 Mit-arbeiter in der Museumsdirektion Schloss Neuenburg und Schloss Goseck und kuratierte zahlreiche kulturhistorische Sonderausstellungen. Seit Sommer 2022 übernimmt er kom-missarisch die Leitung des Museums Kloster Jerichow.

Josefine Telemann (Jg. 1984) studierte Kunstgeschichte sowie Christliche Archäologie und Byzantinische Kunstgeschichte an der Martin-Luther-Universität Halle-Wittenberg 2004 bis 2012 sowie 2007 an La Sapienza in Rom, wo sie 2008 auch als Studentische Hilfskraft am Deutschen Archäologischen Institut tätig war. Ihre Schwerpunkte stellen die mittelalter-liche Kunst- und Architekturgeschichte sowie Ausstattungs-fragen dar. Seit 2014 betreute sie den musealen Bereich der romanischen Klosteranlage in Jerichow, der sie 2021/2022 schließlich als Leiterin vorstand.

Zum 1. Januar 2022 wurde die Stiftung Kloster Jerichow um das ehemalige, 1144 eingerichtete Prämonstratenserstift Jerichow der Kulturstiftung Sachsen-Anhalt zugelegt. Zu den Standorten Leitzkau, Magdeburg und Havelberg kommt somit nun auch das Kloster Jerichow zu den ehemaligen Niederlassungen des von Norbert von Xanten begründeten Ordens hinzu und ergänzt so die bauhistorisch wie kulturell bedeutenden Denkmäler der Kulturstiftung Sachsen-Anhalt (Abb. 1).

Die Anfänge des Klosters Jerichow

Der im 12. Jahrhundert gegründete Chorherrenorden hatte erheblichen Anteil an der Missionierung östlich der Elbe und war von großer Bedeutung für den Landesausbau[1]. Die Stiftskirche in Jerichow war in Bezug auf Material und Ausführung darüber hinaus richtungsweisend für die regionale Sakralarchitektur. Hier wurde eine Grundlage für die Entwicklung der nord- und ostdeutschen Backsteinbaukunst gelegt. Zurecht wird in Bezug auf Jerichow von der Wiege des mittelalterlichen Backsteinbaus in Norddeutschland gesprochen[2].

Seit Ordensgründer Norbert von Xanten 1126 Erzbischof von Magdeburg geworden war, verbreitete sich der im nordfranzösischen Prémontré 1121 gegründete Orden bis hin nach Ost- und Nordeuropa. Neben der Mission zählen Pfarrtätigkeiten und Seelsorge zu den Hauptaufgaben der Prämonstratenser, die seit der Mitte des 12. Jahrhunderts auch vermehrt Niederlassungen östlich der Elbe im slawischen Siedlungsgebiet gründeten[3].

1144 ließ sich der erste Konvent zunächst nahe dem Marktplatz vor der Burg im Ortskern Jerichows nieder[4]. An die slawische Vergangenheit der Stadt, die bereits im 7. Jahrhundert als slawisches Fischerdorf gegründet wurde, erinnert noch heute der Ortsname „Jerichow", der so viel wie „Burg des Kühnen" bedeutet. Im heutigen Ortsinneren ist der alte Burgberg nur mehr als Hügel erkennbar.

Unweit erhebt sich die noch in großen Teilen spätromanisch erhaltene Stadtkirche St. Georg. Das Land gehörte den Grafen von Stade. Nach dem Tod Rudolfs II. von Stade entschieden sich sein Bruder Hartwig und deren Mutter Richardis von Sponheim, den Landbesitz der Familie zwischen Havel und Elbe dem Magdeburger Erzbistum zu schenken und äußerten den Wunsch der Gründung eines Prämonstratenserstifts in Jerichow. Einen Teil der Schenkung erwarb daraufhin das Magdeburger Prämonstratenserkloster Unser Lieben Frauen, das Mutterkloster des Jerichower Konvents, zur Gründung einer neuen Niederlassung. Hartwig von Stade war der letzte männliche Nachkomme der Familie. Als Domherr in Magdeburg erhoffte sich der spätere Erzbischof von Bremen mit seiner Stiftung kirchenpolitische Unterstützung[5].

Anlässlich seiner Gründung wurde das Tochterstift mit Besitz ausgestattet, erhielt das Patronatsrecht über mehrere Dörfer der Umgebung und 1146 das Recht des Zehnten in dem Archidiakonatsbereich, dem der Jerichower Propst vorstand[6]. Die Geistlichen erhielten jedoch bereits 1148 neues Bauland in bischöflich-havelbergischem Besitz. Diese Entwicklung trieb der Havelberger Bischof Anselm voran. In einer Urkunde des Magdeburger Erzbischofs Friedrich von 1148 wurde offiziell „propter tumultum forensis populi"[7], also das lärmende Volk auf dem Markt, als Umsiedlungsgrund angeführt, daneben mögen aber wohl auch machtpolitische Interessen ebenso eine nicht unerhebliche Rolle gespielt haben.

Das Bauwerk – Geschichte, Bauverlauf und Sanierung(en)

Ab 1149 wurde das Jerichower Stift mit seiner imposanten Backsteinkirche und der Klosteranlage ein Stück außerhalb der Siedlung, die im 14. Jahrhundert Stadtrecht erhielt,[8] errichtet.[9] Waren die Kirchen westlich der Elbe im 12. Jahrhundert Holz- oder Steinbauten, wurde die Stiftskirche in Jerichow nahezu vollständig aus Backsteinen erbaut. Die naturräumlichen Voraussetzungen für die Verwendung der gebrannten Steine waren gegeben und der örtliche Mangel an Natursteinvorkommen hatte die Wahl des neuen Baumaterials begünstigt. Die Kenntnis von Lehmgruben und der jedoch nicht dokumentierte Fund eines mittelalterlichen Feldbrandofens im Umfeld des Klosters legen nahe, dass die Backsteine vor Ort produziert wurden. Reiche Lehmvorkommen in den Elbauen lieferten Rohstoffe für den mittelalterlichen Kirchenbau ebenso wie für eine bedeutende Ziegelproduktion in den nachfolgenden Jahrhunderten.

Unbekannt waren derlei Bauten aus gebrannten Steinen nicht. Auf seinen Reisen als Diplomat mögen die romanischen Backsteinkirchen der Lombardei Eindruck auf Anselm von Havelberg hinterlassen haben, denn ihr Formenrepertoire ist in Jerichow unverkennbar. Vielleicht war es aber auch der exzellente Ruf der Architekten und Handwerker, der die Entscheidungsträger dazu bewog, Baumeister aus dem norditalienischen Raum mit dem Bau der Jerichower Kirche zu beauftragen. Qualitativ hochwertige Arbeit mit einem gleichmäßigen Steinversatz und einem exakten Fugenbild kennzeichnet insbesondere die Ostpartie der Stiftskirche, nimmt jedoch mit fortschreitendem Bauverlauf ab – ein Hinweis darauf, dass weniger geübte Ortskräfte die Stiftskirche vollenden. Die örtlichen Arbeiter wurden offenbar von den Fachkräften geschult. Dies war auch notwendig, wurde doch in den nachfolgenden Jahrzehnten in nahezu jeder Ansiedlung in der Umgebung eine Backsteinkirche errichtet, wie die beeindruckenden romanischen Backsteinkirchen im Umland Jerichows in Schönhausen, Redekin, Großwulkow und Melkow zeigen.[10]

Im Bauverlauf können mehrere Phasen unterschieden werden, wobei der früheste Abschnitt ein umlaufendes, etwa einen Meter hohes Fundament aus Gommeraner Quarzit aufweist. Die gedrungene Basilika auf kreuzförmigem Grundriss besitzt im Osten einen apsidialen Abschluss sowie zwei Nebenapsiden am Querhaus. Der dreischiffige Kirchenbau weist eine Reihe markanter Gestaltungselemente auf, die an die norditalienischen Vorbilder erinnern. So fallen zum Beispiel am äußeren Chor die beiden dekorativen Bacini, jene keramischen Schalen oberhalb der Fensterzone, und die beiden Rundfenster auf. Die gesamte Stiftskirche umläuft ein aus Backstein ausgeführtes horizontales Sockelgesims, das zum Teil gestuft und in Form einer einfachen Schräge ausgebildet ist. Die Wandflächen werden optisch durch vertikal aufsteigende Lisenen gegliedert. Breite, plastisch hervortretende Ecklisenen begrenzen die Baukörper (Abb. 2).

Ihre Umrahmung wird im oberen Bereich durch Friese vervollständigt. Die Schmuckstreifen sind zumeist als Kreuzbogenfriese ausgebildet, an den Seitenschiffen und den beiden Turmuntergeschossen als einfache Rundbogenfriese. Oft treten diese Friesformen mit einem Konsolfries und einem Deutschen Band, das sich durch die

Schrägstellung der Backsteine auszeichnet, gemeinsam auf. An den Turmobergeschossen wurde eine aufwendige Blendbogenarkatur angebracht und unterhalb der gotischen Turmhelme ist wiederum ein Winkelfries ausgebildet. An einigen Partien der Kirche treten die Friese durch eine partielle Verputzung besonders hervor. Auch die Kirchen im Umland weisen nahezu identische Friesformationen auf, was den enormen regionalen baulichen Einfluss der Jerichower Stiftskirche verdeutlicht.

Die Portale folgen weiterhin einer einheitlichen Gestaltung. Sie sind in eine Rechteckrahmung, die als Wandvorlage bündig in Sockelbreite hervorspringt, eingelassen. An ihrem oberen Abschluss wird die typische Sockelgestaltung mit Schräge fortgeführt. Gerade im Bereich der Portale, Lisenen sowie am Chor fallen Schraffuren auf. Diese mehr oder weniger dicht platzierten, parallel, teils auch ährenförmig geführten Linien wurden mit einem kammartigen Werkzeug in den noch lederharten Backstein geritzt. An vielen Stellen sind außerdem die für den mittelalterlichen Backsteinbau typischen Quetschfalten sichtbar. Beim Hineinpressen des Lehms in die Form kam es zu Lufteinschlüssen, die sich nach dem Brand auf der Oberfläche des Backsteins als horizontal verlaufende Falten zeigen.

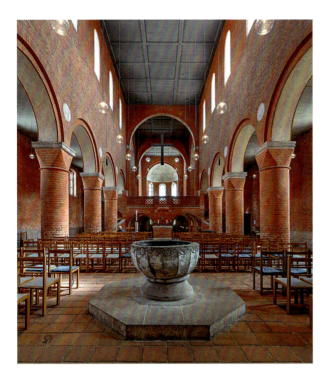

Viele der genannten Charakteristika finden sich auch an den unzähligen mittelalterlichen Backsteinkirchen der Umgebung, die in den nachfolgenden Jahrzehnten errichtet werden. Sie verdeutlichen die architektonische Vorbildfunktion der Jerichower Stiftskirche in ihrem Umfeld. Noch heute sind viele von ihnen – wie beispielsweise in Redekin, Schönhausen, Großwulkow oder Hohengöhren – in ihrer spätromanischen Gestalt erhalten.

Das Innere der Kirche wird heute von den romanischen Proportionen und einer sparsamen Gestaltung bestimmt. Mächtige Rundpfeiler mit trapezförmigen Backsteinkapitellen grenzen das Langhaus zu den Seitenschiffen ab. In den Bogenzwickeln wurden Putzscheiben aufgebracht. Das Backstein-Rot, das durch eine ganzflächige rote Ziegelmehl-Lasur verstärkt wird, taucht den Raum in ein warmes, majestätisch anmutendes Licht. Das regelmäßige Fugenbild wirkt filigran. Durch gegenläufiges Abstreichen der Fuge bildet sich die sogenannte Dachfuge mit Mittelgrat aus, wobei die obere Fugenhälfte eine weiße Bemalung erhielt. Im romanischen Backsteinbau im Jerichower Land ist diese Fugentechnik charakteristisch.[11]

Im ausgehenden 12. Jahrhundert finden einige Umbauten statt. Eine Krypta wird eingebaut (Abb. 4) und der Hohe

Chor in diesem Zuge bedeutend erhöht (Abb. 3). Im Norden und Süden des Chors wird je ein Nebenchor mit apsidialem Abschluss angebaut. Im 13. Jahrhundert wird die Kirche nach Westen verlängert. Die Errichtung der zweitürmigen Westfassade unterstreicht Jerichows kirchenpolitischen Anspruch in der Region. Der frühgotische Westabschluss erinnert mit seiner Doppelturmfassade dabei an das Mutterkloster in Magdeburg. Der Prämonstratenserorden nutzte bestehende Bauten oder lies Anlagen gänzlich neu errichten. Die Ausbildung einer ordensspezifischen Architektur und ordenseigener Bautraditionen sind dabei jedoch nicht zu beobachten.[12]

Von der mittelalterlichen Ausstattung hat nahezu nichts die Wirren der Zeiten überstanden. Hervorzuheben ist jedoch der um 1170 gefertigte Osterleuchter (Abb. 5). Der mit figürlichen und ornamentalen Motiven verzierte Sandstein-Sockel wurde im 19. Jahrhundert bei Ausgrabungen im Kreuzhof gefunden und steht heute nördlich des Kreuzaltars. Noch immer in der Apsis im Hohen Chor steht der mittelalterliche Sandsteinaltar mit seinen fünf Blendarkaden auf der Vorderseite (Abb. 6). Während in ihnen

Abb. 2   Die aufwendig gestaltete Chorpartie der Jerichower Klosterkirche.

Abb. 3   Blick nach Osten durch das Langhaus der Jerichower Klosterkirche auf den Hohen Chor.

Abb. 4   Kloster Jerichow. Blick in die nachträglich in den Kirchenbau eingefügte, zweischiffige Krypta.

Abb. 5   Kloster Jerichow. Der Osterleuchter mit seinem herausragenden Sockel aus der Zeit um 1170.

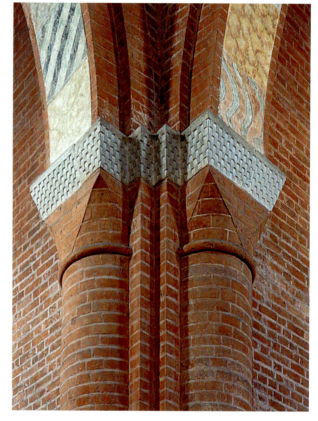

keine Ausmalung mehr erhalten ist, zieren Reste gotischer Malerei die Apsiskalotte darüber. An den Vierungsbögen aufgebrachte Inkrustationsmalerei ahmt eine Marmorverkleidung nach und zieht den Blick des Betrachters vom Langhaus nach Osten (Abb. 7). Erwähnung müssen auch zwei Spolien finden: Unterhalb des Hochaltars in der Krypta steht eine Quarzdioritsäule mit plastisch ausladendem Monsterkapitell (Abb. 8). Eine weitere Spolie, die wahrscheinlich ebenfalls von Magdeburg nach Jerichow gebracht wurde, befindet sich am Ende der Ostklausur im so bezeichneten Brüdersaal (Abb. 9). Möglicherweise stammen beide aus dem Konvolut antiken Baumaterials, das Otto I. einst aus Italien nach Magdeburg gebracht hatte.[13]

Erkenntnisse zum Bauverlauf können nicht nur in der Stiftskirche anhand der plastischen Elemente gewonnen werden. Besonders in den sich südlich anschließenden Klausurräumen verhelfen die floral, figürlich und ornamental geschmückten Kapitelle zu einer Datierung. Hier beteten,

Abb. 6   Der Chor der Jerichower Klosterkirche mit seinem mittelalterlichen Blockaltar und fragmentarisch erhaltener Ausmalung mit der Marienkrönung in der Kalotte der Apsis.

Abb. 7   Kloster Jerichow. Die Vierung wird nicht nur durch Wandvorlagen und Kämpfer ausgezeichnet, sondern auch durch die Marmor imitierende Ausmalung der Bögen.

Abb. 8   Kloster Jerichow. Die östliche Säule in der Krypta mit ihrem Kapitell.

Abb. 9   Kloster Jerichow. Im sogenannten Brüdersaal trägt eine Quarzdioritsäule das Gewölbe.

aßen und schliefen die Geistlichen bis ins 16. Jahrhundert, bis der wirtschaftliche Niedergang und die Ereignisse um die Reformation schließlich zur Auflösung des Stiftes im Jahr 1552 führten.[14] Infolge hatte die Klosteranlage mit zunehmendem Verfall und Folgen einer wirtschaftlichen Umnutzung als Domäne zu kämpfen. Die kurzzeitige Wiederbesetzung durch den Orden im Dreißigjährigen Krieg war nicht von Dauer und endete nach nur zwei Jahren 1631 mit Plünderungen und Verwüstung.[15]

Ihren heute guten Erhaltungszustand haben Kirche und Klausur den zahlreichen Bemühungen seit der Mitte des 19. Jahrhunderts und vor allem seit den 1950er Jahren zu verdanken. Zu den modernen Zutaten gehören die Veränderungen durch den preußischen Staatskonservator Ferdinand von Quast (1807–1877), der während einer großen Restaurierung im 19. Jahrhundert reromanisierende Rückbauten, aber auch neue Einbauten vornahm (Abb. 10). Er ließ im Westen eine Doppelarkade mit Orgelempore zwischen den Türmen einbauen und im Osten eine Chorbrüstung mit lombardisch inspirierten Flechtwerkornament errichten.[16] Der ebenfalls auf die von Quast'sche Restaurierung zurückgehende, mit einem Flechtbandornament geschmückte Kreuzaltar aus jener Zeit wurde bereits im 20. Jahrhundert gegen den noch heute im Langhaus befindlichen Altar ausgetauscht. Auch der Boden und die Decke stammen aus jenem letzten großen Restaurierungsabschnitt in der Mitte des 20. Jahrhunderts, in dem die Denkmalpflege die Bewahrung und die Wiederherstellung der Klosteranlage ebenso vorantrieb wie der Förderverein „Erhaltet Kloster Jerichow" seit den neunziger Jahren des vergangenen Jahrhunderts. Aus letzterem ging 2004 die private Stiftung Kloster Jerichow hervor, die die Wiederherstellung und den Ausbau

der Anlage koordinierte und auch um kulturelle wie museale Aspekte bereicherte.[17]

Zu den bemerkenswerten Neuerungen des 21. Jahrhunderts zählt die Neuverglasung der Kirche. Nach den Entwürfen Jochem Poensgens (geb. 1931) entstand bis 2009 ein auf geometrische Formen und zurückhaltende Farbgebung reduziertes Raumprogramm (Abb. 11). Auch das jüngst umgesetzte Beleuchtungskonzept in Kirche und Klausur verbessert die Nutzungsmöglichkeiten, dient doch die einstige Stiftskirche der Prämonstratenserchorherren mit ihren 59 Meter hohen, die Elbauenlandschaft dominierenden Türmen nicht nur als Ausstellungsobjekt, sondern auch als liturgischer sowie kultureller Ort.

Kloster Jerichow – Neuerungen seit 2022

Vergleichsweise viele Neuerungen haben das Kloster Jerichow und seine Mitarbeiter in den letzten zwölf Monaten erfahren. Die Zulegung zur Kulturstiftung Sachsen-Anhalt am 1. Januar 2022 führte zu strukturellen Veränderungen, die jedoch in keiner Weise das Angebot der Klosteranlage für seine Besucher geschmälert haben.

Neben den Jerichower Sommermusiken und Jazz im Kloster Jerichow konnten 2022 nach zweijähriger Corona-Zwangspause auch das Ritterfest – ehemals als Klostergartenfest bekannt – und der Adventsmarkt wieder stattfinden und waren sehr gut besucht. Daneben prägten eine Reihe bemerkenswerter baulicher und inhaltlicher Veränderungen das Jahr 2022: Anfang November jährte sich die Eröffnung der neuen Dauerausstellung „Spuren im Backstein". Anlässlich des 900-jährigen Ordensjubiläums der Prämonstratenser konnte mithilfe der Förderung und Unterstützung des Landes Sachsen-Anhalt und der Evangelischen Kirche

Mitteldeutschlands die Ausstellung zum Kloster Jerichow und seiner Geschichte im Dormitorium, dem alten Schlafsaal der Geistlichen, grundlegend neu gestaltet werden (Abb. 12). Auf knapp 400 m² wird hier die Geschichte des Ordens und seine Bedeutung in und um Jerichow durch ein modernes Ausstellungskonzept greifbar, das auch der zeitgenössischen Notwendigkeit an multimedialen Möglichkeiten der Vermittlung Rechnung trägt. Mit einer reduzierten Auswahl an Ausstellungsobjekten, die exemplarisch die Geschichte des Bauwerks und seiner einstigen Bewohner bezeugen und in die Themen des klar strukturierten Rundgangs eingebunden sind, ist die neue Dauerausstellung ein wesentliches Modul beim Besuch des Klosters Jerichow. Zudem lädt die App „Klosterquiz" jüngere Besucher zur digitalen Schnitzeljagd ein und soll sie so zum aufmerksamen Beobachten sensibilisieren.

Ein Fördermittelprojekt aus dem Europäischen Fonds für regionale Entwicklung (EFRE) war das im April 2022 fertig gestellte Projekt „Umbau des Backsteinmuseums zur kulturellen Nutzung", dessen Ergebnis die Einrichtung der „Klosterschule" im Erdgeschoss des ehemaligen Kälberstalls ist (Abb. 13). Große Unterstützung erfuhr das Vorhaben von regionalen Fürsprechern wie der Stadt Jerichow, dem Förderverein Elbe-Parey e. V. sowie der Grunewald Stiftung. Neben Führungen werden im Kloster Jerichow verschiedene Projekte für Groß und Klein angeboten. Vor allem Schulklassen der Umgebung nehmen gern praktische Angebote wahr. Knapp 1 000 Schüler erkundeten im Jahr vor der Pandemie auf diese Weise das Kloster Jerichow. Daneben bereichern klosterspezifische Angebote, die sich beispielsweise mit der Schreibkunst im Mittelalter auseinandersetzen, die Palette. Das für Jerichow so wichtige Wissen um

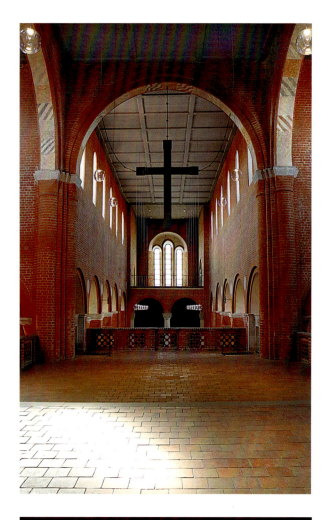

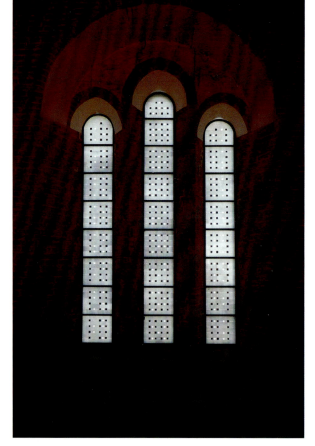

Abb. 10   Kloster Jerichow. Blick in der Klosterkirche vom Chor nach Westen auf die unter Ferdinand von Quast im 19. Jahrhundert eingebaute Empore.

Abb. 11   Kloster Jerichow. Modern, technisch und sachlich, verleihen die Glasfenster von Jochem Poensgen der Klosterkirche eine neue Aura.

Abb. 12   Kloster Jerichow. Im Obergeschoss des Klausur-ostflügels informiert seit 2021 die neue Dauer-ausstellung „Spuren im Backstein" über die Geschichte des Klosters und der Prämonstratenser.

Abb. 13   Kloster Jerichow. Die Klosterschule verfügt auch über eine Küche, in der mit den Kräutern aus dem eigenen Klostergarten gekocht und mit Färberpflanzen ausprobiert werden darf.

Abb. 14   Das verheerende Hochwasser der Elbe reichte im Sommer 2013 bis an die historische Kloster-mauer heran.

die Backsteinherstellung darf natürlich als Projekt nicht fehlen und ist auch bei Erwachsenen-Gruppen gefragt. Jedoch gab es bis vor wenigen Monaten keine festen Räumlichkeiten zur Durchführung der Projekte. Dies machte die Organisation und den Ablauf sehr aufwendig und war nachteilig für die Weiterentwicklung der pädagogischen Angebote. Immer wieder musste auf freie Räume ausgewichen und unzählige Male Stühle und Tische auf- und abgebaut werden. Daher entwickelte sich bereits vor Jahren die Idee, eigene Räume für Workshops zu schaffen. Das EFRE-Fördermittelprojekt ermöglichte nun die Schaffung eines Schülerprojekthauses – der Klosterschule. Untergebracht wurde sie in einem um 1900 geschaffenen und für die Aufzucht von Jungtieren genutztem Stall. Das Gebäude wurde in vielen älteren Plänen konkret als „Kälberstall" bezeichnet. Mit seiner Lage südlich der Klausur im Klostergarten ist eine gute Erreichbarkeit gegeben. Zuletzt hatte hier eine kleine Präsentation zur Backsteinbauweise ihren Platz gefunden. Das Gebäude befand sich jedoch in keinem guten Erhaltungszustand und eine Sanierung war für die weitere Nutzung unerlässlich. In naher Zukunft wird die Kulturstiftung Sachsen-Anhalt die Sanierung des Gebäudes durch die dringend gebotene Reparatur des Daches vollenden.

Seit Mai 2022 wird in vier Projekträumen wiederentdeckt, gebastelt und gekocht. Neue Ideen und Konzepte locken Schüler und Erwachsene ins Kloster Jerichow. Eine Kooperation mit der Kreisvolkshochschule trägt zur intensiven Nutzung der Klosterschule bei. Museumsprojekte und Veranstaltungen zeigen immer wieder aufs Neue, wie wichtig die Unterstützung und Zusammenarbeit mit regionalen Vereinen und Institutionen ist. Dem Förder- und Heimatverein Stadt und Kloster Jerichow e. V. ist dabei für vielfältige Hilfe und Förderung zu danken. Neben der Finanzierung vieler restauratorischer Maßnahmen war dem Verein die Präsentation einer stadtgeschichtlichen Ausstellung ein besonderes Anliegen. Ein geeigneter Raum konnte über dem vom Standesamt als Trauungssaal genutzten Malzkeller, einem Anbau aus dem 19. Jahrhundert, bereitgestellt werden. Hier ergänzt die kleine Schau die Ausstellung zur Klostergeschichte um die Geschichte und Entwicklung Jerichows. Der spannende Werdegang vom slawischen Fischerdorf bis zur neuzeitlichen Klosterstadt an der Elbe wird anhand zahlreicher Exponate aus der Sammlung des Vereins erfahrbar.

Deichbauarbeiten

Eine Herausforderung der besonderen Art stellen die Erfordernisse des Hochwasser- und Katastrophenschutzes dar. Das große Hochwasser der Elbe im Jahr 2013 übertraf hier noch die Flut von 2002 und reihte sich in das Gesamtphänomen mitteleuropäischer Hochwasser 2013 ein. In der Nacht vom 9. zum 10. Juni 2013 brach der Deich beim nördlich von Jerichow gelegenen Dorf Fischbeck. Die Folgen waren großflächige Zerstörungen und Schäden im Elbe-Havel-Winkel. Durch das spektakuläre Versenken

von drei Schiffen an der Deichbruchstelle konnte das Leck verkleinert werden. Glücklicherweise war die Kernanlage des Klosters Jerichow durch seine leicht erhöhte Lage nicht unmittelbar von der Flut betroffen (Abb. 14).

Infolge des Hochwasserereignisses findet seitdem die Erneuerung und Ertüchtigung des Hochwasserschutzes durch den Landesbetrieb für Hochwasserschutz und Wasserwirtschaft Sachsen-Anhalt (LHW) statt (Abb. 15). Dabei wird der Deichbabschnitt in der Ortslage Jerichow durchschnittlich um 0,7 m erhöht.[18]

Da der Deich unmittelbar an die historische Klostermauer anschließt, stellten die Erfordernisse des Denkmalschutzes besondere Anforderungen an die Planer, denn neben einem den Ansprüchen des Schutzes gerechten Ausbau sollte das historische Bauwerk erhalten bleiben. Dazu wurde die Klostermauer gartenseitig mit Strebepfeilern verstärkt. Diese Betonstützen verändern zwar das ästhetische Erscheinungsbild maßgeblich, werden jedoch mit einem speziellen Backstein so verkleidet, dass sie sich

optisch zurücknehmen und – obwohl als neue Zutat klar erkennbar – in das Ensemble einfügen. Damit ist der Jerichower Deichabschnitt eine der aufwendigsten Bauvorhaben im Rahmen der Flutfolgemaßnahmen, wie es auch durch eine hohe politische Präsenz zum offiziellen Baustart nach den Vorbereitunsgmaßnahmen am 12. September 2022 deutlich wurde. Mit dem Ausbau des Deiches wird auch der Weg auf der Deichkrone erneuert. Als Teil des überregional bekannten Elberadweges ist er wichtiger Bestandteil des Tourismus in Jerichow – und so auch für das Kloster und die Kulturstiftung Sachsen-Anhalt.

Klostergarten

Ein besonderes Erlebnis bietet neben der erhaltenen romanischen Anlage und dem Museum der Klostergarten (Abb. 16). Den idyllischen Höhepunkt bilden die Hoch- und Flachbeete im Osten des weitläufigen Klostergeländes direkt neben der Klostermauer. Zudem lädt das Klostergartencafé, welches wie das Wirtshaus Klostermahl aktuell von der Subsidiarius GmbH betrieben wird, am Gärtnerhaus, dem ehemaligen Pumpenhaus, in den Sommermonaten die Besucher zum Verweilen ein.

Im Klostergarten lebt der Anbau von alten Sorten wieder auf, die bereits im Mittelalter durch Quellen nachweislich eine vielfältige Verwendung fanden. Hierzu zählen unter anderem Ringelblume, Spitzwegerich und Beifuß

Abb. 15   Direkt an der Klostermauer von Jerichow wird nach langen Vorplanungen der Deich seit dem Jahr 2022 erneuert.

Abb. 16   Kloster Jerichow. In den Hochbeeten des Klostergartens gedeihen Heilpflanzen, Gemüse und Kräuter.

als Heilpflanzen oder Dinkel, Einkorn und Emmer als historische Getreidesorten. Die Hoch- und Flachbeete bergen eine Fülle an lebendigen Schätzen: Heilkräuter, Färbepflanzen und fast vergessene Sorten blühen und sprießen. In den Hochbeeten gedeihen die pflegeintensiven und anspruchsvollen Gemüsearten sowie empfindliche Würzpflanzen wie Kümmel, Fenchel, Koriander oder Ysop. Auch verschiedene Obstbäume wachsen auf den abseits gelegenen Fallobstwiesen.

Der Klostergarten ist mittelalterlichen Vorbildern nachempfunden, ohne jedoch die originäre Situation im Kloster selbst präsentieren zu können. Beim Anlegen und Pflegen des Nutz- und Schaugartens wird auf ortstypische Materialien wie Weide für Hochbeete sowie Einfassungen und Backstein für die Pflasterungen zurückgegriffen. Dabei werden Erkenntnisse aus alten Überlieferungen und moderne Ansprüche miteinander verbunden. So sind beispielsweise die Hoch- und Flachbeete in Form, Maß und Verarbeitungstechnik nach historischen Vorbildern angefertigt, in ihrer Lage zueinander aber aus dem traditionellen rechten Winkel verschoben. Die langen Reihen der Flachbeete hinter dem ehemaligen Pumpenhaus sind dabei an die mittelalterliche Feldwirtschaft angelehnt. Auf ihnen werden vielfältige Kräuter und Feldfruchtpflanzen sowie alte Getreidesorten angebaut.

Kloster Jerichow – fit für die Zukunft

Den Schwerpunkt der Arbeit des Museums in der Kulturstiftung Sachsen-Anhalt stellt satzungsgemäß der Erhalt der historischen Bausubstanz sowie die Vermittlung des Bauwerks und seiner Geschichte dar. Hierzu zählt unter anderem die 2023 anstehende Fertigstellung des Umbaus des Kälberstalls zur Klosterschule durch eine Dachsanierung. Im von der langen landwirtschaftlichen Nutzung geprägten westlichen Areal im Klosterkomplex stehen weitere Maßnahmen an, etwa der Ausbau eines Stallgebäudes zum Werkstatt- und Lagerbereich, der Hausmeisterei sowie verschiedene anstehende Sicherungsmaßnahmen.

Mit den Oldtimerfreunden Jerichow e. V. hat ein weiteres Stallgebäude einen langfristigen Nutzer gefunden, der sich bereits in der Vergangenheit in großartiger Eigeninitiative um die Dachsanierung und den Erhalt des Gebäudes bemühte und mit seiner jährlichen Veranstaltung des Oldtimertreffens Besucher aus Nah und Fern in die Anlage lockt. Doch auch das Kloster Jerichow selbst ist ein etablierter Ausrichter hochwertig Kultur- und Bildungsveranstaltungen. Bereits seit den 1980er Jahren bilden darunter die „Jerichower Sommermusiken" einen Höhepunkt. Mit renommierten Musikern, Interpreten und Künstlern wird seit Jahren ein hochwertiges musikalisches Programm in der einzigartigen Akustik der Jerichower Klosterkirche geboten, dessen inhaltlicher Schwerpunkt stets variiert und

von mittelalterlichen Gesängen über Musik der Renaissance und des Barocks bis zur Klassik und zur hohen Form des Kunstliedes reicht (Abb. 17). Seit 2019 wird das Konzertprogramm durch das Festival „Jazz im Kloster Jerichow" ergänzt (Abb. 18). Zu diesem finden sich neben internationalen Stars auch der regionale Nachwuchs und aufstrebende Newcomer der facettenreichen Jazz-Szene am zweiten Wochenende im August im Kloster ein und sorgen für ein einmaliges Konzerterlebnis in einer wunderbaren Atmosphäre.

Daneben hält das Kloster Jerichow ein reichhaltiges Vermittlungsprogramm bereit, das von Kloster- und Gartenführungen über abendliche Erkundungen mit der Taschenlampe zu Ferienwerkstätten und Kursangeboten für Erwachsene reicht. Mit Zulegung der Stiftung Kloster Jerichow zur Kulturstiftung Sachsen-Anhalt begann ein neues Kapitel in der Geschichte des ältesten Backsteinbaus Norddeutschlands, das bislang äußerst erfolgreich für das Kloster und die Stiftung verlaufen ist. Die Weichen für einen langfristigen Erhalt der romanischen Anlage und der weiteren Entwicklung dieses einzigartigen Kulturorts im Norden Sachsen-Anhalts sind gestellt!

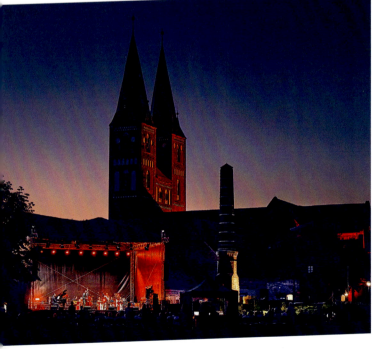

Abb. 17   Mit ihrer ausgezeichneten Akustik ist die Klosterkirche zu Jerichow ein herausragender Konzertort in der Region.

Abb. 18   Kloster Jerichow. Vor imposanter Kulisse findet seit 2019 stets im Sommer das internationale Festival „Jazz im Kloster Jerichow" in einem einzigartigen Ambiente statt.

1 Ulrich G. Leinsle, Die Prämonstratenser, Stuttgart 2020, S. 55 f.
2 Vgleiche dazu bereits die Äußerungen von: Friedrich Adler, Mittelalterliche Backstein-Bauwerke des Preußischen Staates 1. Die Mark Brandenburg, Berlin 1862, S. 36. Oder im Überblickswerk: Gottfried Kiesow, Wege zur Backsteingotik. Eine Einführung, Bonn 2003, S. 79. Letzterer verweist auf den älteren, allerdings nicht mehr erhaltenen Bau in Stade.
3 Zu den Prämonstratensern und Norbert von Xanten siehe etwa: Leinsle, Prämonstratenser (wie Anm. 1). – Clemens Dölken OPraem (Hrsg.), Norbert von Xanten und der Orden der Prämonstratenser. Sammelband zur historischen Vortragsreihe im Norbertjahr 2009/2010 in Magdeburg, Magdeburg 2010. – Claus-Peter Hasse/Gabriele Köster/Bernd Schneidmüller (Hrsg.), Mit Bibel und Spaten. 900 Jahre Prämonstratenser-Orden. Schriftenreihe des Zentrums für Mittealterausstellungen Magdeburg 7, Halle (Saale) 2021.
4 MGH DD Ko III., Nr. 123.
5 Zu Hartwig I. von Bremen siehe: Georg Dehio, Hartwich von Stade. Erzbischof von Hamburg-Bremen, Bremen 1872. – Günter Glaeske, Hartwig I., in: Neue Deutsche Biographie 8, 1969, S. 11. Online unter: <https://www.deutsche-biographie.de/pnd123709660.html> [02.05.2023].
6 Dazu gehörte das Land zwischen Elbe und Havel. Im Norden endete es etwa auf halber Höhe zwischen Jerichow und Havelberg zwischen Klietz und Schollene. Im Süden reichte es bis an die Stremme, die zugleich eine natürliche Grenze zum nördlichen Ausläufer des Flämings und der hier vorherrschenden Feldsteinbauweise bildet. Siehe: Peter Ramm, Kloster Jerichow. Kulturreisen 6, ²Wettin 2010, S. 17. – Rolf Naumann, Romanische Backsteinkirchen im Jerichower Land, Perleberg 1993, S. 6; S. 9.
7 Landesarchiv Sachsen-Anhalt, Copiarium miscellaneum Magdeburgense, Cop., Nr. 390, fol. 103 v–104 r.
8 Kulturstiftung Sachsen-Anhalt, Museum Kloster Jerichow, Urkunde von Markgraf Ludwig vom 5. Mai 1336 über die Erneuerung des Stadtrechts nach dem Elbehochwasser, Inv.-Nr. VII 499.
9 Da die Bestätigung zur Verlegung aus dem Winter 1148 datiert, erscheint der Baubeginn im Jahr 1149 äußerst wahrscheinlich. Die Datierung des Kirchenbaus ist allerdings umstritten, vergleiche dazu unter anderem: Ramm, Kloster Jerichow (wie Anm. 6), S. 86–93.
10 Grundlegend dazu: Rolf Naumann, Romanische Backsteinkirchen im Elbe-Havel-Winkel, Genthin 1989. – Damian Kaufmann, Die romanischen Backsteindorfkirchen in der Altmark und im Jerichower Land. Studien zur Kleinkirchenarchitektur an der Mittelelbe und im südlichen Ostseeraum. Bau + Kunst. Schleswig-Holsteinische Schriften zur Kunstgeschichte 19, Kiel 2010.
11 Hellmut Müller/Rolf Naumann, Quetschfalten, Kreuzbogenfriese, Wendischer Verband. Fachbegriffe des Romanischen Backsteinbaus und der kirchlichen Baukunst in Altmark, Jerichower Land und Mark Brandenburg, Jerichow 1999, S. 13 f.
12 Matthias Untermann, Kirchenbauten der Prämonstratenser. Untersuchungen zum Problem einer Ordensbaukunst im 12. Jahrhundert. Veröffentlichung der Abteilung der Architektur des Kunsthistorischen Instituts der Universität zu Köln 29, Köln 1984, S. 359.
13 Ramm, Kloster Jerichow (wie Anm. 6), S. 44 f.
14 Rolf Naumann, Der Niedergang des Stifts Jerichow und seine Säkularisation im 16. Jahrhundert, in: Stiftung Kloster Jerichow (Hrsg.), Kloster – Backsteinbau – Stadtgeschichte. Lapidarium Jerichowense 9, Jerichow 2009, S. 1–27, hier S. 16–19.
15 Ebd., S. 21–24.
16 Ernst Wernicke, Beschreibende Darstellung der älteren Bau- und Kunstdenkmäler der Kreise Jerichow. Beschreibende Darstellung der älteren Bau- und Kunstdenkmäler der Provinz Sachsen 21, Halle (Saale) 1898, S. 322. – Ramm, Kloster Jerichow (wie Anm. 6), S. 51–54.
17 Zur 2004 erfolgten Stiftungsgründung: Stiftung Kloster Jerichow – Klostermuseum (Hrsg.), Die Gründung der Stiftung Kloster Jerichow. Lapidarium Jerichowense 6, Jerichow 2005.
18 Siehe dazu eine Pressemitteilung des Landesbetriebs für Hochwasserschutz und Wasserwirtschaft Sachsen-Anhalt vom 28. April 2022: <https://lhw.sachsen-anhalt.de/fileadmin/Bibliothek/Politik_und_Verwaltung/Landesbetriebe/LHW/neu_PDF/1.0/20220419_PM_Baubeginn_Deich_Jerichow.pdf> [17.04.2023].

Abbildungsnachweis
Achim Bötefür: Abb. 1–3, 7.
Kulturstiftung Sachsen-Anhalt, Sabine Gottschling (Foto): Abb. 4–6, 8–10, 12–13, 15.
Kulturstiftung Sachsen-Anhalt, Philipp Jahn (Foto): Abb. 11.
Kulturstiftung Sachsen-Anhalt, Jan Wißgott (Foto): Abb. 14.
Investitions- und Marketinggesellschaft Sachen-Anhalt mbH/Frank Boxler: Abb. 16.
Andreas Höschel: Abb. 17–18.

Von Amidoblau bis Wofalanorange

Die Farbstoffsammlung im Kunstmuseum Moritzburg Halle (Saale)

von Albrecht Pohlmann

Dr. Albrecht Pohlmann (Jg. 1961) studierte Gemälderestaurierung an der Hochschule für Bildende Künste Dresden (Diplom 1988) und arbeitet seither am Kunstmuseum Moritzburg Halle (Saale), zuletzt als Leiter der Zentralen Restaurierung der Kulturstiftung Sachsen-Anhalt. Er wurde 2010 mit einer Arbeit über Wilhelm Ostwalds Farbenlehre promoviert und veröffentlichte zahlreiche Arbeiten zur Kunsttechnologie des 19. und 20. Jahrhunderts.

Abb. 1   Die historische Farbensammlung der Kulturstif-
          tung Sachsen-Anhalt, aktuell aufbewahrt in
          der Restaurierungswerkstatt des Kunstmuseums
          Moritzburg Halle (Saale).

Die Farbstoffsammlung in der Restaurierungswerkstatt des Kunstmuseums Moritzburg Halle (Saale) enthält Sachzeugen, die für Kunst- und Kulturgeschichte ebenso bedeutsam sind wie für die Technik- und Wirtschaftsgeschichte. Hatte doch die Entwicklung der Farbenindustrie entscheidenden Einfluss auf alle Gewerbe, die mit Farben hantierten – einschließlich der Bildenden Künste.

Der Aufstieg der Farbenindustrie in der zweiten Hälfte des 19. Jahrhunderts steht paradigmatisch für die nachfolgende Entfaltung der chemischen Industrie. Mit der Konfektionierung von Naturprodukten, vor allem aber der Synthese neuer Substanzen auf der Basis fossiler Kohlenwasserstoffe, wurden wesentliche Kriterien künftiger Produktion festgelegt: Mit den Fortschritten der Chemie, einer relativ jungen Wissenschaft, konnte nicht nur der molekulare Bau von Naturprodukten untersucht und nachgeahmt, sondern gezielt die Molekülstruktur verändert werden, um Stoffe zu erzeugen, die in der Natur nicht vorkamen. Die Entwicklung der Farbenindustrie steht somit für die „synthetischen Welten" jener Symbiose von Wissenschaft, Technik und Industrie, wie sie heute unser Leben bestimmt.[1]

Der Siegeszug der synthetischen organischen Farbstoffe steht aber ebenso beispielhaft für die Entwicklung der Großindustrie: Die Farbenfabriken wandelten sich an der Wende zum 20. Jahrhundert zu Fabrikstädten mit zehntausenden Angestellten, in denen täglich gewaltige Stoffmengen umgesetzt und produziert wurden. Die neuen Farbstoffe revolutionierten zunächst die Textilfärberei, drangen aber schon bald in alle Bereiche der Farbgebung vor, da sich mit ihnen Farbtöne erzielen ließen, welche bisher gar nicht oder nur durch Farbmischung erreichbar waren. Im Gegensatz zu den Naturstoffen erwiesen sich die Industrieprodukte als vielseitiger, zuverlässiger und billiger.

Im Folgenden wird die Entwicklung der modernen Farbenindustrie anhand der außergewöhnlichen Farbstoffsammlung im Kunstmuseum Moritzburg Halle (Saale) skizziert, wobei besonderes Augenmerk auf kunst- und kulturgeschichtliche Aspekte gerichtet wird. Vertiefende Betrachtungen ausgewählter Farbmittel der Sammlung lassen Komplexität, aber auch die Faszination dieses Themas erkennen.

Wie die Sammlung ins Museum kam

Als im Herbst 2009 das Institut für Technische Chemie der Martin-Luther-Universität Halle-Wittenberg seinen alten Standort neben der Moritzburg verließ und auf den Weinberg-Campus im Nordosten der Stadt übersiedelte, fielen allerlei Dinge an, für die es im aktuellen Forschungsprofil keine Verwendung mehr gab. Dazu gehörte ein Schrank mit Hunderten von Gläsern, gefüllt mit den verschiedensten Farbstoffen. Es war ein glücklicher Zufall, dass das benachbarte Museum von der Beräumungsaktion erfuhr und der Gemälderestaurator des Hauses auf die bunte Kollektion aufmerksam wurde: Rasch zeigte sich nämlich, dass es sich hierbei um eine Farbstoffsammlung von kulturhistorischer und kunsttechnologischer Bedeutung handelte, die es unter diesem Aspekt zu bewahren galt.

So wurden die beinahe 800 Farbgläser und -dosen zunächst geborgen und durch den anschließend informierten Institutsdirektor an das Kunstmuseum übereignet.[2] Ihren neuen Platz fanden sie schließlich 2010 in einem Wandregal der Gemälderestaurierungswerkstatt des Kunstmuseums Moritzburg (Abb. 1), die sich damals in der Neuen Residenz in Halle (Saale) befand. Im Rahmen eines postgradualen Praktikums katalogisierte die Restauratorin Linda Haselbach dann 2014 die Sammlung und entnahm Referenzproben für den naturwissenschaftlichen Unterricht im Studiengang Konservierung und Restaurierung an der Fachhochschule Erfurt. Die von ihr erstellten Listeneinträge enthalten den korrekten Farbnamen, den Hersteller und den Verwendungszweck des jeweiligen Farbstoffs, weiterführende Literaturangaben sowie die Signatur, mit welcher die einzelnen Farbstoffbehälter gekennzeichnet wurden.[3]

Farbmittel, Farbstoffe, Pigmente

Die Gesamtheit von farbgebenden Substanzen wird unter dem Begriff der „Farbmittel" zusammengefasst. Dabei unterscheidet man zwischen Pigmenten und Farbstoffen. Pigmente sind in den verwendeten Binde- und Lösungsmitteln unlöslich und werden vor allem in Anstrichtechnik und Malerei verwendet. Farbstoffe wiederum sind löslich und dienen hauptsächlich allen Arten der Färberei.

Es gibt eine große Zahl von Naturfarbstoffen, die bis zur Mitte des 19. Jahrhunderts vor allem zum Färben von Textilien dienten – hierin bestand ihre große wirtschaftliche Bedeutung. An deren Stelle traten später die synthetischen organischen Farbstoffe. Ein Großteil der traditionellen Pigmente ist anorganisch, nur wenige – wie etwa der Krapplack – bestanden aus einem anorganischen Trägermaterial, welches durch organische Farbstoffe „angefärbt" wurde. Diesen Vorgang bezeichnet man als „Verlackung" und die daraus entstehenden Farbmittel entsprechend als Farblacke. Das gleiche Verfahren wurde später für zahlreiche synthetische Farbstoffe angewandt. Zuletzt kamen die synthetischen organischen Pigmente hinzu, die bereits aus der Reaktion der Ausgangsstoffe als unlösliche Farbkörper hervorgehen.

Warum gibt es Farbstoffsammlungen?

Im Lauf der letzten 150 Jahre brachte die chemische Industrie Tausende von neuen Farbstoffen auf den Markt – eine bald schon unüberschaubare Fülle, der die Anwender durch Farbstoffkataloge, Tabellenwerke[4] (Abb. 2) und Mustersammlungen Herr zu werden suchten. So entstanden an Handelsakademien, Technikmuseen und Universitätsinstituten umfangreiche Sammlungen von Proben der neuen Farbstoffe. Eine der größten Sammlungen weltweit bewahrt heute die Technische Universität Dresden[5], andere befinden sich beispielsweise im Technischen Museum in Wien [6] oder in der Hochschule Niederrhein in Krefeld[7].

Vor Einführung der synthetisch hergestellten Farbstoffe war das Gebiet der Farbmittel überschaubar gewesen, über lange Zeiträume hinweg galten Farbmittelnamen als verbindlich – „Ultramarin" bezeichnete etwa sowohl den charakteristischen Farbton als auch die farbgebende Substanz selbst. Mit dem Aufkommen der synthetischen organischen Farbstoffe änderte sich dies grundlegend. Die exakten chemischen Bezeichnungen der Farbstoffe waren kompliziert und nur Fachleuten verständlich, weshalb die Hersteller kurze, einprägsame Namen dafür erfanden. So stellt der Farbstoff mit dem Handelsnamen „Indischgelb R" ein Gemisch von Mononitrodiphenylaminorange und Dinitrodiphenylamin dar.

Inzwischen hat sich die Bedeutung dieser Sammlungen gewandelt, ist doch die Forschung auf diesem Gebiet nicht stehen geblieben. Ein Großteil der aufbewahrten Farbstoffe ist heute durch moderne Erzeugnisse ersetzt und der technisch-wirtschaftliche Gebrauch der Sammlungen mittlerweile häufig von der musealen Nutzung verdrängt worden – Farbstoffsammlungen stehen dem interessierten Publikum offen und werden konserviert, wie anderes Museumsgut auch.[8]

Die historischen Farbstoffproben dienen jetzt oft als Referenzmaterial zur naturwissenschaftlichen Untersuchung von Kunst- und Kulturgut. Ihre Kenntnis hilft bei der Klärung konservatorischer Fragen und der Identifizierung von Fälschungen. Denn bei den meisten synthetischen organischen Farbmitteln kennen wir die Daten ihrer Entdeckung und Markteinführung, sodass sich mit ihrem naturwissenschaftlichen Nachweis ein verlässlicher „terminus post quem" als Zeitmarke festlegen lässt: Wird beispielsweise in einer originalen Partie eines Gemäldes der 1874 entdeckte Farbstoff Eosin nachgewiesen, kann jenes nicht vor diesem Zeitpunkt gemalt worden sein!

Dieses Anwendungsgebiet der Farbstoffsammlungen hat in den letzten Jahren an Bedeutung gewonnen, weshalb es hier für den Bereich der Malerei kurz erläutert sei. Lange Zeit ging die kunsttechnologische Forschung davon aus, dass die meisten Künstler der Klassischen Moderne skeptisch gegenüber den neuen synthetischen organischen Farbmitteln gewesen wären und diese auch kaum verwendet hätten – trotz zahlreicher Vorstöße zur Markteinführung seitens der Künstlerfarbenhersteller.[9] Neuere Forschungen zeigten aber, dass dies nicht zutrifft: So konnten in Gemälden des Expressionisten Ernst Ludwig Kirchner (1880–1938) zehn der neuen Farbstoffe nachgewiesen werden, welche der Künstler in einigen Fällen bereits kurz nach ihrem Erscheinen im Handel verwendete.[10] Gemälde von Max Beckmann (1884–1950) beinhalten wiederum sechs dieser Farbstoffe.[11] Und Gemälde der Wiener Avantgardistin My/Marianne Ullmann (1905–1995) wiesen ebenfalls synthetische organische Farbstoffe auf.[12] Auch sind hier genaue zeitliche Unterscheidungen möglich. So wurde es dem bekannten Fälscher Wolfgang Beltracchi zum Verhängnis, dass in zwei seiner Fälschungen, die Werke expressionistischer Künstler aus der Zeit vor dem Ersten Weltkrieg (1914–1918) imitierten, Phthalocyaninblau (Kupferphthalocyanin) nachgewiesen werden konnte – ein Komplexfarbstoff, der erst seit 1934 (England) beziehungsweise 1936 (Deutschland) im Handel ist.[13]

Anders als bei der Analyse anorganischer Pigmente lassen sich organische Farbstoffe häufig nicht anhand charakteristischer Elemente unterscheiden, sondern erfordern instrumentelle, meist spektrografische Nachweisverfahren sowie zusätzlich chromatografische Untersuchungsmethoden.[14] Den Farbstoffen lassen sich auf diese Weise Referenzspektren zuordnen, auf die die Wissenschaft weltweit zugreifen kann.[15]

Abb. 2   „In den interessierten Kreisen bereits mit Ungeduld erwartet"! Werbeanzeige für die vierte Auflage der „Tabellarische[n] Übersicht der im Handel befindlichen künstlichen organischen Farbstoffe" von Gustav Schultz und Paul Julius aus dem Börsenblatt für den deutschen Buchhandel vom 15. Mai 1902.

Abb. 3   Historische Farbstoffsammlung der Kulturstiftung Sachsen-Anhalt: Farbstoffbehälter verschiedener Hersteller, hier Farbwerke vormals Friedrich Bayer & Co. Elberfeld (ab 1930 Leverkusen), Kalle & Co. in Biebrich am Rhein, Badische Anilin- und Sodafabriken (BASF) und Farbwerke vormals Meister, Lucius und Brüning, Höchst.

Zur Geschichte der synthetischen organischen Farbstoffe

Die Geschichte der synthetischen organischen Farbstoffe wird – so wie die vieler großer Erfindungen – bis heute von Legenden bestimmt. Die bekannteste ist diese: In den Osterferien des Jahres 1856 versuchte der Chemiestudent William Henry Perkin (1838–1907), Assistent von August Wilhelm von Hofmann (1818–1892) am Royal College of Chemistry in London, das begehrte Fiebermedikament Chinin auf synthetischem Weg herzustellen. Chinin war ein Naturprodukt, das aus der Rinde des Chinabaumes gewonnen wurde. Der Bedarf in den britischen Kolonien war groß, sodass Perkin wohl hoffte, eine einträgliche Erfindung zu machen. Er bediente sich dazu einer Substanz, die man erst ein Vierteljahrhundert zuvor entdeckt hatte: des Anilins. Darauf ließ er Schwefelsäure und Kaliumbichromat einwirken und erhielt eine unbekannte Verbindung, jedenfalls aber kein Chinin. Als gewissenhafter Chemiker untersuchte er trotzdem das Reaktionsprodukt – und stellte fest, dass es sich in Alkohol löste und dabei eine prächtige violette Farbe erhielt. Damit ließ sich nun Seide einfärben, was Perkin auf die Idee brachte, Kontakt mit Färbereien aufzunehmen. Der neue Farbstoff erwies sich als aussichtsreich, sodass der junge Erfinder beschloss, Farbenfabrikant zu werden – zum Leidwesen seines akademischen Lehrers, der seinen Schüler für die Wissenschaft als verloren ansah. Mit Hilfe seines Vaters und seines Bruders gelang es Perkin, eine Fabrik zu errichten

und die Produktion seines Farbstoffs aufzunehmen. Er gab ihm den beziehungsreichen Namen „Tyrischer Purpur" (Tyrean Purple): So galten die Bewohner der phönizischen Stadt Tyrus als die ersten Produzenten des Schneckenpurpurs, von dessen Entstehung auch eine Legende erzählt: Als der phönizische Gott Melkart (der von den Römern später mit Herkules gleichgesetzt wurde) um die Nymphe Tyros warb, biss sein Hund am Strand auf eine Schnecke, worauf sich seine Lefzen purpurrot färbten – so sei die Purpurschnecke entdeckt worden. Die Nymphe wiederum erhörte Melkart unter der Bedingung, dass er ihr ein Kleid in dieser Farbe schenkte. Seit der Antike galt Purpur als teuerster Farbstoff überhaupt – um ein Gramm davon zu erhalten, mussten etwa 8 000 Schnecken getötet werden. Es mochte also eine verkaufsfördernde Idee sein, wenn Perkin seinen neuen Farbstoff danach benannte.

Aufgrund eines Fehlers bei der Patentanmeldung konnte der Farbstoff auch schon bald in Frankreich produziert werden – wo er nach der Farbe der Malvenblüte den Namen „Mauvein" erhielt. Als die französische Kaiserin Eugénie de Montijo (1826–1920) in einem solcherart gefärbten Kleid in der Öffentlichkeit auftrat, wurde Mauvein schlagartig zur Modefarbe.[16]

Perkin allerdings hatte einen Vorgänger in Deutschland – und hier setzt die zweite Legendenbildung ein: Die „Chemische Produkten-Fabrik" in Oranienburg erhielt um

1830 immer wieder Lieferungen von Abfällen der Leucht-
gasproduktion aus der nahen Großstadt Berlin. Neben
dem für die Produktion notwendigen Ammoniakwasser
fiel auch eine große Menge von Steinkohlenteer an, einer
schwarzen, klebrigen und übelriechenden Masse, die in
Senkgruben auf dem Fabrikgelände abgelassen wurde.
Der damalige Inhaber der Fabrik, Georg Friedrich Albrecht
Hempel (?–1836), fragte seinen technischen Berater, den
Chemiker Friedlieb Ferdinand Runge (1794–1867), ob sich
nicht irgendetwas Nützliches aus dieser Substanz gewinnen ließe. Runge, ein begnadeter Praktiker seines
Fachs, destillierte 1833 aus dem Steinkohlenteer verschiedene, bisher weitgehend unbekannte Substanzen, darunter eine ölige, aromatische Flüssigkeit, die er „Blauöl"
oder „Kyanol" nannte – später setzte sich dafür der Name
„Anilin" durch. Die meisten der neuen Verbindungen
waren entweder selbst gefärbt oder fielen durch Farbre-
aktionen auf. Runge, der sich seit Jahren mit Fragen der
Textilfärberei beschäftigte, erkannte das farbsyntheti-
sche Potenzial seiner Entdeckungen. Er berichtete darüber der Fachwelt und versprach weitere Forschungen auf
diesem Gebiet. Die Oranienburger Fabrik ging 1836 in
den Besitz des preußischen Staates über. Runges Vor-
schläge zur wirtschaftlichen Verwertung der von ihm
entdeckten Teerprodukte prallten an der Verständnis-
losigkeit seiner Vorgesetzten ab.[17]

In der Fachwelt blieb die Erinnerung an Runges verdienst-
volle Entdeckungen jedoch wach und im nationalisti-
schen Kontext stellte man gar gelegentlich die Priorität
des deutschen Forschers gegenüber dem Engländer Perkin
heraus, was seinen Höhepunkt in dem Roman „Anilin"
von 1937[18] fand. Sein Autor, Karl Aloys Schenzinger
(1886–1962), hatte sich bereits früh mit seinem Roman
„Hitlerjunge Quex" (1932) den Nazis als Propagandist
empfohlen.[19]

Trotz umfassender Kenntnisse und Erfahrungen blieb
Runge bei allem Forschergeist ein Außenseiter, der seine
Entdeckungen offensichtlich am falschen Ort machte –
während der junge Chemiestudent Perkin sich als Schüler
Hofmanns in der Hauptstadt des British Empire an der
„richtigen Stelle" befand und überdies das Glück hatte,
dass seine Familie ihn bei seinen wirtschaftlichen Unternehmungen unterstützte.

Festzuhalten bleibt, dass sowohl Runge wie Perkin große
Verdienste um die Entwicklung synthetischer organischer Farbstoffe zukommen, wenngleich deren Geschichte
älter ist. So standen mit der Pikrinsäure (gelb) und dem
Murexid (violettrot) schon in der ersten Hälfte des 19. Jahrhunderts den Färbereien zwei synthetische organische
Farbstoffe zur Verfügung, was die Geschichtsschreibung
zugunsten der genannten Legenden bisweilen übersehen
hat.[20]

Auf die Entdeckungen der „Farbstoffpioniere" wie William Henry Perkin folgte im letzten Drittel des 19. Jahrhunderts ein wahrer Boom der Farbstoffindustrie. Bestre-
ben der Forscher und Unternehmer war es zunächst,
Ersatz für Naturfarbstoffe zu schaffen, die meist aufwendig und teuer nach Europa importiert werden mussten. Ein
Weg führte bei diesem Unterfangen über die Analyse der

Abb. 4   Historische Farbstoffsammlung der Kulturstiftung Sachsen-Anhalt: Farbstoffbehälter des
VEB Farbenfabrik Wolfen und des VEB Chemiekombinat Bitterfeld.

Abb. 5   Musterbücher des VEB Farbenfabrik Wolfen
aus dem Jahr 1966 zu Columbia- und Solamin-
farbstoffen.

Abb. 6   Beispielseite aus dem Musterbuch „Columbia-
farbstoffe" des VEB Farbenfabrik Wolfen aus
dem Jahr 1966, hier „Chicagoblau".

chemischen Struktur natürlicher Farbstoffe und ihre nachfolgende Synthese: Dies gelang beispielsweise für den wesentlichen Farbstoff der Krappwurzel, das Alizarin, wie später auch für Indigo. Ein anderer – letztendlich fruchtbarerer – Weg bestand darin, vollkommen neue chemische Verbindungen zu schaffen, deren Farbtöne denen bekannter Naturfarbstoffe entsprachen oder sie an Leuchtkraft und Reinheit noch übertrafen. Schließlich entstanden auf diesem Weg Farbstoffe, deren Farbtöne mit den bisherigen Farbmitteln nicht zu erreichen gewesen waren.[21]

Die in der Sammlung vertretenen Farbhersteller

Die Sammlung des Kunstmuseums Moritzburg Halle (Saale) enthält 771 Farbstoffe von insgesamt elf Herstellern. Darunter befinden sich die großen Chemie- und Pharmakonzerne, die – längst zu Global Playern geworden – allesamt als Farbhersteller begonnen haben: Bayer, Hoechst und der mittlerweile größte Chemiekonzern der Welt BASF. Ihre Gründungsjahre folgten dicht aufeinander: 1860 werden die Farbenfabriken Friedrich Bayer & Co. gegründet, 1862 die Farbwerke Meister, Lucius und Brüning, später Hoechst, Frankfurt am Main, 1865 schließlich die Badische Anilin- und Sodafabrik in Ludwigshafen am Rhein.[22] In diese Reihe gehört auch die 1886 gegründete Sandoz AG in Basel, heute Teil der Novartis-Gruppe. Andere Unternehmen sind mittlerweile nur noch Spezialisten bekannt: die Chemische Fabrik Griesheim Elektron Frankfurt am Main, Werk Oehler, Dr. K. Hollborn & Söhne, Leipzig, Kalle & Co. in Biebrich am Rhein, sowie die Volkseigenen Betriebe (VEB) Farbenfabrik Wolfen, Laborchemie Apolda und Berlin-Chemie in Berlin-Adlershof (Abb. 3).

Eine Datierung der Farbstoffe bedürfte eingehender Spezialstudien und steht noch aus. Grobe zeitliche Einordnungen lassen sich jedoch anhand von Gründungsdaten der Fabriken oder Standortwechseln treffen: So wurden die Farbwerke Friedrich Bayer & Co. 1878 vom Wuppertaler Stadtteil Heckinghausen nach Elberfeld verlegt, ab 1930 firmierten sie unter dem Standortnamen Leverkusen. Die Wolfener Farbenfabrik nannte sich ab 1952 „VEB Farbenfabrik Wolfen" und ging 1969 im Chemiekombinat Bitterfeld auf. Die meisten der Farbstoffe von Herstellern aus Westdeutschland dürften wiederum aus der Zeit vor der Gründung der DDR 1949 stammen.

Die Chemie der neuen Farbstoffe erwies sich als fruchtbare Quelle für weitere Zweige der chemischen Industrie. Manche der Farbstoffe ließen sich – etwa wegen ihrer keimtötenden Wirkung – als Medikamente verwenden. Andere wiederum dienten der medizinischen Mikroskopie, indem in Gewebeproben und anderem organischen Material durch Anfärbung Einzelheiten und Strukturen überhaupt erst sichtbar gemacht werden konnten – der berühmte Mediziner Robert Koch (1843–1910) war einer der ersten, der die neuen Farbstoffe für seine Forschungen verwendete.[23]

Andere Farbstoffe erwiesen sich als nützlich für die Fotografie: Hermann Wilhelm Vogel (1843–1898) entdeckte 1874, dass der Zusatz von Farbstoffen die bis dahin weitgehend „farbenblinde" Fotoschicht der Schwarzweißfotografie für ein breiteres Farbenspektrum empfindlicher machte. Ein nächster Schritt galt dem Versuch, farbige Bilder mittels ausbleichender Farbstoffe zu erreichen. War dies auch eine technische Sackgasse, trug die

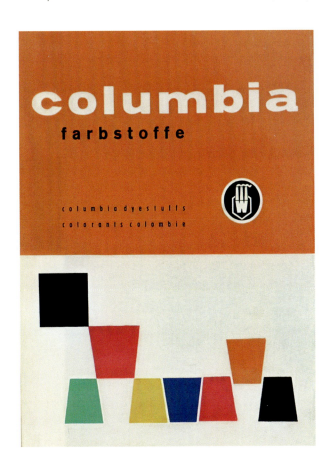

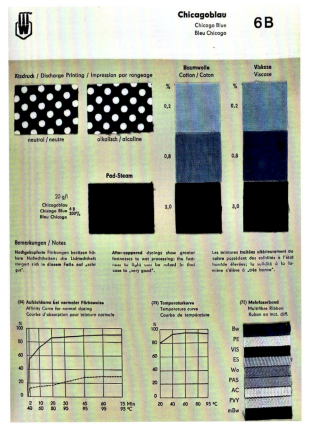

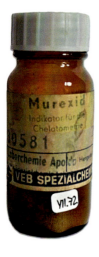

Murexid (VII.72)

Farbstoffchemie dennoch entscheidend zur Entwicklung der analogen Farbfotografie bei.[24]

Die ursprünglichen Farbenfabriken stellten also bald auch Medikamente und Fotomaterialien her. Zahlreiche Vor- und Zwischenprodukte der Farbstoffsynthese mussten erst in großem Maßstab erzeugt werden. Viele dieser Stoffe fanden Nebenverwendungen, die bald zu Hauptverwendungen wurden. Die großen Hersteller fabrizierten schließlich alle denkbaren chemischen Produkte, Düngemittel ebenso wie Pestizide, Kunststoffe ebenso wie Treibstoffe. Die bedeutendsten deutschen Chemieunternehmen trafen immer wieder Kartellabsprachen, bis sie sich 1925 zur „I. G. Farben Aktiengesellschaft" vereinigten, dem damals größten Chemiekonzern der Welt.[25] Die Farbstoffherstellung machte zu diesem Zeitpunkt nur noch einen kleinen Teil der vielfältigen Gesamtproduktion aus. Im Zweiten Weltkrieg beteiligte sich der IG-Farben-Konzern an den Verbrechen der nationalsozialistischen Machthaber durch die Ausbeutung von KZ-Häftlingen des Außenlagers Auschwitz-Monowitz und Zwangsarbeitern sowie durch Zwangsbehandlungen zum Zweck medizinischer Experimente. Dies war Anlass zur Zerschlagung des Konzerns durch die Siegermächte nach dem Kriegsende 1945.[26]

Besonders reichhaltig ist der Bestand des Kunstmuseums Moritzburg Halle (Saale) an Farbstoffen des VEB Farbenfabrik Wolfen (ab 1969 Teil des Chemiekombinats Bitterfeld – CKB). Das Institut für Technische Chemie der halleschen Universität unterhielt über viele Jahre hinweg mit der Farbenfabrik einen Kooperationsvertrag zur Untersuchung und Verbesserung der produzierten Farbstoffe, deren Zahl beständig stieg. Wurden 1957 noch 211 Farbstoffe produziert[27], führt der „Gesamtkatalog" von 1965 insgesamt 356 Farbstoffe auf[28]. Die Farbstoffsammlung enthält 272 namentlich benannte Farbstoffe der Wolfener Fabrik und 104, die lediglich durch ihre Strukturformeln gekennzeichnet sind (Abb. 4).

Im Unterschied zu den zuvor genannten Firmen ist über die Geschichte der Farbenfabrik Wolfen bisher nur wenig veröffentlicht worden. Die Berliner „Aktiengesellschaft für Anilinfabrikation" (Warenzeichen AGFA ab 1897) entstand 1873 aus der Fusion der Chemischen Fabrik von Max Jordan (seit 1850) und der „Gesellschaft für Anilinfabrikate"

(seit 1867). Wie bereits erwähnt, war Anilin eine der wichtigsten Komponenten zur Herstellung der neuen Farbstoffe.[29] Da in Berlin keine räumliche Erweiterung mehr möglich schien, verlagerte die Firma ihre Farbstoffproduktion 1896 nach Greppin bei Bitterfeld. Seit 1892 stellte die AGFA fotochemische Erzeugnisse her, deren Produktion man 1910 in das Greppin benachbarte Wolfen verlagerte[30]. Aus der Filmfabrik Wolfen ging 1936 – beinahe zeitgleich mit dem entsprechenden Produkt der Eastman KODAK Company in Rochester, Mass., USA – der erste moderne Kleinbildfarbfilm hervor. Die AGFA fusionierte mit zahlreichen anderen Chemiefirmen 1925 zum bereits erwähnten „I. G. Farben"-Konzern.[31]

Nach dessen Zerschlagung kam die Farbenfabrik 1947 unter sowjetische Verwaltung und wurde 1952 als Volkseigener Betrieb (VEB) in die Volkswirtschaft der 1949 gegründeten Deutschen Demokratischen Republik eingegliedert, 1969 dann Teil des Chemiekombinats Bitterfeld (CKB)[32]. War die Wolfener Fabrik aufgrund der Arbeitsteilung innerhalb des „I. G. Farben"-Konzerns auf nur wenige Farbstoffe spezialisiert gewesen, musste sie nun als einziger großer Farbstoffhersteller den Bedarf Ostdeutschlands decken, indem sie ein breites Sortiment an Textil-, Leder-, Pelz- und sonstigen Farbstoffen erzeugte. Die großen Farbstoffhersteller waren schon Ende des 19. Jahrhunderts dazu übergegangen, den Färbereien genaue Arbeitsanweisungen bereitzustellen und die Ergebnisse für die einzelnen Farbstoffe in Musterbüchern zusammenzufassen.[33] Auch die Farbenfabrik Wolfen folgte diesem Grundsatz und gab zahlreiche Musterbücher für die verschiedenen Farbstoffklassen heraus (Abb. 5–6).

Einer der häufig beklagten Mängel der DDR-Planwirtschaft bestand darin, dass die Betriebe nicht reinvestieren konnten, sondern den gesamten Gewinn an den Staatshaushalt abführen mussten, aus dem dann erst wieder Investitionsmittel zugeteilt wurden. Dies behinderte Modernisierungs- wie Erweiterungspläne und führte zu einer Abnutzung der Produktionskapazitäten. Als 1971 Heinz Schwarz (1921–2016) die Generaldirektion des Chemiekombinats Bitterfeld übernahm, war ihm „die Vernachlässigung des überwiegenden Teils der chemischen Anlagen, besonders in Bitterfeld, der Farbenfabrik Wolfen und in den Leuna-Werken" bewusst.[34] Schwarz benennt eines der Hauptprobleme, das sich trotz einer Riege hervorragender Wissenschaftler im Kombinat regelmäßig einstellte: „Das Kernproblem und das Verheerende für das Ausbleiben der Erfolge für diese Forschungsteams waren die geringen Überführungsmöglichkeiten neuer Erkenntnisse in der DDR."[35]

Abb. 7   Historische Farbstoffsammlung der Kulturstiftung Sachsen-Anhalt: Murexid-Farbstoffbehälter des VEB Laborchemie Apolda, Betriebsteil VEB Spezialchemie Leipzig.

Abb. 8   Murexid in alkoholischer Lösung, Ausfärbung auf Filterkarton.

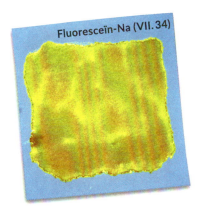

Im zähen Ringen mit Regierung und Parteiführung etablierte Schwarz 1976 das milliardenschwere RSM-Programm (Rationalisierung, Stabilisierung und Modernisierung), das allerdings nur die drängendsten Probleme der CKB-Betriebe behob.[36]

Die Farbenfabrik deckte etwa 40 % des Farbstoffbedarfs der DDR ab, den Rest musste man aus dem kapitalistischen Ausland importieren.[37] Gleichzeitig war das Unternehmen aber für die Belieferung der im Rat für gegenseitige Wirtschaftshilfe (RGW) zusammengeschlossenen Ostblockstaaten zuständig.[38]

Im Zuge der deutschen Wiedervereinigung wurde das CKB zunächst als Chemie-AG Bitterfeld-Wolfen privatisiert und dann von der Treuhandanstalt weitgehend zerschlagen. Damit endete – wie für viele andere Produktionszweige auch – endgültig die Farbstoffherstellung.[39]

Die Farbenfabrik Wolfen war der einzige große und bedeutendste Hersteller von Farbstoffen in der DDR und deshalb von besonderer Bedeutung für deren Planwirtschaft. Aufgrund der „Monopolstellung" der Farbenfabrik innerhalb der DDR ist es sehr wahrscheinlich, dass nicht nur die gesamte DDR-Textilproduktion mit diesen Farbstoffen arbeitete, sondern auch die Textilkünstlerinnen und -künstler des Landes. Zumindest für bedeutende Werkstätten wie die 1946 gegründete Textilmanufaktur der Kunsthochschule Burg Giebichenstein in Halle (Saale) ist dies nachweisbar.[40] Im Folgenden werden einzelne Farbstoffe ausführlicher in ihrer geschichtlichen Bedeutung vorgestellt.

Murexid

Murexid ist das saure Ammoniumsalz der Purpurinsäure (Ammoniumpurpurat), die in reiner Form nicht vorkommt (Abb. 7–8). Die Erforschung des Farbstoffs Murexid ist unmittelbar an einen epochalen Fortschritt der Chemie geknüpft. Friedrich Wöhler (1800–1882) hatte 1828 aus anorganischen Ausgangsstoffen eine organische Substanz hergestellt – den Harnstoff. Die philosophische Dimension dieser Entdeckung erkannte man erst im Nachhinein, denn bis dahin hatte gegolten, dass Substanzen aus dem Tier- und Pflanzenreich, die als „organische" im Gegensatz zu den „anorganischen" verstanden wurden, nur auf Grund einer „Lebenskraft" zu entstehen vermögen und somit einer Synthese von Menschenhand unzugänglich seien.[41]

Wöhlers Harnstoffsynthese steht im engen Zusammenhang mit einer Arbeit, die er elf Jahre später gemeinsam mit seinem Freund und wissenschaftlichem Weggefährten Justus von Liebig (1803–1873) ausführte. Durch Einwirken von Salpetersäure auf die Harnsäure und anschließende Neutralisation durch Ammoniak erhielten sie den bereits von Vorgängern entdeckten purpurnen Farbstoff, welchem sie nach der alten lateinischen Bezeichnung der Gattung mediterraner Purpurschnecken den Namen „Murexid" gaben.[42]

Abb. 9   Historische Farbstoffsammlung der Kulturstiftung Sachsen-Anhalt: Fluoresceïn-Na (Uranin), Farbstoffbehälter, möglicherweise von der VEB Farbenfabrik Wolfen.

Abb. 10   Fluoresceïn-Na (Uranin) in alkoholischer Lösung, Ausfärbung auf Filterkarton.

Abb. 11   Fluoresceïn-Na (Uranin) in alkoholischer Lösung, Ausfärbung auf Filterkarton, Fluoreszenz unter UV-Strahlung.

Abb. 12   Fluoresceïn-Na (Uranin) in alkoholischer Lösung, Fluoreszenz unter UV-Strahlung.

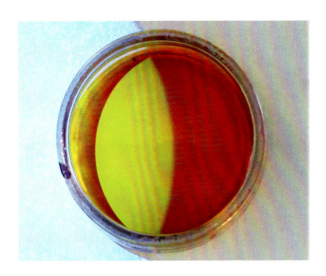

Versuche zur Färbung von Textilfasern unternahm Jules-Albert Schlumberger (1804–1892) im französischen Mulhouse bereits 1853. Ein englisches Patent von 1856 beinhaltete ein technisch vereinfachtes Verfahren zur Herstellung der Substanz, sodass ihre Produktion wirtschaftlich sinnvoll wurde. Auf Wolle und Seide ließen sich damit prächtige Rotfärbungen erzielen. Murexid gehört somit zu den allerersten synthetischen Farbstoffen überhaupt. Allerdings verschwand es bereits 1864 wieder aus dem Handel, verdrängt von besseren Produkten.[43] Bis heute jedoch spielt es eine Rolle als Nachweis-Chemikalie.

Fluoresceïn und Eosin

Fluoresceïn ist die Ausgangssubstanz für eine Farbstoffgruppe, die im letzten Viertel des 19. Jahrhunderts entwickelt wurde und für Kunst und Wissenschaft bis heute von wechselnder Bedeutung war. Der gelbe Farbstoff wurde 1871 von Adolf Baeyer (1835–1917), seinerzeit Professor an der Gewerbeakademie in Berlin, entdeckt. Er nannte die Verbindung Fluoresceïn, da sie unter UV-Strahlung eine starke gelbgrüne Fluoreszenz zeigte. Zahlreiche Farbstoffhersteller vertrieben das Natriumsalz des Farbstoffs unter dem Namen „Uranin". (Abb. 9–12)

Die besondere Fähigkeit des Uranins benutzte 1877 der Geologe Adolph Knop (1828–1893) zur Aufklärung des „Versinkens" der Donau, die bei Immendingen an vielen Tagen im Jahr im Boden „verschwindet". Um zu überprüfen, ob der 14 Kilometer entfernte „Aachtopf", die Quelle der Aach, tatsächlich die Wiederaustrittsstelle der Donau ist, ließ er zehn Kilogramm des Farbstoffs in verdünnter Natronlauge in eine der Versinkungsspalten der Donau einleiten. Zweieinhalb Tage später erschien das „Aachwasser in der Quelle [...] 36 Stunden hindurch prachtvoll grünleuchtend".[44] Das Verfahren wird heute unter anderem zur Untersuchung von Klärschlämmen eingesetzt.

Als Baeyer 1873 auf der Versammlung der deutschen Naturforscher und Ärzte den Forschungsdirektor der BASF, Heinrich Caro (1834–1910), traf, schenkte er ihm eine Probe des neuen Farbstoffs. Caro entdeckte bald darauf, dass durch den Einbau von vier Bromatomen in die Verbindung ein leuchtend roter Farbstoff entstand, der sich für die Färbung von Seide und Wolle eignete. Er nannte die neue Substanz Eosin – nach der Göttin der Morgenröte, Eos, aber auch nach seiner Jugendliebe, die den Spitznamen „rosenfingerige Eos" trug.[45]

Vincent van Gogh (1853–1890) gehörte zu den frühen Anwendern des Eosins in der Malerei – freilich ohne davon zu wissen. Anlässlich der Restaurierung des Gemäldes „Zwei Kinder" (1890) stellte der Chefrestaurator des Kunstmuseums Basel, Paolo Cadorin, 1967 fest, dass die vom Rahmenfalz verdeckten und damit lichtgeschützten Bildränder eine deutlich andere Farbigkeit aufwiesen als

das übrige Bild: Hier war aus einem Violett ein grünliches Blau, aus einem Rosa ein schmutziges Weiß geworden. Die Analyse zeigte, dass van Gogh in diesen Partien einen Eosinlack verwendet hatte. Eosin zeigt eine starke Lichtreaktion, die neugebildete Substanz ist durch Farbverlust gekennzeichnet. Damit wurde die bisherige Vermutung bestätigt, dass das Gemälde durch Ausbleichen im Licht einen Gutteil seiner warmtonigen Farbigkeit verloren hatte.[46] Jüngste Forschungen zur Maltechnik Van Goghs konnten in 34 seiner Gemälde Eosinlacke feststellen.[47] Eosin wird in Medizin und Biologie bis heute zur Anfärbung von Zellgeweben genutzt, ebenso als Nachweis-Chemikalie.

„Indischgelb"

Unter diesem Namen sind drei Farbstoffe in der Sammlung des Kunstmuseums Moritzburg Halle (Saale) vertreten, namentlich Indischgelb R, Indischgelb G und Indischgelb GN, die alle von den Farbenfabriken vorm. Friedrich Bayer & Co., Elberfeld stammen (Abb. 13–14).

Diese Farbstoffe wurden als Ersatz für ein Naturprodukt entwickelt: Das ursprüngliche Indischgelb gelangte vermutlich von Persien nach Indien und findet sich in indischen Gemälden der Mughal-Periode vom späten 16. bis zum 19. Jahrhundert. Es wurde aus dem Harn von Kühen gewonnen, die ausschließlich mit Mangoblättern gefüttert wurden, entstammte somit einem pathologischen Stoffwechselprodukt. Mit dem Kolonialhandel gelangte das Indischgelb vermutlich ab dem 18. Jahrhundert nach Westeuropa, in kunsttechnologischen Quellen taucht es seit dem späten 18. Jahrhundert als Malerfarbe auf.[48]

Das Naturprodukt soll 1908 von den britischen Kolonialbehörden verboten worden sein, wofür sich jedoch bisher keine Aktenbelege finden ließen. Aus den Jahren 1866, 1869 und 1890 datieren allerdings behördliche Verordnungen, welche Grausamkeiten gegen Tiere unter Strafe stellten.[49] In der Folge dieser Gesetzgebung könnte auch das Verbot des Pigments ergangen sein. Eine andere Überlieferung bringt das Verbot mit der Heiligkeit der Kühe für den hinduistischen Bevölkerungsteil in Zusammenhang.[50] Nach einer deutschen Quelle war es ab 1921 nicht mehr im Handel erhältlich[51] und es traten mehrere Ersatzprodukte mit gleichem Farbton an seine Stelle.

Abb. 13 Historische Farbstoffsammlung der Kulturstiftung Sachsen-Anhalt: Indischgelb R, Farbstoffbehälter der Farbenfabriken vormals Friedrich Bayer & Co., Elberfeld.

Abb. 14 Indischgelb R in alkoholischer Lösung, Ausfärbung auf Filterkarton.

Brillant-Fuchsin OO (IV. 62)

Fuchsin

Dieser prächtige rote Farbstoff verdrängte bald das Mauvein als Modefarbe. (Abb. 15) Das erste wirtschaftlich lohnende Herstellungsverfahren wurde 1859 von dem französischen Chemiker Emanuel Verguin (1806–1865) ausgearbeitet, der es der Seidenfärberei der Gebrüder Renard in Lyon verkaufte. Kaum ein Jahr später treten vier Erfinder fast gleichzeitig mit einem noch wirtschaftlicheren Verfahren auf, indem sie den begehrten Farbstoff durch Erhitzen von Anilin mit Arsensäure gewinnen. Diese Herstellungsart dominierte für fast zwei Jahrzehnte die Fuchsin-Herstellung. Die Chemiearbeiter waren Stäuben und Dämpfen ausgesetzt, welche neben dem hochgiftigen Arsen weitere gesundheitsschädliche Stoffe wie Anilin oder Salzsäure enthielten. Arsenhaltige Abwässer vergifteten das Trinkwasser in der Umgebung der Fabriken und auch der Farbstoff selbst konnte arsenhaltige Verunreinigungen enthalten.

Der Verein zur Förderung des Gewerbefleisses in Preußen startete bereits 1869 ein Preisausschreiben zur Suche nach einem Herstellungsverfahren für Fuchsin, das ohne Arsensäure auskam. Die Farbwerke Meister, Lucius und Brünings (nachmals Hoechst) führten 1873 ein solches Verfahren ein, aber es dauerte noch ein Jahrzehnt, bis es sich flächendeckend in der Farbstoffindustrie durchsetzte.[52] Fuchsin gehört zu den Farbmitteln, die im Auf- und Durchlicht Strahlung aus dem gleichen Spektrumsbereich reflektieren, aus dem sie auch Teile absorbieren. Deshalb zeigen die Fuchsin-Kristalle eine glänzend grüne Färbung (Abb. 17), während der gelöste Farbstoff in der Komplementärfarbe Rot erscheint (Abb. 16).

Abb. 15   Historische Farbstoffsammlung der Kulturstiftung Sachsen-Anhalt: Brillant-Fuchsin OO, Farbstoffbehälter der Chemischen Fabrik Griesheim-Elektron, Frankfurt am Main, Werk Oehler.

Abb. 16   Brillant-Fuchsin OO in alkoholischer Lösung, Ausfärbung auf Filterkarton.

Abb. 17   Brillant-Fuchsin OO, Farbstoffbrocken mit grünlich schillernder Oberfläche.

Indanthrenfarbstoffe

Viele der in den letzten Jahrzehnten des 20. Jahrhunderts entwickelten Farbstoffe wiesen Qualitätsprobleme auf: Für ihre Markteinführung sprachen oft die Brillanz des erzeugten Farbtons, die Tatsache, dass sie Lücken in der Skala der benötigten Farben schlossen, oder die Kostenersparnis bei ihrer Produktion. Die für Textilfarbstoffe bedeutsamen Qualitäten der Echtheit, insbesondere der Licht- und Waschechtheit, traten dahinter zurück. Dies trug wesentlich zum bereits erwähnten „Imageproblem" der neuen Farbstoffe bei. Seither waren zwar zahlreiche Produkte entwickelt worden, die gute „Echtheiten" zeigten – der große Durchbruch gelang allerdings erst ab 1901 mit den von der BASF auf den Markt gebrachten Indanthrenfarben, die schon bald zum Synonym für besonders haltbare Farbstoffe wurden. Der Chemiker René Bohn (1862–1922) erhielt durch mehrfache Reaktion des Anthracens – wie Anilin ein Destillat des Steinkohlenteers – einen blauen Farbstoff, der leuchtender und echter färbte als Indigo. Davon leitete er den Namen „Indanthren" ab, als Abkürzung von „Indigo aus Anthracen".[53] (Abb. 19–20). In der Folge entwickelten die Forscher der BASF zahlreiche weitere Vertreter der Indanthren-Farbstoffklasse. Die bereits 1901 geschützte Wortmarke „Indanthren" avancierte zum Synonym für „Farbstoffe", die „dauerhafter als die damit gefärbte Ware" seien.[54] Zwanzig Jahre später kam eine Bildmarke hinzu: „Der Anfangsbuchstabe I des Wortes Indanthren steht als orangefarbene Säule in der Mitte eines Ovals; auf der einen Seite wird sie von der Sonne beschienen, auf der anderen Seite vom Regen getroffen."[55] Die Chemieproduzenten Bayer und Hoechst vereinigten sich 1922 mit der BASF im „Indanthren-Abkommen", in dem beschlossen wurde, die echtesten der Baumwollfarbstoffe mit der Wortmarke „Indanthren" zu versehen, unabhängig davon, ob sie im chemischen Verständnis zur ursprünglichen Farbstoffklasse gehörten. Die Vermarktung dieser Produkte begleitete ein aufwendiger

Farbenpracht und Sonnenschein -
köstlich und unbedenklich bei
indanthrenfarbigen Stoffen. Ihre
Farbechtheit ist ja unübertroffen.
Das Etikett ist der Ausweis für
Indanthrenfarbigkeit.

Indanthren
Unübertroffen
waschecht
lichtecht
wetterecht

Abb. 18   Teil einer groß angelegten Marketingkampagne:
[Unbekannter Künstler], Werbepostkarte
für mit „Indanthren"-Farbstoffen gefärbte
Textilien, 1930er Jahre. Pappe, 14,7 × 10,5 cm.
Stadtgeschichtliches Museum Leipzig,
Inv.-Nr. A/532/2008. Die Vorderseite zeigt zwei
glückliche Urlauberinnen in bunter Kleidung
am Strand, die Rückseite Logo und Werbetext.

Abb. 19   Historische Farbstoffsammlung der Kulturstiftung
Sachsen-Anhalt: Indanthrenbrillantorange GR,
Pulver fein für Färberei, Farbstoffbehälter der
Farbwerke Hoechst, Frankfurt (Main).

Abb. 20   Indanthrenbrillantorange in alkoholischer Lösung,
Ausfärbung auf Filterkarton.

Abb. 21   Historische Farbstoffsammlung der Kulturstiftung
Sachsen-Anhalt: Wofalanmarineblau RL, Farbstoffbehälter des VEB Farbenfabrik Wolfen.

Abb. 22   Wofalanmarineblau RL in alkoholischer Lösung,
Ausfärbung auf Filterkarton.

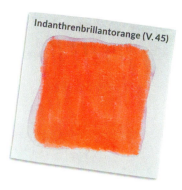
Indanthrenbrillantorange (V.45)

Wofalanmarineblau RL (III.175)

Werbefeldzug, der alle Mittel der damaligen Reklame nutzte (Abb. 18) – bis hin zur Errichtung von „Indanthren-Häusern" in Großstädten, in denen ausschließlich mit Indanthren gefärbte Textilien angeboten wurden.[56] Nach der Zerschlagung des „I.G.Farben"-Konzerns 1945 blieb das Warenzeichen für die Nachfolgeunternehmen erhalten.[57]

Wofalane

Zu den bekanntesten Farbstoffen des VEB Farbenfabrik Wolfen gehörten aufgrund ihrer besonderen Qualitäten die Wofalane. Die Farbstoffsammlung enthält fünf Vertreter dieser Klasse. Der „Gesamtkatalog" der Fabrik von 1965 führt 21 Wofalan-Farbstoffe in Farbtönen von Gelb über Rot bis Grün sowie Braun und Grau auf und kennzeichnet ihre Haupteigenschaften: „Metallkomplexfarbstoffe mit ausgezeichneten Fabrikations- und Gebrauchsechtheiten der Färbungen auf Wolle, Naturseide und Polyamidfasern. Die Lichtechtheiten liegen selbst in hellen Ausfärbungen über dem Durchschnitt. Auch für Polyamidspritzgußartikel."[58] Metallkomplexfarbstoffe sind organische Farbstoffe, bei denen im Molekülkomplex ein Metall, meist Chrom oder Kupfer, gebunden ist, womit sich Farbstoffeigenschaften wie die verschiedenen Echtheiten verbessern lassen (Abb. 21–22).

Die Wofalane sind eng mit dem Namen von Günther Eßbach (1923–2018) verbunden, der sie maßgeblich mitentwickelte und mehrere Jahre lang die Forschungsabteilung für Farbstoffe des VEB Farbenfabrik Wolfen leitete. Ausgerechnet dieser als „Verdienter Erfinder" ausgezeichnete Chemiker geriet 1970 ins Visier der Kreisdienststelle Wolfen des Ministeriums für Staatssicherheit der DDR. Die Geheimdienstoffiziere glaubten, Eßbach, dem seine zahlreichen Patente Zusatzeinnahmen verschafften, sei verantwortlich für die Produktionsmängel der Farbenfabrik: Wegen materieller Vorteile konzentriere er sich auf „seine" Wofalane, anstatt an der Entwicklung der zukunftsträchtigen Dispersionsfarbstoffe zu arbeiten, überdies nutzten westdeutsche Konzerne die Arbeitskontakte, die er zu ihnen unterhielt, zum Ausbau von „Stützpunkten" in der chemischen Industrie der DDR. Um Eßbach der Sabotage zu überführen, ermittelten die Mitarbeiter der Kreisdienststelle fünf Jahre lang verdeckt gegen ihn – sie überwachten sein Berufs- und Privatleben, durchsuchten seine Dienst- und Wohnräume, kontrollierten seine Post und setzten zahlreiche Spitzel auf ihn an, die selbst seine Urlaubsreisen „begleiteten". Erst die

Kontrollkommission der übergeordneten Bezirksverwaltung der Staatssicherheit stoppte den geheimdienstlichen Exzess – offensichtlich sei es trotz jahrelanger Überwachung nicht gelungen, gerichtlich verwertbares Material gegen Eßbach zu finden. Der Erfinder, der auch die Unterstützung des Generaldirektors des Chemiekombinats Bitterfeld, Heinz Schwarz, genoss, wurde schließlich auf den Leitungsposten der Produktionsabteilung „umgesetzt" – mehr konnte die Kreisdienststelle der Staatssicherheit nicht erreichen. Günther Eßbach blieb also weiterhin in leitender Position tätig, sein Ruf als Farbstoffexperte und Inhaber zahlreicher Patente blieb unangetastet.[59]

Schlussbemerkung

Jede Farbstoffsammlung hat ein besonderes Profil, welches sich aus den Umständen ihrer Entstehung ergibt. So sind die Sammlungen der Technischen Univesität Dresden und der Hochschule Niederrhein in Krefeld von der einstmals bedeutenden Textilindustrie in Nordrhein-Westfalen und Sachsen geprägt. Die Farbstoffsammlung des Kunstmuseums Moritzburg Halle (Saale) steht durch den Vorbesitzer, das Institut für Technische Chemie der Martin-Luther-Universität Halle-Wittenberg, im engen Zusammenhang mit der Farbenindustrie im mitteldeutschen Industriegebiet Bitterfeld-Wolfen.

Sie spiegelt – wenngleich mit einigen Lücken – die Entwicklung der Farbstoffindustrie in Deutschland wider: Von Produkten aus dem letzten Drittel des 19. Jahrhunderts bis zu modernen Farbstoffen aus der Zeit nach dem Zweiten Weltkrieg. Der Fokus liegt jedoch auf der Produktion des VEB Farbenfabrik Wolfen, die vom Institut für Technische Chemie wissenschaftlich begleitet wurde. Ein Großteil der Textil- und Lederproduktion der DDR ist mit diesen Farbstoffen gefärbt worden – ebenso wie die Garne der Bildteppichweberei im Umkreis der Kunsthochschule Burg Giebichenstein in Halle (Saale) und anderswo in Ostdeutschland. All diese Merkmale machen zusammen die kulturhistorische Besonderheit der hier vorgestellten Farbstoffsammlung aus.

1 Einführend zum Thema: Esther Leslie, Synthetic Worlds: Nature, Art and the Chemical Industry, London 2005.
2 Kulturstiftung Sachsen-Anhalt, Archiv Kunstmuseum Moritzburg Halle (Saale), Schreiben von Thomas Hahn an Albrecht Pohlmann vom 9. November 2009.
3 Kulturstiftung Sachsen-Anhalt, Archiv Kunstmuseum Moritzburg Halle (Saale), Linda Haselbach, Farbstoffsammlung des Instituts für technische Chemie (Martin-Luther-Universität Halle-Wittenberg) in der Restaurierungswerkstatt der Stiftung Moritzburg Halle (Saale) – Kunstmuseum des Landes Sachsen-Anhalt: Bestandsaufnahme 11.03.2014, unveröffentlichte Maschinenschrift.
4 Der Chemiker Gustav Schultz (1851–1928) gab erstmals 1888 zusammen mit Paul Julius die „Tabellarische Übersicht der im Handel befindlichen künstlichen organischen Farbstoffe" heraus (Berlin 1888), von der die siebte und letzte Auflage posthum in vier Bänden während der 1930er Jahre erschien.
5 Claudia Albrecht, Die Farbensammlung an der TU Dresden, in: Zeitschrift für Kunsttechnologie und Konservierung 10/2, 1996, S. 294–307. – Brita Werner, Wie die Welt farbiger wurde. Ein Rundgang durch die Farbstoffsammlung der TU Dresden, in: Wissenschaftliche Zeitschrift der Technischen Universität Dresden 49, Heft 4/5, 2000, S. 35–40.
6 Hubert Weitensfelder, Die Farbenproben der Warenkundesammlung des Technischen Museums Wien, in: Österreichischer Restauratoren-Verband (Hrsg.), Farbe. Konservieren/Restaurieren 13, Wien 2011, S. 31–37.
7 Marc Holly, Farbe als Objekt. Die Erforschung der Farbstoffsammlung der Hochschule Niederrhein in Krefeld, in: Ernst Seidl/Frank Steinheimer/Cornelia Weber (Hrsg.), Zur Sache! Objektwissenschaftliche Ansätze der Sammlungsforschung. Junges Forum für Sammlungs- und Objektforschung 3, Berlin 2019, S. 49–58. Das ganze Buch online unter: <https://edoc.hu-berlin.de/handle/18452/21928> [27.02.2023].
8 Holly, Farbe als Objekt (wie Anm. 7), S. 53 f.
9 Anke Schäning/Manfred Schreiner/Michael Mäder/Ursula Storch, Synthetische organische Pigmente in Künstlerfarben des frühen 20. Jahrhunderts, in: Zeitschrift für Kunsttechnologie und Konservierung 21/1, 2007, S. 87–108, hier S. 88–91. – Anke Schäning, Synthetische organische Farbmittel aus einer technologischen Materialsammlung des 19./20. Jahrhunderts: Identifizierung, Klassifizierung und ihre Verwendung sowie Akzeptanz in (Künstler)Farben Anfang des 20. Jahrhunderts, Wien 2010. Online verfügbar unter: <http://permalink.obvsg.at/AC08160692> [27.02.2023].
10 Heike Stege/Mark Richter/Christoph Steuer, Indanthrenblau, Helioechtrot und Pigmentscharlach – Identification of synthetic organic pigments in paintings of Ernst Ludwig Kirchner using Raman microscopy, in: Zeitschrift für Kunsttechnologie und Konservierung 27/1, 2013, S. 30–42.
11 Karin Lutzenberger, Künstlerfarben im Wandel. Synthetische organische Pigmente des 20. Jahrhunderts und Möglichkeiten ihrer zerstörungsarmen, analytischen Identifizierung, München 2009, S. 189–196.
12 Schäning u. a., Synthetische organische Pigmente (wie Anm. 9), S. 92–103.
13 Diana Blumenroth/Jenny Nieberle/Gunnar Heydenreich, Möglichkeiten und Grenzen kunsttechnologischer Untersuchungen. Heinrich Campendonks Gemälde im Kontext des Beltracchi-Fälschungsskandals, in: Boje E. Schmuhl/Thomas Bauer-Friedrich (Hrsg.), Original bis ... Fälschungen zwischen Faszination und Betrug. Schriften für das Kunstmuseums Moritzburg Halle (Saale) 5, Halle (Saale) 2014, S. 260–273, hier S. 270.
14 Spektrografische Nachweisverfahren machen sich den Umstand zunutze, dass Strahlen aus verschiedenen Bereichen des elektromagnetischen Spektrums im Kristallgitter einzelner Stoffe unterschiedlich abgelenkt werden und somit charakteristische Spektren erzeugen. Zur Identifizierung synthetischer organischer Farbstoffe werden häufig Fourier-Transformierte Infrarotspektroskopie (Infrarotstrahlen) und Raman-Spektroskopie (Laserstrahlen) miteinander kombiniert. Zur Ergänzung können chromatografische Verfahren herangezogen werden: Hier wird die Bewegung gelöster Substanzen (mobile Phase) auf unveränderlichen Trägern (stationäre Phase) untersucht – so hat jeder Farbstoff ein charakteristisches Verteilungsbild.
15 Nadim C. Scherrer/Stefan Zumbühl/Francoise Delavy/Annette Fritsch/Renate Kühnen, Synthetic organic pigments of the 20th and 21st century relevant to artist paints: Raman spectra reference collection, in: Spectrochimica Acta Part A: Molecular and Biomolecular Spectroscopy 73/3, 2009, S. 505–524.
16 Simon Garfield, Lila. Wie eine Farbe die Welt veränderte, Berlin 2001, S. 45–62.
17 Albrecht Pohlmann, Vom Türkischrot zum Anilin: Friedlieb Ferdinand Runge (1794–1867), dem Pionier der modernen Farbenchemie, zum 150. Todestag, in: Beiträge zur Erhaltung von Kunst- und Kulturgut 2, 2017, S. 87–101, hier S. 92 f.
18 Karl Aloys Schenzinger, Anilin, Berlin 1937.
19 Holger Andreas, Friedlieb Ferdinand Runge: Wegbereiter der Teerfarbenchemie?, in: Mitteilungen der Fachgruppe Geschichte der Chemie der Gesellschaft Deutscher Chemiker 20, 2009, S. 9–22.
20 Alexander Engel, Farben der Globalisierung. Die Entstehung moderner Märkte für Farbstoffe 1500–1900, Frankfurt/New York 2009, S. 100.
21 Für eine umfassende Darstellung dieser Entwicklung sei hier auf die einschlägige Literatur verwiesen: Heinrich Caro, Ueber die Entwickelung der Theerfarben-Industrie, in: Berichte der Deutschen Chemischen Gesellschaft 25, 1892, S. 955–1105. – Ernst Bäumler, Formeln, Farben, Forscher. Hoechst und die Geschichte der industriellen Chemie in Deutschland, München 1989. – Arne Andersen/Gerd Spelsberg (Hrsg.), Das blaue Wunder. Zur Geschichte der synthetischen Farben, Köln 1990. – Carsten Reinhardt, Forschung in der chemischen Industrie: Die Entwicklung synthetischer Farbstoffe bei BASF und Hoechst, 1863 bis 1914. Freiberger Forschungshefte 202, Freiberg 1997. – Engel, Farben der Globalisierung (wie Anm. 20).
22 Arthur Zart, Farben und Farbstoffe. Ihre Erzeugung und Verwendung. Aus Natur und Geisteswelt – Sammlung wissenschaftlich-gemeinverständlicher Darstellungen 484, Leipzig/Berlin 1915, S. 95.
23 Christoph Gradmann, Krankheit im Labor. Robert Koch und die medizinische Bakteriologie, Göttingen 2005, S. 60. – Axel C. Hüntelmann, Paul Ehrlich. Leben, Forschung, Ökonomien, Netzwerke, Göttingen 2012, S. 40–44.
24 Albrecht Pohlmann, Farbgewinn und Farbverlust: Die Fotoschicht als prekärer Speicher, in: Konrad Scheurmann/André Karliczek (Hrsg.), Gesprächsstoff Farbe. Beiträge aus Wissenschaft, Kunst und Gesellschaft, Köln/Weimar/Wien 2018, S. 550–557.
25 Andersen/Spelsberg, Das blaue Wunder (wie Anm. 21), S. 193–204.
26 Ausführlich zu diesem Sachverhalt: Peter Hayes, Industry and Ideology. I. G. Farben in the Nazi Era, Cambridge (Mass.) 1987. – Joseph Borkin, Die unheilige Allianz der I. G. Farben. Eine Interessengemeinschaft im Dritten Reich, Frankfurt (Main) 1990. – Stephan H. Lindner, Hoechst. Ein I. G. Farben Werk im Dritten Reich, München 2005.
27 VEB Farbenfabrik Wolfen, Erzeugnisse des VEB Farbenfabrik Wolfen. Taschenkalender auf das Jahr 1958, Wolfen 1957.
28 VEB Farbenfabrik Wolfen, Gesamtkatalog, Wolfen [1965].
29 Chemie AG Bitterfeld-Wolfen (Hrsg.), Bitterfelder Chronik. 100 Jahre Chemiestandort Bitterfeld-Wolfen, Bitterfeld-Wolfen 1993, S. 9 f.
30 Ebd., S. 23–25.
31 Ebd., S. 39–41.
32 Ebd., S. 55–90.
33 Mark Schiefer, Profiteur der Krise. Staatssicherheit und Planwirtschaft im Chemierevier der DDR 1971–1989. Analysen und Dokumente 52, Göttingen 2018, S. 279–284.
34 Heinz Schwarz, Prägungen aus acht Jahrzehnten. Bitterfelder Weg eines Generaldirektors, Schkeuditz 2004, S. 184.
35 Ebd.
36 Ebd., S. 190–201.
37 Schiefer, Profiteur der Krise (wie Anm. 33), S. 217.
38 Schwarz, Prägungen (wie Anm. 34), S. 87; S. 184.
39 Chemie AG Bitterfeld-Wolfen, Bitterfelder Chronik (wie Anm. 29), S. 96–99.
40 Mitteilung von Bettina Voitsch-Leppin, Textilmanufaktur Halle (Saale), in einer E-Mail an Albrecht Pohlmann vom 2. Januar 2023.
41 Carl Schorlemmer, Der Ursprung und die Entwicklung der organischen Chemie. Ostwalds Klassiker der exakten Wissenschaften 259, Leipzig 1979 [1889], S. 65 f.
42 Ebd., S. 214 f. – August Wilhelm Hofmann, Zur Erinnerung an Friedrich Wöhler, Berlin 1883, S. 66–68; S. 152.
43 Caro, Theerfarben-Industrie (wie Anm. 21), S. 1026.

44 Adolph Knop, Ueber die hydrographischen Beziehungen zwi-
    schen der Donau und der Aachquelle im Badischen Oberlande,
    in: Neues Jahrbuch für Mineralogie, Geologie und Palaeonto-
    logie 15, 1878, S. 350–363, hier S. 361.
45 Muriel Geldof/Matthijs de Keijzer/Maarten van Bommel/Kathrin
    Pilz/Johanna Salvant/Henk van Keulen/Luc Megens, Van Gogh's
    Geranium Lake, in: Marije Vellekoopo/Muriel Geldof/Ella Hen-
    dricks/Leo Jansen/Alberto de Tagle (Hrsg.), Van Gogh's Studio
    Practice, Brüssel 2013, S. 268–289, hier S. 269 f.
46 Paolo Cadorin, Colour fading in Van Gogh and Gauguin, in:
    Cornelia Peres/Michael Hoyle/Louis van Tilborgh (Hrsg.),
    A closer look. Technical and art historical studies on works by
    Van Gogh and Gauguin. Cahier Vincent 3, Amsterdam/Zwolle
    1991, S. 12–20.
47 Geldof u. a., Van Gogh's Geranium Lake (wie Anm. 45), S. 272–275.
48 N. S. Baer/A. Joel/R. L. Feller/N. Indictor, Indian Yellow, in:
    Robert L. Feller (Hrsg.), Artists' Pigments 1, New York/Oxford
    1986, S. 17–36, hier S. 18.
49 Ebd., S. 19–21.
50 Ebd.
51 Kurt Wehlte, Werkstoffe und Techniken der Malerei, ²Ravens-
    burg 1967, S. 107.
52 Karl Otto Henseling/Anselm Salinger, „Eine Welt voll märchen-
    haften Reizes ...“ – Teerfarben: Keimzelle der modernen Chemie-
    industrie, in: Arne Andersen/Gerd Spelsberg (Hrsg.), Das blaue
    Wunder. Zur Geschichte der synthetischen Farben, Köln 1990,
    S. 82–128, hier S. 85–93; S. 97–103.
53 Alfred von Nagel, Indanthren, Komplexfarbstoffe, Tenside.
    Schriftenreihe des Firmenarchivs der Badischen Anilin- & Soda-
    Fabriken AG 2, Ludwigshafen 1968), S. 7–20.
54 Ebd., S. 10.
55 Ebd., S. 16.
56 Ebd.
57 Ebd., S. 17.
58 VEB Farbenfabrik Wolfen, Gesamtkatalog (wie Anm. 28), S. 11.
59 Schiefer, Profiteur der Krise (wie Anm. 33), S. 224–234.

Schloss Allstedt (Lkr. Mansfeld-Südharz) ist seit 2022 jüngster Zuwachs in der Kulturstiftung Sachsen-Anhalt. Im Hintergrund links die mittelalterliche Kernburg mit jüngeren Umbauten, rechts das später errichtete Vorschloss mit dem integrierten spätmittelalterlichen Torturm.

Varia

Ruhige Idylle: Der Innenhof des Kreuzgangs am Halberstädter Dom ermöglicht neue Perspektiven, hier eine auf das südliche Querhaus.

Ausstellungen

Abb. 1   Patricia Werner, Geschäftsführerin der Ostdeutschen Sparkassenstiftung, bei Ihrem Grußwort zur Eröffnung der neuen Dauerausstellung.

Abb. 2   Die neu konzipierte Dauerausstellung zu Leben und Werk Lyonel Feiningers lädt zum Entdecken ein.

Abb. 3   Ein Highlight der neuen Ausstellung: Lyonel Feininger, Stiller Tag am Meer 1, 1926. Öl auf Leinwand, 42 × 73,5 cm, Leihgabe aus Privatbesitz, Inv.-Nr. LFGDA01.

Lyonel-Feininger-Galerie Quedlinburg: „Lyonel Feininger. Meister der Moderne"

Am 3. April 2022 öffnete die neu eingerichtete Dauerausstellung „Lyonel Feininger. Meister der Moderne" ihre Pforten (Abb. 1). Dass Feininger ein Meister der Moderne war, zeigt seine Biografie: Am 17. Juli 1871 in New York geboren, avancierte er nach seiner Übersiedlung zu einem der gefragtesten Karikaturisten in Deutschland. Ab 1905 widmete er sich der Druckgrafik und ab 1907 der Malerei. In wenigen Jahren entwickelte sich Feininger zu einem der wichtigsten Vertreter der Moderne. 1917 verbrachte er den Sommer in Braunlage (Harz) und begann mit seinem grandiosen Holzschnittwerk. 1919 berief Walter Gropius ihn ans Bauhaus, wo Feininger Meister der Formlehre wurde und ab 1920 die Leitung der Druckwerkstatt übernahm. Seine kristallinen Gemälde zeigen einen unverwechselbaren Stil. Nach der Machtübernahme der Nationalsozialisten 1933 kehrten Lyonel und Julia Feininger 1937 in die USA zurück. Dort entfaltete der am 13. Januar 1956 in New York gestorbene Künstler sein Spätwerk. Während für den Namenspatron des Hauses bisher nur ein Raum im Erdgeschoss des Museums zur Verfügung stand, wird Feininger nun im gesamten Altbau gewürdigt und insbesondere das Ausstellungsnarrativ erfuhr eine grundlegende Neukonzeption: Die Ausstellung nimmt zentrale Lebensabschnitte Feiningers in den Fokus, um Besuchern ein Grundwissen über sein Leben und Werk attraktiv zu vermitteln (Abb. 2). Darüber hinaus beleuchtet die Ausstellung die kreative Künstlerfamilie Feininger und die wechselvolle Geschichte der Sammlung.

Kernbestand der aus konservatorischen Gründen quartalsweise wechselnden Präsentation ist weiterhin die Sammlung Dr. Hermann Klumpp sowie hauseigene Arbeiten auf Papier. Vier herausragende Gemälde bereichern die Präsentation als langfristige Leihgaben: Lyonel Feiningers grandioses Bild „Stiller Tag am Meer 1" (1926, Privatbesitz; Abb. 3) ist das Highlight der Schau, das „Stillleben mit Pinseln" (1915, Staatliche Museen zu Berlin, Nationalgalerie) erzählt ebenso wie „Der junge Mann aus dem Dorfe" (1917, DELI collection, Monaco) Sammlungsgeschichte und „Blinder Musikant am Strande" (1942, Privatbesitz) veranschaulicht das Spätwerk des Künstlers. Merklich verändert hat sich auch die Gestaltung: Der zuweilen sterile „white cube" verwandelte sich in atmosphärische Ausstellungsräume, die mit einem modernen Stellwandsystem gegliedert sind und zum schrittweisen Erkunden einladen. Eine akzentuierte Wandgestaltung und pointierte Beleuchtung sowie hochwertige Vitrinen verstärken den Eindruck des Besuchs einer Schatzkammer. Mitmachstationen laden zum Sehen, Hören und Entdecken des facettenreichen Werks ein. Anhand verschiedener neuer Vermittlungsangebote — Mitmach- und Audiostationen, ein Dokumentarfilm zur Museumsgeschichte sowie ein Erlebnisrundgang für Kinder — können Leben und Werk Feiningers interaktiv erkundet werden. Die Schau ist zudem erstmals durchgehend zweisprachig gestaltet (deutsch/englisch) und richtet sich dezidiert an ein internationales Publikum, um der besonderen touristischen Relevanz Quedlinburgs als Welterbestadt Rechnung zu tragen. Wer auf Objekttexte verzichten möchte, kann auf einen zweisprachigen, 45-minütigen Audioguide-Rundgang zurückgreifen. Ein Kurzführer in Leichter Sprache hilft Barrieren abzubauen.

Ermöglicht wurde das ambitionierte Vorhaben durch die großzügige Unterstützung der Ostdeutschen Sparkassenstiftung gemeinsam mit der Harzsparkasse und der Stiftung der Kreissparkasse Quedlinburg: „In der Lyonel-Feininger-Galerie wird eingelöst, was versprochen wurde: Ein facettenreicher Rundgang, bislang ungekannte Spitzenwerke, eine neue Ausstellungsarchitektur und vielfältige Vermittlungsangebote. Das wollten wir fördern und nach vielen Monaten der Vorbereitung freue ich mich, dass das Museum nun wieder für Besucherinnen und Besucher öffnet", sagte Patricia Werner, die Geschäftsführerin der Ostdeutschen Sparkassenstiftung anlässlich der gelungenen Ausstellungseröffnung.

Gloria Köpnick

Lyonel-Feininger-Galerie Quedlinburg: Mitmach-Ausstellung für (große und kleine) Kinder

Seit dem 3. April 2022 greift die neue Mitmach-Ausstellung „Form, Farbe, Feininger" erstmals die von geometrischen Formen geprägte Gestaltungswelt des Bauhaus-meisters Lyonel Feininger auf und überträgt sie in die Dreidimensionalität des Raumes. Kinder im Kindergartenalter erhalten mit dieser Ausstellung zum Mitmachen einen Ort, um sich spielerisch der Konstruktion von Objekten zu widmen. Kreativität und Fantasie stehen dabei im Zentrum.

Geometrie à la Feininger zum Selberbauen begeistert jede Altersgruppe!

Der Boden ist mit Teppich ausgelegt, auf dem sich wiederum Schaumstoff-Spielsteine in verschiedenen Formen und Größen befinden. An einer Wand stehen zahlreiche Magnete in unterschiedlichen Formaten und Farben zur Verfügung. Der Fantasie sind keine Grenzen gesetzt, sodass sich die Kinder mit Formen beschäftigen, kleine Kunst-werke schaffen und intrinsisch motiviert ihre Kreativität ausprobieren. Die Ausstellung gibt durch die ästhetische Vorgabe den Rahmen für ergebnisoffenes, freies Spiel. In der Praxis zeigte sich, dass die Ausstellung sogar eine wesentlich größere Spann-breite an Altersgruppen anspricht: Vom Kleinkind, das die für es noch überdimensionierten Schaumstoffwürfel herumträgt und Magnetismus durch die Wandelemente verstehen lernt, über den hier intrinsisch begeisterten Teenager bis hin zum spielbegeisterten Senioren.

Die in Zusammenarbeit mit den Spiel- und Lerndesignern Simon Kurze (spielgrad, Halle / Saale) und Svenja Münster (Svenja Monster Design, Halle / Saale) konzipierte wie realisierte Mitmach-Ausstellung wurde durch eine großzügige Förderung der Ostdeutschen Sparkassenstiftung gemeinsam mit der Harzsparkasse und der Stiftung der Kreissparkasse Quedlinburg sowie des Fördervereins des Museums ermöglicht.

Gloria Köpnick

Lyonel-Feininger-Galerie Quedlinburg: „Von Rembrandt bis Richter"

Die Ausstellung „Von Rembrandt bis Richter", von der Lotto-Toto GmbH Sachsen-Anhalt gefördert und vom 3. April bis 31. Juli 2022 von über 9 000 Gästen besucht, widmete sich den Meisterblättern aus der Grafischen Sammlung des Landesmuseums für Kunst und Kulturgeschichte Oldenburg. Rund 70 selten gezeigte Werke spiegelten die große Vielfalt der Oldenburger Sammlung. In ihren Ursprüngen geht sie zurück auf die groß-herzogliche Gemäldesammlung des 19. Jahrhunderts, wurde seitdem durch Erwerbun-gen weiter ausgebaut und mit Schenkungen ergänzt. Die Ausstellung in Quedlinburg spannte einen Bogen über fast 400 Jahre Kunstgeschichte: Neben Grafiken aus dem 17. Jahrhundert oder Zeichnungen von Italienreisenden des frühen 19. Jahrhunderts zeigte sie Werke der Klassischen Moderne bis hin zur zeitgenössischen Kunst.

Die Ausstellung „Von Rembrandt bis Richter. Meisterwerke aus der Grafischen Sammlung des Landesmuseums Oldenburg" begeisterte zahlreiche Besucher.

Den Auftakt bildete eine kleinformatige Radierung von Rembrandt. Thematisch abwechs-lungsreich trafen groteske Studien, Idyllenzeichnungen und neapolitanische Landschaften der Oldenburger Hofmaler Johann Heinrich Wilhelm Tischbein und Heinrich Strack d. Ä. auf eine kostbare Handzeichnung Adolph von Menzels, eine mystische Frauendarstel-lung Edvard Munchs oder farbstarke und dynamische Landschaften der Brücke-Künst-ler. Lyonel Feininger, Paul Klee und Oskar Schlemmer repräsentierten das Bauhaus, die Kunst der Nachkriegszeit vertraten Arbeiten von Ernst Wilhelm Nay, Emil Schumacher, Gerhard Richter, Otto Piene oder Werner Berges. Auch technisch deckte die Auswahl ein breites Spektrum ab: Aquarelle, Handzeichnungen und Künstlerpostkarten fanden sich ebenso wie Radierungen, Holzschnitte, Siebdrucke oder Collagen. Einmal mehr wurde damit die Bedeutung der Lyonel-Feininger-Galerie als Museum für grafische Künste deutlich!

Gloria Köpnick

Lyonel-Feininger-Galerie Quedlinburg: Sabine Moritz

Eine von zahlreichen künstlerischen Auseinandersetzungen mit der Plattenbau-Siedlung Neu-Lobeda: Sabine Moritz, Lobeda III, 1994. Öl auf Nessel, 50 × 65 cm. Privatbesitz der Künstlerin.

Zwischen dem 28. August 2022 und dem 8. Januar 2023 begeisterte die Lyonel-Feininger-Galerie Quedlinburg mit der Sonderausstellung „Sabine Moritz. Lobeda oder die Rekonstruktion einer Welt", großzügig gefördert vom Land Sachsen-Anhalt und der Kunststiftung Sachsen-Anhalt. Die Exposition widmete sich dem Schaffen der in Quedlinburg geborenen und international renommierten Künstlerin Sabine Moritz mit einem Fokus auf ihre frühe Werkserie „Lobeda".

Ab 1991, noch während ihres Studiums, begann Sabine Moritz mit der Arbeit daran: Die Serie entstand aus der Erinnerung und fokussiert die Lebenswelt in der Jenaer Plattenbau-Trabantenstadt Neu-Lobeda, in der die Künstlerin von 1973 bis 1981 lebte. Plätze und Häuser, Zimmer und Möbel – mal sind es Ansichten eines größeren Gebiets, mal Details. Die Serie „Lobeda" ist eine künstlerische Feldforschung und bezeichnet sowohl den Versuch, das Leben in Lobeda umfänglich zu erfassen, als auch das Ausloten von Erinnerungsprozessen, vom Persönlichen bis zum Kollektiven. Die Lobeda-Thematik taucht auch in späteren Werkphasen immer wieder und in unterschiedlichen formalen Ausführungen auf, sowohl in Öl- oder Acrylmalerei auf Papier und Leinwand als auch in Fotografien.

Die Sonderausstellung, zu der ein reich bebilderter, zweisprachiger Katalog im Michael Imhof Verlag erschien, gab mit rund 130 von insgesamt 150 Arbeiten der Serie einen umfassenden Querschnitt durch die Werkgruppe „Lobeda". Highlight der Ausstellungszeit war eine offene Grafikwerkstatt im Herbst 2022, um sich den Bewohnerinnen und Bewohnern zweier Quedlinburger Plattenbausiedlungen zu öffnen und mit den Menschen hierüber ins Gespräch zu kommen.

Gloria Köpnick

Domschatz Halberstadt: Dem Blick entzogen – Geschlossene Altäre in der Fastenzeit

An neuen Hands-on-Stationen lassen sich die Altäre des Domschatzes Halberstadt nun auch außerhalb der Fastenzeit vom Besucher öffnen und schließen.

Dem traditionellen Ritus am mittelalterlichen Dom folgend schlossen Museumsdirektorin Dr. Uta-Christiane Bergemann und Restauratorin Christine Machate am Aschermittwoch 2022 die Seitenflügel aller Altaraufsätze (Retabel) des Domschatzes. Damit waren erstmalig in der Ausstellung deren kunstvoll gestalteten Alltags- oder Fastenseiten zu sehen, die sonst verborgen sind. Dabei reicht die Bandbreite vom miniaturhaften Reisealtärchen bis hin zum großformatigen, mehrfach wandelbaren Marienaltar in der Neuenstädter Kapelle.

Während die heutigen Museumsbesucher normalerweise stets die inneren, reich geschmückten und vergoldeten Festtagsöffnungen bestaunen, „wandelte" man die Altäre im Mittelalter regelmäßig. Anlässlich bestimmter Festtage oder auch gottesdienstlicher Anlässe wurden sie geöffnet oder geschlossen. Ihre Schließung in der Fastenzeit bedeutete auch ein Fasten der Augen von visuellen Eindrücken. Die Darstellungen auf den Außenseiten sind mitunter Fingerzeig auf Funktion und ursprünglichen Ort des Bildes. So verweisen etwa Darstellungen der Heiligen Thomas und Elisabeth auf dem Raphonaltar des 16. Jahrhunderts auf deren Verehrung am Halberstädter Dom. Der ihnen gewidmete Altar ist im nördlichen Seitenschiff bezogen, Reliquien beider sind in den kunstvollen Behältnissen in der Schatzkammer bewahrt. 2022 lud der Domschatz ein, ganz authentisch der Fastenzeit vor Ort nachzuspüren. Nach 40 Tagen – an Gründonnerstag – öffneten sich dann wieder alle Flügel und gaben der österlichen Freude auch im Bild Ausdruck. Obwohl die Aktion zukünftig regelmäßig stattfinden wird, haben die Besucher an neu gebauten Modellen bei den Retabeln nun auch selbst die Möglichkeit, unsere Altäre auf- und zuzumachen.

Claudia Wyludda

Burg Falkenstein (Harz): „Sammeln – Bewahren – Ausstellen – Vermitteln"

Museen präsentieren Kultur und Kunst, in der öffentlichen Wahrnehmung wahrscheinlich ihre augenfälligste Aufgabe. Davor liegt viel Arbeit im Hintergrund. Sammlung, Ausstellung und Vermittlung stehen in einem Kontext, der durch Leitbild und Sammlungsschwerpunkte des Hauses vorgegeben ist. Daran orientieren sich auch sinnvolle Erwerbungen. Zudem gilt es, das Kunstgut zu betreuen und zu erhalten. Regelmäßige Pflege und Restaurierung gehören zu den alltäglichen Aufgaben hinter den Kulissen. Unter diesem Aspekt stellte die Kabinettausstellung „Sammeln – Bewahren – Ausstellen – Vermitteln" auf der Burg Falkenstein zwischen dem 10. September 2022 und dem 28. Februar 2023 an ausgewählten Beispielen die Ergebnisse von Sammeln und Erhalten der letzten Jahre in den Mittelpunkt. Eines der herausragenden Stücke war dabei der Paraderock eines preußischen Kammerherrn aus der Mitte des 19. Jahrhunderts. Er stammt aus dem Besitz des Grafen Ludwig I. von der Asseburg-Falkenstein und illustriert eine der wichtigsten Phasen in der Geschichte der Burg und ihrer Eigentümer. In die gleiche Zeit weisen zwei prächtige Faltfächer mit farbigen Bilddarstellungen, die im Zuge ihrer Restaurierung gereinigt und gefestigt wurden.

Zu den jüngsten Ankäufen gehören Gemälde und Künstlerpostkarten, etwa von Heribert Bahndorf (1877–1958). Er studierte in den 1890er Jahren an der Königlichen Kunstakademie in Leipzig und an der Königlichen Akademie der Künste in Berlin. Als freischaffender Maler widmete sich Bahndorf vor allem der Landschaftsmalerei. Während mehrerer Harzaufenthalte entstanden auch Bilder mit Motiven der Burg Falkenstein. Insgesamt zeigte die Ausstellung einen spannenden Querschnitt der Ergebnisse musealer Arbeit auf dem Falkenstein.

Joachim Schymalla

Blick in die Kabinettausstellung mit einem zentralen, jüngst restaurierten Exponat: Uniformrock, unbekannte Werkstatt, Mitte 19. Jh. Wollstoff (Loden), Seide, Metallgespinstfäden, Höhe ca. 105 cm. Kulturstiftung Sachsen-Anhalt, Museum Burg Falkenstein, Inv.-Nr. Falk00626.

Schloss Neuenburg: Zartes Glas trifft starke Mauern

Die hallesche Künstlerin Christiane Budig (Jg. 1969) fokussiert auf das Material Glas, das sich besonders durch seine zwiespältigen Eigenschaften von Stärke und Fragilität sowie von Schroffheit und Geschmeidigkeit als einzigartiger Werkstoff künstlerischer Gestaltung behauptet. Vom 16. Juli bis zum 31. Oktober 2022 standen ihre zeitgenössischen Kunstwerke im Kontext der historischen Räume des Burgmuseums. Die Ausstellung „DurchSicht – Interventionen mit Glas von Christiane Budig" präsentierte mehr als 20 figürliche und abstrakte Plastiken und Installationen aus Glas, die sich in der Kombination mit anderen Werkstoffen wie Treibholz oder Draht insbesondere mit dem Menschen und seinen Empfindungen auseinandersetzen. Alle Objekte erzählen vieldeutige Geschichten, Träume und Erlebnisse, die sich gänzlich aber nur durch persönliche Assoziationen erschließen. Materialität und Form provozieren dabei Irritation und Widerspruch.

Christiane Budigs Kunst erschien mal in offenem Dialog mit dem Raum, mal eingebettet in die historische Kulisse, etwa in der romanischen Doppelkapelle, dem Wohnturm, dem Fürstensaal oder der herzoglichen Badstube. Die integrative Ausstellung lud Besucher ein, sich mit neugierigem Blick auf eine Entdeckungsreise durch das Haus zu begeben. Ausgestellt waren neben älteren Werken auch ganz neue Arbeiten wie eine Installation von 50 am Gitter der Oberkapelle herabschwebenden Glasfiguren. Im Rahmen der künstlerischen Intervention fand am 17. September ein gemeinsamer Rundgang mit Christiane Budig statt, bei dem sie den Teilnehmern einen persönlichen Einblick in die Ideen- und Entstehungsprozesse ihrer Arbeit gab.

Mandy Wignanek

Eine von zahlreichen künstlerischen Interventionen Christiane Budigs auf Schloss Neuenburg, hier die „Zwischenlösung" im grünen Salon.

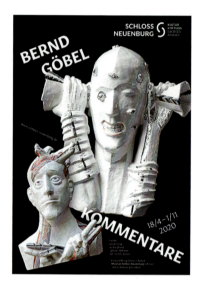

Abb. 1   Plakat zur Ausstellung.

Abb. 2   In seinen Arbeiten setzt sich
Göbel auch mit den Möglichkeiten
der Gentechnik und Fragen der
Schöpfung kritisch auseinander.

Schloss Neuenburg: Bernd Göbel Kommentare

Vom 2. April bis zum 31. Oktober 2022 wurde im „Dicken Wilhelm" das Lebenswerk des Bildhauers Bernd Göbel mit der Ausstellung „Kommentare" präsentiert (Abb. 1). 1942 in Freiberg geboren, studierte er an der heutigen Kunsthochschule Burg Giebichenstein in Halle (Saale), wo er von 1982 bis 2008 als Professor für Plastik die Entwicklung der figürlichen Bildhauerkunst mitprägte. Als international hoch geschätzter Künstler setzt er sich in seinen Skulpturen, Objekten und Medaillen vor allem mit dem Zeitgeschehen auseinander. Nachrichten aus Politik, Kultur und Wissenschaft sowie menschliche Eigenheiten bieten ihm Anregungen für kritische, aber auch humorvolle Reflexionen.

Der Bildhauer kommentiert, klagt an. Er schafft mit seinen Werken sowohl Denkmale als auch Antidenkmale. Er beobachtet die Welt, widmet sich ihren Merkwürdigkeiten, mythologisch verschlüsselt, provozierend oder mit bissiger Satire. Forschungsergebnisse stellen ihm grundsätzliche ethische Fragen, vermeintliche Wahrheiten entpuppen sich als Lügen und nicht zuletzt werden menschliche Charaktereigenschaften und Leidenschaften fokussiert. Göbel setzt engagiert Zeichen und bezieht mit emotionalen Aussagen Position. Der wegen seiner Denkmale und Brunnen bekannte Bildhauer ist zudem ein Meister der kleinen Form, der die Medaille vom Staub der Historisierung befreite. Die Ausstellung wurde kulturhistorisch konzipiert und kontextualisierte erstmals das Oeuvre in einer thematischen Auswahl.

Eines der drei Hauptthemen war „Politik und Weltgeschehen". Kriege und Tyrannen erregen mediale Aufmerksamkeit und rufen zurecht Empörung hervor. Im Spannungsfeld von Anklage, Moral und bissigem Humor setzte Göbel eindringliche Zeichen. Dabei bilden Werk, Titel und programmatische Inschriften eine enge Verbindung, wie beim „Kartenhaus", das gleich eine ganze Bildnis-Suite mit Momentaufnahmen des gestürzten Diktators Muammar al-Gaddafi vereinigt. Göbel gestaltete nicht nur für den Whistleblower Edward Snowden ein kleines Denkmal, sondern auch auf den eigentlichen NSA-Abhörskandal mit dem Verweis auf Erich Mielke und seine vergangene Staatssicherheit. Deren Opfern und dem Fall der Mauer 1989 widmete er unmittelbar mit den Geschehnissen der Wende eigenständige Werke. Ebenso kommentierte er die Wirren der Folgejahre mit ihren wirtschaftlichen und soziokulturellen Veränderungen, etwa mit den Medaillen „Die treuen Hände" oder „Das Bett des Prokrustes". Als sensible Zeichen mit einer deutlichen Aussage bilden diese Arbeiten Kontrapunkte unseres Denkmalverständnisses.

Im zweiten Komplex wurden Reflexionen zu den Naturwissenschaften und zum technischen Fortschritt präsentiert. Obwohl der Mensch die Natur durch Züchtungen stets veränderte, verselbständigt sich der Einfluss auf selbige unter anderem mit der Entschlüsselung der DNA und der Entwicklung der Gentechnik. Versuche an Lebewesen wecken Befürchtungen. Sie reichen von simpler Reproduktion, wie 1996 beim „Klonschaf Dolly" bis hin zu regelrechten Mutationen. Die Gefahren der neuen fast gottgleichen Möglichkeiten zeigt der Künstler in seinen Fayencen auf, die teils bizarre Fantasien sind (Abb. 2).

Den dritten Schwerpunkt bildete der Mensch mit seinen Eigenschaften, Gefühlen, Trieben und Leidenschaften. Tugenden, Liebe und Klugheit sind genauso wie die Fähigkeiten zur Kommunikation und Empathie, aber auch die Schattenseiten des Miteinander, Ausgangspunkte für provozierende Kunstwerke und zu parodierenden und emblematischen Fabeln. Die Figuren sind erzählend hintersinnig. Es sind im „Beginn einer Reihe" typisierende Charaktere. In der großen Form in Leipzig heißt die Arbeit „Unzeitgemäße Zeitgenossen". Die „Pädagogikerin", der „Stadtgestaltiker" und die „Rationalisatikerin" (sie könnte auch „Globalisöse" heißen) sind zeitlos. Die erfolgreiche Ausstellung würdigte das Lebenswerk des renommierten Künstlers anlässlich seines 80. Geburtstages.

Philipp Jahn / Ulf Dräger

Kunstmuseum Moritzburg Halle (Saale): Im Zentrum – der Mensch

Vom 9. April bis 28. August 2022 präsentierte das Landeskunstmuseum Sachsen-Anhalts die erste umfassende Werkschau Anna Franziska Schwarzbachs (Abb. 1–3). Sie vermittelte einen Überblick über das künstlerische Schaffen einer der wichtigen zeitgenössischen deutschen Bildhauerinnen, das vor allem durch eines gekennzeichnet ist: Haltung bewahren und Position beziehen!

Anna Franziska Schwarzbach (Jg. 1949), die ihren Weg zu DDR-Zeiten selbstbestimmt und unabhängig von politischen Einflussnahmen sowie Geschlechterklischees ging, kann auf ein vielseitiges Œuvre blicken. Ihr Hauptthema ist der Mensch. Material und Darstellungsform streben nicht primär nach einem reinen Abbild, sondern entstammen stets der intensiven Auseinandersetzung Schwarzbachs mit dem Thema, der Person, ihrer Geschichte und ihrem Wesen. Als Tochter des Bildhauers Hans Brockhage studierte Anna Franziska Schwarzbach zunächst Architektur bei Selman Selmanagić an der Kunsthochschule in Berlin-Weißensee. Nachdem sie in diesem Beruf zwei Jahre beim Bau des Berliner Palasts der Republik mitwirkte, studierte sie in Berlin-Weißensee Porträtplastik. Seit 1977 ist sie freischaffend als Bildhauerin tätig. In bewusster Abgrenzung vom Œuvre ihres Vaters mied Schwarzbach eine abstrakte Bildsprache und das Material Holz. Auf diese Weise fand sie zu dem ihr eigenen Material und der damit verbundenen Technik, dem Eisenkunstguss, in dem sie sich seit vielen Jahren vorzugsweise artikuliert.

Ausdrucksstarke Porträtplastiken entstanden ebenso wie anonyme Figuren oder allegorische Darstellungen. Neben dem Eisen eignete sich die Künstlerin weitere Materialien und Techniken an, wie großformatige Arbeiten in Stein, Beton oder auch der klassischen Bronze belegen. Wachs und Gips runden die Vielfältigkeit ihrer Ausdrucksmittel ab. Als etablierte und eigenständige Künstlerin begann sie nach der Jahrtausendwende, sich auch im Holz – dem Material ihres Vaters – auszudrücken. Parallel entstanden während allen Schaffensphasen Arbeiten auf Papier. Eine Besonderheit stellen die Steinabreibungen dar, die die Künstlerin bevorzugt mit dem japanischen Begriff „Taku-hon" beschreibt. Hierfür arbeitet sie das Motiv zunächst aus einem Stein als Flachrelief heraus, bevor sie es im Frottageverfahren durchreibt. Resultate sind expressive großformatige Blätter, die in enger Verbindung zu den zu Beginn der 2000er Jahre zeitgleich entstandenen bildhauerischen Werken stehen.

Abb. 1 Blick in die Werkschau Anna Franziska Schwarzbachs mit den Holzskulpturen der „Kinder des Eizik Shimson Ovitz".

Abb. 2 Blick in den Ausstellungsteil mit den Eisen- und Bronzegüssen Anna Franziska Schwarzbachs.

Abb. 3 Das Wertvollste einer Bildhauerin: die Gipsmodelle für die Güsse in Bronze oder Eisen.

Schließlich prägt eine dritte Ausdrucksform das Œuvre der Künstlerin – die Medaille. Als kleinplastisches Kunstwerk hat Anna Franziska Schwarzbach diese besondere Form des Flachreliefs zu höchster Perfektion entwickelt. Seit Jahrzehnten ist sie eine gefragte Medailleurin und entschied zahlreiche Wettbewerbe für sich. Im Dezember 2020 erhielt sie als erste Bildhauerin und als zweite deutsche Künstlerin überhaupt den renommierten „J. Sanford Saltus Medal Award for Lifetime Achievement in the Art of the Medal" der American Numismatic Society.

Die Ausstellung wurde vom Direktor des Museums, Thomas Bauer-Friedrich, gemeinsam mit der Künstlerin konzipiert. Sie zeigte mehr als 50 Plastiken und Skulpturen sowie etwa 70 Medaillen. Eine repräsentative Monografie und ein umfangreiches Veranstaltungsprogramm begleiteten die Werkschau der Künstlerin. Zum Erfolg der Ausstellung gehörte ein überdurchschnittlich positiver Publikumszuspruch mit dem Grundtenor von Dankbarkeit für die Chance, Künstlerin und Werk entdeckt haben zu können, tiefem Berührtsein vom Werk der Künstlerin und viel Lob für die Ausstellungsgestaltung. Damit erfüllten wir jenseits aller statistischen Zahlen die Kernaufgabe eines Kunstmuseums: Kunstschaffenden eine Wahrnehmung zu verschaffen und Lebensbereicherung für die Menschen zu sein. Maßgeblich gefördert wurde das Projekt von der Ostdeutschen Sparkassenstiftung gemeinsam mit der Saalesparkasse sowie von der Lotto GmbH.

Thomas Bauer-Friedrich

Blick in die Ausstellung mit Franz Marcs
Skulpturen, Plastiken, Grafiken und einem
großformatigen Gemälde, das bis 1939 in der
privaten Sammlung des Museumsdirektors
Alois J. Schardt in Halle (Saale) hing.

Kunstmuseum Moritzburg Halle (Saale): Intimer Blick in die Seele eines Künstlers

Die gemeinsam mit dem Franz Marc Museum in Kochel am See vorbereitete Kabinettausstellung präsentierte zwischen dem 9. April und dem 28. August 2022 erstmals
das bildhauerische Werk von Franz Marc (1880–1916). Zwischen 1904 und 1914
schuf er 16 Tierplastiken und -skulpturen, bei denen Marc die Dynamik und den
Rhythmus der Natur dreidimensional im Raum auszudrücken und dabei über die
Wiedergabe des Sichtbaren hinauszugelangen suchte.

Das Kunstmuseum Moritzburg Halle (Saale) besaß als erstes und einziges Museum
in Deutschland vor dem Zweiten Weltkrieg neben wichtigen Gemälden auch drei
Plastiken von Franz Marc. Erworben wurden sie 1930 von der Witwe des Künstlers
aus dem Nachlass zusammen mit Wachsmodellen und Zeichnungen. Damit besaß
das Museum die umfangreichste öffentliche Franz Marc-Sammlung in Deutschland,
darunter die berühmten „Tierschicksale" (heute im Kunstmuseum Basel). Anders als
die meisten Gemälde und Arbeiten auf Papier, die 1937 bei der nationalsozialistischen
Aktion „Entartete Kunst" beschlagnahmt wurden, blieben die Plastiken dem Museum
als „unbedenklich" erhalten.

Gezeigt wurden in der Ausstellung 40 Arbeiten in Bronze, Stein und Wachs aus der
eigenen Sammlung sowie Leihgaben aus dem Franz Marc Museum in Kochel am See,
dem Lenbachhaus in München und dem Schlossmuseum Murnau – ergänzt durch
selten gezeigte Zeichnungen, Aquarelle und Druckgrafiken aus der seit 2004 als
Dauerleihgabe im Kunstmuseum Moritzburg Halle (Saale) befindlichen Sammlung
Erhard Kracht. Nach fast 20 Jahren waren die lichtempfindlichen Arbeiten auf Papier
erstmals wieder in umfangreicher Auswahl zu erleben.

Die Ausstellung wurde gefördert durch die Hallesche Wohnungsgesellschaft mbH.

Thomas Bauer-Friedrich

Weiterhin als Download verfügbar: Das
Posterfaltblatt zum Kooperationsprojekt
„Spektrum Bildhauerei" mit thematischem
Stadtspaziergang in Halle (Saale).

Kunstmuseum Moritzburg Halle (Saale): Ein Frühjahr der Bildhauerei

Im Frühjahr 2022 kooperierten vier hallesche Kultureinrichtungen und vereinten ihre
elf Ausstellungen sowie einen thematischen Stadtspaziergang unter dem Label „Früh-
ling in Halle (Saale): Spektrum Bildhauerei". Neben dem Kunstmuseum Moritzburg
Halle (Saale) wirkten die Kunsthalle „Talstrasse", die Galerie im Volkspark der Burg
Giebichenstein Kunsthochschule Halle und die Zentrale Kustodie der Martin-Luther-
Universität Halle-Wittenberg mit. Die unterschiedlichen Themen und Bildsprachen
der gezeigten bildhauerischen Positionen spannten eine Brücke über das plastische
Schaffen vom 15. Jahrhundert bis in die Gegenwart. Das Landeskunstmuseum Sachsen-
Anhalts steuerte sechs Projekte bei: die Werkschau Anna Franziska Schwarzbachs, eine
Präsentation des bildhauerischen Schaffens von Franz Marc, die Präsentation des
Gustav-Weidanz-Preisträgers 2021 zusammen mit einer kleinen Zusammenstellung
von Werken des halleschen Bildhauers und Initiators des Preises, eine Sammlungspräsentation figürlicher Porzellane vom 18. bis ins 20. Jahrhundert und die Vorstellung
des fertig restaurierten Rothenschirmbacher Altars.

Touristischen Mehrwert bietet zusätzlich ein neuer Bildhauerei-Spaziergang im Stadt-
gebiet von Halle (Saale) zum Selbsterkunden per Faltblatt oder in geführten Touren.
In rund 1,5–2 Stunden konnten und können etwa 50 bildhauerische Positionen vornehmlich hallescher Künstlerinnen und Künstler entdeckt werden. Von der Kunsthalle
„Talstrasse" und der Burg Giebichenstein beiderseits der Saale verläuft der Rundgang
in südlicher Richtung über das Riveufer, die Ziegel- und Würfelwiese zum Friedemann-
Bach- und Universitätsplatz. Informationen und das Faltblatt findet man weiterhin auf
www.spektrumbildhauerei.de.

Thomas Bauer-Friedrich

Kunstmuseum Moritzburg Halle (Saale): Ehrung eines Meisters der Zeichnung

2019 übergab der in Berlin lebende Maler und Grafiker Prof. Dieter Goltzsche (Jg. 1934) dem Kunstmuseum eine umfangreiche Schenkung seines Schaffens und bereicherte damit die bisherige Sammlung enorm. Die finale Auswahl belief sich auf 237 Blätter, vor allem Handzeichnungen, aber auch Druckgrafiken und ein Buch, und umfasst einen Querschnitt von den Anfängen in den 1950er Jahren bis 2018. Aus dieser Schenkung wurde zwischen dem 26. Juni und dem 28. August 2022 eine repräsentative Auswahl von 59 Werken im neu gestalteten Ausstellungsraum des Westflügels, dem Turmkabinett, gezeigt.

Neben frühen Werken, die nur durch die genaue Kontur, häufig in Tusche oder Kreiden und ohne Binnenschraffuren, das Objekt der Zeichnung lebendig werden lassen, war Goltzsches Nachspüren der farbigen Temperamalerei erfahrbar, die er ab den 1970er Jahren pflegte. Auch die Mischtechniken, das Verwenden von Tuschen, Aquarellen und der Einsatz von farbigen Kreiden, mitunter über eigenen Drucken oder fremdem Material, gab Einblick in den Kosmos dieses feinsinnigen Zeichners. Dabei misst Goltzsche dem Bildträger eine große Bedeutung zu und lädt ein, neben der Darstellung diesen als Teil des Ganzen wahrzunehmen: die zarte Struktur eines dünnen Japanpapiers, die Durchlässigkeit von Pergamentpapieren, die kräftige Materialität von Bütten- und Kupferdruckpapieren, auf denen etwa die spröden Kaltnadelradierungen besonders gut zur Geltung kommen. Die Titelfindung kann ganz lapidar ausfallen, regt aber oft auf subtile Art die Gedankenwelt der Betrachtenden an. Die Ausstellung wurde von einer Publikation des gesamten Bestands der Arbeiten von Dieter Goltzsche im Kunstmuseum Moritzburg Halle (Saale) begleitet.

Susanna Köller / Thomas Bauer-Friedrich

Abb. 1 Museumsdirektor Thomas Bauer-Friedrich bedankt sich bei Prof. Dieter Goltzsche für dessen generöse Schenkung an das Landeskunstmuseum.

Abb. 2 Blick in die Kabinettausstellung der Zeichnungen von Dieter Goltzsche.

Kunstmuseum Moritzburg Halle (Saale): Fotografie gestern und heute

Die Sammlung Fotografie des Kunstmuseums Moritzburg Halle (Saale) zählt mit annähernd 80 000 Objekten zu den größten Fotosammlungen Deutschlands. Über ihren Gründungsbestand – dem Nachlass des Fotografen Hans Finsler (1891–1972) – besteht eine enge Verbindung zur Burg Giebichenstein Kunsthochschule Halle. Im Rahmen eines Semesterprojekts beschäftigten sich Studierende des Schwerpunkts Fotografie/Kommunikationsdesign an der BURG 2022 mit Werken aus der Fotosammlung des Kunstmuseums. In intensiver Auseinandersetzung mit den vorhandenen Fotografien entwickelten sie eigene Bilder, mit denen sie jeweils auf eine frei gewählte Arbeit aus der Sammlung reagierten.

Als „adaption_reaktion" waren diese Gegenüberstellungen vom 9. bis 29. Juli 2022 in einer Plakatausstellung in Schaufenstern in der Schmeerstraße im Zentrum von Halle (Saale) zu sehen.

So reagierten Bilder von Zoe Haufler (Jg. 1997) und Malwine Farwig (Jg. 1995) auf Akte von Tina Bara (Jg. 1962) und traf eine zeitgenössische Kleinfamilie, fotografiert von Hugo Horstmann de la Viña (Jg. 2000), auf Christian Borcherts (1942–2000) Familienporträt aus den 1980er Jahren. Formal gegliederter Stoff von Hans Finsler fand sein Pendant in textilen Impressionen von Kim Cordes (Jg. 1991); bröckelnde Architektur in Magdeburg, 1979 festgehalten von Ulrich Wüst (Jg. 1949), korrespondierte mit Louis Rohmers (Jg. 1997) Aufnahme aus Hettstedt 2022. Tara Faye Fässler (Jg. 1995) ging in einen Dialog mit Maria Sewcz (Jg. 1960), während Lea Marla Wolff (Jg. 1992) eine Brücke zu den Fotoalben von Gerda Leo (1909–1993) spannte. Im Wintersemester 2022/23 wurde das Projekt erfolgreich fortgesetzt, für 2023 ist eine abschließende Publikation in Planung.

Jule Schaffer / Thomas Bauer-Friedrich

„adaption_reaktion" von Hugo Horstmann de la Viña, Familienporträts (2022), und Christian Borchert, Familie W. (Schutzpolizist, Montiererin), aus der Serie „Familienporträts" (1983).

Abb. 1 Die Künstlerin Margret Eicher zur Vernissage vor einer ihrer ausgestellten Arbeiten.

Abb. 2 Blick auf die Außenseite des frei schwebenden Ausstellungskubus im zweiten Obergeschoss der Moritzburg mit den Tapisserien von Margret Eicher.

Abb. 3 Das Digitale des Digitalen: Eine Ausstellungsbesucherin fotografiert mit ihrem Smartphone die digital collagierte Erzählung von „Battle: Reloaded".

Kunstmuseum Moritzburg Halle (Saale): Von Star Wars bis Beyoncé

Die große Herbstausstellung des Kunstmuseums Moritzburg Halle (Saale) präsentierte nach Anna Franziska Schwarzbach im Jahr 2022 eine weitere zeitgenössische Künstlerin: Margret Eicher (Jg. 1955). Seit ihrem Studium bei Prof. Fritz Schwegler und Prof. Rolf Sackenheim in den 1970er Jahren an der Staatlichen Kunstakademie Düsseldorf lebt und arbeitet die freischaffende Künstlerin in Berlin (Abb. 1).

In den vergangenen 20 Jahren schuf Margret Eicher ein eindrucksvolles Œuvre großformatiger textiler Arbeiten, die in Jacquard-Weberei ausgeführt werden. Ihre Bildteppiche sind Kunstwerke, die sich medienkritisch mit den Bildwelten auseinandersetzen, die uns in Werbung und Nachrichten tagtäglich begegnen. Die profanen Motive verfremdet die Künstlerin digital und bringt sie oft in einen Kontext zu bekannten Werken der Kunstgeschichte. Es geht Margret Eicher mit ihrem medienkritischen Ansatz darum, die täglich auf uns einflutenden Bild- und Motivwelten zu hinterfragen und deren vermeintlichen Herrschaftsanspruch und ihren Wirkungssog zu entlarven, womit ihre Arbeiten vor dem Hintergrund der Instrumentalisierung von Bildern für machtpolitische imperialistische Kriegszwecke im Jahr 2022 eine ungewollte Aktualität erhielten. Den Betrachterinnen und Betrachtern begegnete in der vom 1. Oktober 2022 bis 1. Januar 2023 gezeigten Sonderausstellung (Abb. 2) eine Vielzahl bekannter Gesichter von realen wie fiktiven Figuren, darunter Julian Assange, die Ninja Turtles, Lady Gaga, Madonna, diverse Lego-Männchen, Beyoncé, Lara Croft und viele mehr.

Das Zentrale Hauptwerk war der eigens anlässlich der Schau im Landeskunstmuseum Sachsen-Anhalts neu entstandene und erstmals gezeigte Bildteppich „BATTLE: RELOADED", der bei einer Höhe von 1,2 m eine Länge von 30 m aufweist und eine Art Essenz des bisherigen Schaffens der Künstlerin bildet (Abb. 3). Inspiriert wurde sie hierzu unter anderem vom berühmten „Teppich von Bayeux" aus dem 11. Jahrhundert. Ausgehend von den Schilderungen auf dieser mittelalterlichen Stickerei entstand der Entwurf für „BATTLE:RELOADED" als waagerecht strukturierte zehnteilige Bildfolge. In der unteren Bordüre nimmt die Tapisserie direkt Bezug auf die historische Vorlage, entzieht sich aber dem Vergleich durch das Fehlen einer echten Narration. So wird der historische Abstand thematisiert zwischen den Erzählstrategien des Mittelalters und den fragmentierten Narrativen unserer Gegenwart. Ähnlich wie im „Teppich von Bayeux" ist die detaillierte Visualisierung von Kultur und Zeitgeist der Gegenwart auf der Basis kämpferischer und widersprüchlicher Protagonisten der rote Faden des ungewöhnlichen Bildteppichs.

Insgesamt vereinte die Ausstellung 21 Medientapisserien Margret Eichers aus den Jahren zwischen 2005 und 2022, flankiert von zwei historischen Teppichen aus dem späten 16. und frühen 17. Jahrhundert. Neben „BATTLE:RELOADED" wurden Arbeiten gezeigt, die in Bezug zu diesem monumentalen Hauptwerk stehen und einen Überblick über das Schaffen der Künstlerin seit der Jahrtausendwende geben.

Die Ausstellung im Kunstmuseum Moritzburg Halle (Saale) stand im Kontext der textilkünstlerischen Tradition des Landes Sachsen-Anhalt von den mittelalterlichen Bildteppichen im ebenfalls zur Kulturstiftung Sachsen-Anhalt gehörenden Domschatz Halberstadt bis zur mehr als hundertjährigen Entwicklung an der Burg Giebichenstein Kunsthochschule Halle.

Begleitend zur Ausstellung erschien in limitierter Auflage ein Künstlerbuch als in einer deutschen Buchbinder-Manufaktur aufwendig in Handarbeit hergestelltes Leporello, welches auf einer aufklappbaren Länge von 5,07 m das Hauptexponat „BATTLE_RELOADED" thematisiert und in einem hochwertigen Schmuckschuber verwahrt wird. Es war in einer Standardausgabe und einer von der Künstlerin signierten und nummerierten Vorzugsausgabe erhältlich.

Thomas Bauer-Friedrich

Kunstmuseum Moritzburg Halle (Saale): Stoffe, Texturen, Oberflächen

In Korrespondenz zur Werkschau der Medientapisserien von Margret Eicher zeigte das Kunstmuseum Moritzburg Halle (Saale) vom 1. Oktober 2022 bis 8. Januar 2023 aus der eigenen Sammlung 49 Vintage-Fotografien von den an der Burg Giebichenstein Kunsthochschule Halle wirkenden Hans Finsler, Heinrich Koch und Gerda Leo. Ob glänzende Seide, transparenter Tüll, Glas oder ungebrannter Ton – mit neuen Blickwinkeln und innovativen Gestaltungselementen machten sich die Vertreter des „Neuen Sehens" in den 1920er Jahren daran, mit fotografischen Mitteln das Wesen der Dinge offenzulegen. Nahsicht, Anschnitte, Ausschnitte, Variationen von Licht und Schatten, Schärfe und Unschärfe ersetzten tradierte Bildmuster und arbeiteten die Materialreize der Objekte gekonnt heraus.

Blick in das Turmkabinett im zweiten Westflügel-Obergeschoss der Moritzburg mit der Ausstellung „Stoffe, Texturen, Oberflächen" im Winter 2022/2023.

Der Nachlass von Hans Finsler (1891–1972) legte 1987 den Grundstein für die Sammlung Fotografie des Museums. Von 1922 bis 1932 arbeitete er an der BURG und gründete dort die erste Klasse für Sachfotografie. Die Ausstellung präsentierte seine Aufnahmen von Stoffen, an denen sich die von ihm entwickelte „optische Grammatik" zeigt. Sein Schüler und ab 1932 Nachfolger Heinrich Koch (1896–1934) entwickelte in nur kurzer Zeit ein eigenes stringentes Œuvre. Durchdachte Arrangements mit geometrischer Komposition von Linien und Formen arbeiten Struktur und Muster der Gewebe haptisch heraus. Gerda Leo (1909–1993) war Schülerin und Assistentin Finslers. Ihre Fotografien von Gläsern, Ton, Küchenhölzern und Pflanzen verdeutlichen die bei ihm erlernte Bildsprache, die sie eloquent in ihren eigenen Stil überführte. 1929 nahmen Leo und Finsler an der wichtigen Ausstellung „Film und Foto" des Deutschen Werkbunds in Stuttgart teil.

Jule Schaffer/Thomas Bauer-Friedrich

Kunstmuseum Moritzburg Halle (Saale): Von der Kunst des Schenkens

Stifter und Schenker waren und sind für das Kunstmuseum Moritzburg Halle (Saale) seit dessen Gründung 1885 von großer Bedeutung. Rund 900 Einzelpersonen und Institutionen schenkten dem Museum seither zahlreiche Exponate. Seit 2011 erforschen junge Kunsthistoriker im Auftrag der Freunde und Förderer des Kunstmuseums Moritzburg Halle (Saale) e. V. diesen außerordentlich wichtigen Aspekt der Museumsgeschichte. In einer mehrteiligen Ausstellungs- und Publikationsreihe werden seit 2017 die bedeutendsten Schenkungen und ihre Stifter vorgestellt. Im dritten Teil dieser Reihe wurden vom 1. Oktober 2022 bis 8. Januar 2023 insgesamt 61 Schenkungen des Museumsvereins und der Museumsgesellschaft präsentiert.

Wo die öffentlichen Gelder nicht ausreichen, greift früher wie heute bürgerschaftliches Engagement: Blick in die Kabinettausstellung „Wege zur Burg der Moderne. 1911: Die Museumsgesellschaft".

Unter seinem ersten Leiter Franz Otto (1832–1901) entwickelte sich die Sammlung des Museums sehr schnell durch Schenkungen aus der Bürgerschaft der Saalestadt. 1899 rief man den Museumsverein ins Leben, über den Otto unter anderem fünf Gemälde, darunter zwei Arbeiten von Max Liebermann, erwerben konnte. Nach Ottos Tod stellte der Verein seine Tätigkeit ein. Auf Initiative Max Sauerlandts (1880–1934) gründete sich im Dezember 1911 die Museumsgesellschaft. Ihr Zweck war die Förderung des Museums, der privaten Sammeltätigkeit und des Kunstinteresses im Allgemeinen. Vor allem jedoch sollten aus den Mitgliedsbeiträgen Ankäufe zugunsten des Museums getätigt werden. Bereits zu Beginn des Jahres 1912 verzeichnete die Gesellschaft 50 Mitglieder aus der halleschen Bürgerschaft, deren Zahl bis zur Liquidierung der Gesellschaft 1929 auf mehr als 100 Personen stieg. Sie übertrugen dem Museum 100 Objekte in einem Gesamtwert von fast 17 000 Mark (ca. 95 200,- €).

Thomas Bauer-Friedrich

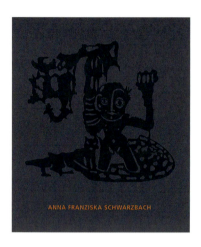

Die erste Monografie zu Leben und Werk
Anna Franziska Schwarzbachs mit dem Motiv
des Brandenburgischen Kunstpreises 2021
auf dem Cover.

Kunstmuseum Moritzburg Halle (Saale):
Monografie zum Werk von Anna Franziska Schwarzbach

—

Christian Philipsen / Thomas Bauer-Friedrich (Hrsg.), Anna Franziska Schwarzbach.
Schriften für das Kunstmuseum Moritzburg Halle (Saale) 24, [Dresden] 2022.
ISBN 978-3-95498-683-5

Von April bis August 2022 präsentierte das Landeskunstmuseum Sachsen-Anhalts die erste umfassende Werkschau Anna Franziska Schwarzbachs. Sie vermittelte einen Überblick über das künstlerische Schaffen einer der wichtigen zeitgenössischen deutschen Bildhauerinnen. Es ist gekennzeichnet von Porträtplastiken, Mahnmalsplastiken, Arbeiten für sakrale Räume, Medaillen und grafischen Arbeiten. Begleitend zur Ausstellung im Museum erschien eine Monografie, die erstmals einen Überblick über das vielfältige Schaffen der Künstlerin gibt. Autoren der Texte sind langjährige Kennerinnen und Kenner des Œuvres, wie die Kustodin der Kunstsammlung des Deutschen Bundestags, Kristina Volke, oder der ehemalige Kustos der Berliner Nationalgalerie, Fritz Jacobi.
Die anspruchsvoll gestaltete Publikation vermittelt Leben und Werk der Bildhauerin unabhängig von den gezeigten Werken, wodurch ein repräsentativer Überblick von den 1970er Jahren bis in die Gegenwart entstand. Sämtliche Reproduktionen wurden eigens für das Buch erstellt, wodurch eine einheitliche Bildsprache und damit eine ungewöhnlich homogene Gestaltung möglich wurden. In zahlreichen Texten kommt die Künstlerin selbst zu Wort, was dem Buch eine besondere Authentizität verleiht. Abgerundet wird es mit einer von Anna Franziska Schwarzbach eigens verfassten Biografie in Wort und Bild.

Thomas Bauer-Friedrich

Titel des neuen Schlossführers
der Neuenburg mit Adelheid und Ludwig.

Schloss Neuenburg: Kuno, Adelheid & Ludwig – Ein Familienschlossführer

—

Kulturstiftung Sachsen-Anhalt (Hrsg), Auf der richtigen Schnur.
Ein roter Faden durch die Neuenburg, Freyburg (Unstrut) 2022.
ohne ISBN

Beliebt und bewährt sind die museumspädagogischen Gruppenprogramme der „Kinderkemenate" im Museum Schloss Neuenburg. Eine Fehlstelle bildete bisher ein Angebot für Individualbesucher – vor allem Familien mit Kindern – in den Dauerausstellungen. Überlegungen zur Integration einer zusätzlichen Informationsebene mit Tafeln oder Medienstationen hätten ein „Zustellen" der historischen Räume bedeutet, die ja selbst wesentliche Exponate sind. Daher fiel die Entscheidung auf ein klassisches Medium – ein Ringbuch. „Auf der richtigen Schnur" nennt sich nun die 40-seitige Entdeckungsreise durch die größte Burg der Thüringer Landgrafen. Die „historischen Figuren" Ludwig (der Springer) und Adelheid führen vom Hof über die Kapelle, die Kemenate, die Latrinen, den Fürstensaal, den Grünen Salon, den Brunnenhof und die Vorburg bis hin zum mächtigen Bergfried „Dicker Wilhelm". Unterstützt werden sie dabei vom Affen Kuno, der schon seit 800 Jahren auf der Burg wohnt. Er macht den Besuch mit witzigen Kommentaren, Spielen und Aufgaben zu einem fröhlichen Erlebnis. Der Ausstellungsbegleiter entstand inhaltlich-konzeptionell und zum Teil auch illustrativ im museumspädagogischen Bereich durch das große persönliche Engagement von Claudia Meißner und Diana Nauhardt. Die gestalterische Umsetzung lag bei den Hallenser Grafikern Angela Schubert und Jo Schaller. Neben der Ergänzung der Dauerausstellung bietet der Familienschlossführer mit seinen einzelnen Themenbereichen auch die inhaltliche Basis für die Entwicklung weiterer spezifischer analoger und digitaler Angebote.

Jörg Peukert

Dom zu Halberstadt: Westbau – Vorhalle – Portal

Heiko Brandl / Anja Seliger / Andreas Waschbüsch (Hrsg.), Westbau – Vorhalle – Portal.
Forschungen zum Halberstädter Dom. more romano. Schriften des Europäischen
Romanik-Zentrums 7, Regensburg 2022.
ISBN 978-3-7954-2814-3

Der Westbau des Halberstädter Doms erfährt in dieser 232-seitigen und im Verlag
Schnell & Steiner erschienenen Studie mit Beiträgen von Heiko Brandl, Philipp Jahn,
Anja Lochner-Rechta, Wolfgang Schenkluhn, Reinhard Schmitt, Anja Seliger und
Andreas Waschbüsch erstmals eine umfassende kunst- und kulturhistorische Würdigung. Der um 1230 begonnene Westbau stellt den architektonischen Auftakt zu
einem kompletten, erst Anfang des 16. Jahrhunderts abgeschlossenen Neubau des
Halberstädter Domes dar. In künstlerischer Auseinandersetzung mit dem Dom im
benachbarten Magdeburg, aber auch mit vielen architektonischen und inhaltlichen
Bezügen zur aktuellen Kunstentwicklung im Reich und darüber hinaus, plante und
baute man eine repräsentative neue Eingangsfront für die Kathedrale. Auf Grundlage der letzten Restaurierung des Westportals, neuer Bauforschung sowie der Auswertung eines umfangreichen Quellenmaterials kommen die Autoren des Bandes zu
neuen Einsichten hinsichtlich der Konzeption und Ausführung des Baus. Inhaltlich
spannt sich der Bogen von der Restaurierungsgeschichte und Archäologie über den
Vorgängerbau zur Baugeschichte. Die Architektur und ihre bauplastische Ausstattung sowie der historische Entstehungskontext erfahren eine kunsthistorische Einordnung und Würdigung.

Anja Seliger

Den aktuellen Forschungsstand zum
Westbau des Halberstädter Doms kann
man nun detailliert nachlesen.

Konradsburg: Eine farbenfrohe Einladung

Förderkreis Konradsburg e. V. (Hrsg), Die Konradsburg.
Burg – Abtei – Kloster – Domäne – Förderkreis, Dößel 2022.
ISBN 978-3-89923-443-5

Generationen von engagierten Dankmalpflegern haben die geschichtsträchtige Anlage
der Konradsburg in den letzten Jahrzehnten zu einem besuchenswerten Kleinod werden
lassen. Nicht zuletzt mit großem Einsatz des Förderkreises Konradsburg e. V. gelang es,
den endgültigen Verfall abzuwenden. Dieses Buch berichtet vom ehrenamtlichen Engagement, zeichnet erstmals in wissenschaftlicher Akribie Bau-, Kunst- und Nutzungsgeschichte der Anlage in den vergangenen 1 000 Jahren nach (Reinhard Schmitt), würdigt
mit dem seit 2001 wieder dort befindlichen Triumphkreuz eine der herausragenden
Kunstleistungen der sächsischen Kulturlandschaft aus der 1. Hälfte des 13. Jahrhunderts
(Andreas Huth) und beschreibt die vielfältigen Aktivitäten des Förderkreises (Christa
und Klaus Wycisk). Als Ministeriale waren die Konradsburger im Mittelalter für den
Schutz von Königsgütern im Harz eingesetzt. Ihr Ursprung dürfte bis ins 10. Jahrhundert zurückreichen. Fassbar sind sie erstmals 1021 durch einen gewissen „Egino". Nach
Schwächung der Zentralmonarchie infolge der Niederlage Heinrichs V. in der Schlacht
am Welfesholz verlegten die Konradsburger ihren Stammsitz und bauten die Burg
Falkenstein, weswegen die Formel „Mutter vom Falkenstein" durchaus ihre Berechtigung hat. Beinahe wäre die Konradsburg zum Bodendenkmal verkommen, hätten
vielfältige bürgerschaftliche Initiativen dies nicht verhindert. In opulenter Ausstattung
berichtet das 272-seitige und reich bebilderte Buch davon sowie von der historischen
Bedeutung des Denkmalensembles bei Ermsleben (Lkr. Harz).

Ulrich Steinmetzger

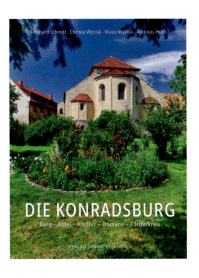

Untermalt mit stimmungsvollen Fotografien
von Janos Stekovics, berichtet ein neues
Buch von der wechselhaften Entwicklung der
Konradsburg bei Ermsleben (Lkr. Harz).

Kulturstiftung Sachsen-Anhalt: Jahrbuch 2021

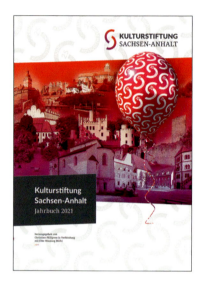

Ein buntes Bonbon voller Geschichten zum 25. Geburtstag: Das Jahrbuch 2021 der Kulturstiftung Sachsen-Anhalt.

Christian Philipsen / Eike Henning Michl (Hrsg.), Kulturstiftung Sachsen-Anhalt. Jahrbuch 2021, Gommern 2022.
ISBN 978-3-96502-022-1

Bereits zum vierten Mal erschien das Jahrbuch der Kulturstiftung Sachsen-Anhalt im neuen Design, diesmal zum Jubiläum ihres 25-jährigen Bestehens. Altbewährt blieb das Format! Neben fast 90 Kurzbeiträgen zu allem, was 2021 bei uns wichtig war, erzählen versierte Autorinnen und Autoren erneut spannende Geschichten aus dem Fundus der Kulturstiftung Sachsen-Anhalt: So etwa Katrin Steller von Kuriositäten aus der frühneuzeitlichen Flugblattsammlung des Landeskunstmuseums Moritzburg Halle (Saale) oder Patricia Carmassi von der Notwendigkeit akribischer Forschung bei der Bearbeitung mittelalterlicher Handschriftenbestände aus Halberstadt. Während sich Thomas Bauer-Friedrich kritisch mit einem Aspekt der Arbeit des umstrittenen Künstlers Willi Sitte auseinandersetzt, berichtet Mandy Wignanek über eine 2021 erhaltene Schenkung des Freyburger Künstlers Walter Weiße. Modern bleibt es auch bei Gloria Köpnick mit ihrem Beitrag zur „Bauhaus-Frau" Julia Feininger, wohingegen Albrecht Pohlmann und sein Team einen spätmittelalterlichen Altaraufsatz und dessen aufwendige Restaurierung thematisieren. Geschichte schreibt schließlich auch das wertvolle Tafelreliquiar des Halberstädter Domschatzes, das Uta-Christiane Bergemann näher beleuchtet. Eine Sonderrubrik bildet diesmal die Sparte „Freunde und Förderer", bei der sich zwölf unserer damals insgesamt 14 engagierten Fördervereine einem breiteren Publikum vorstellen. Wir wünschen viel Spaß bei der Lektüre und freuen uns über Fragen, Anregungen, Kritik oder Lob via jahrbuch@kulturstiftung-st.de.

Eike Henning Michl

Lyonel-Feininger-Galerie Quedlinburg: Künstlerischer Parcours durch die Jahrhunderte

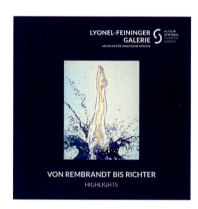

Ein kurzweiliger Begleiter durch die Sonderausstellung in der Lyonel-Feininger-Galerie Quedlinburg – von Rembrandt bis Richter.

Kulturstiftung Sachsen-Anhalt (Hrsg.),
Von Rembrandt bis Richter. Highlights, [Gommern] 2022.
ohne ISBN

Vom 3. April bis 31. August 2022 präsentierte die Lyonel-Feininger-Galerie Quedlinbug ausgewählte Meisterwerke auf Papier aus dem Landesmuseum für Kunst und Kulturgeschichte Oldenburg unter dem Titel „Von Rembrandt bis Richter". Die in Kooperation mit dem niedersächsischen Museum entstandene und mit rund 70 Werken versehene Ausstellung spannte einen Bogen über mehr als 350 Jahre Kunstgeschichte. Auch technisch deckte die Auswahl der Werke verschiedenster Künstler – vertreten waren unter anderem Edvard Munch, Ernst Barlach, Erich Heckel, Karl Schmidt-Rottluff, Max Pechstein, Ernst Ludwig Kirchner, August Macke, Paul Klee, Oskar Schlemmer oder Otto Dix – ein breites Spektrum ab: Aquarelle, Handzeichnungen und Künstlerpostkarten finden sich ebenso wie Radierungen, Holzschnitte, Siebdrucke oder Collagen. Alle Highlights der Exposition fasst diese 58-seitige Broschüre in Form eines Kurzführers zusammen. Nach einem einführenden Text über die Herkunft der Blätter spiegeln die zweisprachig deutsch und englisch verfassten Artikel alle Rubriken der Ausstellung wider und erlauben einen informativen Parcours durch die Zeichen- und Druckkunst der Jahrhunderte: Italiensehnsucht, Stilwende – Kunst um 1900, Die Brücke in Dangast, Facetten der Moderne, Rückerwerbungen, Kunst nach 1945. Nachdem die extrem lichtempfindlichen Blätter nach einer solchen Ausstellung wieder im Grafikschrank verschwinden mussten, bleibt dieser reich bebilderter Kurzführer weiterhin stets greifbar.

Thomas Bauer-Friedrich

Lyonel-Feininger-Galerie Quedlinburg: Katalog Sabine Moritz

Christian Philipsen / Gloria Köpnick (Hrsg.), Sabine Moritz. Lobeda oder
die Rekonstruktion einer Welt. Lobeda or the Reconstruction of a World, Petersberg 2022.
ISBN 978-3-7319-1270-5

Das Buch zur Sonderausstellung
„Sabine Moritz. Lobeda oder die
Rekonstruktion der Welt".

Anlässlich der vom 28. August 2022 bis 8. Januar 2023 gezeigten Sonderausstellung
„Sabine Moritz. Lobeda oder die Rekonstruktion der Welt" erschien ein reich bebilderter
Katalog im Michael Imhof Verlag. Den Auftakt des 128 Seiten starken Buches macht
ein Grußwort von Frank Ruch, dem Oberbürgermeister der Welterbestadt Quedlinburg.
Dort freut er sich, dass die international renommierte Gegenwartskünstlerin Sabine
Moritz erstmals in ihrer Geburtsstadt mit einer Ausstellung vertreten ist und fragt, ob die
Bilder der hier thematisierten Plattenbauten nicht auch aus Quedlinburger Erinnerungen
entstanden sein könnten. Dem Geleittext von Museumsdirektorin und Ausstellungs-
kuratorin Dr. Gloria Köpnick schließt sich ein umfangreicher, mit zahlreichen Vergleichs-
abbildungen ausgestatteter Essay von Prof. Dr. Ulrich Richtmeyer (FH Potsdam) an,
der unter dem Titel „Post-Lobeda. Bildliches Erinnern in den Zeichnungen von Sabine
Moritz" den ausgestellten Werkzyklus untersucht. Schließlich folgt ein umfangreicher
Tafelteil, der mit Zeichnungen, Farbstudien, Gemälden und Fotografien einen umfassenden Querschnitt durch die Werkgruppe „Lobeda" gibt. Motivgruppen und Werkphasen
werden damit sichtbar. Den Abschluss des zweisprachigen Katalogs (deutsch / englisch)
bildet eine Kurzbiografie der in Köln lebenden Künstlerin samt Ausstellungsübersicht.

Gloria Köpnick

Lyonel-Feininger-Galerie Quedlinburg: Kurzführer in Leichter Sprache

Kulturstiftung Sachsen (Hrsg.), Lyonel Feininger. Meister der Moderne.
Kurzführer. Leichte Sprache, Quedlinburg 2022.

Kulturstiftung Sachsen-Anhalt (Hrsg.), Sabine Moritz. Lobeda oder
die Rekonstruktion einer Welt. Kurzführer. Leichte Sprache, Quedlinburg 2022.

Verschiedene Kurzführer in Leichter Sprache
ergänzen das barrierefreie Angebot der
Lyonel-Feininger-Galerie Quedlinburg.

Mit Ratifizierung der UN-Behindertenrechtskonvention verpflichtete sich Deutschland
2009, kulturelle Teilhabe für alle und insbesondere für Menschen mit Beeinträchtigungen zu ermöglichen. Der Deutsche Museumsbund nahm das Thema ebenfalls in
seine Agenda auf. Seit 2021 bietet die Lyonel-Feininger-Galerie durch Testgruppen
geprüfte Begleithefte in Leichter Sprache an. Den Anfang machte ein Kurzführer für die
Sonderausstellung „Becoming Feininger", weitere Exemplare zu den Sonderausstellungen „Rembrandt bis Richter" und „Sabine Moritz" sowie zur neuen Dauerpräsentation
folgten.
Für Leichte Sprache gibt es feste Regeln. Das sind andere Regeln als für Nicht-Leichte
Sprache. Leichte Sprache verwendet kurze Sätze. Leichte Sprache vermeidet Fremd-
Wörter. Leichte Sprache wiederholt Begriffe. Menschen mit Lern-Schwierigkeiten
müssen die Texte prüfen. Menschen mit Lern-Schwierigkeiten sind Fach-Menschen
für Leichte Sprache. Nur geprüfte Texte erhalten das Prüfsiegel für Leichte Sprache.
Dieser Text wurde nicht übersetzt. Er zeigt ein Beispiel von Leichter Sprache.
Für derartige Übersetzungen arbeitet die Lyonel-Feininger-Galerie mit dem Fach-
zentrum für Leichte Sprache der Evangelischen Stiftung Neinstedt zusammen. Die
Zielgruppe: Menschen mit anderen Muttersprachen, mit Lernschwierigkeiten, mit
kognitiven Beeinträchtigungen (etwa durch Alzheimererkrankungen, Schlaganfälle)
oder Personen, die schlichtweg gerne leicht verständliche Texte lesen.

Rebekka Prell

Kunstmuseum Moritzburg Halle (Saale): Alle Gemälde Albert Eberts

Freunde und Förderer des Kunstmuseums Moritzburg Halle (Saale) e. V. / Kunstmuseum Moritzburg Halle (Saale) (Hrsg.), Albert Ebert. Eine Welt – so schön, wie er sie fand. Die Gemälde im Kunstmuseum Moritzburg Halle (Saale), [Halle (Saale)] 2022. ISBN 987-3-96502-025-2

Albert Ebert (1906–1976) ist einer der wichtigsten und wohl der eigenständigste unter den Künstlerinnen und Künstlern in Halle (Saale) nach dem Zweiten Weltkrieg. Aus dem Krieg zurückgekehrt, widmete er sich sein gesamtes Leben der Malerei – auf eine unverkennbare Weise: altmeisterlich hinsichtlich des Farbauftrags, naiv hinsichtlich der Gestaltung seiner poetischen Motive und stets in kleinformatigen Darstellungen auf von ihm eigens angefertigten Holztafeln, die Bildträger und Rahmung in einem sind. Die in einer Kooperation von Förderverein und Kunstmuseum herausgegebene Publikation präsentiert in Wort und Bild auf 84 Seiten erstmals den Gesamtbestand der Malerei Albert Eberts in der Gemäldesammlung des Museums: 31 Werke im Eigentum und 32 Werke im Besitz als Dauerleihgaben der Stiftung der Saalesparkasse. Damit verwahrt das Kunstmuseum Moritzburg Halle (Saale) den umfangreichsten und repräsentativsten Bestand von Eberts Malerei. Den einführenden Text verfasste Cornelia Blume, langjährige Kustodin am Museum und Kennerin des Ebert'schen Œuvres. Sämtliche Gemälde sind erstmals in Gänze, das heißt das gesamte Malereiobjekt, reproduziert und durch ein Bestandsverzeichnis mit den wesentlichen Werkangaben erfasst.

Thomas Bauer-Friedrich

Endlich zum Nachschlagen: Die erste vollständige Publikation der Malerei Albert Eberts im Kunstmuseum Moritzburg Halle (Saale).

Kunstmuseum Moritzburg Halle (Saale): Ein Künstlerbuch in Manufaktur-Herstellung

Margret Eicher, Battle:Reloaded. Schriften für das Kunstmuseum Moritzburg Halle (Saale) 26, Köln 2022. ISBN 978-3-86832-733-5

Eine ganz besondere Lektüre auf über 5 Meter Länge: Das Künstlerbuch mit Margret Eichers Medientapisserie „Battle:Reloaded" in Form eines Leporellos.

Im Winter 2022 fand im Landeskunstmuseum Sachsen-Anhalts eine Werkschau der Medientapisserien von Margret Eicher statt. Umrahmt von 20 Arbeiten aus 20 Jahren hing das Hauptwerk der Ausstellung und Höhepunkt der Szenographie: der 30 Meter lange Bildteppich „Battle:Reloaded", eigens für diese Ausstellung von der Künstlerin finalisiert und in ihrer Weberei in Belgien hergestellt. Da bereits anlässlich einer Ausstellung der Künstlerin im Museum Villa Stuck in München im Jahr 2020 ein ihr Schaffen dokumentierendes Buch erschien, sollte sich die Publikation zur Ausstellung in Halle (Saale) bewusst allein auf deren Hauptwerk konzentrieren. Die Frage war, wie man ein extremes Querformat samt Erläuterungen in Form eines Buches angemessen wiedergeben kann. Von Beginn an schwebte der Künstlerin hierfür die Form eines Leporellos vor. Gemeinsam mit einem jungen Gestalter-Duo von der Hochschule für Gestaltung in Karlsruhe und dem Team des Wienand Verlags in Köln fand man eine Lösung für alle herausfordernden Fragen der Herstellung eines solchen ungewöhnlichen Buches. Dieses wie auch der dazugehörige Schmuckschuber entstanden in Handarbeit in einer Buchbinder-Manufaktur. Die von Christian Philipsen, Thomas Bauer-Friedrich und Ulf Dräger herausgegebene, zweisprachige (deutsch / englisch) Gesamtauflage teilt sich in 100 reguläre Exemplare sowie 50 nummerierte und von der Künstlerin signierte Vorzugsausgaben.

Thomas Bauer-Friedrich

Kunstmuseum Moritzburg Halle (Saale): Klein aber fein

Cathrin Klingsöhr-Leroy / Christian Philipsen / Thomas Bauer-Friedrich (Hrsg.),
Franz Marc. Skulptur und Plastik, Köln 2020.
ISBN 978-3-86832-610-9

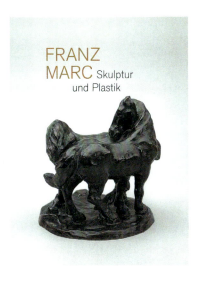

Von April bis August 2022 bot das Landeskunstmuseum Sachsen-Anhalts seinem
Publikum einen besonderen Einblick in das Werk des berühmten Expressionisten
Franz Marc. Gezeigt wurde nahezu sein gesamtes bildhauerisches Œuvre, das insge-
samt nur 16 Arbeiten umfasst. Es befindet sich heute im Wesentlichen in der eigenen
Sammlung des Museums sowie der des Franz Marc Museums im bayerischen Kochel
am See, mit dem zusammen Ausstellung und Katalog erarbeitet und realisiert wur-
den. Coronabedingt wurden die Ausstellungen an beiden Orten verändert und später
gezeigt, weshalb das bereits 2020 fertiggestellte Buch wie auch die Ausstellung in
Halle (Saale) erst zwei Jahre später für das Publikum zugänglich und erhältlich waren.
Die im Wienand Verlag erschienene Publikation gibt einen Überblick über Franz
Marcs bildhauerisches Schaffen und untersucht das Verhältnis zwischen Werk und
Betrachter. In einem dritten Beitrag stellt die ehemalige Kustodin der halleschen
Plastik-Sammlung, Cornelia Blume, die besondere Bedeutung des Werks von Franz
Marc für das Kunstmuseum Moritzburg Halle (Saale) vor, das bis zum Verlust in Folge der
nationalsozialistischen Aktion „Entartete Kunst" im Jahr 1937 über die größte Marc-
Sammlung in öffentlichem Besitz verfügte. In einer ansprechenden Gestaltung sind
sämtliche bildhauerischen Arbeiten Franz Marcs, ergänzt um ausgewählte Gemälde
und Arbeiten auf Papier, wiedergegeben.

Thomas Bauer-Friedrich

Ein Buch für Liebhaber – der monografische
Überblick über Franz Marcs Skulpturen und
Plastiken.

Kunstmuseum Moritzburg Halle (Saale): Bestandsverzeichnung Dieter Goltzsche

Christian Philipsen / Thomas Bauer-Friedrich / Susanna Köller (Hrsg.), Dieter Goltzsche.
Schenkungen des Künstlers für die Grafische Sammlung. Schriften für das Kunstmuseum
Moritzburg Halle (Saale) 25, [Gommern] 2022.
ISBN 978-3-96502-023-8

Nachdem im Jahr 2019 der Berliner Maler und Grafiker Dieter Goltzsche (Jg. 1934) mit
seiner umfangreichen Schenkung das Vorhandene seiner Kunst in der Sammlung Grafik
ergänzt hatte und im Zuge dieser Großzügigkeit im Sommer 2022 eine Werkauswahl
in einer Kabinettpräsentation gezeigt wurde, lag die Publikation eines monografischen
Katalogs mit Bestandsverzeichnis nahe. Ein Beitrag von Cornelia Blume führt in die Kunst
Goltzsches ein. Es gelingt der Autorin zu vermitteln, was den Künstler zum Zeichnen
antreibt, was ihn bewegt – und sei es auch nur in der Verbildlichung von Nebensäch-
lichkeiten und kleinen Freuden. Ein zweiter Text widmet sich den ersten Begegnungen
zwischen dem Künstler in seinem Berliner Haus und der Leiterin der Sammlung Grafik.
Zahlreiche Werke der damaligen Ausstellung sind ganzseitig abgebildet. Das abschließende Bestandsverzeichnis führt sämtliche Werke Goltzsches im Sammlungsbestand
nach Gattungen gegliedert sowie chronologisch geordnet auf, bei der Druckgrafik inklusive der jeweiligen Werkverzeichnisnummern. Anmerkungen zur Herkunft sind dann
vermerkt, wenn die Werke nicht zur Schenkung 2019 gehören. Abgerundet wird die
100-seitige Broschur mit einer kurzen Biografie des Künstlers und einer Auswahl-
bibliografie für weitere Informationen.

Susanna Köller

Nun verfügbar: ein Gesamtüberblick
über die Werke Dieter Goltzsches in
der Sammlung Grafik des Kunstmuseums
Moritzburg Halle (Saale).

Abb. 1   Die Neuenburg bei Freyburg (Unstrut)
         mit den Orten der Sondagegrabun-
         gen im Bereich der ehemaligen
         Bettenmeisterei (1), am Kammertor (2),
         östlich des ehemaligen Schafstalles
         mit dem neu entdeckten Turm (3)
         und drei Sondagen in der Nähe des
         Dicken Willhelms (4).

Abb. 2   Blick auf die nordwestliche Grün-
         dung des romanischen Kammertors
         (Abb. 1.2), mit einem von Feuer rot
         verfärbten Streifen im anstehenden
         Muschelkalk.

Abb. 3   Detailfoto zur Mauergründung am
         romanischen Kammertor (Abb. 1.2).

Schloss Neuenburg: Archäologische Sondagen in der Vorburg

Die auf einem Bergsporn gelegene Neuenburg steht weithin sichtbar hoch über dem Ostufer der Unstrut. Die mächtige Burg wurde im ausgehenden 11. Jahrhundert errichtet und war einst die größte und bedeutendste Befestigungsanlage der Landgrafen von Thüringen. Während die Kernburg mit ihren Mauern, Wällen, Türmen und Toren, dem Palas und der prominenten Doppelkapelle mittlerweile relativ gut durch Archäologie und Bauforschung erfasst sind, liegen für die Vorburg – mit 11 600 m² Fläche immerhin eine der umfangreichsten Vorburgen in Deutschland – bislang nur sehr wenige gesicherte Erkenntnisse vor.

Die Kulturstiftung Sachsen-Anhalt plant als Eigentümerin der Liegenschaft, der Vorburg im Rahmen eines bundes- und landesgeförderten Sonderinvestitionsprogramms eine neue bauliche und inhaltliche, denkmalgerechte und öffentlichkeitswirksame Ausrichtung zu geben. Dabei erfolgen die räumlichen und gestalterischen Veränderungen selbstverständlich unter Einbeziehung archäologischer Untersuchungen. Bereits im Vorfeld noch ausstehender umfangreicherer Ausgrabungen erfolgten deshalb im Jahr 2022 Sondagegrabungen an ausgewählten Stellen durch das Landesamt für Denkmalpflege und Archäologie Sachsen-Anhalt (Abb. 1).

An der ehemaligen Bettenmeisterei etwa wurde im Bereich eines zugesetzten Portals zum Innenhof der Kernburg ein Schnitt angelegt (Abb. 1.1). Schnell stellte sich heraus, dass die gesamte Fläche bis zur Schwelle des Portals mit Schutt verfüllt ist, der ausweislich weniger Bilder aus dem Museumsarchiv der Neuenburg aus den 1980er bzw. 1990er Jahren stammt. Ferner konnten dort zwei Mauerzüge dokumentiert werden, ein westlich gelegener romanischer[1] und ein östlich daran ansetzender jüngerer. Der mutmaßlich darunterliegende, an anderer Stelle bezeugte Kernburgwall wurde nicht erfasst. Wie viel archäologische Substanz unterhalb der rund 1,70 m starken Abtragung und der freigelegten Mauern letztlich noch erhalten ist, bleibt vorerst unklar.

Eine weitere Sondage betraf die erneute Teilöffnung und Erweiterung eines im Inneren des sogenannten Schafstalls schon 2011 angelegten und wieder verfüllten Schnittes, um die Gründung und Bauabfolge des Westendes der Nordwand des von Bauforscher Reinhard Schmitt bereits erkannten und hier verorteten romanischen Kammertores – dem mittelalterlichen Hauptzugang zur Vorburg – zu überprüfen (Abb. 1.2). Dabei stellte sich heraus, dass die Anlage der Tormauer nicht der erste Eingriff in den anstehenden Boden war. Vielmehr befindet sich darunter ein im Muschelkalk ostwestlich verlaufender Graben, der etwas versetzt zur späteren Mauer verläuft. Dessen Unterkante und Nordseite bleiben aufgrund der bestehenden Mauer und der begrenzten Schnitttiefe allerdings erst einmal unbekannt. Rötliche Spuren von Hitze- bzw. Feuereinwirkung im gewachsenen Boden stehen hier wie auch andernorts möglicherweise mit einer Abbruchmaßnahme einer Vorgängermauer in Zusammenhang (Abb. 2). In den Graben gelangten mindestens drei unterschiedliche horizontale Verfüllungen, die ohne datierbares Fundmaterial bislang zeitlich nicht genauer bestimmt sind. Auf diese Verfüllungen setzte man die östliche, im Schnitt erfasste romanische Mauer, die hier im Westen aufgrund einer vertikalen Baufuge geendet haben müsste. Anhand ihrer sorgfältigen Machart ordnet Reinhard Schmitt diesen Steinbefund einem romanischen Kammertor zu, welches ab 1401 auch archivalisch belegt ist.[2] Zu einem späteren Zeitpunkt öffnete man den Graben dann erneut und unterschnitt die bestehende Mauer leicht. Nach einer Verfüllung mit Bruchsteinen erfolgte eine Fortsetzung der Mauer nach Westen, was mit der Errichtung des Zeughauses in Verbindung stehen könnte (Abb. 3).

Östlich der Südostecke des Schafstalls, wo von 1401 bis 1719 der Hauptzugang zur Burg lag, erforschte ein weiterer Schnitt die Gründung der dortigen Mauern (Abb. 1.3). Neben einigen noch unklaren Mauerzügen stand am Ende des erheblich erweiterten Schnittes ein großteils freigelegtes, fast rechteckiges Bauwerk mit etwa 7 m

Seitenlänge, ausgeführt in Zweischalenmauerwerk mit unterschiedlichen Breiten von 1,30–2,0 m (Abb. 4). Altpläne von 1886 und 1907 verzeichnen hier bereits einen „Alten Turm" bzw. ein Fundament. Auszugehen ist von einem mittelalterlichen Wohnturm. Die innere Mauerschale wurde an allen vier Seiten in mehreren Lagen tiefer herausgebrochen als die Schalenverfüllung und die Maueraußenseiten (Abb. 5), da die qualitätvoll bearbeiteten Steine an anderer Stelle sicher gut weiterverwendet werden konnten. Die Innenfläche des Turmes erscheint mit ca. 6 m² zumindest im Fundamentbereich gering. Die Erfassung der inneren Turmunterkante im Rahmen einer Tiefensondage ergab, dass er nicht auf dem anstehenden Boden, sondern auf einer angefüllten Lage großer Kieselsteine steht.

Die aufwendigsten Schnitte betrafen den Bereich um das ehemalige Zeughaus etwas südwestlich des Bergfried III, dem sogenannten Dicken Wilhelm im Nordosten der Vorburg (Abb. 1.4). Bekannt war, dass hier das zuletzt 1905 als Schweinestall umgebaute ehemalige Zeughaus im Jahr 1930 abbrannte und anschließend abgerissen wurde. Ein alter Stützpfeiler des Gebäudes ist obertägig noch geringfügig sichtbar und diente als Ausgangspunkt für die Sondage. Die mehrfach erweiterten Schnitte zeigten schließlich eine dichte Abfolge von nachmittelalterlichen Umbauten ausgehend von den Mauern des Zeughauses bis zur 1930 erfolgten Niederlegung. Erst 1,80 m unterhalb der Grasnarbe tauchten spätmittelalterliche Mauern auf (Abb. 6). Aufgrund von Überlagerungen und der erreichten Maximaltiefe konnten die Strukturen bisher nicht weiterverfolgt werden. Insgesamt existiert aber eine dichte mittelalterliche Bebauung an dieser Stelle. Eine letzte kleine Sondage gegenüber eines Knicks in der nördlichen Ringmauer blieb vorerst ohne eindeutigen Befund.

In der Gesamtschau bleiben die konkreten (bau-)archäologischen Zusammenhänge in Anbetracht der kleinflächigen Sondagen naturgemäß vage. Dokumentiert werden konnten vor allem mittelalterliche und frühneuzeitliche Schichten und Mauerzüge. Besonders hervorzuheben ist jedoch der im Untergrund erhaltene Rest eines mittelalterlichen Turmes im nahen Umfeld des Haupttores der Burg. Wichtig ist vor allem aber auch die Feststellung, dass von einer komplexen Befundsituation mit erheblicher zeitlicher Tiefe und Dynamik und dies bereits wenige Zentimeter unter der Geländeoberfläche zwingend zu rechnen ist. Jeder archäologische Aufschluss wird nicht nur die bisherigen Modelle zur Gestalt und Nutzung der Neuenburg ins Wanken bringen, sondern das Bild erheblich schärfen. Damit belegen die jüngsten Grabungsergebnisse in der Neuenburg die Notwendigkeit, auch zukünftige Bodeneingriffe stets archäologisch zu betreuen, damit gewährleistet ist, dass die Kulturdenkmale gesichert bzw. in Form einer fachgerechten Dokumentation der Nachwelt erhalten bleiben.

Ines Vahlhaus / Matthias Becker / Donat Wehner

Abb. 4 Ansicht (Osten oben) des freigelegten Turmgrundrisses zum Abschluss der Grabungen.

Abb. 5 Ansicht der herausgebrochenen inneren Mauerschalen des Turms mit an der Unterkante erkennbaren Resten der ursprünglichen Sichtseite mit Blick nach Süden.

Abb. 6 Blick (Süden oben) auf den Schnitt gegenüber dem „Dicken Wilhelm". Rechs befindet sich die massive Westseite des mehrfach umgebauten und zuletzt als Schweinestall genutzten Zeughauses. Mittig erkennt man eine etwas schräg versetzt dazu liegende ältere Mauer mit unterschiedlich breiten Ansätzen von Quermauern nach Osten und Westen.

1 Bereits entdeckt von: Reinhard Schmitt, Schloß Neuenburg bei Freyburg (Unstrut). Zur Baugeschichte vom späten 11. bis zum mittleren 13. Jahrhundert nach den Untersuchungen der Jahre 1986 bis 2007, in: Burgen und Schlösser in Sachsen-Anhalt 16, 2007, S. 26; Abb. 20.
2 Reinhard Schmitt, Schloß Neuenburg bei Freyburg/Unstrut. Anmerkungen zur Baugeschichte der Vorburg, in: Burgen und Schlösser in Sachsen-Anhalt 12, 2003, S. 167.

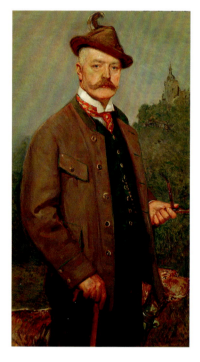

Abb. 1–2 Vor und nach der Restaurierung: Robert Hermann Sterl, Porträt des Friedrich Deodat Georg, Graf von der Asseburg-Falkenstein (1861–1940), 1909 / 1913. Öl auf Leinwand, ca. 120×70 cm Kulturstiftung Sachsen-Anhalt, Kunstmuseum Moritzburg Halle, Inv.-Nr. I-0956.

Burg Falkenstein (Harz): Ihre Herrschaften geben sich die Ehre

Eine Burg wie der Falkenstein, der auf eine 900jährige Nutzung blickt, hat sich im Lauf der Zeit ebenso verändert wie die Ansprüche der jeweiligen Besitzer. Prägten in der Romanik und Gotik massive Mauern und Wehrelemente das Bild, rückte in der Neuzeit vor allem der Wohnkomfort in den Vordergrund. Mit dem beginnenden 19. Jahrhundert dominierten romantische Vorstellungen die Wahrnehmung und Nutzung der Anlage. Während das Schloss in Meisdorf zum ständigen Wohnaufenthalt der residierenden Familie aufstieg, wandelte sich der Falkenstein zum Sommersitz und Ziel des aufkommenden Tourismus.

Nach den Grafen von Falkenstein prägten die Herren von der Asseburg lange Zeit die Geschicke der Herrschaft. Aus deren Kreis ragten seit der Mitte des 18. Jahrhunderts einzelne Persönlichkeiten heraus. Dazu zählten Achatz Ferdinand (1721–1797) als einer der führenden Diplomaten an europäischen Höfen, Graf Ludwig I. (1796–1869), der zum Preußischen Oberjägermeister und Chef des Hofjagdamtes aufstieg, oder Graf Friedrich (1861–1940), Angehöriger des preußischen Herrenhauses (Abb. 1–2). Letzterer ließ den Falkenstein zwischen 1909 und 1912 umfassend renovieren und hielt ihn für das Publikum offen.

Die Ausstellungen des Museums spiegeln diese Zeitläufe. Es sind auch die Wohnräume, die bleibenden Eindruck hinterlassen und von den wechselvollen Geschehnissen der Burg erzählen. Ein konkretes Gesicht erhalten die Räume stets durch die präsentierten Gemälde, vor allem Porträts der jeweiligen Eigentümer. Umso wichtiger ist es, diesen Bestand zu pflegen.

Dank einer Förderung durch die Ostdeutsche Sparkassenstiftung und die Harzsparkasse konnten in den letzten beiden Jahren sieben Porträts restauriert werden. Dabei handelt es sich um für die Geschichte von Burg und Herrschaft Falkenstein wichtige Personen: Johann Bernhard I. von der Asseburg (gest. 1682) zeichnet für den Ausbau des Nordflügels auf der Burg mit der heutigen Herrenstube verantwortlich. Johann XII. (1655–1696) ist eng mit der berühmten Bechersage der Asseburger verknüpft. Ludwig Hans von der Asseburg (1700–1764), Johanna Salome (1724–1761) und Louise Albertine (1700–1754?) stehen wiederum im Umfeld von Achatz Ferdinand von der Asseburg. Ludwig Hans, selbst Diplomat beim Landgrafen von Hessen-Kassel sowie am Preußischen und Schwedischen Hof, ebnete ihm den Weg zur diplomatischen Karriere. Graf Friedrich (1861–1940) und seine Gemahlin Margarete (1868–1945) schließlich residierten als die letzten Asseburger in der Falkensteiner Herrschaft.

Der Schädigungsgrad der einzelnen Bilder variierte. Am beklagenswertesten waren die Porträts von Friedrich und Margarete. Aus dem Rahmen unregelmäßig herausgeschnitten und währen der Nachkriegsjahre als Dämmstoff in der Dachhaut der Moritzburg in Halle (Saale) verwendet, wiesen sie Risse in der Leinwand, geknickte und abgeplatzte Farbschichten, vergilbten Firnis und starke Verschmutzungen auf (Abb. 1). Im Zuge der Restaurierung wurden die lockeren Malschichten von dem beauftragten Team unter der Leitung von Andrea Himpel mit Beteiligung von Linda Haselbach und Asgard Kleinbauer gefestigt und die Leinwand plangelegt, Risse geschlossen und die Leinwand ergänzt. Anschließend galt es, Fehlstellen wiederzustellen und Randbereiche zu rekonstruieren. Firnisaufträge und Endretuschen führten schließlich zu einem vollständigen Erscheinungsbild (Abb. 2).

Der Zustand der übrigen fünf Gemälde erwies sich im Vergleich als weniger problematisch. Trotzdem hatten die Jahre Spuren hinterlassen. Reinigungsarbeiten, Bearbeitung von Fehlstellen, Kittungen und Retuschen, Festigung lockerer Malschichten und der Auftrag einer neuen Firnisschicht lassen die Gemälde aber nun wieder im alten Glanz erscheinen. In der Ausstellung verbinden die restaurierten Porträts Ereignisse mit Personen und verwandeln die musealen Räume zu einem wahren „Bilderbuch", in dem sich die Herrschaften die Ehre geben.

Joachim Schymalla

Dom zu Halberstadt: DBU-Forschungsprojekt zur Rettung der Farbfassungen an den Chorskulpturen erfolgreich und publikumswirksam beendet!

Von 2016 bis 2021 förderte die Deutsche Bundesstiftung Umwelt (DBU) mit knapp 120 000,- € ein interdisziplinäres Forschungsvorhaben, in dessen Mittelpunkt die Vorbereitung und Durchführung einer restauratorischen Notsicherungsmaßnahme an 14 spätmittelalterlichen Steinskulpturen im Halberstädter Dom stand. Der Figurenzyklus der zwölf Apostel und der beiden Dompatrone Stephanus und Sixtus im Hohen Chor der Kathedrale war durch negative Umwelteinflüsse stark geschädigt. Dies betraf vor allem die substanziell gefährdeten Farbfassungen.

Gemeinsam mit ihren Kooperationspartnern – der freiberuflich tätigen Diplom-Restauratorin Dr. Corinna Grimm-Remus, dem Institut für Diagnostik und Konservierung an Denkmalen in Sachsen und Sachsen-Anhalt e. V. und dem Landesamt für Denkmalpflege und Archäologie Sachsen-Anhalt – startete die Kulturstiftung Sachsen-Anhalt Ende 2016 das Projekt „Praxisorientierte Vorversuche sowie Notsicherungen zur modellhaften Fassungssicherung mit Hilfe einer ‚Facing-Technologie' stark umweltgeschädigter, unrestaurierter, mittelalterlicher Steinskulpturen im Halberstädter Dom". Es kamen innovative restauratorische Technologien zum Einsatz, die „am Objekt" anwendungsbezogen weiterentwickelt wurden. Nach mehreren Testphasen erwiesen sich die bestandsschonende Laserreinigung der stark verschmutzten Steinoberflächen und das „Facing" als die Mittel der Wahl. Unter Letzterem ist das Aufbringen einer Schutzschicht auf die gefährdeten und geschädigten Farbfassungen zu verstehen, die eine Konservierung bzw. Restaurierung überhaupt erst ermöglicht und nach erfolgter Maßnahme wieder entfernt wird. In mehreren Versuchsreihen zeigten sich eine sogenannte Habotai-Seide als „Facing"-Material und Störleim als Festigungsmittel als die besten Hilfsmittel.

Neue Wege beschritt man auch bei der restauratorischen Dokumentation. In enger Zusammenarbeit mit der Bauhaus Universität Weimar, den Professuren Modellierung und Simulation – Konstruktion (Fakultät Bauingenieurwesen) und Computer Vision in Engineering (Fakultät Medien), erfolgte eine digitale Erfassung des Zustandes vor und nach der Notsicherung. Im Ergebnis entstanden vollständige und hochaufgelöste 3D-Modelle der einzelnen Skulpturen, die künftig für das Monitoring der schwer zugänglichen Originale zur Verfügung stehen.

Begleitet wurde das Gesamtvorhaben von Prof. Regina Urbanek von der Technischen Hochschule Köln und Prof. em. Gottfried Hauff von der Fachhochschule Potsdam als wissenschaftlichem Beirat. Die Forschungsergebnisse können in der Projektdatenbank der DBU unter dem Aktenzeichen 33688/01 und der Webadresse www.dbu.de/projekt_33688/01_db_2409.html kostenfrei abgerufen werden.

Ein dazugehöriges Abschlusskolloquium „Mit Störleim und Seide" fand pandemiebedingt erst nach Projektabschluss statt (Abb. 1). Am 27. und 28. Juni 2022 kamen Mitwirkende und Kooperationspartner unter der Moderation von Dr. Eike Henning Michl noch einmal in Halberstadt zusammen, um sowohl die interessierte Öffentlichkeit als auch das Fachpublikum über die bemerkenswerten Ergebnisse zu informieren. Die zweitägige Veranstaltung im Langhaus des Domes fand überaus regen Zuspruch. Der Auftakt stand im Zeichen der Öffentlichkeitsarbeit. Die drei publikumswirksamen Abendvorträge, die die Chorpfeilerfiguren im Hohen Chor des Halberstädter Doms aus bau- und kunsthistorischer wie restauratorischer Sicht einordneten und betrachteten, waren sehr gut besucht (Abb. 2). Großen Anklang beim Laien- und Fachpublikum fanden auch die beiden Medienstationen im Hohen Chor (ermöglicht durch die Consensive GmbH), welche mittels VR-Technologie einzigartige „Blicke" auf die spätmittelalterlichen Steinskulpturen und die erfolgten Restaurierungsschritte gewährten (Abb. 3). Am zweiten Veranstaltungstag trugen acht Projektmitwirkende vor einem interessierten Fachpublikum ihre Arbeitsergebnisse vor und leisteten damit einen wichtigen Beitrag zum Wissenstransfer.

Katrin Tille

Abb. 1   Plakat für die Abendveranstaltung des DBU-Abschlusskolloquiums „Mit Störleim und Seide" am 27. Juni 2022.

Abb. 2   Gut besuchter Auftakt der Abschlussveranstaltung mit Vorträgen im Halberstädter Dom.

Abb. 3   Eine dicht umlagerte Medienstation im Hohen Chor des Halberstädter Domes ließ Interessierte die „Virtual Reality"-Technologie selbst ausprobieren.

Abb. 1   Der verlorene „Ur-Gips" der
            Nicolai-Büste von Johann Gottfried
            Schadow aus dem Jahr 1798 auf
            einem Foto der Jahre um 1900.

Abb. 2   Die Abformung vom „Ur-Gips"
            aus dem Jahr 1914, heute im
            Bestand der Zentralen Kustodie
            der Martin-Luther-Universität
            Halle-Wittenberg,

Abb. 3   Inventarkartei des Kunstmuseums
            Moritzburg Halle (Saale) aus den
            frühen 1950er Jahren mit einem
            Vernichtungsvermerk in Bleistift.

Kunstmuseum Moritzburg Halle (Saale): Eine museale Detektivgeschichte

In Vorbereitung des Ausstellungsprojekts „Wege zur Burg der Moderne. 1911: Die Museumsgesellschaft" stießen wir in der Sammlungsdokumentation auf eine 1798 entstandene Büste, die den berühmten Verleger der Aufklärung, Friedrich Nicolai (1733–1811), darstellt und von dem bedeutenden Bildhauer Johann Gottfried Schadow (1764–1850) geschaffen wurde. Allerdings war das 1914 durch die Museumsgesellschaft für das Kunstmuseum erworbene Objekt nicht in den Beständen auffindbar. Stattdessen existieren in der Zentralen Kustodie der Martin-Luther-Universität Halle-Wittenberg zwei Gipsabformungen dieser Büste. Ob zwischen den Arbeiten ein Zusammenhang bestand und wenn ja, welcher, konnte in Zusammenarbeit mit dem Historiker Sven Pabstmann in akribischer Recherchearbeit aufgedeckt werden.

1798 formte Schadow das Bildnis Nicolais in seinem Berliner Atelier (Abb. 1). Der Dargestellte erwarb noch im selben Jahr die eventuell erste Gipsabformung vom originalen Tonmodell. Am 11. September 1798 bedankte sich der Jurist Ferdinand Klein (1744–1810), der zu dieser Zeit als Professor an der Friedrichs-Universität in Halle (Saale) wirkte, bei Nicolai für die Zusendung der Büste. Ab 1825 ist sie dann im Inventar der halleschen Universitätsbibliothek nachweisbar.

1909 lieh sich die Königliche Akademie der Künste in Berlin die Plastik für ihre große Schadow-Retrospektive. In diesem Zusammenhang erkannte man in Berlin wie auch in Halle (Saale) den Wert dieses Werks, sodass es sowohl die Nationalgalerie als auch das hallesche Kunstmuseum erwerben wollten. Dem engagierten Einsatz Max Sauerlandts ist es zu verdanken, dass die Büste in die Saalestadt zurückkehren konnte. Am 24. Juni 1913 informierte der Preußische Kultusminister die hallesche Universität, dass er „von einer Erwerbung der Büste für die Königliche Nationalgalerie Abstand nehmen [wolle]. Für letzte ist ein Bronzeabguß hergestellt worden. Ich genehmige nunmehr, daß die Originalbüste dem dortigen städtischen Museum gegen Zahlung von 1 500 M und Lieferung eines Gipsabgusses an die Universitätsbibliothek käuflich überlassen wird."[1] Nachdem am 14. Januar 1914 der Vorstand der Museumsgesellschaft den Ankauf der Nicolai-Büste beschlossen hatte, übergab Sauerlandt am 28. Juli 1914 der Universitätsbibliothek eine Ersatzabformung, ebenfalls in Gips (Abb. 2). Der Gips aus Nicolais Besitz fand unter der laufenden Nummer 177 für das Jahr 1913 Eingang in das Inventar des Museums.

Weshalb jedoch befindet er sich heute nicht mehr in der Sammlung, wohingegen aber zwei Abgüsse in der Kustodie der Universität vorhanden sind? Dieses Rätsel zu lösen, bedurfte diverser Archivrecherchen, vergleichender Untersuchungen der erhaltenen Gipse, Materialanalysen und Beratungen mit den Kolleginnen der Alten Nationalgalerie in Berlin. Die ernüchternde Auflösung brachte eine Karteikarte (Abb. 3): Sie stammt aus den 1950er Jahren, zeigt die Büste in beschädigtem Zustand und vermerkt: „Büste. Beschädigt. (Original wahrscheinlich in der Universitätsbibliothek)". Die Karte wurde mit Bleistift durchgestrichen und am unteren Rand vermerkt: „vernichten"! Offenbar war man sich des besonderen Werts der Arbeit nicht mehr bewusst und hatte sie aufgrund der Schäden aus dem Bestand „abgesetzt", wie man es seinerzeit nannte.

Heute bewahrt die Universitäts-Kustodie den Gips, den Max Sauerlandt 1914 anfertigen ließ, sowie einen Abguss davon aus dem Jahr 1988. Einen weiteren Gips, der im Kontext der Ausstellung 1909 vom halleschen „Ur-Gips" angefertigt wurde, gibt es in der Alten Nationalgalerie, davon wiederum eine Bronze-Abformung aus dem Jahr 1913. In der Ausstellung im Rahmen des „Stifter & Schenker"-Projekts wurden alle vier Büsten erstmals in einer Zusammenschau mit dem zumindest fotografisch dokumentierten verlorenen „Ur-Gips" präsentiert.

Thomas Bauer-Friedrich

---

1   Universitätsarchiv Halle-Wittenberg, Rep. 6, Nr. 1022, o. Bl., Schreiben des Preußischen
      Kultusministeriums an den Kurator der Universität Halle vom 24. Juni 1913.

Kloster Michaelstein: Chalumeau-Symposium 2022

Das Chalumeau ist ein recht unscheinbares Instrument, das in seiner Form einer Block-flöte ähnelt, aber das Mundstück einer Klarinette besitzt. Das um 1700 neu entstandene Instrument, das zwar kräftiger als die Blockflöte, dabei aber weicher als die ebenfalls neue Oboe klang, wurde von den Zeitgenossen sehr differenziert bewertet. Die große Anzahl von etwa 400 überlieferten Werken von wenigstens 66 Komponisten spricht für eine große Popularität dieses Instruments vor allem in der 1. Hälfte des 18. Jahrhunderts. Im Gegensatz dazu sind aber nur 8 Chalumeaux in Museen erhalten, es gibt kaum ikonographische Zeugnisse, praktisch keine Spielanweisungen und nur sehr kurze sowie zweideutige zeitgenössische Beschreibungen.

Aus der großen Diskrepanz zwischen dem umfangreichen Chalumeau-Repertoire und der schlechten Quellenlage resultieren viele offene Fragen, besonders hinsichtlich seiner Geschichte, Entwicklung und Bauweise. Deshalb wandte sich die Musikakademie Sachsen-Anhalt Kloster Michaelstein im 38. Musikinstrumentenbau-Symposium vom 21. bis 23. Oktober 2022 dem Chalumeau zu. Unter dem Motto „Das Chalumeau: eine ‚heulende Symphonie‘ oder ein ‚unendlich angenehmes‘ Instrument?" widmete man sich erstmals diesem heute nur wenig bekannten Instrument.

In 17 Referaten und zwei musikalischen Demonstrationen präsentierten Spezialisten aus Deutschland, den Niederlanden, der Slowakei, Österreich, Großbritannien, Island und den USA ein breites Themenspektrum. Aufgrund der Quellenlage stand Chalumeau-Musik von Komponisten wie Graupner, Telemann, Molter, Heinichen oder Zelenka im Mittelpunkt der Betrachtungen. Neu entdeckte Werke in Südtiroler Klöstern sowie detailliert untersuchte und erstmals aufgenommene Kompositionen aus einer Sammlung im Archiv der Gesellschaft der Musikfreunde Wien bereichern zukünftig das Repertoire für Chalumeau. Als besonders lohnenswert erwies sich auch der Blick auf dessen Verwendung in der 2. Hälfte des 18. Jahrhunderts, auf organologische Betrachtungen der erhaltenen Instrumente sowie auf die Präsentation von neu aufgefundenen Schriftquellen. Die Referate zur klanglichen Wiedererweckung des Chalumeaus, welche nach einer fast 200jährigen Spielpause erst seit Anfang der 1980er Jahre erfolgte, verdeutlichten, dass sich im Vergleich zu anderen Instrumenten seine Renaissance durch die schlechte Quellenlage und die Lücke in der Aufführungsgeschichte als besonders schwierig erwies.

Die für Michaelsteiner Konferenzen typische Verknüpfung der wissenschaftlichen Betrachtungen mit der Musikpraxis wurde bei diesem Symposium erneut intensiv verfolgt. So bestätigte man die aus historischen Quellen abgeleitete Hypothese, dass als Besetzungsvariante für das Chalumeau auch eine gedämpfte Oboe zum Einsatz kam, durch akustische Untersuchungen sowie die klangliche Demonstration beider Instrumententypen. Die musikalische Aufführung von zeitgenössischen Werken zeigte die Möglichkeit auf, alten Instrumenten in unserer heutigen Zeit eine neue Präsenz zu verschaffen.

Ebenso waren musikalische Eröffnung der Konferenz sowie das abendliche Symposiumskonzert auf den Inhalt der Referate abgestimmt. Internationale Musiker illustrierten die große Vielfalt des Chalumeau-Repertoires, welches von kammermusikalischen Werken in der Besetzung bis zu vier Chalumeaux über Opernarien bis hin zu ganz unterschiedlich instrumentierten Chalumeau-Konzerten reicht. Unter dem Motto „Frühlingsgruß aus dem klassischen Wien" konnten Michaelsteiner Gäste bereits im Rahmen des Osterkonzertes das noch immer relativ selten gespielte Chalumeau erleben.

Das Kloster Michaelstein trug mit dieser Veranstaltung dazu bei, dass das Chalumeau, welchem laut Christian Friedrich Daniel Schubart „viel Interessantes, Eigenthümliches, unendlich Angenehmes" innewohnt, sowohl in der musikwissenschaftlichen Forschung als auch in der heutigen Musikpraxis erneut Aufmerksamkeit findet.

Monika Lustig

Hier gelangen Sie zum Programm der Tagung.

Abb. 1 Musikalische Tagungseröffnung mit den Chalumeau-Spielern Robert Šebesta (Bratislava) und Simon Pibal (Wien) sowie Mitgliedern des Telemannischen Collegiums Michaelstein.

Abb. 2 Konzert „Ein ‚unendlich angenehmes' Instrument" in der Musikscheune des Klosters Michaelstein mit den Chalumeau-Spielern Christian Leitherer (Weil am Rhein), Eric Hoeprich (London), Markus Springer (Alkoven), Ernst Schlader (Wien).

Abb. 3 Referat von Eric Hoeprich (London) zu den Herausforderungen von Konstruktion und Bedienung eines Chalumeau.

Kloster Michaelstein: „Jugend musiziert"-Preisträgerkonzert

Die Idee ist so alt wie die Landesmusikakademie Sachsen-Anhalt: Im Anschluss an den Landeswettbewerb „Jugend musiziert" ein Preisträgerkonzert im Kloster Michaelstein auszurichten. Trotzdem konnte dieses Vorhaben erstmals im Jahr 2022 in die Tat umgesetzt werden! Zunächst bereits für 2020 geplant, verhinderte – wie bei so vielen Initiativen – die Corona-Pandemie das anberaumte Konzert, sodass das Vorhaben erstmals am 15. Mai 2022 in Angriff genommen werden konnte. Der Wettbewerb „Jugend musiziert" ist seit seiner Gründung 1963 der bedeutendste bundesweit durchgeführte Wettbewerb für die musikalische Nachwuchsgewinnung. Zahlreiche heutzutage bekannte und geschätzte Musikerinnen und Musiker waren in ihrer Kinder- und Jugendzeit Preisträger des Wettbewerbs und begannen so ihre künstlerische Karriere. Er wird auf regionaler, Landes- und Bundesebene durchgeführt, die jeweils besten Kandidaten dürfen in ihrer Wertung auf der nächsten Stufe antreten. Weit über 200 Schülerinnen und Schüler aus ganz Sachsen-Anhalt stellten sich im März 2022 den Fachjuroren, knapp 100 bekamen die Zulassung zum Bundeswettbewerb und die Kategoriesieger schließlich die Möglichkeit, sich nochmals in einem besonderen Preisträgerkonzert in der Michaelsteiner Musikscheune vorzustellen. Die Urkunden und Sonderpreise des Ostdeutschen Sparkassen- und Giroverbandes überreichten Staatssekretär Dr. Sebastian Putz sowie Thomas Wolber vom Sparkassenverband und Dr. Carsten Lange für den Melante-Preis. Auch für die kommenden Jahre sind Preisträgerkonzerte von „Jugend musiziert" in Michaelstein im Anschluss an den Landeswettbewerb geplant.

Peter Grunwald

Ausgezeichnet: Dr. Carsten Lange von der Melante-Stiftung überreicht Amelie Stein (Violine) die Urkunde über den Preis für die beste Interpretation eines Werkes von Georg Philipp Telemann.

Kloster Michaelstein: Rüstet euch, ihr Himmelschöre! – kein Himmelfahrtskommando

Neuerschließung Alter Musik – geht das überhaupt noch? Ja, das geht, und es ist eine der zentralen Aufgaben der Landesmusikakademie im Kloster Michaelstein, Musikwerke nach oft mehreren Jahrhunderten des Schlummerns in Archiven und Bibliotheken wieder zum Leben zu erwecken.

Ein Großprojekt dieser Art fand am 28. Mai 2022, dem Sonnabend nach Christi Himmelfahrt, mit einem repräsentativen Konzert in der Musikscheune seinen Abschluss – seinen glücklichen Abschluss. Denn ob es so weit kommen würde, stand lange Zeit in den Sternen. Ursprünglich sollte das Konzert nämlich bereits im Mai 2020 stattfinden. Dann aber kam Corona …

Dabei veranschaulichte das Projekt geradezu mustergültig den aufwendigen Prozess von der Entdeckung bisher unbekannter Werke über die Projektidee, die Veranstaltungskonzeption, die Erstellung des Notenmaterials, die organisatorisch-finanzielle Absicherung und die Proben bis hin zum klingenden Ergebnis. Mit gleich drei eindrucksvollen Werken aus der reichen Musikgeschichte Mitteldeutschlands konnte das Projekt zudem inhaltlich punkten. Eine Messe in Es-Dur von Gottfried Heinrich Stölzel (1690–1749) sowie eine Kantate von Friedrich Wilhelm Zachow (1663–1712), dem Lehrer Händels in Halle, erlebten ihre neuzeitliche Uraufführung durch die Ensembles Cantus & Capella Thuringia unter der Leitung von Bernhard Klapprott. Hauptwerk war aber zweifellos das fulminante Oratorium auf Christi Himmelfahrt „Rüstet euch, ihr Himmelschöre!" des Merseburger Hofkapellmeisters Georg Friedrich Kauffmann (1679–1735). Nicht unerwähnt soll bleiben, dass die Lotto-Toto GmbH Sachsen-Anhalt ihre zugesagte Förderung über die mehrfachen Verschiebungen hinweg dankenswerterweise aufrecht erhielt!

Bert Siegmund

Cantus & Capella Thuringia beim Himmelfahrtskonzert am 28. Mai 2022 in der Musikscheune des Klosters Michaelstein.

Kloster Michaelstein: BACHS ERBEN auf Abwegen – Konzerte in Leipzig und Innsbruck

Alte Musik für junge Leute: Unter diesem Motto treffen sich drei- bis viermal im Jahr junge Musikerinnen und Musiker in der Musikakademie Michaelstein, um anspruchsvolle Programme mit Stücken von Johann Sebastian Bach und seinen Zeitgenossen zu erarbeiten. „BACHS ERBEN – Jugendbarockorchester Michaelstein" heißt dieses Projekt, und das Konzept dahinter vereint zwei Aspekte. Im Vordergrund steht natürlich die instrumentale Schulung an Werken der musikalischen Weltliteratur. Den Abschluss bilden öffentliche Konzerte, in denen es dann nicht mehr darum geht, zu einer bestmöglichen Interpretation zu gelangen, sondern darum, diese auch überzeugend vor Publikum darzubieten.

BACHS ERBEN und der MDR-Kinderchor am 15. Juni 2022 in der Peterskirche zu Leipzig.

Im Juni 2022 waren BACHS ERBEN zu gleich zwei bedeutsamen Auftritten eingeladen: zum Bachfest Leipzig und zu den Innsbrucker Festwochen der Alten Musik. Beim Bachfest gestaltete das Ensemble gemeinsam mit dem MDR-Kinderchor am 15. Juni eine Mette in der Peterskirche und führte dabei unter anderem die Bach-Kantate „Am Abend aber desselbigen Sabbats" (BWV 42) auf.

Gleich im Anschluss ging es nach Innsbruck. Dort gab es, organisiert von den Festwochen der Alten Musik, ein erstes Treffen von vier Jugendbarockorchestern: neben BACHS ERBEN auch das Bayrische Jugendbarockorchester, die Streicherey aus Innsbruck und das Landesjugendbarockorchester Baden-Württemberg. Jedes Orchester hatte ein kurzes eigenes Konzert zu bestreiten und alle gemeinsam brachten dann unter der Leitung des weltbekannten Cembalisten Lars Ulrik Mortensen (Kopenhagen) die Suite „Hamburger Ebb' und Fluth" von Georg Philipp Telemann und Ausschnitte aus der „Wassermusik" von Georg Friedrich Händel in einem umjubelten Abschlusskonzert zur Aufführung.

Bert Siegmund

Kloster Michaelstein: Sommerakademie für Alte Musik

2022 gedachte die Musikwelt des 350. Todestages von Heinrich Schütz (1585–1672). Der gebürtige Thüringer und spätere sächsische Hofkapellmeister gilt als der „Vater unserer modernen Musik", noch heute kommt kaum ein Musiker oder Komponist ohne sein Werk aus. Die italienischen Kompositionsstile der venezianischen Mehrchörigkeit und des geringstimmigen Konzertes mit Generalbassbegleitung verwendete Schütz außergewöhnlich und meisterhaft, um biblische deutschsprachige Texte in Musik „zu übersetzen", mit Musik „zu erzählen". Solch leidenschaftliche, affektvolle und mit musikalischen Figuren veranschaulichte Vertonungen gelangen kaum einem anderen seiner Zeitgenossen. Und wie aktuell klingt noch immer und – leider wieder – seine Motette „Verley uns Frieden genädiglich"! Dieses eindringliche Werk erklang als ein Höhepunkt des gleichnamigen Abschlusskonzertes, welches am 10. Juli 2022 in der Musikscheune des Klosters Michaelstein stattfand.

Teilnehmer und Dozenten der Sommerakademie bei ihrem Abschlusskonzert am 10. Juli 2022 in der Musikscheune des Klosters Michaelstein.

Bis dahin hatten sich in fünf Julitagen die Teilnehmer der Sommerakademie unter der Leitung von Ercole Nisini (Posaune) und mit den auf Renaissancemusik spezialisierten Dozenten Monika Mauch (Gesang), Friederike Otto (Zink), Anne Schumann (Violine), Jennifer Harris (Dulzian, Rohrblattinstrumente), Frauke Hess (Viola da gamba, Violone) und Margit Schultheiss (Harfe, Orgel, Generalbass) mit der instrumentalen Idiomatik Schützens, gleichwertig zu den menschlichen Stimmen, im Consortspiel oder in kleineren und größeren gemischten Klanggruppen intensiv auseinandergesetzt. Denn Schützens Rhetorik, seine musikalischen Figuren auch auf Instrumente zu übertragen, singend zu denken und zu spielen, verlangt heutzutage von jedem Musiker regelmäßige Vervollkommnung.

Ute Omonsky / Cornelia Strobelt

Musikakademie

Pascal Zurek rezitierte am 27. August 2022 in der Michaeliskirche des Klosters das „Hexenlied".

Kloster Michaelstein: Ein Lied, wie man keines vernahm

Im August 2022 ging ein seit der Konferenz „Das Melodram in Geschichte und Aufführungspraxis" im Jahr 2018 gehegter Wunsch in Erfüllung: Eine Aufführung des Melodrams „Das Hexenlied". Diese düster-schaurige Ballade um einen Mönch im Kloster Hersfeld von Ernst von Wildenbruch wurde als Melodram mit einem Sprecher und der Musik von Max von Schillings seit 1902 europaweit bekannt.

In seinem „Hexenlied" breitet sich eine unheimliche Stimmung aus, Schillings hatte mit diesem Werk gar eine Renaissance des Melodrams eingeleitet! Dieses Seelendrama fesselt seitdem die Zuhörer wie ein Krimi, ist sehr selten live zu erleben und wurde in Michaelstein nun erstmals und wirkmächtig in Begleitung der großen Knauf-Orgel in der Michaeliskirche dargeboten. Bassbariton Pascal Zurek – doppelt begabt als Sprecher und Sänger – rezitierte es gemeinsam mit Organist Peter Schleicher. Das sensible rhetorische und spannungsreiche Zusammenspiel der beiden künstlerisch begnadeten Stuttgarter vereinnahmte das Publikum.

Diese Interpretation war der Höhepunkt des diesjährigen „Wandelkonzertes zur Nacht", in dem Zurek und Schleicher mit der Violoncellistin Elise Chemla in den stimmungsvoll beleuchteten Klausurräumen instrumentale und vokale Nuancen setzten, offene Ohren für die Magie von Klängen und die Heimat von Worten herausforderten. Mit Zureks artistischer Stimmkunst und seiner flexiblen Stimme großen Tonumfangs, Schleichers Gewandtheit auf verschiedenen Tasteninstrumenten und Chemlas feinfühliger Virtuosität war der Hexenliedvers „Ein Lied, wie man keines vernahm" zum Programm geworden.

Ute Omonsky

Teilnehmer des Abschlusskonzerts im Rahmen des Workshops „Mit Händen begreifen – Motivation und Konzentration" für Nachwuchspianisten 2022 in der Musikakademie zusammen mit Ragna Schirmer (links).

Kloster Michaelstein: Coaching vom Profi für die Jüngsten

Vielleicht etwas überzogen, mag man jetzt vermuten. Bei genauerem Hinsehen (oder in diesem Fall Hinhören) aber wird ganz schnell klar, was der künstlerische Nachwuchs nach den vergangenen zwei Jahren braucht: Erfahrung in Bühnensituationen. Nicht umsonst tragen Förderprogramme Namen wie „Aufholen" oder „Neustart". Dem Förderprogramm „Neustart Kultur" ist es auch zu verdanken, dass man die berühmte Pianistin und Pädagogin Ragna Schirmer (Halle/Saale) für ihr Coaching des hochbegabten Nachwuchses daraus mit einem Stipendium förderte. Konzipiert wurden gemeinsam mit dem Landesverband der Musikschulen zunächst Tageskurse an Unterrichtsstätten im Bundesland und im Herbst 2022 ein mehrtägiger Workshop in der Musikakademie Kloster Michaelstein. Hier trafen sich junge Pianisten, die bereits viel Wettbewerbserfahrung gesammelt hatten und überragendes Spielniveau besaßen, für die „letzten 10 %".

Wie kann man innerlich höchst konzentriert, technisch bestmöglich ausgebildet, inhaltlich top vorbereitet sein – und alles klingen lassen, als gleiche die Darbietung und das Musikstück einem Spaziergang voller Leichtigkeit? Ragna Schirmer gelang es, sich höchst individuell auf jeden Pianisten einzustellen und genau dasjenige Element zu finden, das die jungen Charaktere in dieser konkreten Situation für die musikalische Entwicklung benötigten. Acht Kinder, Jugendliche und Erwachsene von 10 bis 25 Jahren aus Niedersachsen, Nordrhein-Westfalen und Sachsen-Anhalt nahmen aktiv teil; des Weiteren sechs Lehrkräfte, die als passive Teilnehmer den Workshop als eigene Fortbildung nutzten und begeistert voller neuer methodischer Anregungen wieder verließen.

Petra Penning

Kloster Michaelstein: International Singer Academy – die Fortsetzung

Der Zuspruch drängte 2022 nach Fortsetzung: Nachdem im Vorjahr ein Meisterkurs für Gesang unter Leitung von Prof. Marek Rzepka in Michaelstein initiiert worden war, folgte im September 2022 ein weiteres Angebot: Gute Atemtechnik, Vokal- und Registerausgleich sowie präzise Bühnensprache gelten für den Dozenten als Schlüssel einer professionellen und kunstvollen Aussagekraft. Und es ist seine Herzensangelegenheit, genau dies den angehenden Stars der Bühnen als Rüstzeug mitzugeben. Bei fortgeschrittenen Sängern aus dem professionellen Bereich des klassischen Gesangs, jungen Berufssängern, Gesangsstudierenden sowie Studienkandidaten erfuhr das Konzept großen Anklang. Denn mit jedem neuen Auftritt stehen sie vor der Frage: Wie präsentiere ich das Musikwerk?

Wer hat als professioneller Sänger nicht das Ziel, ein Publikum mit einem künstlerisch überzeugenden Vortrag in seinen Bann zu ziehen? Stimme, Musikalität, Sprachen und Persönlichkeit sind dafür entscheidende Kriterien!

Sänger aus Australien, Deutschland, Georgien, Italien, Österreich und Polen waren dankbar für die künstlerische Vervollkommnung bei Prof. Marek Rzepka (Hannover), Prof. Claudia Visca (Wien) und Johannes Wulff-Woesten (Dresden / Bayreuth) sowie die Korrepetition am Flügel durch Yoon-Jee Kim, Christian Zimmer und Marcin Kozieł. Durch großzügige Sponsoren und die „Gesellschaft der Freunde ‚Michaelstein' e. V." konnte zusätzlich Mentaltraining angeboten werden, eine Theaterfotografin setzte die Sänger für ihren Karrieresprung ins „richtige Bild", auch eine Künstleragentur lauschte den Stimmen und begleitete die jungen Sängerpersönlichkeiten. Nach fünf intensiven Tagen des Austausches begeisterten die Teilnehmer schließlich vor Publikum in einem „stimmgewaltigen" Konzert mit Arien von Georg Friedrich Händel bis Leonard Bernstein. Nächstes Jahr wird sich eine „Vielfalt der Stimmen" zum dritten Mal im Kloster perfektionieren und präsentieren.

Ute Omonsky / Cornelia Strobelt

Kloster Michaelstein: Lokale Kooperation mit internationaler Strahlkraft

Bereits fünf Jahre dauert die erfolgreiche Kooperation mit dem Philharmonischen Kammerorchester Wernigerode und der Musikakademie schon an. Alles begann mit einem Meisterkurs für angehende Pianisten, der jungen Teilnehmern die Chance bot, als Solisten mit dem Orchester zu spielen. Daraus entstand ein abendfüllendes Programm mit den großen Klavierkonzerten der Klavierliteratur, zumeist Mozart und Schumann. Im Jahr darauf wurde das Konzept auch auf den Meisterkurs für Kontrabass übertragen.

Die Dozenten des Dirigierkurses Christian Fitzner und Wolfgang Kupke übergeben im Rahmen des Abschlusskonzertes Zeugnisse an die Teilnehmer Robert Vetter, Ulrich Hellem, Nicoleta Ion und Stephan Kelm im November 2022 im Konzerthaus Liebfrauen.

Auch hier konnten die Bassisten berühmte Kontrabasskonzerte der Musikgeschichte mit Orchester aufführen. Der Reiz: Wer kennt eigentlich diese Konzerte von Vanhal, Dittersdorf und Bottesini? So war es für Solisten und Publikum aufregend, diese selten gehörten und gespielten Werke zu erleben. Pianisten wie Bassisten spürten einzigartige Augenblicke, denn während des Studiums werden sie zwar zu hervorragenden Solisten ausgebildet, ein wirkliches Orchester, das mit ihnen spielt, erleben die meisten aber nur selten. So ist das Spiel mit Orchester als Alleinstellungsmerkmal im Akademieprogramm Michaelsteins und zieht seither zahlreiche Pianisten und Bassisten an.

Zuletzt beinhaltete die Kooperation sogar einen Dirigierkurs, in dem Bach-Kantaten erklangen, geleitet von Teilnehmern des Aufbaukurses Chor- und Orchesterdirigieren. Auch in dieser Kurs-Kooperation zeigte sich das Wernigeröder Orchester als verlässlicher Partner und äußerst geduldig mit den Kursteilnehmern. Nicht zuletzt durch das neu eröffnete Konzerthaus Liebfrauen konnte überdies noch ein zusätzlicher, für Kantaten zudem authentischer Konzertort gewonnen werden, sodass künftig Konzerte sowohl in Michaelstein als auch in Wernigerode stattfinden können.

Petra Penning

Schloss Neuenburg: Porzellane des 18. Jahrhunderts

—

Wunderschön fragil: Manufacture royale de porcelaine de Sèvres, Blumentopf mit Porzellanblumenstrauß, um 1770. Porzellan, polychrome Aufglasurmalerei, Goldstaffage, Metall, Modelliermasse, Höhe 29,2 cm. Kulturstiftung Sachsen-Anhalt, Museum Schloss Neuenburg, Inv. Nr. MSN-V 19758 A.

Ein fragiler Schatz bereichert schon seit dem Frühjahr 2021 den musealen Bestand des Museums Schloss Neuenburg. Dank der großzügigen Schenkung von Pfarrer i. R. Lothar Krzeminski, Wolsdorf, gelangte ein kostbares Konvolut, bestehend aus figürlichem Porzellan sowie Tafelporzellanen aus der zweiten Hälfte des 18. Jahrhunderts, in die Sammlung. Mit auffallender Grazilität sticht dabei ein Cachepot der französischen Manufaktur Limoges heraus, aus dem der Natur nachempfunden, fein modellierte Blumen mit sogenannten Vincennes-Blüten wachsen. Neben Konfektschalen ist es vor allem figürliches Porzellan aus der Manufaktur Höchst, das zumeist Entwürfen des Höchster Modellmeisters Johann Peter Melchior (1747–1825) entstammt. Besonders die qualitätvoll geformten Kinderfiguren, verschiedene Rollen verkörpernd, bezaubern durch ihre muntere Natürlichkeit und spiegeln die durch Rousseau publizierte Naturbegeisterung und Empfindsamkeit ihrer Zeit wieder. Sie waren nicht nur Vitrinenstücke, sondern ließen sich auf der Tafel bei festlichen Anlässen zu bühnenartigen Szenerien mit verschiedensten Kontexten arrangieren. So ergänzen die Figuren und Gruppen wunderbar die Vielzahl an Tafelporzellanen, bestehend aus Tellern und großen Platten, die vorwiegend der Manufaktur Fürstenberg zuzuordnen sind. Datiert zwischen 1760 und 1770, zeigen sie neben Blumenmalerei vor allem in Grün- und Brauntönen gehaltene Landschaften. Ob diese der Fantasie oder realen Vorbildern nachempfunden sind, werden weitere Forschungen zeigen. Zeitnah sollen die fragilen Neuerwerbungen zunächst als Sonderpräsentation Besuchern zugänglich gemacht sowie perspektivisch in die Dauerpräsentation des barocken Schloss Neuenburg integriert werden.

Ellen Keindorff

Jagdschloss Letzlingen: Rückkehr von Schloss-Mobiliar nach 100 Jahren

Als Oskar Schütze (1861–1943), einst Leibjäger Kaiser Wilhelms II. und seit 1890 Schlosskastellan in Letzlingen, am 4. April 1922 auf einer „Verkaufs-Auktion" im früheren Jagddomizil der Hohenzollern auch das Inventar des ehemaligen „Kaiserlichen Wohnzimmers" versteigerte, konnte er sich gewiss nicht vorstellen, dass drei der von ihm dort mit Erfolg feilgebotenen Möbelstücke nahezu genau einhundert Jahre später an ihren ursprünglichen Bestimmungsort zurückkehren würden.

Dabei handelt es sich um einen kleinen Ablage- bzw. Serviertisch, eine sogenannte Servante, und um zwei Stühle aus Eichenholz, deren Ankauf aus Privatbesitz der Kulturstiftung Sachsen-Anhalt Anfang März 2022 glückte. Ihre Anfertigung erfolgte vermutlich 1844 zusammen mit drei weiteren Servanten zur Möblierung der von König Friedrich Wilhelm IV. genutzten Räume.

Die drei Neuerwerbungen wurden – inzwischen vom Stiftungsrestaurator Hartmut Meier für die museale Präsentation vorbereitet – am 14. April 2022 anlässlich des 100. Jahrestages der Schloss-Auktion im „Kaiserzimmer" des Letzlinger Museums erstmals öffentlich vorgestellt und bereichern seitdem die Dauerausstellung des Hauses. Mehrere an den Möbelstücken überlieferte alte Inventaraufkleber belegen eindeutig deren Provenienz und vermerken diesen Standort. Anhand jener Hinweise hatte ihr Vorbesitzer, der Berliner Florist Michael Haase, auch festgestellt, dass die von ihm erst Ende 2021 von einer bald darauf verstorbenen Nachbarin übernommenen Möbel aus dem Letzlinger Schloss stammen. Auf die Frage, wo sie sich seit der Auktion im Jahre 1922 überall befanden, wird es wohl kaum noch einmal eine Antwort geben.

Konrad Breitenborn

Nach einem Jahrhundert wieder zu Hause: Eine Sitzgruppe der Originalausstattung des Jagdschlosses Letzlingen.

Kunstmuseum Moritzburg Halle (Saale): Ankauf eines Mappenwerks von Sascha Schneider

Verlag J. J. Weber Leipzig (Hrsg.), Zwölf Zeichnungen von Sascha Schneider.
Meisterwerke der Holzschneidekunst. Neue Folge. Heft 3, [2]Leipzig 1897.
Grafikmappe, 33 × 24,5 × 1,5 cm. Kulturstiftung Sachsen-Anhalt,
Kunstmuseum Moritzburg Halle (Saale), Inv.-Nr. MOIIG12732.

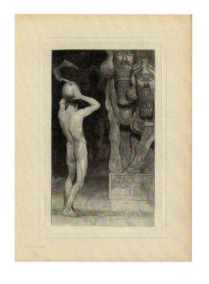

Mit dem Ankauf der „Zwölf Zeichnungen von Sascha Schneider" gelangte ein für die symbolistische Kunst relevantes Mappenwerk in die Sammlung Grafik. Es beinhaltet Blätter, deren erste Versionen Schneider als Gemälde oder größere Zeichnungen angelegt hatte. Zu sehen sind eigenständige allegorische Bildfindungen und Gedankenmalerei, die christlich-religiöse Motive zum Inhalt haben. Sasche Schneider war kein religiöser Maler; die biblischen Stoffe waren ihm Vorwand, um persönliche Gedanken und Empfindungen auszudrücken. Dabei gelang es ihm, das charakteristische theatralische Pathos seiner größeren Kartons und Wandmalereien in das intimere Format der Grafik zu übertragen. Sascha Schneider (1870–1927) studierte zwischen 1889 und 1893 an der Kunstakademie in Dresden. Seine später entstandenen symbolistischen Monumentalbilder entsprachen dem Zeitgeist der Jahrhundertwende. Für den befreundeten Schriftsteller Karl May gestaltete Schneider etliche Einbände. 1904 wechselte er als Professor an die Großherzoglich-Sächsische Kunstschule in Weimar. 1919 gründete Schneider das Kraft-Kunst-Institut, ein Institut für Körperausbildung und Erziehung, in dem als Ausstattungsstücke auch seine Gemälde und Plastiken vorhanden waren. Entschieden trug der offen homosexuell lebende Künstler zur „Befreiung" des männlichen Akts im frühen 20. Jahrhundert bei.

Sascha Schneiders „Anarchist" bereichert neben einigen anderen seiner Holzstiche auf Japanpapier nun die Sammlung Grafik des Landeskunstmuseums.

Susanna Köller / Thomas Bauer-Friedrich

Kunstmuseum Moritzburg Halle (Saale): Lithografien von Ludwig von Hofmann

Ludwig von Hofmann, Rhythmen. X Steinzeichnungen (Exemplar 87 / 100), 1919.
Mappe mit zehn Lithografien, Graphischer Verlag Friedrich Dehne, Leipzig, Lithografien auf Büttenpapier, 47,5 × 39,5 × 1 cm (Mappe), 44,4 × 36,5 cm (Blätter). Kulturstiftung Sachsen-Anhalt, Kunstmuseum Moritzburg Halle (Saale), Inv.-Nr. MOIIG12727.

Nach seinem letzten öffentlichen Auftrag, den monumentalen Wandmalereien für den Lesesaal der Deutschen Bücherei in Leipzig, konzentrierte sich der Maler Ludwig von Hofmann (1861–1945) stärker auf die Druckgrafik. Sein Werk vereint Elemente des Historismus, Symbolismus und des Jugendstils, während er in dieser Mappe mit der Formensprache des Expressionismus zu experimentieren begann. Allen Blättern ist ein starker Kontrast zwischen schwarzen und weißen Flächen und ein gezielter Einsatz der Beleuchtung gemeinsam. Der berühmte expressionistische Schriftsteller Theodor Däubler verfasste eine Einleitung zu der Mappe, die als Schenkung des Museumsdirektors Thomas Bauer-Friedrich in die Sammlung Grafik gelangte. Von Hofmann hatte an den Kunstakademien in Dresden und Karlsruhe studiert und war 1889 nach Paris gegangen, wo er sich an der privaten Académie Julian fortbildete. Dort stand er unter dem Einfluss des Symbolisten Pierre Puvis de Chavannes und des Impressionisten Paul-Albert Besnard. Ab 1890 war er als freischaffender Künstler in Berlin tätig. 1903 erhielt er eine Professur an der Großherzoglichen Kunstschule in Weimar, wo er im Umkreis von Harry Graf Kessler und Henry van de Velde mit vielen Vertretern der künstlerischen und literarischen Avantgarde verkehrte.

Titelblatt aus Ludwig von Hofmanns Mappe „Rhythmen. X Steinzeichnungen".

Susanna Köller / Thomas Bauer-Friedrich

Kunstmuseum Moritzburg Halle (Saale): Erweiterung der Gemäldesammlung durch ein zeitgenössisches Werk aus Sachsen-Anhalt

Weiterentwicklung der romantischen Landschaftsmalerei im 21. Jahrhundert – Sebastian Herzaus „still (L016)".

Sebastian Herzau, still (L016), 2011. Öl auf Leinwand, 180 × 240 cm. Kulturstiftung Sachsen-Anhalt, Kunstmuseum Moritzburg Halle (Saale), Inv.-Nr. MOI02513.

Die Landschaften von Sebastian Herzau (Jg. 1980) zeichnen sich durch Eigenständigkeit und eine besondere Sensibilität aus. Sie erproben die diversen Facetten visueller Wahrnehmung, indem der Künstler durch Licht- und Farbspiele ungegenständliche Farbräume zu landschaftlichen Raumerscheinungen werden lässt. Dies bewirkt eine Ansprache des Sehsinns, die primär durch Verwischung der Farbe und Unschärfe der Darstellung erreicht wird. Erst in der Rezeption entsteht das Bild einer Landschaft in einem Grenzbereich zwischen imaginärer Gegenständlichkeit und autonomer Abstraktion. Herzaus „still"-Serie steht in der Tradition der romantischen Landschaftsmalerei. Das Gemälde ist eine abstrakte Visualisierung von Naturerfahrungen und in zahlreichen Arbeitsschritten aufwendig entwickelt: Öl- und Acrylfarbe wurde lasierend aufgetragen, geföhnt, verwischt, mit dem Rakel bearbeitet und durch neue Schichten ergänzt. Die immanente Leuchtkraft kommt durch eine Grundierung mit Neonfarben zustande. Der in Halle (Saale) tätige Künstler schloss 2012 sein Studium bei Ute Pleuger an der Burg Giebichenstein Kunsthochschule Halle ab. 2014 erhielt Herzau ein Arbeitsstipendium der Kunststiftung des Landes Sachsen-Anhalt, 2019 den Halleschen Kunstpreis. Bei dem aus Magdeburger Privatbesitz geschenkten Gemälde handelt sich um das erste Werk des Künstlers im Museumsbestand, das als signifikantes Beispiel für die zeitgenössische Malerei die Sammlung Malerei/Plastik in die Gegenwart erweitert.

Barbara Leven/Ulf Dräger/Thomas Bauer-Friedrich

Kunstmuseum Moritzburg Halle (Saale): Ankauf zweier Grafiken von Hermann Glöckner

Ab sofort in der Sammlungspräsentation „Wege der Moderne" zu bestaunen: Glöckners Siebdruck der „Räumlichen Faltung eines Rechtecks".

Hermann Glöckner, Räumliche Faltung eines Rechtecks, 1935/1955. Siebdruck auf Karton, 35,5 × 50,5 cm (Bild), 47 × 61,4 cm (Blatt). Kulturstiftung Sachsen-Anhalt, Kunstmuseum Moritzburg Halle (Saale), Inv.-Nr. MOIIG12723.

Hermann Glöckner, Zwei verklammerte Scheiben in Bewegung, 1959/1973. Siebdruck auf schwarzem Büttenpapier, 38 × 50,5 cm (Bild), 47 × 61,5 cm (Blatt). Kulturstiftung Sachsen-Anhalt, Kunstmuseum Moritzburg Halle (Saale), Inv.-Nr. MOIIG12722.

Der Glöckner-Bestand des Museums (15 Gemälde, 5 Skulpturen, 47 Arbeiten auf Papier) konnte um zwei wichtige Blätter erweitert werden. Es handelt sich um zwei auf der 57. Auktion der Ostdeutschen Kunstauktionen in Berlin erstandene Siebdrucke, die Fotos von Plastiken Glöckners in das andere Medium transponieren. Beide weisen starke Bezüge zu vorhandenen Werken in der Sammlung Malerei/Plastik auf. So steht die „Räumliche Faltung eines Rechtecks" in Zusammenhang mit der „Faltung aus einem Rechteck" (Inv.-Nr. MOIII00614), deren Modell in den 1930er Jahren zunächst aus Papier gefaltet und 1977 dreidimensional in Messingblech ausgeführt wurde. Das Blatt „Zwei verklammerte Scheiben in Bewegung" gibt die Skulptur gleichen Titels von 1980 (Inv.-Nr. MOIII00621) im Medium der Druckgrafik wieder.

Hermann Glöckners (1889–1987) Schaffen ist ein Sonderweg innerhalb der deutschen Kunstentwicklung der Moderne. Er entwickelte eigenständig ab etwa 1927 die Voraussetzungen seines mehrfach von realistischen zu abstrakten Strömungen wechselnden Werkes, die letztlich allein auf ästhetischen Kategorien ruhen – frei von jeder ideologischen und kulturpolitischen Vereinnahmung.

Susanna Köller/Thomas Bauer-Friedrich

Kunstmuseum Moritzburg Halle (Saale): Außergewöhnliche Erweiterung der Albert Ebert-Sammlung

Albert Ebert, Paradies-Altar, 1970. Öl auf Holz, Holzklappgehäuse mit Metallscharnieren und Glassteinen, 38,9 × 40,5 × 7 cm (geschlossen), 38,9 × 61,5 × 7 cm (geöffnet). Kulturstiftung Sachsen-Anhalt, Kunstmuseum Moritzburg Halle (Saale), Inv.-Nr. MOI02524.

Eine profane Pretiose in altmeisterlichem Stil: Albert Eberts Paradies-Altar.

Das Kunstmuseum Moritzburg Halle (Saale) erhielt als Vermächtnis des Berliner Sammlers Helmut Bohndieck (1937–2022) drei Werke des halleschen Künstlers Albert Ebert (1906–1976). Die Neuzugänge ergänzen den für Ebert repräsentativen Bestand des Hauses von 31 eigenen Gemälden und 32 Dauerleihgaben der Stiftung der Saalesparkasse sowie mehr als 200 Arbeiten auf Papier auf besondere Weise. Bei den Neuzugängen handelt es sich um die Gemälde „Kinderfest I (Laternenfest)" (1958/59) und „Am Kaffeetisch" (1960) sowie um den „Paradies-Altar" (1970). Letzterer ist etwas absolut Seltenes: Klappt man beide Flügel auf, eröffnet sich bühnenartig auf drei kleinen Bildtafeln die biblische Geschichte von Adam und Eva im Paradies: links die Darstellung des Sündenfalls, rechts die Vertreibung; die Hauptszene in der Mitte zeigt das erste Menschenpaar in einer detailreich ausgestalteten Tier- und Naturidylle, die durch ihre Farbenpracht und den altmeisterlichen Hell-Dunkel-Effekt beeindruckt. Ein Jahrzehnt arbeitete Albert Ebert an der Fertigstellung des Altars, dessen mit farbigen Glassteinen besetztes Holzklappgehäuse von der halleschen Schmuckkünstlerin Christina Brade (1936–2007) gestaltet wurde. Der Ebert-Sammler Helmut Bohndieck hatte der Witwe des Künstlers beim Kauf des Werks versprochen, dass dieses unikate Werk in eine museale Sammlung käme, was er mit seinem Vermächtnis einlöste.

Katrin Greiner / Thomas Bauer-Friedrich

Kunstmuseum Moritzburg Halle (Saale): „Holzschnitte" von Conrad Felixmüller

Conrad Felixmüller, Mappe „Holzschnitte" (Exemplar 13/25 der Vorzugsausgabe bzw. 13/100 der Gesamtauflage), 1918. Mappe mit einem Titelblatt und sechs Holzschnitten auf Japanpapier, Mischtechnik (Holzschnitt, Buchdruck), 36,1 × 39,8 × 0,5 cm (Mappe), 34,9 × 38,5 cm (Blätter). Kulturstiftung Sachsen-Anhalt, Kunstmuseum Moritzburg Halle (Saale), Inv. Nr. MOIIG12717.

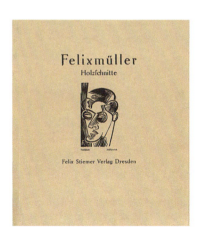

Dank der Freunde und Förderer des Kunstmuseums Moritzburg Halle (Saale) e. V. bereichert die Mappe „Holzschnitte" von Conrad Felixmüller nun den Bestand der Grafischen Sammlung des Museums.

Die Freunde und Förderer des Kunstmuseums Moritzburg Halle (Saale) e. V. ermöglichten eine besondere Erweiterung des Felixmüller-Bestandes in der Sammlung Grafik. Dabei handelt es sich um die im Kunsthandel erworbene Mappe „Holzschnitte", die 1918 im Felix Stiemer Verlag, Dresden, erschien. Sie umfasst neben dem Titelblatt mit einem Selbstporträt sechs kraftvolle Holzschnitte aus den Jahren 1917/18.
Conrad Felixmüller (1897–1977) beendete 1915 die Kunstakademie in Dresden und lernte später in Berlin Herwarth Walden und Franz Pfemfert kennen, für deren linksrevolutionär-politische Kunstzeitschriften „Der Sturm" und „Die Aktion" er bis 1926 Zeichnungen und Grafiken schuf. Zusammen mit dem Verleger Felix Stiemer und Heinrich Schilling gründete er 1917 die Zeitung „Menschen", in der er seine expressionistische Kunsttheorie und zahlreiche Holzschnitte publizierte. Aus dieser Zeit stammt die in ihrer Vollständigkeit seltene Mappe. Ab 1933 wurde Felixmüller von den Nationalsozialisten diffamiert, die in der Aktion „Entartete Kunst" zahlreiche seiner Werke beschlagnahmten. 1949 widmete man ihm eine umfangreiche Einzelausstellung im Kunstmuseum Moritzburg Halle (Saale) und erhielt er eine Professur für Zeichnen und Malen am Pädagogischen Institut der Martin-Luther-Universität Halle-Wittenberg.

Susanna Köller / Thomas Bauer-Friedrich

Auf hauchdünnes Japanpapier von einem anderthalb Meter langen Holzstock abgezogen – zwei seltene Werke von Ulrich Knispel.

Kunstmuseum Moritzburg Halle (Saale): Schenkung seltener Holzschnitte

Ulrich Knispel, Mädchen mit Saiteninstrument, 1948. Holzschnitt auf Japanpapier, 114 × 36,5 cm (Bild), 148 × 64 cm (Blatt). Kulturstiftung Sachsen-Anhalt, Kunstmuseum Moritzburg Halle (Saale), Inv.-Nr. MOIIG12730.

Ulrich Knispel, Weiblicher Halbakt, um 1948. Holzschnitt auf Japanpapier, 119 × 31,4 cm (Bild), 148,5 × 65 cm (Blatt). Kulturstiftung Sachsen-Anhalt, Kunstmuseum Moritzburg Halle (Saale), Inv.-Nr. MOIIG12645.

Der bisher kleine Bestand an Grafiken Ulrich Knispels (1911–1978) wuchs durch eine Schenkung des Museumsdirektors Thomas Bauer-Friedrich um zwei seltene frühe Holzschnitte. Sie stammen aus einer Privatsammlung und wurden 2021 in einer Auktion von Nosbüsch & Stucke Auktionen in Berlin erworben. Es handelt sich um zwei großformatige Blätter, die um 1948 in Halle (Saale) entstanden. Knispel, einer der wichtigen Vertreter der Halleschen Schule, musste 1951 aus der DDR fliehen, um nach der Entlassung aus seiner Lehrtätigkeit an der Burg Giebchenstein Kunsthochschule Halle einer drohenden Verhaftung zuvorzukommen. Hintergrund ist die Zuspitzung des Formalismusstreits in der frühen DDR im „Fall Ahrenshoop", in dem man Knispel Modernismus, Dekadenz und moralisches Fehlverhalten vorwarf. In seinem künstlerischen Werk orientierte sich Knispel an der klassischen Moderne und arbeitete sowohl gegenständlich als auch abstrakt. Sein in der Bundesrepublik entstandenes Werk zeigt Einflüsse des Surrealismus und changiert zwischen Abstraktion und Figuration. Ab 1965 lehrte Knispel an der Hochschule für Bildende Künste in Berlin-Charlottenburg.

Susanna Köller / Thomas Bauer-Friedrich

Das neue Halbporträt zeigt Graf Ludwig I. von der Asseburg-Falkenstein in einem dunklen Herrenmantel. Am weiß-schwarzen Band trägt er den Königlichen Hausorden der Hohenzollern, auf der Brust den Roten Adlerorden 1. Klasse.

Burg Falkenstein (Harz): Graf Ludwig I. von der Asseburg-Falkenstein – zum Dritten

[Unbekannter Maler], Graf Ludwig I. von der Asseburg-Falkenstein, Mitte 19. Jh. Öl auf Leinwand, ca. 68,2 × 55,6 cm (ohne Rahmen). Kulturstiftung Sachsen-Anhalt, Museum Burg Falkenstein, Inv.-Nr. Falk02406.

Im Jahr 2020 berichteten wir hier über die Wiederentdeckung zweier fast identischer Porträts des Grafen Ludwig I. von der Asseburg-Falkenstein aus der Hand von A. Gosch im Depot der Moritzburg Halle (Saale). Diese befinden sich inzwischen in den Ausstellungen der Burg Falkenstein und des Jagdschlosses Letzlingen.
Völlig unerwartet erhielt die Kulturstiftung im Herbst 2022 Kenntnis eines weiteren Porträts mit einer interessanten Vita. Im Zuge der Restitution von Bodenreformobjekten erhielt die Familie von Trotha ihren beweglichen Besitz, darunter ein Konvolut „Hecklingen", zurück. Die von Trotha, sowohl mit der Familie von der Asseburg als auch mit einer Familie von Steinaecker verschwägert, überließ letzteren einige Gemälde, darunter das fragliche Porträt, das man zu diesem Zeitpunkt als ein Baron von Steinaecker identifizierte. Glücklicherweise stieß Gert H. Freiherr von Steinaecker bei seinen Recherchen auf unsere Bilder, die seinem Gemälde zum Verwechseln ähnlich sahen. Er wandte sich daraufhin an die Burg Falkenstein und es entwickelte sich eine lebhafte Korrespondenz, in dessen Ergebnis das Porträt erfreulicherweise für die Kulturstiftung erworben werden konnte. Im Gegensatz zu den beiden „älteren" Darstellungen zeigt dieses Porträt den Grafen im Schmuck des Königlichen Hausordens von Hohenzollern und des Roten Adlerordens 1. Klasse, die man ihm 1851 bzw. 1862 verlieh. In Zukunft kann Ludwig nun wieder auf dem Falkenstein stolz darauf sein.

Joachim Schymalla

Domschatz Halberstadt: „Jüdische Steinewerfer" als erinnernde Zeitzeugen

Anlässlich des 2021 begangenen Jubiläums „1700 Jahre jüdisches Leben in Deutschland" schickte der Domschatz Halberstadt ausnahmsweise eine seltene und wertvolle Leihgabe auf Reisen: Die insgesamt vier sogenannten Jüdischen Steinewerfer (Inv.-Nr. DS035a–d) nahmen Teil an der Sonderausstellung „In die Weite. Aspekte jüdischen Lebens in Deutschland" im Museum Kolumba – dem Kunstmuseum des Erzbistums Köln –, wo sie von September 2021 bis Februar 2022 in visueller Korrespondenz zum Kölner Dom zu sehen waren.

Die vergoldeten Figürchen gelten als Spitzenwerke der frühen Bronzegusskunst in Deutschland und datieren in die Zeit zwischen 1205 und 1208, als man sie auf die gerade vom Halberstädter Bischof Konrad von Krosigk vom Vierten Kreuzzug mitgebrachte byzantinische Weihbrotschale – ein weiteres Highlight des Domschatzes – montierte. Damit diente diese als Sockel eines neu geschaffenen Stephanus-Reliquiars. Die vier Kleinplastiken bildeten die verbindenden Stützfiguren zwischen Schale und einem nicht mehr eindeutig zu idfentifizierenden zentralen Reliquiar und symbolisierten das Martyrium des Heiligen Stephanus, die Steinigung. Ihre Bekleidung mit spitzen Hüten kennzeichnet sie als Mitglieder der jüdischen Glaubensgemeinde. Die Darstellung als Steiniger thematisiert den mittelalterlichen Vorwurf des Gottes- bzw. Heiligenmordes vonseiten der Christen gegenüber den Juden.

In Erinnerung an diese Kennzeichnung von Juden im Mittelalter bildeten die Figuren des Domschatzes Halberstadt einen Teil der etwa 100 nationalen wie internationalen Leihgaben der Ausstellung in Köln, welche im Dialog mit zeitgenössischer Kunst zum Thema facettenreich und dokumentarisch über jüdisches Leben in Vergangenheit und Gegenwart berichtete.

Uta-Christiane Bergemann

Wieder an ihrem angestammten Platz: Die sogenannten Steinewerfer unter der byzantinischen Weihbrotschale im Domschatz Halberstadt.

Dom zu Halberstadt: Madonna auf der Konsole

Mitte Februar 2022: An Gurten eines Flaschenzuges befestigt schwebt die steinerne Skulptur der Muttergottes im Hauptschiff des Halberstädter Domes behutsam zurück an ihren ursprünglichen Standort. Dort steht sie nun wieder am fünften Pfeiler vom Altar aus gesehen, der Kanzel gegenüber. Nachdem massive Schäden an ihrer Konsole festgestellt worden waren und die Sorge eines Absturzes überwog, hob Restauratorin Corinna Grimm-Remus die Sandsteinfigur im Sommer 2021 von ihrem angestammten Platz. Mehrere Monate musste die Plastik von einem Gerüst „zuschauen", wie Grimm-Remus ihren Konsolstein instand setzte. Die reich gestaltete, mittelalterliche Konsole ist ein erhaltenswerter Bestandteil des Domes, dessen wiedergewonnene Stabilität und Statik nun wieder das Tragen der noch teilweise farbig gefassten Muttergottes erlaubt.

Die 1,44 m große Skulptur der Madonna mit der Taube (Inv.-Nr. DHBSGI-I007) ist ein frühes Beispiel des „Schönen" beziehungsweise „Internationalen Stils" der Gotik und stammt aus der Zeit um 1380. Typisch für diese Epoche sind ihre ausgewogenen, sanften Bewegungen und weichen Formungen. Schon historische Reisebeschreibungen bezeichnen die künstlerisch wertvolle Figur als „bemerkenswert". Das Kind in ihrem Arm trägt eine Taube, in ihrer rechten Hand hielt Maria einst ein heute verlorenes Zepter, ihr Haupt besetzt eine Krone. Maria ist als Himmelskönigin dargestellt. Auf ihrer Brust bemerkt der aufmerksame Betrachter eine Rose mit einer Vertiefung, in welcher ursprünglich vermutlich Reliquien ruhten. Damit ist diese Skulptur ein weiterer Hinweis auf die intensive Verehrung der Muttergottes am Halberstädter Dom und gehört zu seiner originalen Ausstattung.

Claudia Wyludda

Nach der Restaurierung der Konsole befindet sich die steinerne Madonna heute wieder an ihrem angestammten Platz im Dom zu Halberstadt.

Dom zu Halberstadt: Moderne Glasmalereien im Querhaus

Begeistert von den neuen Querhaus-fenstern im Halberstädter Dom: Glaser Frank Schneemelcher, Glas-künstler Günter Grohs, KST-Baudirektor Ralf Lindemann, Museumdirektorin Dr. Uta-Christiane Bergemann, Förder-veinsvorstandsmitglied Peter Pinkernelle und Pfarrer Arnulf Kaus (v. l. n. r.).

Glasmalerei-Fenster gehören zweifellos zu den beeindruckendsten Kunstwerken in einer mittelalterlichen Kathedrale. Dazu zählen aber auch Neuschöpfungen wie im Dom zu Halberstadt: Denn der historische Bestand ist nun durch zwei moderne Fenster in beiden Querhausgiebeln ergänzt worden. Deren Entwürfe gehen auf einen künstlerischen Wettbewerb des Jahres 2005 unter der Thematik „Offenbarung und Neuschöpfung" zurück, den der bekannte Wernigeröder Glaskünstler Günter Grohs für sich entschied.

Das große Fenster im südlichen Querhaus befindet sich dort bereits seit 2012 und finanzierte sich neben Eigenmitteln der Kulturstiftung Sachsen-Anhalt teilweise über Spenden. Die Anfertigung des nördlichen Fensters unterstützte wiederum der „Förderverein Dom und Domschatz Halberstadt e. V." mit einer Spendensammlung. Während der Mittelakquise setzten die Glaser erste Probefelder zum Zwecke der Bemusterung ein, welche mit diesem sichtbaren Zeichen die Spendenbereitschaft der Bevölkerung verbessern sollten.

Im Juni des Jahres 2022 vollendete die Firma Schneemelcher aus Quedlinburg schließlich das neue Nordquerhaus-Fenster, das anschließend im Rahmen einer feierlichen Veranstaltung präsentiert wurde. Der Förderverein lud dazu auch die Spender von insgesamt knapp 73 000,- € ein, deren beispielhaftes Engagement für den Dom eine umfassende Würdigung fand.

Der Einbau beider Kirchenfenster verfolgte neben dem Lückenschluss auch konservatorische Ziele, denn die berühmte mittelalterliche Triumphkreuzgruppe ist nun besser vor schädlichen Lichteinflüssen geschützt. Auch die Helligkeit im Dom wird durch die neuen Fenster atmosphärisch gedämpft, sodass die mittelalterlichen Farbverglasungen jetzt viel besser zur Geltung kommen.

Ralf Lindemann

Dom zu Halberstadt: Ankunft des heiligen Augustinus

Die steinerne Figur des heiligen Augustinus ist zurück im Dom und wartet auf ihre Restaurierung.

Am 12. Dezember 2022 kehrte die Figur des heiligen Augustinus, geschaffen von den Berliner Künstlern Heinrich Weltring und Fritz Schaper, wieder in den Halberstädter Dom zurück. Sie stammt vom sechsten südlichen Pfeiler des Hauptschiffs und wurde 1878–1880 als Teil eines großen Skulpturenzyklus aus insgesamt neun Steinfiguren für den Dom Halberstadt geschaffen. Diese Figuren sind noch vollzählig erhalten und stellen wichtige Persönlichkeiten der allgemeinen wie auch der Halberstädter Kirchengeschichte dar. In den 1960er Jahren entfernte man sie jedoch von ihren Konsolen im Hauptschiff mit der Absicht, eine reine mittelalterliche Wirkung des Doms wiederherstellen zu wollen. Die Plastik des heiligen Augustinus fand daraufhin einen temporären Aufstellungsort in der katholischen Katharinenkirche Halberstadt.

Im ursprünglichen Zyklus galt Augustinus, wie der damalige Oberprediger Gustav Nebe am 5. Februar 1878 in einer Stellungnahme zum Figurenprogramm beschrieb, neben Ambrosius „als Vertreter der Kirchenväter, beide haben für unsere evang. Kirche ihre besondere Bedeutung; Augustinus ist der Träger des evang. Gedankens [...]". Seit nun über einem halben Jahrhundert warten die Figuren – derzeit abgestellt unter der südlichen Querhausempore – auf ihre weitere Verwendung. Bereits vor über 15 Jahren begannen Überlegungen, sie wieder an ihre ursprünglichen Standorte zurückzuführen. Dieses Projekt wird nun dank der großzügigen finanziellen Unterstützung durch den Förderverein Dom und Domschatz Halberstadt verwirklicht, die Skulpturen in einem Restaurierungsprojekt gereinigt und schließlich wieder auf ihre Konsolen gesetzt. Doch erst einmal gilt dem heiligen Augustinus ein „Willkommen zurück"!

Uta-Christiane Bergemann

Dom zu Halberstadt: Virtuelle Entdeckungsreise

Auf Besichtigungstour zu jeder Gelegenheit und ohne Voranmeldung – das ist nun möglich! Denn Dom und Domschatz zu Halberstadt präsentieren sich Gästen und Interessierten jetzt auch virtuell. Unabhängig von Zeit und Raum ist das Ensemble von Kathedralbau und Kostbarkeiten auf dem eigenen Smartphone oder dem heimischen PC zu besichtigen. Dafür scannte eine 360°-Kamera von hunderten Positionen aus den Kirchenbau und seine Ausstellung. Digitaltechnik brachte die entstandenen Kugelpanoramen zusammen und erzeugte so eine täuschend echte Wiedergabe. In dieser Animation kann sich der Nutzer per Mausklick frei bewegen, selbst von Raum zu Raum navigieren und so die mittelalterlichen Kostbarkeiten erkunden.

Wie bei einer realen Führung vermitteln zahlreiche Infopunkte in deutscher und englischer Sprache Wissenswertes zu den Schatzstücken. Der dichte Kenntnisstand, der das Halberstädter Ensemble so einmalig macht, zeigt sich in einer Vielzahl von Verknüpfungspunkten. Diese berichten von der Herkunft der Objekte, dem Zusammenhang mit am Dom wirkenden Geistlichen und vor allem auch ihren historischen Standorten oder deren Nutzung im Kirchenraum.

Unter www.dom-schatz-halberstadt.de/virtueller-rundgang ist die digitale Rundreise erreichbar, die nun auch denjenigen Menschen eine Besichtigung ermöglicht, welche vielleicht aus wirtschaftlichen oder gesundheitlichen Gründen den persönlichen Besuch nicht planen können. So nutzten etwa Bewohner eines Halberstädter Seniorenheimes im Rahmen eines Vermittlungsprojektes bereits die Gelegenheit, Dom und Schatz auf digitalem Wege zu erkunden – eine bereichernde Erfahrung, die ab sofort jedem zur Verfügung steht.

Claudia Wyludda

Hier gelangen Sie zum virtuellen Rundgang.

Die Besichtigung vor- oder nachbereiten, das ist mit dem virtuellen Rundgang nun möglich.

Dom & Domschatz Halberstadt: Ulrich Sieblist in den Ruhestand verabschiedet

Ulrich Sieblist ist seit Jahrzehnten fast symbiotisch mit der Halberstädter Kathedrale und besonders mit dem dort verwahrten Domschatz verbunden. Mehr als 30 Jahre lag die Erhaltung und Pflege der sakralen Kunstwerke aus Metall in den versierten Händen des vielseitigen und stets pragmatischen Restaurators, der die Kulturstiftung Sachsen-Anhalt seit ihren Anfängen vor 25 Jahren begleitete. Ulrich Sieblist gehörte 1997/98 zu den Restauratoren der „ersten Stunde", mit denen die damalige Domstiftung den Grundstein für die dauerhafte konservatorische Pflege und Bewahrung des Domschatzes legte. Der gelernte Goldschmied beriet in konservatorisch-restauratorischen Belangen, führte mit viel Engagement und großer Sachkenntnis Restaurierungen und jährliche Pflegearbeiten aus, begleitete Leihgaben aus dem Domschatz innerhalb wie außerhalb Deutschlands und beteiligte sich aktiv am Prozess der Umgestaltung und Neupräsentation des Halberstädter Domschatzes von 2008 sowie an verschiedenen Vorhaben bis in die Gegenwart.

Auch in anderen Einrichtungen der Kulturstiftung Sachsen-Anhalt war Ulrich Sieblist ein geschätzter Partner bei der Begutachtung und Betreuung von Kunstwerken. So brachte er seine fachliche Expertise und Kreativität im Umgang mit Objekten aus Metall im Kunstmuseum Moritzburg Halle (Saale) sowie in den Museen Schloss Allstedt, Burg Falkenstein und Schloss Neuenburg ein. Nun wurde Ulrich Sieblist beim letzten Treffen der Fachrestauratoren am Halberstädter Domschatz im Dezember 2022 mit den besten Wünschen für den „Unruhestand" feierlich verabschiedet. Wir sagen noch einmal: „Herzlichen Dank für 25 Jahre Engagement!"

Katrin Tille

Hatte immer alle Hände voll zu tun, vor allem im Domschatz Halberstadt: Ulrich Sieblist.

Abb. 1   Seit 2022 nun Teil der Kultur-
stiftung Sachsen-Anhalt:
Die imposante Anlage von
Schloss Allstedt.

Abb. 2   Bei sommerlichen Tempera-
turen erfolgte am 15. Juni 2022 die
feierliche Unterzeichnung
der Verträge zum Betriebs-
übergang von Schloss Allstedt.

Abb. 3   Geschafft! Bürgermeister
Jürgen Richter, Landrat André
Schröder, Generaldirektor
Dr. Christian Philipsen und
Kulturminister Rainer Robra
(v. l. n. r.) sorgen in der Region
für neue Schlagzeilen.

Schloss Allstedt: 1100 Jahre Geschichte mehr

Ersterwähnt im Hersfelder Zehntverzeichnis aus dem ausgehenden 9. Jahrhundert, entwickelte sich die Königs- und Kaiserpfalz Allstedt zu einer der laut Sachsenspiegel fünf bedeutendsten Pfalzen im damaligen Sachsen (Abb. 1). Im 17. Jahrhundert begann der Umbau zu einer barocken Schlossanlage, die allerdings nie fertig gestellt wurde. Besondere Bedeutung erlangte Allstedt in der frühen Neuzeit als Wirkungsstätte des Reformators Thomas Müntzer im frühen 16. Jahrhundert. Denn hier hielt dieser am 13. Juli 1524 vor dem späteren sächsischen Kurfürsten Johann dem Beständigen und dessen Sohn und Nachfolger Johann Friedrich die sogenannte Fürstenpredigt, in welcher er die Willkür der weltlichen und geistlichen Obrigkeit anprangerte.

In den Jahren 2024 und 2025 jähren sich dieses Ereignis sowie der hiermit im sächsisch-thüringischen Raum in direkter Verbindung stehende Deutsche Bauernkrieg zum 500. Mal. Bereits im Koalitionsvertrag der aktuellen Landesregierung aus dem Jahr 2021 bekannte sich diese zur besonderen Bedeutung jener Gedenkdaten und namentlich des Ortes Allstedt für das Land Sachsen-Anhalt. So kam es am 30. August 2021 zum sogenannten Allstedt-Gipfel, an dem unter anderem Staats- und Kulturminister Rainer Robra, der Landrat des Landkreises Mansfeld-Südharz André Schröder und Allstedts Bürgermeister Jürgen Richter teilnahmen. Hier wurde erneut deutlich, dass die Stadt Allstedt mit ihren knapp 7700 Einwohnern die notwendigen baulichen Ertüchtigungen sowie den länger-fristigen Unterhalt der weitläufigen Anlage mit der großen Kernburg und der imposanten Vorburg nicht leisten kann. Auch sei der Landkreis mit den Vorbereitungen zum zeit-gleich im Jahr 2025 stattfindenden Jubiläum „825 Jahre Bergbau in Mansfeld-Südharz" ausgelastet.

So wurde von Minister Robra die Übernahme des Objektes in die Kulturstiftung Sachsen-Anhalt angeregt. Eine Machbarkeitsprüfung seitens der potenziellen Empfängerin ergab die Perspektive, eine Beseitigung der wesentlichsten Baumängel aus einem Sonderinves-titionsprogramm des Bundes und des Landes für Schlösser und Burgen in Sachsen-Anhalt zu finanzieren. Zur Erfüllung dieser Aufgabe und einer zusätzlich geforderten Konzep-tion eines öffentlichen Jubiläumsangebotes für 2025 war es jedoch nötig, eine Eigen-tums- und somit Kompetenzübertragung auf die Kulturstiftung Sachsen-Anhalt so schnell wie möglich vorzunehmen. In einem Kraftakt gelang es, bis zum anvisierten Termin am 1. Juli 2022 mit der Stadt Allstedt die Übergabe des kommunalen Teils der Schlossanlage nebst Museumsbetrieb, Inventar und Personal auszuhandeln und vorzunehmen.

Bereits am 15. Juni 2022 kam es bei einem Festakt im Innenhof von Schloss Allstedt im Beisein von Staats- und Kulturminister Robra und Landrat Schröder zur Unterzeichnung des Übergabevertrages durch Bürgermeister Jürgen Richter und den Generaldirektor der Kulturstiftung Sachsen-Anhalt Dr. Christian Philipsen (Abb. 2–3). Somit bildet Schloss Allstedt nun termingerecht die 20. Liegenschaft der größten staatlichen Stiftung des Landes – der Kulturstiftung Sachsen-Anhalt.

Um den sehr engen Zeitrahmen bis zum Jahr 2025 einhalten, Baufreiheit schaffen und Sicherungsmaßnahmen durchführen zu können, war eine umgehende Schließung des Museums für die Öffentlichkeit unumgänglich. Erfreulicherweise gelang es zudem, das als „Vorburg" bekannte, ebenfalls stark sanierungsbedürftige Gebäudeensemble zurück zu erwerben, das erst 2018 durch die Stadt Allstedt an einen privaten Investor verkauft worden war.

Die gelungene Arrondierung beider inhaltlich und historisch untrennbar miteinander verbundenen Denkmäler bietet nun die beste Grundlage für eine zukunftsträchtige Ent-wicklung von Schloss Allstedt – Zeit, Personal und vor allem ausreichende Finanzmittel vorausgesetzt. Doch mit dem Land Sachsen-Anhalt als starkem Partner scheint dieses Ziel nun greifbar.

Markus Gärtner

Konradsburg: Förderkreis erhält den Großen Denkmalpreis

Der Förderkreis Konradsburg e. V. erhielt am 7. Mai 2022 den Großen Denkmalpreis der Stiftung der Deutschen Burgenvereinigung. Diese Auszeichnung würdigt das herausragende bürgerschaftliche und persönliche Engagement sowie den vorbildlichen Einsatz für das kulturelle Erbe und die Denkmalpflege. Der Förderkreis entstand 1990 aus einer Bürgerbewegung, die sich um die Sicherung der Bausubstanz aller Bestandteile der Konradsburg bemühte. Erhalten sind bis heute verschiedene bauliche und archäologisch ergrabene Reste der Burganlage bei Ermsleben (Lkr. Harz). Nachdem man bereits in der Bronzezeit auf dem Bergsporn gesiedelt hatte, errichtete wohl das Geschlecht der Konradsburger dort im 10. Jahrhundert eine Burganlage. Diese gab man schon im 12. Jahrhundert wieder auf und gründete stattdessen ein Benediktinerkloster am Platz. Von der dreischiffigen, romanischen Basilika der Klosterkirche zeugen heute der hohe Chor und die darunterliegende Krypta. Ab dem 18. Jahrhundert erfolgte eine landwirtschaftliche Nutzung und es entstanden entsprechende Wirtschaftsgebäude auf dem Gelände.

Unter tatkräftiger Mitwirkung vieler ehrenamtlicher Mitglieder sowie nicht zuletzt in Zusammenarbeit mit der Kulturstiftung Sachsen-Anhalt gelang es dem Förderkreis, die Konradsburg mit regionalen Projekten zu vernetzen sowie den Ort zu erhalten und zu beleben. So lädt zum Beispiel an den Wochenenden ein Galeriecafé Gäste zum Verweilen ein, die sich – auch aufgrund einer Vielzahl von Veranstaltungen – zahlreich auf dem Gelände der Konradsburg einfinden. Der Große Denkmalpreis stellt mit 10 000,- € einen der höchst dotierten Preise dar, der im Denkmalschutz vergeben wird. Die Kulturstiftung Sachsen-Anhalt sagt „Herzlichen Glückwunsch"!

Manuela Werner

Preisverleihung auf der Konradsburg am 7. Mai 2022 (v. l. n. r. Fürst zu Bentheim-Tecklenburg, MdL Detlef Gürth, Fürst zu Sayn-Wittgenstein-Sayn, Christa und Klaus Wycisk, Harald Müsse, Dr. Christian Philipsen).

Kloster Jerichow: Ein moderner Internetauftritt für den ältesten Backsteinbau im Norden

Mit der Zulegung der Stiftung Kloster Jerichow zur Kulturstiftung Sachsen-Anhalt im Jahr 2022 gingen zahlreiche Neuerungen um die beeindruckende spätromanische Anlage einher. Hierzu zählt auch die digitale Präsenz, die Website. Als Museumsbetrieb unter dem großen Stiftungsdach erhielt das Kloster eine eigene Präsenz im Gewand und dem gestalterischen Aufbau der Kulturstiftung Sachsen-Anhalt. Dazu wurden Inhalte überarbeitet, erweitert und an die neuen Strukturen der Dachseite angepasst. Bereits in der Vorbereitung des Betriebsübergangs traf man die notwendigen Vorbereitungen für www.kloster-jerichow.de und legte etwa einen virtuellen Rundgang an, der es Interessierten erlaubt, sich vorab ein Bild der Anlage oder auch mietbarer Räume zu machen. Daneben finden sich auf der Startseite Hinweise zu anstehenden Veranstaltungen wie den herausragenden Jerichower Sommermusiken, dem Jazz-Festival oder Theaterabenden, aber auch das reichhaltige Vermittlungsangebot sticht hier hervor. Der Online-Ticketshop stellt wiederum eine große Neuerung für das Kloster dar. Ebenso ermöglicht die neue Website eine Vertiefung in die Bau- und Nutzungsgeschichte Jerichows und versteht sich in diesem Bereich als ergänzendes Angebot zum Museumsbesuch. Darüber hinaus benötigt der Nutzer nur wenige Klicks, um das für seine Reise passende Programm auszuwählen. Die Internetpräsenz des Klosters Jerichow ist im ständigen Wandel, stets gibt es Neues zu entdecken, nicht nur in der Service-Rubrik „Ihre Fragen & unsere Antworten". Schauen Sie doch mal im Netz vorbei, erkunden Sie mit einigen Klicks unsere Website, lassen sich für Ihren analogen Besuch inspirieren und bleiben Sie stets aktuell informiert.

Philipp Jahn

Hier gelangen Sie direkt zur Website.

Ob am Rechner oder auf dem Smartphone, mit der neuen Website vom Kloster Jerichow bleiben Sie stets auf dem Laufenden.

Abb. 1 Ein Blick in das ehemalige Back-steinmuseum. Hier wurde vor den Umbaumaßnahmen alles rund um diesen besonderen Baustoff präsentiert.

Abb. 2 Die Neuverlegung von Gas- und Wasserleitungen erstreckte sich über einen großen Teil der Kloster-wiese, wodurch auch andere Gebäude an die Infrastruktur ange-schlossen werden konnten.

Abb. 3 Die neuen hell gestalteten Werk-räume der Klosterschule sind bereits im Einsatz und werden rege genutzt.

Kloster Jerichow: Vom Schafstall zur Klosterschule

Seit April 2022 ist sie endlich fertig: die Klosterschule im Kloster Jerichow. Mit dem Innenausbau sind die ersten Umbauarbeiten des ehemaligen Backsteinmuseums zu moder-nen Räumlichkeiten erfolgreich abgeschlossen. Bis dahin war es ein arbeitsintensiver Weg, der auch in großen Teilen von der bis zum 31. Dezember 2021 eigenständigen Stiftung Kloster Jerichow bewerkstelligt wurde (Abb. 1–3). Bereits im Jahr 2015 entstanden im Rahmen eines von der Stiftung Kloster Jerichow und dem Ingenieurbüro Dipl.-Ing. Klaus Wegner erarbeiteten Gesamtnutzungskonzepts der Klosteranlage die ersten Pläne, das 1919 errichtete, zweistöckige und einst als Schafstall genutzte Gebäude in museumspä-dagogische Werkstätten zu verwandeln. Hier sollten fortan Projekte stattfinden, die Kin-dern, Jugendlichen und Erwachsenen Wissen über das Leben im Mittelalter und in einem Kloster praktisch vermitteln und so die Geschichte erlebbar machen. Drei helle Werk-räume und eine Küche, ausgestattet mit einem Brennofen für die Herstellung von Back-steinen und Töpferware, bieten dafür nun optimale Bedingungen.

2018 erarbeitete Herr Dipl.-Ing. Klaus Wegner erste konkrete Planungsentwürfe, anhand derer eine Kostenschätzung der für den Umbau erforderlichen finanziellen Mittel in Höhe von knapp 370 000,- € erfolgte. Im Februar 2018 wurde die Förderung aus dem Europä-ischen Fonds für regionale Entwicklung (EFRE) beantragt und schließlich im April 2020 durch die Investitionsbank Sachsen-Anhalt im Rahmen einer Anteilsfinanzierung in Höhe von 90 % bewilligt. Auch die Stadt Jerichow, die Grunewald Stiftung und der Förderverein Elbe-Parey e. V. unterstützten das Vorhaben finanziell.

Das im Mai 2021 nach Wegners Ableben mit den Arbeiten beauftragte Architektur- und Ingenieurbüro TW GmbH verfeinerte dessen Pläne, wobei in Vorbereitung auf die zum 1. Januar 2022 anstehende Zulegung der Stiftung Kloster Jerichow bereits früh eine enge Zusammenarbeit von Kulturstiftung Sachsen-Anhalt und Stiftung Kloster Jerichow exis-tierte. Gesetzliche Anforderungen der Arbeitsstättenverordnung und Bauauflagen machten eine Neuplanung und Anpassung sowohl der Elektro- als auch der Heizungs- und Sanitär-installation nötig, darunter etwa die Neuverlegung von Abwasserleitungen nebst Hebe-stelle bis hin zum Anschluss an das öffentliche Abwassernetz oder die Erschließung des Gebäudes mit einer neuen Trinkwasserleitung und eines neuen Elektro-Hausanschlusses (Abb. 2). All das selbstverständlich mit einer archäologischen Begleitung der Erdarbeiten. Im Zuge der Entkernungsarbeiten stellte man fest, dass die ursprünglich zu erhalten-den Haupttrennwände kein Fundament besaßen, sodass die Wände inklusive der bereits bestehenden Kräuterküche gänzlich zurückgebaut und durch Leichtbauwände ersetzt werden mussten. Die so zusätzlich angefallenen Abriss-, Estrich-, Trockenbau-, Maler- und Fliesenarbeiten sowie der Einsatz des Landesdenkmalamtes sorgten für enorme Mehrkos-ten. Ein Teil dieser konnte durch die Zurückstellung der Dachsanierung und der Fassaden-arbeiten eingespart werden. Der weitaus höhere außerplanmäßige Finanzierungsbedarf von weiteren 150 000,- € bestritt die Kulturstiftung Sachsen-Anhalt aus ihren Rücklagen. Trotz der zum Teil erheblichen Projektänderungen und Modifizierungen sowie den damit verbundenen Mehrkosten konnte das Bauvorhaben fristgerecht mit dem 30. April 2022 abgeschlossen werden.

Das Gebäude wird bereits rege als Veranstaltungsort für Schulprojekte und Ferienwerk-stätten sowie für Kurse der Kreisvolkshochschule Jerichower Land genutzt (Abb. 3). Die nächsten baulichen Maßnahmen – Dachdichtungs- und Fassadenarbeiten an der Außen-hülle – starten 2023, doch vollständig abgeschlossen wird der Umbau letztendlich erst mit einer geeigneten neuen Innenausstattung für die Werkräume der Klosterschule sein.

Lisa Firlus

Kunstmuseum Moritzburg Halle (Saale): Von einer Stadt und ihrem Museum in Zeiten des Krieges und unbürokratischer Hilfe unter Kollegen

Im Nordosten der Ukraine liegt mit Charkiw die nach Kyjiw (ukrainische Schreibweise von Kiew) zweitgrößte Stadt des Landes – vor dem russischen Angriffskrieg eine funktionierende Metropole mit zahlreichen Universitäten, Hochschulen, Theatern, Museen und Betrieben. Seit dem 24. Februar 2022 greift Russland Großstädte in der Ukraine an, darunter immer wieder auch Charkiw. Ziele sind auch Wohngebiete und damit Zivilisten sowie bedeutende identitätsstiftende Gebäude und die zivile Infrastruktur. Dieser Angriffskrieg tötet Menschen und vernichtet Kulturdenkmale! Viele engagierte Bürgerinnen und Bürger blieben und bleiben bewusst in der Metropole, riskieren ihr Leben und versuchen Denkmale und Kulturgüter zu schützen. Zu ihnen zählen die Mitarbeiterinnen und Mitarbeiter des Kunstmuseums Charkiw, denen wir im Frühjahr 2022 schnell und unkompliziert helfen konnten.

Das Kunstmuseum Charkiw ist eines der berühmtesten Museen der Ukraine (Abb. 1). Nach dem Überfall des nationalsozialistischen Deutschlands auf die UdSSR im Sommer 1941 begann neben einem grausamen Vernichtungskrieg auch die gezielte Beschlagnahmung und Zerstörung der Kultur des Landes. Infolge der Aktivitäten des Einsatzstabs Reichsleiter Rosenberg (ERR) in den besetzten Gebieten der Ukraine verlor das Museum nahezu seine gesamte Sammlung. Der ERR wurde von Alfred Rosenberg geleitet, dessen rechte Hand Robert Scholz war – 1939 bis 1945 Direktor des halleschen Kunstmuseums.

Nach dem völkerrechtswidrigen Angriff Russlands auf die Ukraine im Februar 2022 wurde das Museumsgebäude am 7. März bei Luftangriffen auf die Stadt beschädigt und sämtliche Fenster des Hauses zerstört, weswegen die ausgestellten Kunstwerke bei Witterungsverhältnissen mit Frost und Schnee in großer Gefahr waren (Abb. 2). „Zum Zeitpunkt der Luftangriffe waren Museumsangestellte bei der Arbeit – sie versteckten sich im Keller, sodass niemand verletzt wurde. Fast alle Kunstwerke wurden aus dem Museum evakuiert", so die Museumsdirektorin Valentyna Myzgina. Die Evakuierung der Objekte musste schnell erfolgen und konnte nicht die üblichen konservatorischen Standards berücksichtigen. Vor diesem Hintergrund nahmen wir Kontakt mit den Kolleginnen und Kollegen in Charkiw auf und fragten nach Möglichkeiten der Hilfe. Die Antwort der stellvertretenden Direktorin, Larysa Abramenko, lautete, dass die evakuierten Kunstwerke dringend notkonserviert werden müssten, wofür die entsprechenden Materialien fehlten.

Nachdem wir diese organisiert hatten, galt es, eine Möglichkeit zu finden, die Hilfsgüter nach Charkiw zu transportieren. Da es zum damaligen Zeitpunkt im Rahmen behördlicher Möglichkeiten unmöglich war, Waren, die nicht auf einer zwischen Bundesrepublik und Ukraine verhandelten Liste von Hilfsgütern standen, in das Land zu bringen, half uns eine seit vielen Jahren in Deutschland lebende Ukrainerin. Dr. Olena Balun ermöglichte es schließlich, dass unsere Materialien gemeinsam mit anderen Hilfsgütern im Mai 2022 über Lwiw und Kyjiw nach Charkiw gebracht werden konnten, wo sie am 6. Juni eintrafen (Abb. 3). Wir bleiben mit den Kolleginnen und Kollegen in Charkiw weiter in Kontakt und denken über gemeinsame Projekte nach, wenn dieser furchtbare Krieg vorbei sein wird.

Unabhängig davon bieten wir seit Juni 2022 unbefristet einen entgeltfreien Kunstkurs für geflüchtete Menschen aus der Ukraine an. Unter Anleitung der ukrainischen Künstlerin und Grafikerin Larysa Gurina experimentieren die Teilnehmenden mit verschiedenen Techniken. Neben der Möglichkeit für eine künstlerische Arbeit bietet der Kurs vor allem eine Plattform des regelmäßigen Austauschs der geflüchteten Menschen miteinander und eine soziale Anbindung.

Thomas Bauer-Friedrich

Hier gelangen Sie zu unserem Blogbeitrag.

Abb. 1   Das Kunstmuseum Charkiw im März 2008.

Abb. 2   Zerstörungen im Kunstmuseum Charkiw im Jahr 2022.

Abb. 3   Im Juni 2022 traf dringend benötigte Hilfe für den Kulturgutschutz in Charkiw ein.

Hier gelangen
Sie direkt zum
Audioguide.

Der neue Audioguide durch die Präsentation der Kunst des 20. Jahrhunderts eröffnet den Gästen des Kunstmuseums Moritzburg Halle (Saale) viele neue Perspektiven.

Kunstmuseum Moritzburg Halle (Saale): Neuer Audioguide zur Kunst des 20. Jahrhunderts

Die Dauerausstellung eines Museums ist schon lange nichts statisches, auf Jahrzehnte Angelegtes mehr. So, wie sich die Diskurse in unserer Gesellschaft beständig verändern – und dies in immer kürzeren Zyklen –, so müssen und wollen wir stets mit unserer Arbeit reagieren und unsere Besucherinnen und Besucher mit Aspekten „konfrontieren", die ihnen die Relevanz unserer Kulturgüter in der heutigen Zeit vermitteln. Daher nehmen wir immer wieder Veränderungen in unserer Sammlungspräsentation „Wege der Moderne. Kunst in Deutschland im 20. Jahrhundert" vor und haben beispielsweise 2022 Werke von Künstlerinnen integriert. Auf diese Veränderungen müssen auch die Vermittlungsformate wie der Audioguide reagieren. Die 2017 produzierte Führung entsprach nach fünf Jahren nicht mehr den seither gewachsenen Ansprüchen. Hinzu kommt, dass wir mit dem neuen Guide auch etwas anderes machen wollten: Statt „nur" Bildbeschreibungen, kunsthistorisches Hintergrundwissen und Informationen zum Leben der Künstlerinnen und Künstler zu vermitteln, wollen wir unser Publikum zum Nachdenken über das Gesehene anregen und aktuelle Debatten und Diskurse aufgreifen. Entstanden ist eine mehr als anderthalbstündige neue Führung mit vielen Stimmen und Perspektiven, in die wir Blicke hinter die Kulissen und auf Lieblingswerke von Mitarbeiterinnen und Mitarbeitern des Museums ebenso einbezogen haben wie Positionen von Künstlerinnen und Künstlern oder deren Erben. Damit wollen wir unser Publikum zu einer aktiven, kritischen Auseinandersetzung mit der ausgestellten Kunst anregen. Nutzbar ist die kostenfreie Audiotour auf Leihgeräten des Museums oder geräte- und ortsunabhängig individuell auf dem eigenen mobilen Telefon über die Museumswebsite.

Thomas Bauer-Friedrich

Gerda Leo, Papiere, 1928. Silbergelatine, 235 × 156 mm. Kulturstiftung Sachsen-Anhalt, Kunstmuseum Moritzburg Halle (Saale), Inv.-Nr. MOSPh01730(38).

Kunstmuseum Moritzburg Halle (Saale): Gerda Leo auf museum-digital

Corona hatte auch etwas Gutes: konzentriertes Arbeiten im „Mobile Office", sich intensiv mit verschiedenen Themen beschäftigen, ein Konvolut aus der Sammlung bearbeiten und es schließlich der Öffentlichkeit zugänglich machen.

Über 800 Fotografien, Glas- und Rollfilmnegative von Gerda Leo (1909–1993) befinden sich seit 1993/94 in der Sammlung Fotografie des Kunstmuseums Moritzburg Halle (Saale) und dokumentieren zusammen mit den Nachlässen von Hans Finsler (1891–1972) und Heinrich Koch (1896–1934) das Fotografen-Dreigestirn des „Neuen Sehens" an der Burg Giebichenstein Kunsthochschule Halle.

Selten ist jedoch sichtbar, was im Depot lagert. Der Umfang des Materials, die bereits länger zurückliegende Monografie und nicht zuletzt die Bedeutung Gerda Leos waren der Anlass, über mögliche Wege der Aktivierung dieses Bestands nachzudenken. Interessierte können sich nun mittels eines neuen Wikipedia-Artikels über die Fotografin informieren und eine Auswahl von fast 100 ihrer Werke kostenlos online auf der Plattform „museum-digital" (https://st.museum-digital.de/collection/1083) betrachten.

Neun Werkgruppen strukturieren die Kollektion, darunter Auftragsarbeiten für das hallesche Delikatessengeschäft Pottel und Broskowski, freie Aufnahmen zu Landschaften, Pflanzen oder Porträts und, die größte Gruppe, die zeittypischen, charakteristischen Studien- und Sachaufnahmen. Auch die vier Aufnahmen, die sie 1929 auf der wichtigen Ausstellung „Film und Foto" zeigte, werden eingehender besprochen. So bekommen Interessierte, Forschende und Stöbernde einen umfassenden Einblick in das fotografische Schaffen von Gerda Leo – auch abseits einer immer nur temporär sichtbaren Präsentation im Museum.

Manuela Winter

Kunstmuseum Moritzburg Halle (Saale): Wer kommt ins Museum und wer warum nicht?

2020 bis 2022 fand, durchgeführt von der Konferenz Nationale Kultureinrichtungen (www.konferenz-kultur.de), eine fragebogenbasierte Evaluation zur kulturellen Teilhabe und eine Nichtbesucheranalyse statt. Es war ein Gemeinschaftsprojekt der Stiftung Preußische Schlösser und Gärten Berlin-Brandenburg (SPSG), der Kunstsammlungen Chemnitz, der Kulturstiftung Sachsen-Anhalt mit dem Kunstmuseum Moritzburg Halle (Saale) und der Stiftung Schloss Friedenstein Gotha. Das Projekt wurde von der Beauftragten der Bundesregierung für Kultur und Medien (BKM) gefördert. Ausgewertet wurden 2 511 Fragebögen.

Hier gelangen Sie zu den detaillierten Ergebnissen der Besucher- und Nichtbesucheranalysen.

Das Publikum des Kunstmuseums Moritzburg Halle (Saale) ist demzufolge zu 65 % Prozent älter als 50 Jahre, zu 63 % weiblich, verfügt zu 68 % über einen Hochschulabschluss und ist zu mehr als 50 % wohl situiert. Kinder und Jugendliche gehören bislang nur zu 12 % zur Stammklientel der individuell Besuchenden. Dass das Museum regional stark verankert ist, belegt die Herkunft des Publikums zu 78 % aus Mitteldeutschland (50 % aus Sachsen-Anhalt). 44 % haben das Museum innerhalb von 3 Jahren ein- bis dreimal besucht. Mit 93 % sind die Sonderausstellungen Hauptanlass für den Besuch, was im Umkehrschluss bedeutet, dass das Museum mit seiner Geschichte und Sammlung noch zu wenig bekannt ist. Dies spiegelt sich im Ticketkaufverhalten: 2022 haben 75 % der Besuchenden das Hausticket (Sonderausstellungen inkl. Sammlungspräsentation) und nur 25 % das Sammlungsticket erworben. Besonders erfreulich ist der extrem hohe Zufriedenheitsgrad des Publikums: 96 % beurteilen ihren Besuch als „sehr positiv" oder „eher positiv". Dies ist insofern von hoher Bedeutung, als die Mehrheit der Besuchenden die Empfehlung als Quelle des Wissens über das Museumsangebot angegeben hat. Als verbesserungswürdig werden die Orientierung im Haus sowie das Angebot an Sitzmöglichkeiten eingestuft. Alles in allem lässt sich etwa die Hälfte der Befragten als Wiederholungsbesuchende kategorisieren.

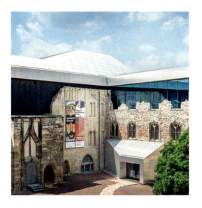

In der Auswertung heißt es: „Das Fehlen des Besuchstyp Familie und junge Menschen wird sehr deutlich." Um dieses Manko wissend, wurden in einem rund einstündigen Leitfaden-Interview ausgewählte Mitarbeitende von Kitas, Schulen und Universitäten, Multiplikatoren aus Vereinen und Verbänden, Touristiker sowie Kulturschaffende aus der Region zu Barrieren für einen Museumsbesuch befragt. Im Ergebnis heißt es: „Hauptbarrieren, die den Besuch eines Museums verhindern, sind […] das geringe Interesse an den dort präsentierten Inhalten, dem angestaubten Image und die Vermutung, dass ein Museumsbesuch langweilig oder dermaßen elitär sein könnte, dass dieser nicht in die eigene Lebenswelt hineinpasst. […] Bei touristischen Besucher*innen kommt dazu, dass das Umfeld der Einrichtungen eher unattraktiv eingeschätzt wird (z. B. fehlende Übernachtungs- und Gastronomieangebote sowie Einkaufsmöglichkeiten). Junge Menschen wollen zielgruppengerecht in Social Media-Netzwerken informiert werden, die Regionalbevölkerung […] ist zu einem Besuch bereit, wenn ihr ein Unterhaltungsprogramm (kein Bildungs- und Lernort) ‚versprochen' wird. Das Senken der Eintrittsschwelle […] ist eine notwendige Maßnahme, aber auch Herausforderung für die Einrichtungen." Darüber hinaus werden Angebote, die zum Mitmachen und zur Selbsterkundung einladen, gewünscht.

Abb. 1 Das Kunstmuseum Moritzburg Halle (Saale) wollte wissen, welche Gäste das Haus besuchen und welche nicht.

Abb. 2 Familien und junge Menschen müssen noch gezielter angesprochen werden!

Während das Museum selbst am ausbaufähigen touristischen Potential der Stadt Halle (Saale) kaum etwas ändern kann, soll mit einer Forcierung der sammlungsbezogenen Kommunikation der Besuchsanlass erweitert und damit eine baubedingte Schließphase in den kommenden Jahren mit einer Interimspräsentation der Sammlung ohne Sonderausstellung ab 2026 vorbereitet werden. Neue Vermittlungsformate wie der Audioguide, der 2022 eingerichtete interaktive Begegnungsraum BlickPunkt und diverse neue Veranstaltungsformate sollen niedrigschwellige Besuchsanlässe kreieren.

Thomas Bauer-Friedrich

Abb. 1   Wolfgang Büche bei der Eröffnung
          der Gustav Klimt-Ausstellung im
          Jahr 2018.

Abb. 2   Cornelia Blume bei der Eröffnung
          der Ausstellung „Moderne in der
          Werkstatt. 100 Jahre Burg Giebi-
          chenstein Kunsthochschule Halle"
          im Jahr 2015.

Abb. 3   Seit 2022 die neue Sammlungs-
          leiterin für Malerei und Plastik im
          Kunstmuseum Moritzburg Halle
          (Saale): Dr. Barbara Leven.

Kunstmuseum Moritzburg Halle (Saale): Willkommen und Abschied

2020 und 2021 gingen zwei langjährige Kustoden des Kunstmuseums Moritzburg Halle (Saale) in den wohlverdienten Ruhestand: Einerseits Wolfgang Büche, der seit 1975 für das Museum und über viele Jahre als Kustos der Gemäldesammlung tätig war (Abb. 1). Andererseits Cornelia Blume, welche 1980 an das hallesche Kunstmuseum kam und die Sammlung Plastik betreute (Abb. 2). Beide prägten die Entwicklung der ihnen anvertrauten Sammlungen und begleiteten die wesentliche Transformationen des Museums seit der Wiedervereinigung, so auch den Erweiterungsbau von 2005 bis 2008.

Eine besondere Expertise erarbeitete sich Wolfgang Büche für das Werk Lyonel Feiningers, der mit seinen 1929 bis 1931 im Atelier im Torturm der Moritzburg gemalten, sogenannten Halle-Bildern auf das Engste mit dem Landeskunstmuseum Sachsen-Anhalts verbunden ist. 1937 ging der ehemals 11-teilige Zyklus durch die nationalsozialistische Aktion „Entartete Kunst" verloren; heute befinden sich drei Gemälde wieder im Eigentum der Kulturstiftung Sachsen-Anhalt. Spektakulär war das Zusammenführen fast aller einst zusammengehörender Gemälde in einer großen Ausstellung unmittelbar nach der Wiedervereinigung im Jahr 1991. Neben vielen anderen von Wolfgang Büche kuratierten Ausstellungen sind folgende hervorzuheben: die El Lissitzky-Retrospektive 1988, die 1989 gemeinsam mit dem Los Angeles County Museum of Art vorbereitete Ausstellung „Expressionismus. Die zweite Generation 1915–1925" oder die große Gustav Klimt-Ausstellung 2018 anlässlich des 100. Todestages des Künstlers.

Der besondere kuratorische Fokus von Cornelia Blume (ehemals Wieg) lag auf der zeitgenössischen Kunst. So kuratierte sie beispielsweise 2011 eine eindrucksvolle Berlinde de Bruyckere-Schau und betreute jahrelang die Präsentationen der Gewinnerinnen und Gewinner des Gustav-Weidanz-Preises für junge Bildhauerinnen und Bildhauer.

Mit dem Ausscheiden beider wurden die Gemälde- und die Plastik-Sammlungen des Kunstmuseums Moritzburg Halle (Saale) in einer Kustodie vereint und eine neue Leitung ausgeschrieben. Diese Position besetzt seit April 2022 Dr. Barbara Leven (Abb. 3). Nach eigener Aussage war es „die hochkarätige Sammlung mit ihren Schwerpunkten Kunst der klassischen Moderne sowie Malerei und Plastik aus Ostdeutschland", die die Kunsthistorikerin nach Halle (Saale) führte. Sie wird künftig das Profil der beiden Sammlungen schärfend weiterentwickeln und sie unter aktuellen Perspektiven wissenschaftlich erforschen. Wichtig ist ihr, aus dem Sammlungsbestand heraus interessante Ausstellungsprojekte zu entwickeln und ihn in verschiedenen Vermittlungsformaten und unter neuen Gesichtspunkten für die breite Öffentlichkeit noch sichtbarer zu machen.

Dr. Barbara Leven studierte von 2001 bis 2006 Kunstgeschichte sowie Mittlere und Neuere Geschichte an der Universität Leipzig, zuvor absolvierte sie eine Ausbildung zur Zeitungsredakteurin. Promoviert wurde sie an der Eberhard Karls Universität Tübingen mit einer Arbeit zur kulturellen Praxis des privaten Sammelns im Kaiserreich und der Weimarer Republik. Sie erschloss als wissenschaftliche Mitarbeiterin des Landeskirchlichen Archivs der Evangelischen Landeskirche Baden-Württemberg kirchliches Kunst- und Kulturgut; als freiberufliche Kunsthistorikerin war sie zudem für das Historische Museum Frankfurt am Main sowie für die KunstKulturKirche Allerheiligen und die Domgemeinde Frankfurt am Main tätig. Nachdem sie am Germanischen Nationalmuseum in Nürnberg ein wissenschaftliches Volontariat absolviert hatte, arbeitete sie dort von 2019 bis 2022 als wissenschaftliche Mitarbeiterin in der Sammlung Kunst und Kunsthandwerk 19. bis 21. Jahrhundert an der Erschließung der Sammlung und der Neukonzeption der Dauerausstellung.

Thomas Bauer-Friedrich

Kunstmuseum Moritzburg Halle (Saale): Barrierefreiheit geprüft!

Im Sommer 2022 erfolgte im Rahmen des Projektes „Reisen für alle" (www.reisen-fuer-alle.de) die Überprüfung und Zertifizierung des Kunstmuseums Moritzburg Halle (Saale). Hintergrund des Projektes ist der Fakt, dass in Deutschland etwa zehn Millionen Menschen mit einer Behinderung leben. Für sie sind detaillierte und verlässliche Informationen über die Nutz- und Erlebbarkeit touristischer Angebote eine wesentliche Grundlage für ihre Reiseentscheidung.

Hier erhalten Sie weitere Informationen zur Barrierefreiheit im Kunstmuseum Moritzburg Halle (Saale).

Die Überprüfung des Landeskunstmuseums erfolgte 2022 durch geschultes Personal, das sich eingehend alle für das Publikum zugänglichen Räume und die urbane Umgebung der Einrichtung aus dem Blickwinkel der verschiedensten Zielgruppen mit Beeinträchtigungen anschaute und jedes Detail erfasste. Die dabei gewonnenen Erkenntnisse flossen zum einen in den Prüfbericht ein, öffneten zum anderen aber auch die Augen der Mitarbeiterinnen und Mitarbeiter für Barrieren und Einschränkungen, die im Museumsalltag oft übersehen werden und mit teils geringem Aufwand schnell zu beseitigen sind. Der Zertifizierungsvorgang an sich gerät so auch zu einer wichtigen institutionellen Selbstreflexion und zum Impuls für weitere Verbesserungen. Erhalten hat das Kunstmuseum Moritzburg Halle (Saale) letztlich das Zertifikat „Barrierefreiheit geprüft – barrierefrei für Menschen mit Gehbehinderung und teilweise barrierefrei für Rollstuhlfahrer sowie teilweise barrierefrei für Menschen mit Sehbehinderung". Für Menschen mit kognitiven Einschränkungen waren zum Zeitpunkt noch kaum Angebote vorhanden. 2023 wird es zum Ausstellungsbereich „Wege der Moderne. Kunst in Deutschland 1900 bis 1945" eine Broschüre in Leichter Sprache geben.

Nun mit geprüfter Barrierefreiheit für Menschen mit Gehbehinderung und teilweise barrierefrei für Rollstuhlfahrer und Menschen mit Sehbehinderung: das Kunstmuseum Moritzburg Halle (Saale).

Katrin Greiner

Kunstmuseum Moritzburg Halle (Saale): Zu Unrecht ins Depot Verbannte befreit

Für die Wiedereinrichtung der Sammlungspräsentation „Wege der Moderne. Kunst in Deutschland im 20. Jahrhundert" sichteten wir konsequent den Gemäldebestand des Kunstmuseums hinsichtlich Werken von Künstlerinnen. Den Impuls dazu gaben Rückmeldungen unserer Besucherinnen und Besucher und die allgemeine internationale Debatte um eine Diversifizierung musealer Sammlungen und ihrer Präsentationen. Selbstverständlich gab es zu jeder Zeit Kunst schaffende Frauen. Viele von ihnen waren lange wenig bekannt, wurden kaum wahrgenommen, selten ausgestellt und gesammelt. Die meisten deutschen Museumssammlungen kennzeichnet bislang ein eurozentrischer männlicher Fokus. Dieser schloss über viele Jahrhunderte Frauen von einer gezielten künstlerischen Laufbahn aus.

Petra Flemming, Der Telegrammbote, 1972. Öl, Collage auf Pappe, 60 × 50 cm. Kulturstiftung Sachsen-Anhalt, Kunstmuseum Moritzburg Halle (Saale), Inv.-Nr. MOI01894.

Neu präsentiert werden seit April 2022 Gemälde von Anna Friederica Regina Ringe (1713–1797), Clara Reinken (1853–1915), Gertrud Staats (1859–1938), Susanne von Nathusius (1850–1929) sowie im Bereich der Moderne drei Gemälde von Annemarie Heise (1886–1937) und drei Plastiken und ein Gemälde von ihrer Schwester Katharina Heise (1891–1964) – beide wichtige Künstlerinnen unseres Bundeslandes. Von Edith Dettmann (1898–1987) wurden ebenfalls drei Gemälde integriert. Den Abschnitt „Kunst in der SBZ/DDR 1945 bis 1990" bereichern nun Werke von Petra Flemming (1944–1988), Heidrun Hegewald (Jg. 1936), Susanne Kandt-Horn (1914–1996), Alexandra Müller-Jontschewa (Jg. 1948) und Nuria Quevedo (Jg. 1938). Insgesamt fanden 20 neue Gemälde den Weg in die permanente Sammlungspräsentation, die die drei Gemälde und zahlreichen Objekte angewandter Kunst ergänzen, welche bereits seit 2017/18 in der damals neu eingerichteten Dauerausstellung zu sehen sind.

Thomas Bauer-Friedrich

Dom zu Magdeburg: Schmuck für gefiederte Jäger

Ein wenig Aufregung, auch wenn es nicht weh tut: Beringung eines jungen Wanderfalken auf dem Südturm des Magdeburger Doms im Jahr 2022.

Denkmale bieten aufgrund ihrer baulichen Struktur und Höhe oft auch Lebensräume für verschiedene Tierarten. Dies trifft in besonderer Weise auch für den Magdeburger Dom zu. Bereits im Jahr 2009 konnten hier erstmals wieder Wanderfalken in luftiger Höhe beobachtet werden, die ein altes Krähennest in der Kreuzblume auf dem Nordturm bezogen hatten. Der imposante Greifvogel war vor einigen Jahrzehnten noch stark vom Aussterben bedroht. Die Ursache lag in der großflächigen Anwendung des Pflanzenschutzmittels Dichlordiphenyltrichlorethan (DDT) in der Landwirtschaft, da das Pestizid zu einer Schwächung der Eierschalen und damit zum häufigen Zerbrechen während der Brut führt. Nach dem Verbot von DDT und Nachzuchten in Gefangenschaft erholten sich die Bestände der Wanderfalken langsam.

2014 installierte die Kulturstiftung Sachsen-Anhalt in Zusammenarbeit mit dem NABU Kreisverband Magdeburg einen Brutkasten auf der Galerie des Südturms, der schon ab dem folgenden Jahr von einem Falkenpaar beflogen wurde. 2017 konnte dann erstmals ein Gelege nachgewiesen werden, jedoch kein Bruterfolg. Möglicherweise hatte das Falkenpaar noch nicht genügend Erfahrung mit der Brut, worauf einige Wildkamerafotos hinwiesen. Im Frühjahr des Jahres 2018 dann die Erfolgsmeldung der ehrenamtlichen NABU-Mitarbeiter! Die Altvögel versorgten ihre vier Jungen intensiv mit Beute und eine erste Beringung des Nachwuchses fand statt. Seitdem verzeichnet der Magdeburger Dom regelmäßig erfolgreiche Bruten von Wanderfalken, die stets zur Beobachtung der Population in einer für die Vögel harmlosen Prozedur beringt werden. So auch 2022, als der mittlerweile vierzehnte junge Domfalke im Brutkasten der Kathedrale das Licht der Welt erblickte.

Ralf Lindemann

Lyonel-Feininger-Galerie Quedlinburg: Mediale Visitenkarte

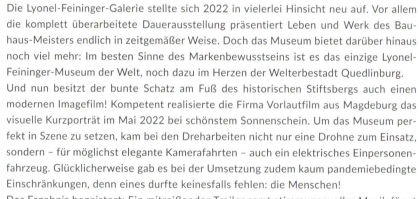

Für flüssige Bilder beim neuen Imagefilm der Lyonel-Feininger-Galerie sorgte moderne Technik.

Die Lyonel-Feininger-Galerie stellte sich 2022 in vielerlei Hinsicht neu auf. Vor allem die komplett überarbeitete Dauerausstellung präsentiert Leben und Werk des Bauhaus-Meisters endlich in zeitgemäßer Weise. Doch das Museum bietet darüber hinaus noch viel mehr: Im besten Sinne des Markenbewusstseins ist es das einzige Lyonel-Feininger-Museum der Welt, noch dazu im Herzen der Welterbestadt Quedlinburg.

Und nun besitzt der bunte Schatz am Fuß des historischen Stiftsbergs auch einen modernen Imagefilm! Kompetent realisierte die Firma Vorlautfilm aus Magdeburg das visuelle Kurzporträt im Mai 2022 bei schönstem Sonnenschein. Um das Museum perfekt in Szene zu setzen, kam bei den Dreharbeiten nicht nur eine Drohne zum Einsatz, sondern – für möglichst elegante Kamerafahrten – auch ein elektrisches Einpersonenfahrzeug. Glücklicherweise gab es bei der Umsetzung zudem kaum pandemiebedingte Einschränkungen, denn eines durfte keinesfalls fehlen: die Menschen!

Das Ergebnis begeistert: Ein mitreißender Trailer samt stimmungsvoller Musik fängt die Vielfalt des lebendigen Hauses perfekt ein und macht Lust darauf, die Lyonel-Feininger-Galerie als weltoffenes Museum zu entdecken. „Kunst erleben" steht im Mittelpunkt, ob klassisch, verspielt, interaktiv oder digital. Neben der Dauerausstellung kommen sowohl das vielfältige Kunstkursangebot als auch die vielen Workshops, wechselnde Sonderausstellungen oder der reich bestückte Museumsshop im Video ansprechend zur Geltung. Ermöglicht wurde dieses nicht zuletzt durch die Bereitschaft unserer Gäste, sich dafür filmen zu lassen. Unsere mediale Visitenkarte finden Sie ab jetzt im Netz und auf unserer Website www.museum-feininger.de.

Gloria Köpnick

Lyonel-Feininger-Galerie Quedlinburg: Hoher Besuch

Am 11. Mai 2022 besuchte Bundespräsident Frank-Walter Steinmeier die Lyonel-Feininger-Galerie! Der akribisch vorbereitete und von zahlreichen Kameras festgehaltene Termin war ein Highlight im Jahr 2022. Nach einer persönlichen Begrüßung von Generaldirektor Dr. Christian Philipsen präsentierte Museumsdirektorin Dr. Gloria Köpnick, die das Staatsoberhaupt von seinem Interimsdienstsitz zum Museum geleitet hatte, die Sammlung des im Herzen der Welterbestadt gelegenen Hauses.

Mit viel Zeit und großem Interesse schaute sich unser Gast die neu eingerichtete Dauerausstellung „Lyonel Feininger. Meister der Moderne" und die Sonderausstellung „Von Rembrandt bis Richter" mit Meisterwerken aus der grafischen Sammlung des Landesmuseums Oldenburg an. Durch die freundlichen Worte „Ganz großen Dank für Ihre Einladung in die Lyonel Feininger-Galerie und die Führung durch eine großartige Ausstellung, die auch mir neue Sichten auf Feiningers Kunst gebracht hat. Ich wünsche Ihnen viele begeisterte Besucher! Herzliche Grüße Ihr Frank-Walter Steinmeier" verewigte sich der Bundespräsident abschließend im Gästebuch des Museums.

Vom 10. bis 12. Mai 2022 hatte Frank-Walter Steinmeier seinen Sitz für drei Tage nach Sachsen-Anhalt verlegt und seine Amtsgeschäfte von Quedlinburg aus geführt. Der Besuch fand im Rahmen der „Ortszeit Quedlinburg" statt und war nach Altenburg in Thüringen die zweite Station des Formats „Ortszeit Deutschland". Dabei reiste der Bundespräsident in seiner zweiten Amtszeit durch die Republik und nahm sich für ein eigenes Stimmungsbild Zeit für Begegnungen und Gespräche mit ihren Bürgerinnen und Bürgern. Die Lyonel-Feininger-Galerie freut sich, dabei gewesen zu sein!

Gloria Köpnick

Kulturinteressiert und bürgernah – Bundespräsident Frank-Walter Steinmeier beim Besuch der Lyonel-Feininger-Galerie Quedlinburg im Mai 2022.

Dom zu Magdeburg: Die erste Glocke seit 320 Jahren

Am 27. Oktober 2022 fährt ein Schwertransport mit einer wertvollen Fracht vor den Magdeburger Dom. Geladen hat er die 6525 kg schwere AMEMUS, die als vierte Glocke das Geläute des Nordturms vervollständigt. Es handelt sich um den ersten Neuguss einer großen Glocke für den Magdeburger Dom seit 320 Jahren! Viele kamen zur Präsentation am 30. Oktober: Der Ministerpräsident Dr. Reiner Haseloff, die Oberbürgermeisterin der Landeshauptstadt Simone Borris, der Landesbischof Friedrich Kramer und Patricia Werner von der Ostdeutschen Sparkassenstiftung, die gemeinsam mit der Sparkasse MagdeBurg den Guss dieser Glocke umfassend gefördert hat. Kulturstiftung und Kulturausschuss des Bundestages waren ebenso vertreten wie die Glockengießerei Bachert und der Künstler Gert Weber. Auch viele Glockenpaten, Stifter, Spender und Interessierte gesellten sich zu den 500 Besuchern.

Nach der Begrüßung durch den 1. Vereinsvorsitzenden des Domglocken Magdeburg e. V. Andreas Schumann (MdL) trat der Ministerpräsident ans Pult. Er betonte die (auch finanzielle) Verantwortung des Landes für den Ausbau der Türme, damit der Glockenklang weithin zu hören sei. Dann kam der entscheidende Moment: Die Vorstandsmitglieder Martin Groß, Rainer Kuhn, Johannes Sattler und Andreas Schumann entfernten die weiße Verhüllung der AMEMUS, die nun für alle in ihrer ganzen Pracht sichtbar wurde; ein Fest für die Fotografen! Und dann nahm Warnfried Altmann mit seinem Saxophon den erstmals zu hörenden Klang der Glocke auf und führte mit seiner Improvisation hin zum Choral „Ein feste Burg ist unser Gott". Bis zu ihrer finalen Aufhängung im Turm wartet die AMEMUS nun für jeden Besucher sichtbar im Kirchenschiff auf diesen Moment.

Vorstand des Domglocken Magdeburg e. V.

Glockengussmeister Nicolai Wieland vor der AMEMUS.

Schloss Neuenburg: Der „Goldene Reiter" kehrt zurück

Als man in der Nacht vom 8. zum 9. Juli 1948 auf Betreiben der örtlichen FDJ-Funktionäre das Reiterdenkmal Herzog Christians von Sachsen-Weißenfels (1682–1736) auf dem Freyburger Marktplatz vom Sockel stürzte und zerstörte, ging ein einzigartiges Zeugnis barocker Hof- und Herrschaftskultur für immer verloren. Anfang der 1990er Jahre wurden der Torso von Pferd und Reiter sowie Einzelfragmente im Stadtgraben geborgen und am ursprünglichen Standort im oberen Hof von Schloss Neuenburg aufgestellt. 2014 folgte die Kombination der Denkmalreste mit einer textilen Darstellung in imposanter Originalgröße. Doch die einstige Gestalt und Wirkung des 1722 entstandenen, damals vergoldeten Denkmals vor allem im historischen Kontext zum barocken Ensemble von Schloss Neuenburg und der vorgelagerten Jagdanlage „Klein Friedenthal" ist damit nur eingeschränkt vermittelbar.

In einem aufwendigen Projekt entstand der „Goldene Reiter" der Neuenburg jetzt zumindest virtuell wieder. Die anspruchsvolle digitale Realisierung lag bei dem Dresdener Büro Arte4D (Andreas Hummel und Alexander Börner), begleitet durch die höchst engagierte Forschungs- und Gestaltungsarbeit von Joachim Säckl und Holger Volk, beide besondere Kenner der barocken Jagdkultur im Freyburger Umfeld. Im Museum ist die Rekonstruktion des Denkmals nun in eine umfangreichere Präsentation auf einer Medienstation integriert, die sich neben der ausführlichen Vorstellung des Reiters, seiner Herkunft und der Denkmalausstattung auch mit Fragen zur Neuenburg als Barockschloss beschäftigt. Mit seinem unmittelbaren Bezug zum Originalschauplatz ergänzt der „Goldene Reiter" die Ausstellungsinhalte wirkungsvoll und eindrücklich.

Jörg Peukert

Das heute zerstörte Reiterdenkmal des Herzogs Christian von Sachsen-Weißenfels aus dem beginnenden 18. Jahrhundert in der 3D-Rekonstruktion.

Schloss Neuenburg: Digitalisierung historischer Postkarten

Hier gelangen Sie direkt zur digitalen Sammlung.

Seit dem Ende des 19. Jahrhunderts erfreute sich das Format der Postkarte großer Beliebtheit, da das Reisen für die breite Bevölkerung mit der Erfindung der Eisenbahn nun erschwinglich wurde. Die Ausflügler verschickten dann gerne handbeschriebene Grußkarten mit Ansichten von ihren Ausflugszielen. In der Sammlung des Museums Schloss Neuenburg befinden sich aktuell etwa 700 Postkarten, überwiegend mit historischen Ansichten, die die schon damals hervorgehobene touristische Bedeutung der Weinstadt Freyburg bezeugen.

Freyburg an der Unstrut, idyllisch im Saale-Unstrut-Weinanbaugebiet gelegen, bot damals wie heute interessante Sehenswürdigkeiten auch abseits des allerorts anzutreffenden Rebensaftes: selbstverständlich das Schloss Neuenburg mit der romanischen Doppelkapelle und dem Bergfried „Dicker Wilhelm", aber auch die seit der Mitte des 19. Jahrhunderts existierende Wein- und Sektkellerei Kloss & Foerster (heute: Rotkäppchen Sektkellerei), die mittelalterliche Stadtkirche St. Marien oder das ehemalige Wohnhaus des Initiators der deutschen Turnbewegung Friedrich Ludwig Jahn (1778–1852), das mittlerweile als Jahn-Museum besichtigt werden kann.

Im Rahmen der Bestandsaufnahme mit dem Ziel einer Digitalisierung und Onlinepublikation ausgewählter Objekte auf dem Portal „museum-digital" wurden die Ansichtskarten ausführlich erfasst sowie sortiert, konservatorisch umgelagert, inhaltlich erschlossen, gescannt und in der stiftungseigenen Sammlungsdatenbank dokumentiert. Aktuell können Sie bereits über 130 historische Postkarten unter https://nat.museum-digital.de/collection/8771 öffentlich bestaunen. Schauen Sie doch einmal herein oder schreiben Sie uns eine Karte!

Marlene Thimann

Post aus Freyburg um 1910: Eine junge Weinliebhaberin grüßt den Leser, rechts die Unstrut, das ehemalige Wohnhaus von Friedrich Ludwig Jahn und Schloss Neuenburg, das erhaben auf einem Weinberg thront. Prost!

Kloster Hamersleben: Sanierung des Chordachs

Nach der bereits erfolgten Hauptschiffdach-Sanierung an der Klosterkirche in Hamersleben zwischen 2019 und 2021 konnte die Kulturstiftung Sachsen-Anhalt im Jahr 2022 die Instandsetzungsarbeiten an dem romanischen Sakralbau fortsetzen. Möglich war dies dank einer Finanzierung des Projekts aus sogenannten PMO-Mitteln, dem Altvermögen der Parteien und Massenorganisationen der DDR.

Der neue Bauabschnitt umfasste das Dach des Chores mit seinem markanten Dachreiter. An ersterem existierten umfangreiche Schäden, es kam zu Wassereintritten, die Holzschalung war desolat und Reparaturen an der Schieferdeckung kaum noch sinnvoll. Auch am Dachreiter selbst bestanden massive Schäden an der Holzkonstruktion. Die Voruntersuchungen eines Holzschutzgutachters und die Sanierungsplanungen erfolgten bereits 2021, so dass im Frühjahr 2022 der Gerüstbau und anschließend die Bauarbeiten begannen. Dabei sanierte die Zimmererfirma schadhafte Fußpunkte an der Dachkonstruktion unter dem Aspekt des größtmöglichen Erhalts der originalen Substanz, wenngleich die verschlissene Holzschalung in Gänze ersetzt werden musste. Von einem Gerüst im Inneren des Chores waren außerdem kleinere Sicherungsarbeiten am Barockaltar der Stiftskirche möglich, wenngleich seine umfassende Restaurierung den kommenden Jahren vorbehalten bleibt. Das Chordach erhielt schließlich eine neue Schieferdeckung, im Inneren erfolgte der Einbau von Laufgängen und einer Beleuchtung zu Revisionszwecken.

Schadhafte Hölzer des ebenfalls mit Schiefer neu versehenen Dachreiters wurden ebenfalls ersetzt und mit Kupferblech verkleidet. Zusätzlich bekrönt ein neues Giebelkreuz aus Sandstein – sein Vorgänger musste bereits vor Jahren aus Sicherheitsgründen weichen – nun wieder den geschichtsträchtigen Kirchenbau.

Ralf Lindemann

Noch sind sie eingerüstet: Chordach und Dachreiter des Klosters Hamersleben während der Sanierungsarbeiten 2022.

Kulturstiftung intern: Neuer Baudirektor für Sonderinvestitionen

Im Rahmen eines großzügigen Sonderinvestitionsprogramms ermöglichen der Bund und das Land Sachsen-Anhalt umfangreiche Bauvorhaben in zahlreichen Liegenschaften der Kulturstiftung Sachsen-Anhalt. Hierzu zählen Sicherungs-, Sanierungs- und Erweiterungsmaßnahmen, welche in den nächsten Jahren geplant und realisiert werden sollen. Damit ergibt sich eine einmalige Chance, den Erhaltungszustand vieler Denkmale zu verbessern, sie weiterzuentwickeln und in eine auf die Zukunft gerichtete Nutzung zu überführen. Die Umsetzung der sehr ambitionierten Projekte erfolgt durch eine neue, eigens für diese Aufgabe gegründete Baudirektion. Sie wird seit dem 1. Januar 2022 durch Thomas Bechstein geleitet.

1966 in Bad Frankenhausen geboren, studierte er von 1988 bis 1996 Architektur in Weimar und in Graz. Studienaufenthalte führten ihn nach Vilnius und Stuttgart, sein Studium schloss er als Dipl.-Ing. ab. Nach ersten beruflichen Stationen in Northeim und Lutherstadt Eisleben ging er zunächst nach Halle (Saale) und später nach Magdeburg, wo er verschiedene Planungs- und Führungsaufgaben in der Hochbauverwaltung des Landes Sachsen-Anhalt übernahm. Ab 2010 war er während der Reformationsdekade in leitender Funktion für die international beachteten Baumaßnahmen der Stiftung Luthergedenkstätten in Sachsen-Anhalt tätig. Im Anschluss führte ihn seine berufliche Entwicklung erneut nach Magdeburg, wo er im Ministerium der Finanzen für wichtige Landesbaumaßnahmen verantwortlich zeichnete. Thomas Bechstein ist langjähriges Mitglied der Architektenkammer Sachsen-Anhalt und wurde in den Deutschen Werkbund berufen.

Christian Philipsen

Hat viel zu tun: Thomas Bechstein leitet seit Jahresbeginn 2022 die neue KST-Baudirektion für das große Sonderinvestitionsprogramm.

Kulturstiftung intern: Neue Pressesprecherin

—

Seit Sommer 2022 Pressesprecherin der Kulturstiftung Sachsen-Anhalt: Manuela Werner.

Seit Juni 2022 verstärkt Manuela Werner als Referentin für Presse- und Öffentlichkeitsarbeit das Team der Kulturstiftung Sachsen-Anhalt. In der Funktion der Pressesprecherin ist sie Ansprechpartnerin der Medien sowohl für die Kulturstiftung Sachsen-Anhalt als auch für die weiteren hier verwalteten Stiftungen „Kloster Bergesche Stiftung" und Stiftung Kloster Unser Lieben Frauen.

Neben den klassischen Aufgaben – der Vorbereitung von Terminen, Statements, Interviews und Pressetexten oder der Beantwortung von tagesaktuellen Anfragen – ist ein Schwerpunkt die Weiterentwicklung der Website www.kulturstiftung-st.de als zentrale Kommunikationsplattform der Kulturstiftung Sachsen-Anhalt. Ergänzend zu den Kolleginnen und Kollegen der Öffentlichkeitsarbeit an den einzelnen Museumsstandorten ist sie vorrangig für die Liegenschaften ohne stiftungseigenen Betrieb bzw. ohne Öffentlichkeitsarbeit zuständig sowie für die Kommunikation von Querschnittsthemen. Dazu zählen etwa Baumaßnahmen, Publikationen oder Forschungsprojekte. Eine Herausforderung ist der Spagat, sowohl die integrierte Dachkommunikation der Kulturstiftung fortzuführen und zu entwickeln als auch die Profile der einzelnen Museumsbetriebe zu stärken. Eine weitere wichtige Aufgabe ist die Kommunikation der komplexen Prozesse rund um das Sonderinvestitionsprogramm (SIP).

Manuela Werner studierte Neuere und Neueste Geschichte, Volkskunde/Europäische Ethnologie und Ur- und Frühgeschichte in Münster und Würzburg. Nach beruflichen Anfängen als Volontärin und wissenschaftliche Mitarbeiterin im Stadtmuseum Münster war sie zuletzt im Besucherzentrum Arche Nebra am Fundort der berühmten Himmelsscheibe verantwortlich für Öffentlichkeitsarbeit und Marketing.

Katherina Gebhardt

Kloster Michaelstein & Lyonel-Feininger-Galerie Quedlinburg:
Finanzierungsvereinbarungen mit Perspektive

—

Geschafft: Unterzeichnung einer Finanzierungsvereinbarung im Kloster Michaelstein am 16. Dezember 2022 (v. l. n. r.): Generaldirektor Dr. Christian Philipsen, Blankenburgs Bürgermeister Heiko Breithaupt, Staats- und Kulturminister Rainer Robra sowie Landrat Thomas Balcerowski.

Längerfristige Sicherheit zur Finanzierung ist eine wesentliche Grundlage für die Arbeit in den Betrieben der Kulturstiftung Sachsen-Anhalt. Nachdem bereits seit vielen Jahren jeweils mehrjährige Vereinbarungen zur Finanzierung sowohl der Lyonel-Feininger-Galerie Quedlinburg als auch des Klosters Michaelstein in Blankenburg mit einer Laufzeit zuletzt bis 2022 geschlossen worden waren, entschlossen sich die jeweiligen Partner, auch für den Zeitraum 2023 bis 2026 die Arbeit vor Ort finanziell zu unterstützen.

Die Welterbestadt Quedlinburg würdigte die besondere Bedeutung der Lyonel-Feininger-Galerie nicht nur für die Stadt und honorierte dies durch eine Aufstockung ihrer jährlichen Finanzierungsbeträge um jeweils 10 000,- €. Trotz seiner angespannten Haushaltslage wird sich auch der Landkreis Harz weiterhin an der Finanzierung der Feininger-Galerie beteiligen. Die Differenz zur bisherigen Fördersumme kompensiert die Kulturstiftung Sachsen-Anhalt auf Grundlage der zwischen dem Land Sachsen-Anhalt, vertreten durch die Staatskanzlei und Ministerium für Kultur, dem Landkreis Harz, der Welterbestadt Quedlinburg und der Kulturstiftung geschlossenen Vereinbarung aus eigenen Haushaltsmitteln.

Auch für das Kloster Michaelstein konnten sich das Land, der Landkreis Harz, die Stadt Blankenburg und die Kulturstiftung Sachsen-Anhalt über die Vereinbarung zur Mitfinanzierung für die nächsten Jahre einigen. Dabei erhöht die Stadt Blankenburg ihren jährlichen Anteil auf 60 000,- €. Durch die schrittweise Abschmelzung des Landkreisanteils erhöht sich der Finanzierungsanteil der Kulturstiftung entsprechend. Es bleibt, allen an den konstruktiven Entscheidungen zur Fortführung der Finanzierungsvereinbarungen Beteiligten zu danken.

Katherina Gebhardt

„Kloster Bergesche Stiftung"/Stiftung Kloster Unser Lieben Frauen: Kulturförderung 2022 mit Stiftungserträgen

Im Rahmen der treuhänderischen Verwaltung der beiden rechtsfähigen Stiftungen des öffentlichen Rechts, der „Kloster Bergesche Stiftung" und der Stiftung Kloster Unser Lieben Frauen, obliegt der Kulturstiftung Sachsen-Anhalt seit dem Jahr 2010 ein weiteres Aufgabenfeld: die Förderung von Kunst und Kultur.

Als öffentlich-rechtliche Stiftungen im Land Sachsen-Anhalt sind die Klosterstiftungen zwei der wenigen unmittelbar fördernd tätigen. Ein Teil der Arbeit der Klosterstiftungen umfasst die Liegenschafts- und Vermögensverwaltung, wobei die beiden Stiftungen aktuell einen Flächenbestand von über 3 000 ha zu verwalten haben. Deren langfristige Verpachtung beziehungsweise Vermietung ist Voraussetzung für die Verwirklichung der satzungsgemäßen Stiftungszwecke. Die aus dem Stiftungsvermögen erwirtschafteten Erträge werden direkt zur Förderung von Kunst und Kultur eingesetzt. So haben die Klosterstiftungen in den zurückliegenden zwölf Jahren mit einem Gesamtförderumfang von über 7,5 Millionen Euro unmittelbar zur Bereicherung der Kulturlandschaft in Sachsen-Anhalt beigetragen.

Die „Kloster Bergesche Stiftung" fördert satzungsgemäß Kunst und Kultur im Bundesland, je zur Hälfte der Kulturbauten und -projekte im Raum Magdeburg sowie der zeitgenössischen Kunst über die Kunststiftung Sachsen-Anhalt. Damit werden dort beispielsweise Künstlerinnen und Künstler mit Stipendien für nationale und internationale Arbeitsaufenthalte gefördert. Bisher hat die „Kloster Bergesche Stiftung" insgesamt 597 Projektförderungen bewilligt, davon 203 im Raum Magdeburg sowie 394 über die Kunststiftung Sachsen-Anhalt.

In Umsetzung ihres Stiftungszweckes der Förderung von Kunst und Kultur im Raum Magdeburg, insbesondere des Kulturhistorischen Museums in der Landeshauptstadt, förderte die Stiftung Kloster Unser Lieben Frauen seit 2010 wiederum insgesamt 118 Projekte.

Aus Platzgründen finden hier stellvertretend nur einige Maßnahmen des letzten Jahres Erwähnung (Abb. 1–2). So konnten insbesondere die Magdeburger Museen, aber auch etliche Antragstellende aus dem Fördergebiet durch die Mitfinanzierung der Klosterstiftungen vielfältige kulturelle Angebote unterbreiten, was nach den pandemiebedingten Einschränkungen im Jahr 2022 unzähligen Besucherinnen und Besuchern endlich wieder unvergessliche Kulturerlebnisse verschaffte.

Das „Internationale Gitarrenfestival" zog sowohl Musikerinnen und Musiker als auch das weitgereiste Publikum in den Bann. „Local heroes – Netzwerkstruktur 2022"– ein Jugend-Kultur-Projekt – ermöglichte aus Magdeburg stammenden Musikerinnen und Musikern, sich öffentlich und medienwirksam zu präsentieren. Mit dem „musikkulturellen Bildungsangebot für Kinder" war es der Landeshauptstadt möglich, auch die Jüngsten an kulturelles Erleben heranzuführen. Zudem konnten sich die Klosterstiftungen bei inzwischen aus dem Kulturleben kaum wegzudenkenden Veranstaltungen wie etwa „SinusTon – Magdeburger Tage der elektroakustischen Musik", dem umständehalber in das Jahr 2022 verlegten 25. Jubiläum der Magdeburger Telemann-Festtage (Abb. 1), den Konzerten der Biederitzer Kantorei anlässlich der „Magdeburger Barockauftakte" oder verschiedenen Theateraufführungen freier Träger wie beispielsweise dem „site specific dance theatre" mit der Inszenierung „Wieviel weniger ist mehr" im Turmpark Salbke auch bei Musik- und Bühnenprojekten engagieren.

Mit musealen Sonderausstellungen zu unterschiedlichen Themen wie „Spuren im Stein: Vom Urlandtier zum Ursäuger" oder „Struwwelpeter – zwischen Faszination und Kinderschreck" begeisterten die Magdeburger Museen das Publikum. Weiterführende Informationen zu den beiden Stiftungen und Antragsmöglichkeiten finden Sie unter www.kloster-berge.de sowie www.stiftung-kulf.de.

Katherina Gebhardt

Abb. 1   Preisträger des Internationalen Telemann-Wettbewerbs, Magdeburger Telemann-Festtage 2022.

Abb. 2   Die nunmehr 20. Auflage der „Fête de la Musique" avancierte zum größten nicht kommerziellen Musikfest der Landeshauptstadt, hier mit Akaishi Daiko.

Dom & Domschatz Halberstadt:
Romanischer Bildteppich als Inspiration zum Orgeltag

Der Abraham-Engel-Teppich als Inspiration, Taktgeber und Pausenprogramm von Weltrang beim Halberstädter Orgeltag 2022.

Klingende Gewebe standen im Mittelpunkt des 8. Halberstädter Orgeltages am 10. September 2022, der sich unter Schirmherrschaft des Staatsministers für Kultur des Landes Sachsen-Anhalt, Rainer Robra, befand und den mehrere Kooperationspartner der Orgelstadt Halberstadt – darunter die Kulturstiftung Sachsen-Anhalt – ausrichteten. Mit dem Abraham-Engel-Teppich aus dem 12. Jahrhundert hat sich am Dom das älteste Zeugnis europäischer Bildwirkerei erhalten. Noch für den ottonischen Vorgängerbau beauftragt, schmückte er über Jahrhunderte an hohen Festtagen den Hohen Chor.

Die dargestellte Geschichte um Abraham und seinen Sohn Isaak aus dem Alten Testament animierte den österreichischen Organisten und Komponisten Prof. Franz Danksagmüller zu einer musikalischen Umsetzung mit den Mitteln der Programmmusik. Im Konzert erwartete alle Gäste unter dem Titel „Klingende Gewebe – klangliche Analogien zum Abraham-Engel-Teppich" Musik von Orgel und Live-Elektronik in Kombination mit einer Videoinstallation des einzigartigen Teppichs. Dabei stellte Danksagmüller eine direkte Verbindung zwischen den gewirkten Bildszenen und dem Klang der Orgel her. Er arrangierte Farben zu Klangfarben und übersetzte den thematischen Ablauf der Erzählung in Tonhöhen und Rhythmen. Das Werk verdichtete sich zu einer ganz eigenen Musik. So wurde der Teppich zur Partitur, welche den Zuhörer die Abrahamsgeschichte neu entdecken ließ.

Die Pause des Konzertabends eröffnete die Gelegenheit, auch vor dem Original den musikalischen Eindrücken nachzuspüren. Erfüllt von diesen erlebten alle Anwesenden die abgedunkelte Präsentation der romanischen Bildteppiche ganz besonders an diesem Abend als Höhepunkt der Domschatzausstellung.

Claudia Wyludda

Dom & Domschatz Halberstadt: Wissen schafft Herbstvorträge

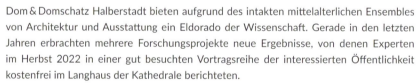

Die Kunsthistorikerin Theresa Jeroch, hier mit Museumsdirektorin Dr. Uta-Christiane Bergemann, beendete die dreiteilige Vortragsreihe zu neuen Forschungsergebnissen in Halberstadt.

Dom & Domschatz Halberstadt bieten aufgrund des intakten mittelalterlichen Ensembles von Architektur und Ausstattung ein Eldorado der Wissenschaft. Gerade in den letzten Jahren erbrachten mehrere Forschungsprojekte neue Ergebnisse, von denen Experten im Herbst 2022 in einer gut besuchten Vortragsreihe der interessierten Öffentlichkeit kostenfrei im Langhaus der Kathedrale berichteten.

Den Auftakt machte Ende August der Historiker Dr. Joachim Stephan, Poznań, der in seinem Abendvortrag „Vom Missionsgebiet zum kirchlichen Sprengel – Das frühe Bistum Halberstadt und seine ersten Bischöfe" die Schriftquellen auf ihre Aussagen zu den ersten Bischöfen in Halberstadt prüfte und dabei neue Beiträge zur Genese des Bistums in seinen Anfängen bot. Diese Forschungen sind Teil einer Reihe der Forschungsstelle Germania Sacra der Akademie der Wissenschaften zu Göttingen zu frühen Bistumsgründungen in Deutschland.

„Textile Pracht aus nah und fern – die ältesten Gewänder des Doms" präsentierte die Kunsthistorikerin Dr. Barbara Pregla, Halle (Saale), im September. Sie verglich die frühesten Gewänder im Domschatz mit der schriftlichen Überlieferung und ordnete sie in die Geschichte der lokalen Liturgie und Kirchenpolitik ein. Ihre Untersuchungen sind Teil des Bestandskatalogs der Halberstädter Textilien, welcher voraussichtlich 2024 erscheint.

Abschließend im Oktober nahm die Kunsthistorikerin Theresa Jeroch, Berlin, das Bildprogramm des hiesigen Nordquerhausportals – den zukünftigen Besuchereingang – in den Blick. Dessen ungewöhnliche und aufwändige Gestaltung überrascht mit wiederholt bewusst geschaffenen Leerstellen. Unter dem Titel „Mut zur Lücke" referierte Jeroch dabei aktuelle Erkenntnisse aus ihrer Dissertation.

Uta-Christiane Bergemann

Kloster Michaelstein: Eröffnung der „grünen Oase im Harz"

Mit Fördermitteln des Europäischen Fonds für regionale Entwicklung (EFRE) im Rahmen des Projekts „Kulturerbe Sachsen-Anhalt" konnte die Kulturstiftung Sachsen-Anhalt die Freiflächen im Kloster Michaelstein inklusive des Wirtschaftshofes neu gestalten. Im Herbst 2019 überreichte Staatsminister Rainer Robra, Chef der Staatskanzlei und Minister für Kultur, dem Generaldirektor der Kulturstiftung, Dr. Christian Philipsen, im Kloster Michaelstein den Förderbescheid über knapp 3,2 Millionen Euro. Die Kulturstiftung Sachsen-Anhalt gab einen Eigenanteil von 800 000,- € hinzu. Im Juni 2020 war offizieller Baubeginn. Mit einem durchgehenden Pflasterteppich, der an historische Pflasterungen angelehnt ist, sowie einer zentralen grünen Hofinsel wurde ein neuer zentraler Identifikationsort und Nutzungsschwerpunkt in Michaelstein geschaffen, der die geschichtliche Entwicklung des Wirtschaftshofes anhand der vorhandenen Gebäude nachvollziehbar und erlebbar macht. Nun bildet die Klosterstraße mit dem Wirtschaftshof eine offene Einheit. Die Gebäude der Musikakademie und des Gasthauses „Zum weißen Mönch" bekamen mit Rampen und einer Hubbühne barrierefreie Zugänge. Auch die gesamte Pflasterung ist nahezu barrierefrei. An der Klosterstraße und auf dem Wirtschaftshof wurden zahlreiche Sitzgelegenheiten geschaffen. Grünstreifen mit Bäumen und Sitzgelegenheiten laden nun zum Verweilen ein. Den Abschluss der mehrjährigen Außenanlagen-Neugestaltung von Kloster Michaelstein bildete schließlich die feierliche und offizielle Übergabe des Geländes am 11. Juni 2022 durch Staatssekretär und Kuratoriumsvorsitzenden Dr. Sebastian Putz.

Wolfgang Heger

Freuen sich über die Fertigstellung der Außenanlagen (v. l. n. r.): Dipl.-Ing. Helmut Ostermann (Granitbau Nordhausen), Akademiedirektor Peter Grunwald, Staatssekretär Dr. Sebastian Putz, Heiko Breithaupt (Bürgermeister der Stadt Blankenburg / Harz) und Andreas Räuscher (MdL Sachsen-Anhalt).

Kloster Michaelstein: Die Musikmaschine wird zerlegt

Im Jahr 2021 entstand die Idee, eine Experimentierstation zur Musikmaschine des Salomon de Caus herzustellen. Bei der Musikmaschine handelt es sich um eine wasserbetriebene, stiftwalzengesteuerte Orgel. Der Entwurf dazu wurde 1615 von Salomon de Caus in dem Buch „Von Gewaltsamen Bewegungen" veröffentlicht. Aufgrund der Größe und Komplexität der für das Museum nachgebauten und zu besichtigenden Maschine ist die Wirkungsweise trotz Medienstation und filmischer Animationen für die Besucher – vor allem für junge Gäste – auf den ersten Blick nicht so einfach zu erfassen. Hierfür soll nun eine Experimentierstation dienen. Bewusst entschieden wir uns dazu, solch eine Station mit Kindern und Jugendlichen im Dialog zu entwickeln. Denn wer kann die Bedürfnisse der Zielgruppe besser kennen als die Zielgruppe selbst?
Gemeinsam mit den Ferienkindern des Evangelischen Jugendzentrums aus dem Georgenhof in Blankenburg und dem Berliner Künstlerkollektiv „Selbstgebaute Musik" wurde in der dritten Augustwoche 2022 in einem zweitägigen Workshop die Musikmaschine zunächst in ihre Bestandteile zerlegt – aber natürlich nicht das Original. Nach einer theoretischen Einführung zur Wirkungsweise und den verwendeten Klangprinzipien betätigten sich die Kinder und Jugendlichen selbst handwerklich. Etwa 50 junge Gäste unterschiedlichen Alters waren mit Feuereifer bei der Sache und so entstanden aus Luftballons, Luftpumpen, alten Fahrradfelgen und Gymnastikbällen kreative Klangmaschinen im Kleinformat, die im Kreuzgang der Klausur präsentiert wurden. Selbst gerade anwesende Museumsbesucher hatten ihre Freude daran, diese selbstgebauten Klangerzeuger auszuprobieren. Die Kinder waren so begeistert, dass es im Sommer 2023 eine größer angelegte Fortsetzung des Projektes geben wird.

Susann Dreßler

Mit vollem Einsatz bei der Sache: die Kinder des Jugendzentrums aus Blankenburg mit Hajo Toppius.

Kunstmuseum Moritzburg Halle (Saale): Verleihung des Gustav-Weidanz-Preises

Gustav-Weidanz-Preisträger Willy Schulz (2. v. r.) gemeinsam mit Prof. Dieter Hofmann (1. v. r.), Anke Dornbach (2. v. l.) und Thomas Bauer-Friedrich (1. v. l.) zur Preisverleihung im Kunstmuseum Moritzburg Halle (Saale).

2021 entschied die Jury, Willy Schulz mit dem Gustav-Weidanz-Preis auszuzeichnen. An diesen seit den 1970er Jahren von der Burg Giebichenstein Kunsthochschule Halle verliehenen Preis für junge Bildhauerinnen und Bildhauer ist stets eine Ausstellung im Kunstmuseum Moritzburg Halle (Salle) geknüpft. Die Installationen des 1990 in Dresden geborenen Künstlers beruhen häufig auf seiner Auseinandersetzung mit der Materialität der Dinge. Mit vorgefundenen, teils bearbeiteten Gegenständen und Materialien, deren Umwidmung oder Neukontextualisierung zu völlig neuen Themenzusammenhängen und Aussagen führen, hinterfragt Schulz Tradiertes, gesellschaftliche Werte und aktuelle Themen wie das der kulturellen Aneignung oder die Funktionen und Folgen von Grenzen. Im Bewusstsein der Möglichkeiten sowie der Tradition der Bildhauerkunst und unter Verwendung eines zeitgenössischen Farbenkanons und einer kräftigen Formsprache stellt Schulz sich der Herausforderung, hinzusehen, aufzuklären und zum Nachdenken anzuregen.

Für die Präsentation im Kunstmuseum Moritzburg Halle (Saale) entschied sich Willy Schulz für zwei Interventionen in der Sammlungspräsentation und das Bespielen des Turmkabinetts in der Sonderausstellungsetage des Museums. Dabei ließ er sich von dem historischen Gebäude sowie von Werken Gustav Weidanz' (1889–1970), des langjährigen Lehrers an der Burg Giebichenstein und Initiators des Preises, inspirieren. Die Preisverleihung fand im Rahmen der Vernissage am 7. April 2022 gemeinsam mit dem Rektor der Kunsthochschule, Prof. Dieter Hofmann, statt. Die Laudatio hielt Anke Dornbach vom Kunstmuseum Moritzburg Halle (Saale).

Anke Dornbach / Thomas Bauer-Friedrich

Kunstmuseum Moritzburg Halle (Saale): Bundestagspräsident a. D. Norbert Lammert zu Gast

Prof. Dr. Norbert Lammert während seiner Laudatio auf Anna Franziska Schwarzbach zur Vernissage ihrer Ausstellung im Kunstmuseum Moritzburg Halle (Saale).

Zur Eröffnung der Werkschau von Anna Franziska Schwarzbach am 8. April 2022 konnte das Kunstmuseum Moritzburg Halle (Saale) einen ganz besonderen Gast begrüßen: Der ehemalige Präsident des Deutschen Bundestags, Prof. Dr. Norbert Lammert, kam nach Halle (Saale) und hielt eine seiner eindrucksvollen Festreden.

Lammert hatte die Künstlerin vor einem knappen Jahrzehnt kennengelernt, als 2015 / 16 im Mauer-Mahnmal des Marie-Elisabeth-Lüders-Hauses des Deutschen Bundestags die Ausstellung „Lange Schatten" zu Ehren des Vaters von Anna Franziska Schwarzbach, des Bildhauers und Designers Hans Brockhage, stattfand und parallel im Schadow-Haus des Deutschen Bundestags die Ausstellung „Prinzessinnen" der Künstlerin selbst. Über das einzige Werk, das Vater und Tochter je gemeinsam geschaffen haben, das „Mahnmal Betty Reis" aus dem Jahr 1992, blieben Schwarzbach und Lammert in Kontakt. Es entstand für die Betty-Reis-Gesamtschule im nordrheinwestfälischen Wassenberg und war stark beschädigt worden. Dank der Initiative des Bundestagspräsidenten a. D. konnte das Werk von Anna Franziska Schwarzbach und ihrem Bruder Paul Brockhage restauriert und im Rahmen der Werkschau der Künstlerin 2022 in Halle (Saale) erstmals wieder vollständig gezeigt werden.

Die beeindruckende Rede Norbert Lammerts würdigte das Werk der Künstlerin sowie ihr gesellschaftliches Engagement und ging, ausgehend von Schwarzbachs Mahn- und Erinnerungsmalen, auch auf die Verbindung von Kunst und Politik und unsere Erinnerungskultur ein. Im Anschluss an die Vernissage trug sich Norbert Lammert in das Ehrengästebuch das Museums ein.

Thomas Bauer-Friedrich

Kunstmuseum Moritzburg Halle (Saale): Wissenschaftlicher Austausch über den restaurierten Altaraufsatz aus Rothenschirmbach

Der um 1495 entstandene Altaraufsatz für die Dorfkirche St. Pankratius in Rothenschirmbach bei Eisleben zählt zu den qualitätvollsten Werken spätgotischer Retabelkunst in Mitteldeutschland und ist als Doppelwandelaltar eine Seltenheit. Er war 1917 für das heutige Kunstmuseum Moritzburg Halle (Saale) erworben worden. Den Auftakt eines Symposiums am 11. Mai 2022 anlässlich des Abschlusses der Restaurierungsarbeiten machte Dr. Anne Schaich (Kunsthistorikerin, Tuttlingen), die die mediale Funktion sakraler Kunstwerke in der spätmittelalterlichen Kirchgemeinde verdeutlichte. Die anschließende Vortragsreihe wurde durch den Verfasser mit Informationen zur Objektgeschichte eingeleitet: Rund 300 Jahre lang existierte der Altaraufsatz als umgewandelter Kanzelaltar. Erst die jetzige Restaurierung machte ihn wieder als Wandelaltar erlebbar. Andreas Hornemann (Kunsthistoriker, Magdeburg) wies stilistische Gemeinsamkeiten mit dem Altaraufsatz in der Kirche von Großweitzschen in Sachsen nach. Danach beleuchteten die beiden Restauratorinnen Andrea Himpel (Halle) und Uta Matauschek (Dresden) restauratorische und kunsttechnologische Aspekte der Gemälde und Schnitzarbeiten. Thomas Andersch (Restaurator, GRASSI Museum für angewandte Kunst, Leipzig) referierte über den typologisch und ikonografisch verwandten „Großbardauer Altar". Zum Abschluss stellten die Kunsthistorikerin Lia Bertram und der Restaurator Tino Simon (beide Hochschule für Bildende Künste, Dresden) ihr deutsch-tschechisches Forschungsprojekt „Spätmittelalterliche Kunst in der Montanregion Erzgebirge" vor. Alle Beiträge sind als Mosaiksteine zu einer umfassenden Darstellung spätmittelalterlicher Kunst in Mitteldeutschland zu verstehen, die leider nach wie vor fehlt.

Albrecht Pohlmann

Objekt einer wissenschaftlichen Tagung am 11. Mai 2022: Der „Rothenschirmbacher Altar", heute im Gotischen Gewölbe des Kunstmuseums Moritzburg Halle (Saale).

Kunstmuseum Moritzburg Halle (Saale): Zu Gast in der Vertretung des Landes beim Bund in Berlin

Seit 2016 ist das Kunstmuseum Moritzburg Halle (Saale) nunmehr jährlich zu Gast in Berlin und präsentiert sich in der Vertretung des Landes Sachsen-Anhalt, in der sogenannten Möwe, mit seinen Jahresaktivitäten und dem jeweiligen Hauptausstellungsprojekt. Nach einer pandemiebedingten Unterbrechung konnten wir 2022 wieder in der Bundeshauptstadt zu Gast sein und stellten am 17. Mai 2022 gemeinsam mit den Kolleginnen und Kollegen von der Kunsthalle „Talstrasse" und der Burg Giebichenstein Kunsthochschule Halle den halleschen Bildhauer-Frühling vor. Nach dem Auftakt mit dem Trailer zu „Spektrum Bildhauerei" stellte Thomas Bauer-Friedrich die gemeinsame Initiative der halleschen Kulturakteure sowie das Programm des Landeskunstmuseums vor. Im Anschluss machte Matthias Rataiczyk Lust auf einen Besuch der Ausstellung zur Metallbildhauerei im 20. Jahrhundert in der Kunsthalle „Talstrasse". Julia Miorin von der Burg Giebichenstein führte in die Ausstellung „in relation to. Positionen junger Bildhauer*innen aus Deutschland" ein, die am Folgeabend im Volkspark, der Galerie der BURG, in Halle (Saale) ihre Tore öffnete. Am 25. Oktober 2022 war Museumsdirektor Thomas Bauer-Friedrich erneut zu Gast in der Landesvertretung. Diesmal hatte Staatsminister Rainer Robra eingeladen. Thema war das Werk des Künstlers Frank Schult, ehemaliger Meisterschüler Willi Sittes in Halle (Saale). Nach einer Lesung aus Schults jüngst herausgegebenen Memoiren moderierte Thomas Bille, MDR Kultur, eine Gesprächsrunde Frank Schults mit dem Minister für Kultur des Landes Sachsen-Anhalt und dem Direktor des Landeskunstmuseums.

Thomas Bauer-Friedrich

Akteure des Halle-Abends in Berlin (v. l. n. r.): Theresa Leschber, Matthias Rataiczyk, Julia Miorin, Anna Franziska Schwarzbach, Douglas Vistel und Thomas Bauer-Friedrich.

Hier gelangen Sie zur Aufzeichnung der Diskussionsrunde.

Abb. 1   Thomas Bauer-Friedrich (links) mit seinen Gästen Seggen Mikael (Mitte) und Prof. Dr. Anna Greve (rechts).

Abb. 2   André Raatzsch (links) verfolgt die Ausführungen von Dr. Boris Kehrmann über seine Dramaturgie der Oper „Manru" an der Oper Halle.

Abb. 3   Das Publikum verfolgte am 29. Juni 2022 gespannt die angeregte Diskussion und stellte auch selbst viele Fragen.

Kunstmuseum Moritzburg Halle (Saale): Lösen der Gretchenfrage – Wie umgehen mit diskriminierenden Werktiteln und Bildinhalten?

In den zurückliegenden drei Jahren haben wir verschiedene Erfahrungen mit dem Verstehen und der Akzeptanz unseres Bemühens gemacht, so sensibel wie möglich mit diskriminierenden Inhalten und diskriminierender Sprache in unserem musealen Alltag umzugehen: N- oder Z-Worte in historischen Werktiteln, belastete Erwerbskontexte aus kolonialen Zeiten, Kunstwerke mit diskriminierenden Darstellungen, inklusives Sprechen über diese und andere Aspekte – all dies sind Fragen, mit denen sich Kulturtätige heute auseinandersetzen müssen, wenn sie sich als zeitgemäße, verantwortungsvolle Mitglieder unserer sich wandelnden Gesellschaft verstehen. Doch wie verhalten wir uns richtig, ohne die einen einzuschließen und im selben Atemzug die anderen ungewollt auszuschließen oder ihnen zumindest vor den Kopf zu stoßen? Nachdem das Kunstmuseum Moritzburg Halle (Saale) seit 2019 bezogen auf verschiedene Werke und im Zusammenhang mit verschiedenen Ausstellungsprojekten immer wieder nach neuen, angemesseneren Formen des Umgangs suchte und beobachten musste, wie eingeschränkt unser Publikum nachvollzieht, was wir machen, beschlossen wir, darüber öffentlich zu diskutieren und unsere Beweggründe transparent zu machen. Aus diesem Grund fand am 29. Juni 2022 unter dem Titel „Wie gehen wir als Kulturtätige verantwortungsvoll mit diskriminierenden Titeln, Inhalten und Darstellungsweisen um?" eine erste öffentliche Diskussionsveranstaltung zu diesem Thema im Kunstmuseum Moritzburg Halle (Saale) statt. Entsprechend rege war das Interesse seitens des Publikums, das sich aus allen Altersgruppen zusammensetzte. Als Gäste zur Diskussion auf dem Podium hatte Museumsdirektor Thomas Bauer-Friedrich verschiedene Expertinnen und Experten eingeladen: Prof. Dr. Anna Greve (Direktorin des Focke-Museums, Bremen), Seggen Mikael (Leiterin von DOK.network Africa, München), André Raatzsch (Leiter des Referats Dokumentation am Dokumentations- und Kulturzentrum Deutscher Sinti und Roma in Heidelberg) und Dr. Boris Kehrmann (Chefdramaturg der Oper Halle). Die Moderation lag in den Händen von Andreas Montag, Ressortleiter Kultur bei der Mitteldeutsche Zeitung.

In einer ersten Runde, in der jede und jeder auf dem Podium ein initiales Statement gab, wurde das inhaltliche Spektrum deutlich, das mit dem Thema verbunden ist. Gleichzeitig zeigte sich auch die Komplexität der Fragestellung und die Tatsache, dass es keine leichten, einfachen Antworten gibt. Im zweiten Abschnitt diskutierte das Podium intensiv und kontrovers über die eingangs skizzierten Fragen ganz konkret anhand zweier Beispiele, der Inszenierung der Oper „Manru" an der Oper Halle und des Umgangs mit dem Gemälde „The N***** of the Narcissus" von Theodore Lux Feininger im Kunstmuseum Moritzburg Halle (Saale).

Der abschließende Dialog mit dem Publikum zeigte, wie schwer es ist, die Perspektive der weißen deutschen Mehrheitsgesellschaft und vertraute, Sicherheit und Verlässlichkeit bietende Komfortzonen zu verlassen. Das sprachliche und mit unserem Verhalten auch ganz praktische Einschließen bislang ausgeschlossener Mitglieder unserer Gesellschaft bedeutet immer auch das Aufgeben vermeintlicher eigener Macht und Deutungshoheit. Für das Ziel, zu einem sich gegenseitig respektierenden inklusiven Umgang miteinander zu gelangen, scheint noch ein langer Weg vor uns zu liegen, doch führt nichts daran vorbei, ihn zu beschreiten. Daher werden sich dieser ersten Diskussion künftig in loser Reihe weitere anschließen – für 2023 sind bereits zwei Folgeveranstaltungen in Vorbereitung. In einem Blog-Beitrag des Museums vom 19. Juli 2022 stellen wir die diskutierten Werke vor, außerdem die mitgeschnittene Diskussion.

Katrin Greiner / Thomas Bauer-Friedrich

Kunstmuseum Moritzburg Halle (Saale):
Vom schwierigen Umgang mit dem Erbe „entarteter Kunst" in der Schweiz

Am 21. Juli 2022 fand im Kunstmuseum Moritzburg Halle (Saale) ein Gesprächsabend zur „entarteten Kunst" statt. Das hallesche Kunstmuseum verlor im Zuge der gleichnamigen Beschlagnahmeaktion der Nationalsozialisten im Sommer 1937 147 Werke und damit seine gesamte Moderne-Sammlung, die bis 1933 das Renommee des Hauses als führendes Museum für die Kunst der Avantgarde definiert hatte. 1939 wurden einige der in deutschen Museen beschlagnahmten Werke in der Schweizer Galerie Fischer in Luzern versteigert. Wie kein anderes internationales Museum profitierte das Kunstmuseum Basel von diesem Ausverkauf deutschen Kunstguts. 21 Spitzenwerke erwarb das Museum, darunter die „Tierschicksale" von Franz Marc aus Halle (Saale), und baute damit seinen bis heute sensationellen Moderne-Schwerpunkt nicht aus, sondern auf. Basel wurde quasi über Nacht zu einem Zentrum der Moderne in der Schweiz. Bis in die 2010er Jahre fand man auf der Objektbeschriftung der „Tierschicksale" in Basel nur den Hinweis „1939 mit Mitteln eines Sonderkredits erworben". Darüber hinaus wurde die Provenienz des Werks nicht weiter thematisiert. Die seit 2017 am Museum tätige deutsche Kunsthistorikerin Dr. Eva Reifert änderte dies und initiierte das Forschungs- und Ausstellungsprojekt „Zerrissene Moderne", das im Winter 2022/23 zu sehen war. In Halle (Saale) berichtete sie von dem hausinternen wie öffentlichen Prozess der Aufarbeitung dieses Kapitels der Museumsgeschichte und es wurde deutlich, wie anders der Diskurs in der Schweiz im Vergleich mit Deutschland verläuft. Am 15. Februar 2023 nahm Museumsdirektor Thomas Bauer-Friedrich an einer ähnlich gelagerten Diskussionsrunde zum Abschluss der Ausstellung in Basel teil.

Thomas Bauer-Friedrich

Dr. Eva Reifert, Kuratorin 19. Jahrhundert/ Klassische Moderne am Kunstmuseum Basel, vor Franz Marcs Gemälde „Tierschicksale".

Kunstmuseum Moritzburg Halle (Saale): Freud und Leid des Kunstsammelns

Am 25. August 2022 besuchte die Kunsthistorikerin Dr. Isgard Kracht gemeinsam mit ihrer Mutter Mechthilde Kracht zum Abschluss der Ausstellung zum bildhauerischen Werk von Franz Marc das Kunstmuseum Moritzburg Halle (Saale). Seit 2004 befindet sich die von Dr. Erhard Kracht aufgebaute Kunstsammlung als unbefristete Dauerleihgabe in Halle (Saale), wo die Gemälde von Franz Marc seither Teil der permanenten Sammlungspräsentation sind. In Würdigung der Tradition des Museumsengagements für das Marc'sche Œuvre, das im Zuge der nationalsozialistischen Aktion „Entartete Kunst" nahezu vollständig verloren gegangen war, und in Erinnerung an diesen Verlust gaben die Erben des 1997 verstorbenen Sammlers ihre einzigartige, mehr als 40 Arbeiten umfassende Marc-Sammlung zu treuen Händen an das hallesche Kunstmuseum.

Am Abend des 25. August sprachen Mechthilde und Isgard Kracht in Präsenz im Museum und Arnim Kracht digital zugeschaltet aus seiner britischen Wahlheimat über Lust und Last des Sammelns und darüber, was es heißt, eine solche Sammlung zu erben und für den Nachlass verantwortlich zu sein. In einem rege sich fortsetzenden Gesprächsfluss berichtete Mechthilde Kracht von den Umständen des Erwerbs der Werke gemeinsam mit ihrem Mann, während die Kinder Isgard und Arnim erzählten, wie es war, wenn sich in der Familie alles um die „Jagd" nach den Marc-Werken drehte. Für das Publikum sehr einfühlsam und anschaulich gaben die Erben Einblick in ein sehr persönliches Kapitel Familiengeschichte, sodass der Abend für alle zu einem würdigen Abschluss der Franz Marc-Ausstellung des Museums wurde.

Thomas Bauer-Friedrich

Die Empore im Westflügel der Moritzburg, gefüllt mit neugierigem Publikum, das den Erzählungen von Isgard, Mechthilde und Arnim Kracht gespannt folgte.

Kunstmuseum Moritzburg Halle (Saale): Verleihung des Landeskunstpreises

Kunstpreisträger Ulrich Wüst (2. v. l.) gemeinsam mit Laudator Prof. Matthias Flügge (1. v. l.), Staatsminister Rainer Robra (2. v. r.) und Museumsdirektor Thomas Bauer-Friedrich (1. v. r.).

Am 27. Oktober 2022 verlieh der Staatsminister und Minister für Kultur des Landes Sachsen-Anhalt, Rainer Robra, im Kunstmuseum Moritzburg Halle (Saale) den mit 7 500,- € dotierten Kunstpreis des Landes an den Fotografen Ulrich Wüst (Jg. 1949). Der gebürtige Magdeburger, so heißt es in der Begründung der Jury, „hat in seiner Fotografie eine unverwechselbare Bildsprache entworfen, die in ihrem persönlich-dokumentarischen Stil die Besonderheit der Situationen zwischen Architektur, Raum und der so offensichtlichen Leere thematisiert. [...] Geschichten erzählen, die nie bild-würdig geworden sind, Zusammenhänge suchen, die in ihrer Brüchigkeit der Erinnerung nicht zu fassen sind, beschreiben, was sich der Beschreibung entzieht – Gerüche, Gefühle und Gedanken an das Gestern und die Hoffnung auf das, was morgen kommen wird, sind es, die den Betrachter der Fotografien Ulrich Wüsts mitnehmen in eine ganz besondere Welt der Erinnerung."

Ulrich Wüsts Arbeiten sind Teil nationaler und internationaler Sammlungen und wurden in vielen Ausstellungen gezeigt, unter anderem 2017 auf der documenta 14 in Athen und Kassel. Anlässlich der Preisverleihung stellte Wüst unter dem Serientitel „Jahrebuch Halle / Saale (1978)" zwölf Fotografien zusammen, von denen das Land Sachsen-Anhalt sieben für das Kunstmuseum erwarb, während der Künstler die übrigen fünf Arbeiten als Schenkung überreichte. Die Fotografien zeigen im Februar 1978 entstandene Ansichten der Saalestadt. Mit Wüsts neu erworbener Serie wird das Thema Halle (Saale) in der Sammlung Fotografie des Landeskunstmuseums durch einen grafischen, auf Strukturen ausgerichteten Ansatz erweitert.

Thomas Bauer-Friedrich

Schloss Neuenburg: Medaillenkunst zu Gast

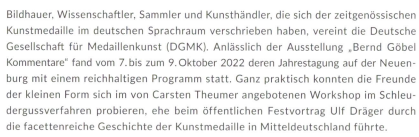

Eine runde Sache, vielen Dank! Rossen Andreev, Medaille anlässlich der DGMK-Jahrestagung auf der Neuenburg, 2022. Bronze, gegossen. Dm.: 11 cm. Gewicht: 1 262 g. Kulturstiftung Sachsen-Anhalt, Museum Schloss Neuenburg, Inv.-Nr. MSN-V 19768 C.

Bildhauer, Wissenschaftler, Sammler und Kunsthändler, die sich der zeitgenössischen Kunstmedaille im deutschen Sprachraum verschrieben haben, vereint die Deutsche Gesellschaft für Medaillenkunst (DGMK). Anlässlich der Ausstellung „Bernd Göbel Kommentare" fand vom 7. bis zum 9. Oktober 2022 deren Jahrestagung auf der Neuenburg mit einem reichhaltigen Programm statt. Ganz praktisch konnten die Freunde der kleinen Form sich im von Carsten Theumer angebotenen Workshop im Schleudergussverfahren probieren, ehe beim öffentlichen Festvortrag Ulf Dräger durch die facettenreiche Geschichte der Kunstmedaille in Mitteldeutschland führte.

In Beiträgen und Gesprächen wurde über aktuelle Tendenzen der Medaillenkunst – sowohl regional als auch global – diskutiert. Eine besondere Ehrung erlebte Prof. Bernd Göbel mit einem persönlichen Film seiner Schüler kurz vor dessen 80. Geburtstag, bevor zur gemeinsamen Ausstellungsbesichtigung der Bergfried „Dicker Wilhelm" erklommen wurde.

Eine Überraschung bot die Gestaltung von gleich zwei unterschiedlichen Medaillen auf die Neuenburg: Eine offizielle Jahresmedaille der DGMK 2022 schuf Almuth Lohmann-Zell unter besonderer Berücksichtigung des Novalis-Jahres, während Rossen Andreev in seiner freien Arbeit den Fokus auf die architektonische Masse der altehrwürdigen Landgrafen-Veste setzte. Beide Medaillen bleiben erfreulicherweise als Gastgeschenke der DGMK und zum Dank für diese besondere Tagung im Bestand des Museums Schloss Neuenburg! Den Höhepunkt der Tagung stellte schließlich die jährlich nur einmal in Deutschland stattfindende Medaillenmesse dar, bei der mehr als 30 Künstler ihre neuesten Arbeiten im feierlichen Rahmen des Festsaals präsentierten.

Philipp Jahn / Ulf Dräger

Lyonel-Feininger-Galerie Quedlinburg: Festzeitabend am 29. April 2022

Von April bis Juni 2022 feierte die Welterbestadt Quedlinburg ihre erste urkundliche Erwähnung vor 1 100 Jahren. Die Anwohner und Gäste erlebten eine ereignisreiche Zeit, in welcher die Stadtgeschichte auf besondere Art und Weise zum Leben erweckt wurde: Ein Highlight: Die Veranstaltungsreihe „5 Plätze in der Welterbestadt Quedlinburg", bei der sich unterschiedliche Institutionen vorstellten und Einblicke in die Entwicklung Quedlinburgs vom Mittelalter bis in die Gegenwart gewährten. Immer freitags öffnete eine andere bedeutende Einrichtung ihre Türen: Als erstes lud am 29. April 2022 die Lyonel-Feininger-Galerie zum kostenfreien Besuch ein. Nicht ohne Grund ist das Museum ein wichtiger Ort der Stadt(-geschichte), denn seine Gründung 1986 geht auf den engagierten Einsatz des Quedlinburgers Dr. Hermann Klumpp zurück. Dank seiner Bemühungen für die Kunst des Bauhausmeisters ist die Welterbestadt bis heute Sitz des einzigen Lyonel-Feininger-Museums der Welt! So verwundert es nicht, dass man den Museumsgründer im Sommer 2022 hier sogar mit einem Ehrengrab honorierte.

Die Quedlinburger Band „Mafoe" sorgte bei Festzeitabend im Frühling 2022 für gute Laune im Innenhof der Lyonel-Feininger-Galerie.

Am Festzeitabend entdeckten alle Besucher die erst kurz zuvor eröffneten Ausstellungen. Kostenfreie Führungen erfreuten sich großer Beliebtheit und zogen neue Gäste an, die das Haus bislang noch nicht besucht hatten. Gefeiert wurde bei schönstem Wetter auch im einladenden Innenhof des Museums, wo die Quedlinburger Band „Mafoe" spielte. Der vom Land Sachsen-Anhalt geförderte Festzeitabend setzte sich in den folgenden Wochen mit Veranstaltungen im Deutschen Fachwerkzentrum Quedlinburg (6. Mai 2022), dem Klopstockhaus (13. Mai 2022), dem Julius-Kühn-Institut (20. Mai 2022) und der Stiftskirche St. Servatii (27. Mai 2022) fort.

Gloria Köpnick

Lyonel-Feininger-Galerie Quedlinburg: Feininger als Komponist

Der Abend des 2. Juni 2022 stand ganz im Zeichen Lyonel Feiningers als Komponist. Ja, richtig gehört! Das erfolgreiche Musikerehepaar Feininger hatte im Jahr 1887 seinen begabten Sohn Lyonel von Amerika nach Deutschland geschickt – zum Musikstudium. Doch der 16-Jährige entschied sich für ein Kunststudium. Die Liebe zur Musik indes blieb. So unterrichtete ein Mitstudent Lyonel Feininger, den Geigenspieler und Liebhaber Bachscher Fugen, im Orgelspiel. Später, während seiner Zeit als Meister am Staatlichen Bauhaus Weimar, komponierte der berühmte Maler Fugen für Orgel und Klavier: „Bilder sind mir fast immer ein Rätsel, aber die Musik ist meine lebendigste Sprache, die mich von allen Sprachen am meisten zu erschüttern vermag", hatte er seiner Frau Julia einst gestanden.

Die Referentin Renate Böttcher — hier mit einer Kopie von Feiningers „Selbstbildnis mit Tonpfeife" — begeisterte zahlreiche Zuhörer mit einem spannenden Vortrag zur musikalischen Seite Lyonel Feiningers.

Unter dem Titel „Lyonel Feininger: Der Durst nach Klang ist mächtig in mir" nahm die in Weimar lebende Referentin Renate Böttcher zahlreiche Gäste des Abends mit auf eine künstlerisch-musikalische Entdeckungsreise und ließ diese spannende Facette des Bauhausmeisters anschaulich werden. In ihrem mit Bildern und Tonaufnahmen versehenen Vortrag zitierte Böttcher aus dem umfangreichen Briefwechsel Feiningers mit seiner Frau, Freunden und Zeitgenossen diejenigen Textstellen, die auf seine Liebe zur Musik verweisen. Sie machte deutlich, dass dem Grafiker und Maler die Musik bei seinem Ringen um eine neue Formensprache wichtiges Lernmodell und Inspirationsquelle war. Der Vortrag wurde ermöglicht durch die freundliche Unterstützung des Fördervereins der Lyonel-Feininger-Galerie e. V. In der Dauerausstellung des Museums können Besucher an einer Audiostation noch heute Feiningers erste Fuge für Klavier hören.

Gloria Köpnick

Lyonel-Feininger-Galerie Quedlinburg: „Stürmische" Lesung bei Sonnenschein

Bereits im Jahr 2021 — zu Lyonel Feiningers 150. Geburtstag — erschien das Buch „Sweetheart, es ist alle Tage Sturm" von der Schauspielerin, Sprecherin und Autorin Ines Burdow sowie dem Kunsthistoriker Dr. Andreas Hüneke im Berliner Kanon Verlag. Der Band versammelt Lyonel Feiningers Briefe an Julia Berg/Feininger aus den Jahren 1905 bis 1935. So sind dort alle Bauhausstationen und Feiningers Aufenthalte in Paris und New York ebenso dokumentiert wie Begegnungen mit Walter Gropius, Alma Mahler-Werfel und Alfred Kubin. Der Briefwechsel zwischen Lyonel und Julia erzählt eine schicksalhafte Liebesgeschichte und ist Zeugnis vom Arbeiten und Leben eines der bedeutendsten Künstler der Klassischen Moderne.

Am 17. Juli 2022 nun — zu Lyonel Feiningers 151. Geburtstag — fand bei strahlendem Sonnenschein im Klopstock-Garten der Lyonel-Feininger-Galerie eine Lesung mit Gespräch zu diesem außergewöhnlichen Briefwechsel statt. Ines Burdow und „Special Guest" Conrad Feininger, Sohn von T. Lux Feininger sowie Enkel von Julia und Lyonel, lasen im Beisein von Andreas Hüneke abwechselnd aus den Briefen des Liebespaares. Rund 30 Gäste lauschten gebannt dem lebendigen Wechselspiel der Stimmen. Gerade den Enkel des Ehepaars Feininger aus den persönlichen Schreiben seiner Großeltern lesen zu hören, war ein einzigartiges Erlebnis, erhielten die Briefe doch durch die Stimme Conrad Feiningers eine ganz besondere Authentizität. Im Anschluss an die Lesung nahm das zahlreich erschienene Publikum die Möglichkeit wahr, mit den drei Gästen ins Gespräch zu kommen und sich das frisch erworbene Buch signieren zu lassen.

Jacqueline Koller

Eine ganz besondere Lesung fand zum 151. Geburtstag Lyonel Feiningers im Klopstock Garten der Lyonel-Feininger-Galerie statt.

Lyonel-Feininger-Galerie Quedlinburg: Welche Farbe hat die Welt?
Philosophische Annäherungen an große und kleine Fragen mit Kindern im Museum

Eindrücke aus dem Projekt mit einer 3. Klasse beim „Philosophieren mit Kindern".

Schülergruppen der 1. bis 7. Klasse kamen seit Herbst 2022 zum Pilotprojekt „Philosophieren mit Kindern" in die Lyonel-Feininger-Galerie Quedlinburg. Dort regten Kunstwerke spielerisch und methodisch gut aufbereitet zu Nachdenkgesprächen über Themen wie Heimat, Freundschaft, Glück, Identität, Kunst, Gut/Böse und Ähnliches an. Es war ein fächerübergreifendes Angebot für Sozialkunde, Ethik, Kunst oder Religion. Die je einmalig stattfindenden, etwa 3-stündigen Besuche der Gruppen führten die Kinder sowohl in die Ausstellungen als auch in das Atelier des Museums. Inhaltlich stand das gemeinsame, offene Nachdenken über Fragestellungen, die Kinder bewegen, im Vordergrund. Dazu bietet die Kunst – aber auch die Biografie Lyonel Feiningers – umfassend Anregungen. Im Gespräch mit anderen, beim gemeinsamen Nachdenken und Hinterfragen, aber auch bei der anschließenden eigenen künstlerischen Tätigkeit lernten die jungen Gäste spielerisch, ihre Gedanken in Worte zu fassen und zu vertreten, aber auch andere Meinungen gelten zu lassen.

Maßgeblich beteiligt an Konzeption, Umsetzung und Auswertung der Pilotphase war die freie Mitarbeiterin Katrin Schramm, Ansprechpartnerin für die Projektkoordination wiederum die hauseigene Referentin für Kunstvermittlung Marie Gombert-Rumpf. Möglich machte die Pilotphase eine Förderung der „KREATIVPOTENTIALE Sachsen-Anhalt", ein Projekt des Ministeriums für Bildung, gefördert durch die Stiftung Mercator im Rahmenprogramm „Kreativpotentiale". Dessen Ziel war es, Methoden zu erproben und Erfahrungen zu sammeln, die eine dauerhafte Etablierung des Programms für Schulklassen in der Lyonel-Feininger-Galerie ermöglichen.

Marie Gombert-Rumpf

Lyonel-Feininger-Galerie Quedlinburg: Was darf die Kunst?

Unter dem Motto „Was darf die Kunst? Die Karikaturen von Lyonel Feininger im Gespräch" wurde am 11. Oktober 2022 in der Lyonel-Feininger-Galerie intensiv diskutiert. Veranstalter des Abends war – neben dem Gastgeber – der Museumsverband Sachsen-Anhalt mit freundlicher Unterstützung des Landes Sachsen-Anhalt. Den Anlass für die Veranstaltung gaben die in der Dauerausstellung gezeigten politischen Karikaturen der vorletzten Jahrhundertwende. In kurzen Einführungstexten werden die zum Teil rassistische Klischees und Stereotypen bedienenden Karikaturen kontextualisiert. Mitmachstationen mit Tafeln zum Drehen und Wenden laden zu einer aktiven Auseinandersetzung mit den Abbildungen ein. Als Ort der kulturellen Bildung und Vermittlungsort demokratischer Werte stellt sich jedoch die Frage, wie wir als Museum verantwortungsbewusst mit Bildinhalten umgehen und wie wir mit den Besuchern in den Dialog sowie zu einer angemessenen, reflektierten Präsentation kommen können. Der gut besuchte Abend startete mit einem Impulsvortrag von Sara Paßquali (Oldenburg), Referentin für Diskriminierungskritik, zum Thema „Eine diskriminierungskritische Perspektive". Im Anschluss diskutierten Thomas Bauer-Friedrich als Vertreter der Kulturstiftung Sachsen-Anhalt, der Kultur- und Politikwissenschaftler Dr. Kien Nghi Ha (Berlin), Dr. Christian Juranek vom Museumsverband Sachsen-Anhalt und die Referentin Sara Paßquali. Das Publikum beteiligte sich rege an den schwierigen Fragen. Eine „Lösung" hinsichtlich der „richtigen" Präsentation gab es nicht, aber Denkanstöße und kritischen Austausch. Das Thema wird das Quedlinburger Museum in den kommenden Jahren weiter beschäftigen, der Abend bot dazu einen ersten Auftakt.

Gloria Köpnick

Ein gut besuchter Diskussionsabend in der Lyonel-Feininger-Galerie Quedlinburg zum Thema diskriminierender Bildinhalte und dem Umgang damit.

Lyonel-Feininger-Galerie Quedlinburg: „Zu Hause" – Offenes Atelier für Alle!

In der ersten Herbstferienwoche des Jahres 2022 öffnete das Atelier der Lyonel-Feininger-Galerie vom 24. bis 28. Oktober eine Woche lang für ein generationsübergreifendes Ferienprojekt. Die Gäste waren eingeladen, sich motivisch am Thema der aktuellen Sonderausstellung "Sabine Moritz. Lobeda oder die Rekonstruktion einer Welt" zu orientieren und ihr eigenes „Zu Hause" in einer Kaltnadelradierung unter Anleitung der hauseigenen Kunstvermittlerinnen umzusetzen. Ähnlich wie die Werke der renommierten Künstlerin entstanden die Arbeiten aus dem Gedächtnis.

Inmitten der Welterbestadt Quedlinburg mit ihrem mittelalterlichen Stadtgrundriss und dem eindrucksvollen Fachwerkensemble sollten vor allem Menschen angesprochen werden, die in „Plattenbauten" zu Hause sind. Die Zusammenarbeit mit der Wohnungswirtschaftsgesellschaft Quedlinburg mbH ermöglichte dabei eine gezielte Bewerbung der Veranstaltung in den Neubaugebieten Kleers, Süderstadt und Rosengarten. Das offene Atelier erfreute sich einer regen Beteiligung und die Gruppengrößen variierten an den einzelnen Projekttagen zwischen neun und achtzehn Teilnehmern. Dabei nahmen Menschen verschiedener Altersgruppen teil: Ferienkinder, Jugendliche mit ihren Großeltern, Väter mit ihren Kindern, Paare, Einzelpersonen und Quedlinburger Tagesgäste. Die im Verlauf der kreativen Projektwoche entstandenen Arbeiten fanden als Intervention Eingang in die Sonderausstellung „Sabine Moritz", bereicherten diese um spannende Ergebnisse und führten zu einer positiven Resonanz der Gäste. Dank gebührt dem Land Sachsen-Anhalt sowie der Wohnungswirtschaftsgesellschaft Quedlinburg mbH für eine Förderung des „Offenen Ateliers für Alle"!

Rebekka Prell

Die Ergebnisse einer Projektwoche bereicherten als museumspädagogische Intervention die Sonderausstellung „Sabine Moritz".

Kloster Jerichow: Klingendes im Backsteinbau

Eines von zahlreichen musikalischen Highlights 2022 in Jerichow: die Magdeburger Folk-Band Foyal beim Konzert in der Klosterkirche.

In der idyllischen Weite der Elbauen ist das Kloster Jerichow ein seit vielen Jahrzehnten etablierter Aufführungsort für Konzerte. Auch im Jahr 2022 hielt die Reihe der „Jerichower Sommermusiken" ein abwechslungsreiches und hochkarätiges Programm bereit. Im Mai zog das Dresdener Residenz Orchester zu „Vivaldi – Die vier Jahreszeiten" Musikbegeisterte aus Nah und Fern an, während im Juni der Kammerchor Wernigerode, den wir regelmäßig als Gast begrüßen dürfen, mit seinem Programm „Rot" gastierte. Eine besondere Interpretation des Hexenliedes von Max Kowalski bot der international renommierte Kammersänger Jochen Kowalski, begleitet von Prof. Günther Albers am Flügel, dar. Damit erfüllte sich auch ein lang gehegter Wunsch des Starsängers, der schon als Kind häufig auf die Türme Jerichows blickte. Mit Klezmer-Musik der Magdeburger Folk-Band Foyal und vielen Zugaben konnten auch dieses Jahr erfolgreich die „Jerichower Sommermusiken" beschlossen werden. Einen ganz besonderen Höhepunkt stellte neben den musikalischen Gottesdiensten der evangelischen Gemeinde Jerichows auch in diesem Jahr das Festival „Jazz im Kloster Jerichow" dar, doch davon an anderer Stelle mehr. Daneben gehört die beeindruckende Basilika des einstigen Prämonstratenserstifts auch zu den Spielstätten des MDR Musiksommers, der mit den in Basel ansässigen „Profeti della Quinta" Klänge der Renaissance und des Frühbarock in die ehrwürdigen Gemäuer brachte. 2022 haben die Konzerte im Kloster Jerichow erneut bewiesen, dass ein facettenreiches Programm mit einzigartiger und qualitätvoller Musik einen faszinierenden Ort auch im eher peripheren ländlichen Raum beleben kann.

Philipp Jahn

Kloster Jerichow: Neue Vermittlungsangebote

Mit allem, was die Natur zu bieten hat, zauberten die Teilnehmer der ersten Ferienwerkstatt im Kloster Jerichow einzigartige Muster auf ihre Ostereier.

Die Eröffnung der Klosterschule des ehemaligen Prämonstratenserstifts im Frühjahr 2022 legte den Grundstein für den Ausbau des museumspädagogischen Programms in Jerichow. Nun stehen geeignete moderne Projekt- und Werkräume für vielfältige Projekte zur Verfügung, die direkt für eine Vielzahl neuer und bewährter Angebote genutzt werden. So ist mit der Zulegung der Stiftung Kloster Jerichow in die Kulturstiftung Sachsen-Anhalt zum 1. Januar 2022 auch ein neues Kapitel in der Kulturvermittlung aufgeschlagen worden. Neu im Programm sind öffentliche Ferienangebote. Hier können sich Kinder zwischen acht und zwölf Jahren in den Ferienwerkstätten kreativ ausprobieren. Auf dem Programm stehen beispielsweise das Färben von Ostereiern mit Naturmaterialien, die Zubereitung von Obst und Gemüse aus dem Klostergarten nach mittelalterlichen Rezepten oder der Bau eigener Wachstafeln nach dem Vorbild mittelalterlicher Schreibgeräte. Da diese Termine sich großer Beliebtheit erfreuten und regelmäßig „Wiederholungstäter" anlockten, bauen wir dieses Angebot 2023 aus. Zudem werden entsprechende Angebote zukünftig auch für Hortgruppen buchbar sein.

Ebenfalls neue Programmpunkte bilden verschiedene öffentliche Führungen, darunter in den Ferien eigens kindgerechte Rundgänge für Familien oder in der Zeit der kurzen Tage spannende Taschenlampenführungen im Dunkeln. Reguläre Klosterführungen von Frühjahr bis Herbst erschließen weiterhin Kirche, Klausur und die neue Dauerausstellung „Spuren im Backstein". Da auch diese Angebote stets gut ankommen, erweitert sich das Programm 2023 um öffentliche Führungen durch den Klostergarten im Rahmen der „Offenen Gärten". Schauen Sie doch mal vorbei!

Lisa Firlus

Kloster Jerichow: Der Jazz kommt ins Kloster

Bereits zum vierten Mal fand vom 12. bis zum 14. August 2022 im einzigartigen Ambiente des ältesten Backsteinbaus Norddeutschlands das Festival „Jazz im Kloster Jerichow" statt. Nach erfolgtem Betriebs- und Eigentumsübergang der Liegenschaft zum 1. Januar 2022 wurde es zum ersten Mal durch die Kulturstiftung Sachsen-Anhalt ausgerichtet. Der jungen Tradition dieses etablierten Musikevents folgend stand es auch 2022 unter der Schirmherrschaft des Kulturstaatsministers und Chefs der Staatskanzlei Rainer Robra. Die Realisierung war nur Dank der großzügigen Unterstützung des Landes Sachsen-Anhalt, der Lotto-Toto GmbH Sachsen-Anhalt sowie der „Initiative Musik gemeinnützige Projektgesellschaft mbH" möglich. Trotz schwieriger organisatorischer Voraussetzungen fanden schließlich gut 600 Jazzbegeisterte den Weg nach Jerichow.

Es ist die einzigartige Kombination des Programms mit etablierten Stars des Genres, Musikern mit mitteldeutschen Wurzeln oder in der Region wirkenden Newcomern und aufstrebenden Nachwuchshoffnungen, die das Jazz-Festival am ehemaligen Prämonstratenserstift zu Jerichow einzigartig machen. Bereits der Freitag als Eröffnungstag führte eindrücklich die zahlreichen Facetten zu Gehör. Mit dem Ensemble NOUS um die Berliner Sängerin Marie Séférian wurden musikalische Bilder zum nicht mehr realisierten Film des Regisseurs Andrei Tarkovsky über E. T. A. Hoffmann erzeugt, ehe das Nouvo Gioia Quartett in die Klangwelten des lateinamerikanischen Jazz entführte und The Swingin' Hermlins für eine Zeitreise in die 1920er und 1930er Jahre sorgten.

Der Samstag begann mit einer Hommage an den zu jung verstorbenen deutschen Sänger und Bandleader Roger Cicero. 14 junge Musiker um den in Stendal geborenen Schlagzeuger Niclas Rotermund kamen dazu aus dem ganzen Bundesgebiet zusammen. Eine ebenso bunte Zusammensetzung weist das Bundesjazzorchester auf, das im Anschluss auf der großen Bühne unter Leitung von Ansgar Striepens musizierte. „Jazz meets Brass" war schließlich das Motto von Magnus Lindgren. Der schwedische Flötist und Saxophonist stellte damit exklusiv für „Jazz im Kloster Jerichow" ein Programm zusammen, das eine musikalische Reise im „Grenzgebiet" zwischen dem klassischen Blechbläserensemble und dem zeitgenössischen Jazzquartett darstellte. Dabei bediente er sich aus seiner eigenen Bibliothek und Werken des unerschöpflichen Fundus bekannter Jazzgiganten und arrangierte sie exklusiv für das Kloster Jerichow.

Eine einzigartige Symbiose von Wort und Musik bildete der Jazzgottesdienst am Sonntag. Ganz dem Element Wasser, seinem Fehlen in der Dürre und seinem Zuviel in der Flut war die Liturgie von Pfarrerin Rebekka Prozell gewidmet, während die Stimmkünstlerin Esther Kaiser mit ihrem neuen Album „Water" gemeinsam mit dem Multiinstrumentalisten Sven Klammer und der Pianistin Agita Rando in liquide Klangwelten eintauchte. Der Magdeburger Saxophonist Jan Sichting garantierte im Kreuzgang für eine entspannte Atmosphäre: Mit seinen „musikalischen Klangmassagen" sorgte der vielseitige Musiker bereits an den Vortagen für überraschende Begegnungen im weitläufigen Klostergelände. Den Abschluss des Festivals bildete das Leipziger Posaunenquartett OPUS 4. Die faszinierende Akustik der romanischen Klosterkirche nutzend, brachte das Ensemble um Jörg Richter mit Arrangements von der Renaissance über Bach bis zu modernen und populären Kompositionen die erstaunliche Klangweite der Posaune zu Gehör.

Dass Klangwelten moderner Musik zum historischen Ensemble Kloster Jerichow passen, welches während seiner Gründungszeit selbst für Fortschritt und Kulturtransfer stand, hat das diesjährige Festival wieder überzeugend bewiesen. Mögen dem mittlerweile anerkannten „Jazz im Kloster Jerichow" noch zahlreiche Fortsetzungen gegönnt sein, ist es doch bereits ein wichtiger Baustein im kulturtouristischen Angebot des ländlich geprägten Nordens von Sachsen-Anhalt!

Philipp Jahn

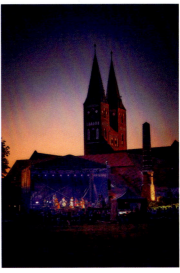

Abb. 1 Plakat für das 2022er Festival „Jazz im Kloster Jerichow".

Abb. 2 Vor der beeindruckenden Kulisse der Jerichower Klosteranlage sammelten sich wieder zahlreiche Jazz-Fans für einzigartige musikalische Klangerlebnisse.

Veranstaltungen

Kloster Jerichow: Alte Karren und knatternde Zweiräder

From Dawn till Dusk: Ein Bikertreffen mit sonntäglichem Gottesdienst.

Der Lärm knatternder und surrender Motoren erschall am ersten Augustwochenende des Jahres 2022 im einstigen Kloster Jerichow. Doch ungewohnt sind diese Geräusche nicht! Denn seit vielen Jahren laden die Oldtimerfreunde Jerichow e. V., die ihr Domizil im westlichen Domänenhof des Klosters haben, traditionsgemäß am ersten Samstag im August zum Oldtimertreffen ein. Und so war auch am 6. August 2022 der Hof, welcher durch die ehemals landwirtschaftliche Nutzung der Anlage geprägt ist, gut gefüllt mit alten Autos, Mopeds und Motorrädern. Dabei holten die Vereinsmitglieder ihre motorisierten Schätze aus den Garagen und auch manch ein Gast brachte sein historisches Gefährt mit. Nach dem Fachsimpeln über Zündkerzen, Motoren, Seitenspiegel und Lackierungen war ein Höhepunkt des Tages die gemeinsame Ausfahrt durch Jerichow, die wieder im Domänenhof endete, wo der Tag bei Musik, Getränk und Tanz ausklang.

Am Morgen des Sonntags, des 7. August 2022, knatterten erneut zahlreiche Motoren auf dem Kirchenplatz vor dem ältesten Backsteinbau Norddeutschlands und durchbrachen die morgendliche Ruhe: Die evangelische Kirche hatte zu einem ihrer Biker-Gottesdienste eingeladen! Zahlreiche Motorradfahrer waren der Einladung gern gefolgt, denn dieses lockere und unkonventionelle Format erfreut sich großer Beliebtheit. Dabei nimmt aber auch das Andenken und Erinnern an die verunglückten Zweiradfahrer der Saison einen wichtigen Platz ein. Nach einer Stärkung mit Kaffee und selbstgebackenem Kuchen der Kirchengemeinde folgte eine gemeinsame Ausfahrt in die Mark Brandenburg. Man sieht: Egal, ob geistliche Baumwoll- oder moderne Lederkutte, im ehemaligen Prämonstratenser-Stift Jerichow sind alle willkommen!

Philipp Jahn

Kloster Jerichow: Feste und Märkte zwischen Traditionen und Neuerungen

Leider nicht Bestandteil des regulären Besucherangebots im Kloster Jerichow, aber immerhin an Pfingsten: Ein Fassanstich mit Festbier.

Bis in das 16. Jahrhundert lässt sich in Jerichow der Brauch des Pfingstbieranstiches zurückverfolgen. Traditionell erfolgt das Anschlagen des Fasses im Innenhof des Kreuzgangs am Samstag des Pfingstwochenendes. Seit Jahren ist er ein Höhepunkt im Veranstaltungskalender der Region und wurde auch 2022 als eine erfolgreiche Kooperation des Klosters Jerichow gemeinsam mit der Stadt Jerichow und dem Heimat- und Förderverein Stadt und Kloster Jerichow e. V. durchgeführt.

Eine gänzliche Erneuerung erfuhr hingegen das Mittelalterfest, welches das eigene Team bis 2019 als Klostergartenfest im Frühsommer ausgerichtet hatte. In diesem Jahr konnte mit der Carnica Veranstaltungen GmbH jedoch erstmals ein externer Partner als Ausrichter gewonnen werden.

Das am letzten Septemberwochenende durchgeführte Ritterfest im Kloster zog Neugierige aus Nah und Fern an. Dabei konnten die Gäste Handwerkern über die Schultern schauen, mit Kaufleuten feilschen und bei Gauklern und kämpfenden Rittern mitfiebern. Dank des großartigen Zuspruchs findet das Format auch zukünftig in dieser spätsommerlichen Form eine Fortsetzung.

Auch erlebte nach zweijähriger Corona-Zwangspause der Weihnachtsmarkt „Advent im Kloster Jerichow", der traditionell am Wochenende des ersten Advents stattfindet, seine Renaissance. Über zwanzig Händler, Künstler und Kunsthandwerker sowie Gastronomen boten ihre Waren an. Premiere feierte dabei eine Kooperation mit der ortsansässigen Bäckerei und Konditorei Rode, die eigens eine Sonderedition an Weihnachtsstollen für das Kloster entwickelte. Letztendlich begrüßte die Kulturstiftung Sachsen-Anhalt im Jahr 2022 auf ihrer „jüngsten" Liegenschaft knapp 33 000 Besucherinnen und Besucher, ein klasse Start!

Philipp Jahn

Burg Falkenstein (Harz): Rekordverdächtig!

So erscheinen die Besucherzahlen bei den Großveranstaltungen auf der Burg Falkenstein im Harz während des Jahres 2022. Ob das Ritterfest zu Himmelfahrt, die Harfenkonzerte zu Pfingsten oder das inzwischen traditionelle Burgfest am ersten Oktoberwochenende — seit vielen Jahren bilden diese und weitere Veranstaltungen einen festen Bestandteil im alljährlichen kalendarischen Ablauf der Burg Falkenstein und erfreuen sich bei großen und kleinen Besuchern ungebrochen großer Beliebtheit.

Wie in nahezu allen kulturellen Einrichtungen landauf landab sorgte Corona auch im Veranstaltungssegment der Burg Falkenstein für einen herben Einschnitt. Aufgrund zeitweiliger pandemiebedingter behördlicher Ein- und Beschränkungen in den Jahren 2020 und 2021 kam das kulturelle Leben auf dem Falkenstein für zwei Jahre weitestgehend zum Erliegen. Weder Feste noch Konzerte, ja nicht einmal geführte Rundgänge durch die Burganlage waren mehr möglich.

Umso erfreulicher, dass mit dem Wegfall dieser Restriktionen im Frühjahr 2022 nicht nur die Planung und Durchführung der recht beliebten Veranstaltungen wieder möglich wurde, sondern diese der Burg Falkenstein größtenteils neue Besucherrekorde bescherten. Allein zum Burgfest Anfang Oktober kamen mehr als 10 000 Gäste an drei Tagen – sehr viel mehr als im Vor-Corona-Jahr 2019! Aber auch das Ritterfest zu Himmelfahrt und die museumspädagogische Projektwoche „Gelebtes Mittelalter" auf der Burg Falkenstein konnten gegenüber früheren Jahren ihre Resonanz erheblich steigern und trugen zu einem erfolgreichen Jahr 2022 für die Burg Falkenstein bei. Wir bedanken uns herzlich bei fast 75 000 Besucherinnen und Besuchern!

Nadine Breitschuh

Endlich wieder ein buntes Treiben beim Ritterfest an Himmelfahrt auf der Burg Falkenstein.

Dom zu Magdeburg: Personalversammlung der Kulturstiftung Sachsen-Anhalt

Am 18. Mai 2022 berief der Personalrat der Kulturstiftung Sachsen-Anhalt eine seit längerer Zeit ausstehende Personalversammlung ein. Der Einladung in den Magdeburger Dom folgten 117 Mitarbeiterinnen und Mitarbeiter der Kulturstiftung. Wenige Tage zuvor legte der bis dahin tätige Vorsitzende des Personalrats Andreas Scherz aus gesundheitlichen Gründen sein Amt nach 23 Jahren nieder. Bei seiner Verabschiedung bedankten sich Kollegen und Stiftungsleitung für sein langjähriges ehrenamtliches Engagement.

Seit 2020 besteht der Personalrat aus sieben Mitgliedern, die sich neben ihrer hauptberuflichen Arbeit ehrenamtlich für die Belange der Belegschaft und den Betrieb der Kulturstiftung einsetzen. Bei der Personalversammlung stellten sich diese den Anwesenden noch einmal offiziell vor: Vorsitzende ist nun Uta Talke, René Geißler und Katrin Stadler agieren als Stellvertreter. Die Kolleginnen Mareen Baumgart, Dörte Reinisch, Susanna Köller und Sandy Haberland vervollständigen das Gremium. Das Amt der Gleichstellungsbeauftragten hat Jana Zucker inne, die von Monika Lustig vertreten wird.

Der Personalrat zeigte in seinem Tätigkeitsbericht auf, dass er seit 2020 insgesamt 197 mitbestimmungspflichtige Verfahren bearbeitet hatte. Neben einem Ausblick auf die künftigen Aufgaben der Kulturstiftung Sachsen-Anhalt durch Generaldirektor Dr. Christian Philipsen gab Verwaltungsdirektor Claus Rokahr einen Überblick über die geleistete Arbeit der letzten Jahre. Abschließend stellte Baudirektor Thomas Bechstein ein kommendes Sonderinvestitionsprogramm vor, das der Kulturstiftung dringend nötige Investitionen ermöglicht. Führungen durch den Dom und das Dommuseum Ottonianum rundeten den Tag ab.

Uta Talke

Nach langen Pandemiejahren für viele endlich ein persönliches Wiedersehen bei der Personalversammlung im Remter des Magdeburger Doms.

Kulturstiftung intern: Betriebliche Weiterbildung für alle!

—

Buchstäblich tief in den Harz ging es im Rahmen der diesjährigen betrieblichen Weiterbildung der Kulturstiftung Sachsen-Anhalt, denn Ziel war das berühmte Weltkulturerbe Rammelsberg in Goslar. Die Anlagen des heutigen Museums und Besucherbergwerks blicken auf eine über tausendjährige Geschichte zurück. 1992 wurde das Gelände schließlich zusammen mit der Altstadt von Goslar in die Liste des UNESCO-Weltkulturerbes aufgenommen.

Drei Busse brachten am 7. September 2022 die Mitarbeiterinnen und Mitarbeiter aus den Regionen Magdeburg, Halle und Freyburg an ihr Ziel. In der historischen Mannschaftskaue sammelten sich insgesamt 110 Personen, die der Einladung zur betrieblichen Weiterbildung gefolgt waren und wurden von Gerhard Lenz, dem Geschäftsführer und Museumsleiter des Weltkulturerbes Rammelsberg, begrüßt. Nachdem das Erzbergwerk 1988 schloss, ist heute ein Stab von rund 50 Führungskräften damit beschäftigt, den Gästen die Geologie des Areals, die Arbeit der Hauer und die Lebenswelt der Bergleute nahezubringen. Eine große kulturhistorische Dauerausstellung und verschiedene Sonderausstellungen runden das Angebot ab.

Im Anschluss der Einführung gab es die Möglichkeit, an den vielfältigen Führungsangeboten teilzunehmen: Auf dem Programm stand etwa der Besuch des Röderstollens mit seinen gewaltigen untertägigen Wasserrädern, mit deren Hilfe die Grube entwässert und das Erz gefördert wurde. Alternativ konnte man eine Fahrt mit der Grubenbahn oder der Schrägaufzuganlage machen oder einen Blick hinter die Museumskulissen werfen. Nicht zuletzt nutzten alle die ausgedehnte Mittagspause im Casino und dessen gastronomisches Angebot, um sich mit Kolleginnen und Kollegen anderer Liegenschaften zu treffen.

Uta Talke

Gleich geht's los: Eintreffen der zahlreichen Stiftungsmitarbeiter in der Mannschaftskaue des berühmten Besucherbergwerks.

Kulturstiftung intern: Gründung des Notfallverbundes Harz

—

Dass Kulturgüter selbst in vergleichsweise sicheren Ländern abseits von Kriegen verschiedenen Gefahren durch höhere Gewalt oder Fremdeinwirkungen ausgesetzt sind, zeigten jüngst nicht nur das Hochwasser im Ahrtal oder – deutlich lokaler – eine Brandkatastrophe im sachsen-anhalter Schachmuseum Ströbeck. Und dass bei solchen Ereignissen schnelles Handeln und eine solidarische Fusion aller verfügbaren Kräfte ideal ist, wussten auch verschiedene Protagonisten im Landkreis Harz. Aus diesem Grund trafen sich am 30. November 2022 nach intensiver Vorbereitung Bevollmächtigte von 13 Akteuren im Gleimhaus Halberstadt, um bei einem Festakt die „Vereinbarung über einen Notfallverbund zum Schutz von Kulturgut im Landkreis Harz" zu unterzeichnen.

Neben dem Landkreis Harz, Vertretern aus Ballenstedt, Quedlinburg, Halberstadt, Thale und Wernigerode, den Kirchenkreisen Halberstadt und Ballenstedt, dem Gleimhaus, dem Hüttenmuseum Thale, dem Behrend-Lehmann-Museum Halberstadt, der Schloss Wernigerode GmbH und dem Landesarchiv Sachsen-Anhalt sicherte auch Generaldirektor Dr. Christian Philipsen eine Mitwirkung der stiftungseigenen Häuser beim neuen Notfallverbund zu. Somit erklären sich Dom und Domschatz Halberstadt, die Lyonel-Feininger-Galerie Quedlinburg, die Burg Falkenstein und die Musikakademie Kloster Michaelstein dazu bereit, „im Notfall verfügbare personelle und sachliche Ressourcen zu bündeln und die zum Schutz des Kulturgutes dabei zu leistenden Aufgaben in gegenseitiger Unterstützung zu bewältigen". Als nunmehr dritter Notfallverbund im Land nach Initiativen in Magdeburg und Halle (Saale) existiert jetzt im Harz ein weiteres wichtiges Netzwerk zum Kulturgutschutz, das hoffentlich nie gebraucht wird.

Eike Henning Michl

Kulturgutschutz im Landkreis Harz als gemeinsame Verpflichtung: Generaldirektor Dr. Christian Philipsen sichert mit seiner Unterschrift im Notfall die Hilfe der Kulturstiftung Sachsen-Anhalt zu.

Kloster Michaelstein 2023: Vielfarbig wie eine Blumenwiese

Los geht´s mit einem Kursmarathon: Ab dem 2. Januar starten die Michaelsteiner Baroccaner mit ihrer ersten Probenphase samt Abschlusskonzert ins neue Jahr (die zweite folgt im Sommer). Bevor dann ein Meisterkurs für Klavier beginnt, füllen noch zwei Probenphasen den Januar. Außerdem locken die beliebten Taschenlampenführungen Familien in das winterlich dunkle Kloster. Im Februar verbringt das Landesjugendjazzorchester Sachsen-Anhalt seine Winterprobenphase vor Ort (und nochmal im Sommer), verbunden mit einem Abschlusskonzert. Februar und März stehen unter dem Thema „Chorsingen": Zunächst erarbeiten rund 60 Pop-Chor-Begeisterte neue Songs, später beginnt der Landesjugendchor Sachsen-Anhalt seine Winterarbeitsphase. Regionale Chöre, eine Profi-Kammermusikformation, der berufsbegleitende Lehrgang der Musikschulverbände Brandenburg und Sachsen-Anhalt und ein Projektchor des Chorverbandes Sachsen-Anhalt nutzen die idealen Bedingungen in Michaelstein. Einen besonderen Höhepunkt setzt die „Junge Bassakademie Michaelstein", zu der mehr als 40 (!) junge Kontrabassisten mit renommierten Basspädagogen und zum Spiel im großen Kontrabassorchester zusammentreffen. Ebenfalls im März: die alljährlichen „Tage der Chor und Orchestermusik" des Bundesmusikverbands Chor und Orchester (BMCO).

Im April sind Jazzstreicher, Komponistenklasse, eine Fastenwoche, ein Weltmusik-Workshop, eine Kräuterwerkstatt, eine Projektphase unseres Jugendbarockorchesters BACHS ERBEN sowie die Orchesterwoche eines Berliner Gymnasiums geplant. Festliche Musik zum Ostersonntag erklingt mit Händels Serenata „Aci, Galatea e Polifemo". Auch das zweite Preisträgerkonzert des Landeswettbewerbs „jugend musiziert" lädt im Anschluss an den Landesentscheid ein. Den Übergang von April zu Mai gestaltet das Mitsingprojekt „Perlen der Chormusik", 2023 mit der Rekonstruktion der Bach'schen „Köthener Trauermusik". Anfang Mai finden sich internationale Musikwissenschaftler und -praktiker zur XLV. Wissenschaftlichen Arbeitstagung „Zur Entwicklung des Konzertwesens seit dem 18. Jahrhundert" ein, in deren Rahmen man öffentlichen Konzerten mit eher ungewöhnlichen Formaten lauschen kann. Der Kräutertag Mitte Mai wendet sich wie auch Kräuterwerkstätten und -seminar im Juni speziell an naturbewusste Gäste. Ab Juni neu im Programm: Jeden Montag ab 19 Uhr singt jedermann eine Stunde gemeinsam und in lockerer Runde: alte Volkslieder, neue Songs, eingängige Kanons. Das fügt sich wunderbar ein in die Orchesterphase des Musikzweigs der Latina August Hermann Francke Halle und die „Fête de la musique" am 21. Juni. Ebenso bereichert erstmals die „Blaue Stunde" den Wochenausklang, ein Cocktail aus Live-Musik, historischem Ambiente, anregenden Getränken. Die Kursthemen des Sommers sind bunt wie unsere Wildblumenwiese: Chorleitung für Jugendliche, Solmisation, Singen für Senioren, die Sommerakademie für Alte Musik mit dem Schwerpunkt „Bach" sowie die Sommerphase unserer BACHS ERBEN. Ein Kammermusikkurs für Alte Musik lockt Amateurmusiker an, ein Kurs erklärt die Kunst des Drumcircle-Anleitens, die „International Singer Academy Michaelstein" widmet sich Arien wie Liedern und die Bläserkammermusik ermöglicht ein Wiedersehen mit dem Chalumeaux-Spezialisten Ernst Schlader, bevor Ende September der traditionelle Workshop des Landesmusikrats Sachsen-Anhalt „Makin' Jazz" junge Jazz-begeisterte zusammenbringt.

Der Herbst sorgt mit Veranstaltungen der „Harzer Klöster" zum „Spirituellen Herbst" für ruhigere Töne, bis im November ein Jugendblasorchester und ein Magdeburger Chor die Räume erneut in Schwingung versetzen und ein „Christmas-Popchor-Special"-Wochenende für swingende Klänge sorgen soll. Das Weihnachtskonzert verschönert wie die traditionellen Konzerte der Blankenburger Singgemeinschaft und des Collegium Musicums Wernigerode die besinnliche Jahreszeit, bevor die Silvesterkonzerte schwungvoll ins neue Jahr überleiten. Alles nachzulesen unter www.kloster-michaelstein.de!

Peter Grunwald

Hier gelangen Sie direkt zur Website.

Abb. 1   Nicht nur die Außenanlagen bieten viel Neues, auch das Programm der Musikakademie Sachsen-Anhalt Kloster Michaelstein im Jahr 2023!

Abb. 2   Die Klausur in besonderes Licht getaucht erleben die Gäste bei der wöchentlichen „Blauen Stunde" ab Sommer 2023: Live-Musik, historisches Ambiente und anregende Getränke.

Hier gelangen
Sie direkt
zur Website.

Abb. 1 Pablo Picasso, Visage [Gesicht], 1960. Weißer Ton, Dekor mit Engobe, Glasur, Dm. 42,5 cm. Colección Serra, Mallorca.

Abb. 2 Hermann Bachmann, Am Meer, um 1950. Öl auf Leinwand, 43 × 63,5 cm. Kulturstiftung Sachsen-Anhalt, Kunstmuseum Moritzburg Halle (Saale), Inv.-Nr. MOI00457.

Abb. 3 Ewald Mataré, Finnisches Pferd, 1929. Bronze, 26 × 10 × 23,5 cm. Kulturstiftung Sachsen-Anhalt, Kunstmuseum Moritzburg Halle (Saale), Dauerleihgabe aus Privatbesitz, Inv.-Nr. LGIII00042.

Kunstmuseum Moritzburg Halle (Saale) 2023: Picasso, Ostsee und Tiere

2023 finden wieder drei große Sonderausstellungen, flankiert von sammlungsbezogenen Kabinettausstellungen, statt. Den Auftakt macht im Frühjahr die Ausstellung „Der andere Picasso: Zurück zu den Ursprüngen". Die Schau wurde anlässlich des 50. Todestages des weltberühmten Künstlers am 8. April von den beiden spanischen Kunsthistorikern Helena Alonso und Prof. Dr. Oscar Carrascosa erarbeitet und, vermittelt durch die Agentur Expona aus Italien, speziell für das Kunstmuseum Moritzburg Halle (Saale) und das Cobra Museum voor moderne Kunst im niederländischen Amstelveen, wo sie in zweiter Station im Sommer 2023 zu sehen ist, kuratiert.

In Deutschland ist es eine der wenigen Picasso-Ausstellungen in diesem Jubiläumsjahr. „Der andere Picasso" präsentiert bewusst nicht die bekannten Gemälde des spanischen Malers, sondern fokussiert auf weniger bekannte Facetten seines ungemein vielfältigen Œuvres. In drei Abschnitten werden sein Wirken für die legendären Ballets Russes thematisert, sein literarisches Schaffen vorgestellt und im Hauptteil seine einzigartigen keramischen Arbeiten gezeigt, die er ab 1947 an der Côte d'Azur schuf.

Im positiven Sinn respektlos hinsichtlich Traditionen und Konventionen erarbeitete sich Picasso in seinem siebten Lebensjahrzehnt den Umgang mit dem Ton und überwand dabei auch technische Grenzen (Abb. 1). Ergänzt werden die Keramiken von Arbeiten auf Papier, vor allem Radierungen aus Picassos wichtigen Serien „Suite Vollard" und „Le chef d'œuvre inconnu". Wie bei den national Aufsehen erregenden Ausstellungen zu Gustav Klimt, Karl Lagerfeld und Willi Sitte lockt das Landeskunstmuseum nach Überwindung der Corona-Pandemie 2023 nun wieder ein breites und internationales Publikum nach Halle (Saale) und Sachsen-Anhalt.

Im Sommer folgt mit „Halle am Meer" eine Ausstellung, die das Wirken hallescher Kunstschaffender an der Ostsee, vornehmlich in Ahrenshoop auf dem Darß, thematisiert. Seit den 1920er Jahren weilten Künstler aus der Saalestadt immer wieder am Ort der ehemaligen Künstlerkolonie, der als eine der wenigen bis in die Gegenwart ein lebendiges Refugium für Kunstschaffende geblieben ist (Abb. 2). Die Ausstellung präsentiert in Halle (Saale) an zwei Orten, in der Kunsthalle „Talstrasse" und im Kunstmuseum in der Moritzburg, Werke der Vertreter der Künstlerkolonie um 1900 und hallescher Kunstschaffender aus den vergangenen hundert Jahren. Im Kunstmuseum Moritzburg Halle (Saale) steht die Entwicklung nach dem Zweiten Weltkrieg bis in die Gegenwart im Zentrum.

Ein besonderes Kapitel stellen in diesem Zusammenhang die Ereignisse im Sommer 1951 in Ahrenshoop dar, als Ulrich Knispel, Dozent im Grundlagenstudium an der Burg Giebichenstein Kunsthochschule Halle, sich mit Formalismus-Vorwürfen konfrontiert sah, in deren Folge er sich einer Verhaftung nur durch Flucht in die Bundesrepublik entziehen konnte. Mit zahlreichen Gemälden, Arbeiten auf Papier, Fotografien, Keramiken und Textilkunstwerken wird die Entwicklung bis 1989/90 und in die Gegenwart erzählt. Dabei erkennen die Besucher, wie sehr in den vier Jahrzehnten des Bestehens der DDR das Strandmotiv stets auch mit politischen Implikationen verbunden war. Von Oktober 2023 bis April 2024 ist die Schau in adaptierter Form im Kunstkaten und Kunstmuseum Ahrenshoop zu sehen.

Den Abschluss des Ausstellungsjahres im Landeskunstmuseum macht die große Sonderausstellung „Das Tier" mit bekannten und noch mehr unbekannten Werken aus den reichhaltigen Sammlungsbeständen des Museums (Abb. 3). Auf unterhaltsame und niedrigschwellige Art kann das Publikum zum Jahresausklang auf Entdeckungstour gehen und so manche zum Schmunzeln und Nachdenken anregende Arbeit entdecken. Alle wichtigen Informationen, Angebote und aktuelle Entwicklungen – vom Blog bis zu den Öffnungszeiten – finden Sie unter www.kunstmuseum-moritzburg.de.

Thomas Bauer-Friedrich

Kloster Jerichow 2023: Kultur an den Elbauen

Ein reichhaltiges Programm erwartet unsere Gäste im Kloster Jerichow! Den klingenden Auftakt bildet das Neujahrskonzert mit dem Rossini-Quartett Magdeburg. Diesem folgt die traditionsreiche Reihe der „Jerichower Sommermusiken" von Mai bis Oktober, zu der wir das Barocktrompeten Ensemble Berlin, das montalbâne Ensemble, das Songland Trio, das Duo Westklang sowie den Iren Kieran Goss mit Annie Kinsella im ältesten Backstein-bau Norddeutschlands begrüßen dürfen. Den besonderen musikalischen Höhepunkt stellt vom 11. bis zum 13. August 2023 wieder das Jazz-Festival mit Stars und Newcomern wie Nils Landgren, dem Daniel García Trio, Lisa Bassenge, Oli Bott, Johanna Summer, Triosence und natürlich dem Landesjugendjazzorchester Sachsen-Anhalt vor der beeindruckenden Kulisse des Klosters dar. Daneben wird das Theater der Altmark gleich viermal Drama und Komödie in die Gemäuer bringen. Doch soll auch gefeiert und gehandelt werden! Am 23. und 24. September 2023 können Sie beim Ritterfest in mittelalterliches Markttreiben mit Handwerkern, Händlern und Künstlern sowie kämpfenden Rittern eintauchen, während am 2. und 3. Dezember der Weihnachtsmarkt „Advent im Kloster Jerichow" in den Kreuz-gang einlädt.

Das stets facettenreiche Programm wird durch zahlreiche Führungen, Ferienwerkstätten und Kurse abgerundet. Neben den bau-, kunst- und kulturhistorischen Führungen erwei-tern wir 2023 nun auch das Angebot zum mittelalterlichen Klostergarten. Und nicht nur Kinder und Jugendliche haben die Chance, Kreativität und Handwerk zu verbinden – spe-ziell an Erwachsene richten sich etwa Workshops ums Kochen und Flechten und vieles weitere mehr. Stets aktuell informiert bleiben Sie auf www.kloster-jerichow.de.

Philipp Jahn

Hier gelangen Sie direkt zur Website.

Auch 2023 sind die „Jerichower Sommer-musiken" ein Garant für hochkarätige Konzerte und eine einzigartige Akustik.

Burg Falkenstein (Harz) 2023: Kleine und große Events!

Der Ausblick beginnt mit einem Rückblick: Auf der Burg Falkenstein erholte man sich 2022 glücklicherweise von den Einschränkungen der Vorjahre und die Besucherreso-nanz näherte sich den Jahren vor der Pandemie an. Trotz vieler Konkurrenzangebote mit 9-Euro-Ticket-Anschluss, das für den Falkenstein wegen kaum vorhandenem ÖPNV keine Rolle spielte!

2023 stehen vor allem die traditionellen Events wie etwa Ritter- oder Burgfest auf dem Programm. Dabei sei insbesondere auf zwei kleinere Veranstaltungen hingewiesen: Zu Pfingsten lassen Sabine und Thomas Lindner mit ihren Instrumenten und Stimmen das Erblühen in der Natur und den Herzen der Menschen spürbar werden. Es erklingen irische Balladen, Melodien der Carmina Burana, Lieder der Hildegard von Bingen und vieles mehr. „Im Bann der alten Epen" ist wiederum das Thema des 16. Minneturniers am 19. August. In der einzigartigen Atmosphäre des Burghofes stehen Geschichten um Artus, Siegfried und Parzival im Mittelpunkt der Darbietungen.

Einige restaurierte Porträts von Mitgliedern der Familie von der Asseburg bilden schließ-lich die wichtigsten Exponate einer Sonderausstellung. Eingebettet in die Geschichte der Burg erscheint das Bild der Herrschaft Falkenstein in einem nicht alltäglichen Licht.

Das Baugeschehen auf dem Falkenstein, in den letzten drei Jahren vor allem von klei-nen Maßnahmen bestimmt, ist künftig vor dem Hintergrund geplanter Projekte eines Sonderinvestitionsprogramms zu sehen, bei denen es gegebenenfalls zu temporären Einschränkungen im Besucherverkehr kommen kann. Bleiben Sie am besten immer aktuell informiert – nicht nur wegen unserer geänderten Falknerei-Vorführungen – unter www.burg-falkenstein.de.

Joachim Schymallla

Hier gelangen Sie direkt zur Website.

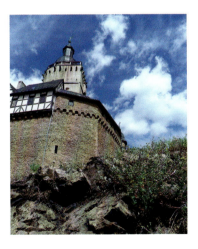

Aus jeder Perspektive stets eine imposante Kulisse: Die Burg Falkenstein im Harz.

Hier gelangen
Sie direkt
zur Website.

Merken Sie sich dieses Piktogramm!
Ab Sommer führt dieses neue Design zu
und durch Dom & Domschatz Halberstadt.

Dom & Domschatz Halberstadt 2023: Feste feiern mit neuem Entree!

2023 wird ein besonderes Jahr! Vom 22. Februar bis 6. April verändert der Domschatz erst einmal sein Aussehen: In der Ausstellung „Dem Blick entzogen – Geschlossene Altäre in der Fastenzeit" schließen alle Altäre für 40 Tage ihre Festtagsseiten und bieten die sonst verborgenen Bilder der Alltagsseiten. Ein außergewöhnliches Seherlebnis! Vom 2. bis 4. Juni finden dann die Halberstädter Domfestspiele statt, eine Kooperation der Kulturstiftung Sachsen-Anhalt, des Nordharzer Städtebundtheaters und der evangelischen Kirchengemeinde. Der Domschatz selbst bietet Musik, Lesungen und Tanz in allen Ausstellungsräumen.

Der Höhepunkt des Jahres aber steht im Sommer bevor: Die Eröffnung eines neuen Besucherzentrums auf der Nordostseite des Doms kombiniert nun erstmals einen modernen Museumsladen mit Ticketverkauf, ein zeitgemäßes Besucherleitsystem und einen Cafébetrieb. Das alles feiern wir bei einem Sommerfest mit Musik, kulinarischen Angeboten, restauratorischen Sonderpräsentationen und einem Kirchenfenster herstellenden Glaskünstler.

In der Nacht der Kirchen am 9. September beteiligt sich der Domschatz an einer Lichtinstallation zu musikalischen Klängen in den weiten Gewölben des Doms. Und im November lagern traditionell die Halberstädter Bäcker und Konditoren die berühmte Domstolle im Remterkeller ein. Am Samstag, dem 2. Dezember, eröffnen Domschatz und evangelische Kirchengemeinde Halberstadt schließlich die Weihnachtszeit mit dem traditionellen Adventsläuten. Der Posaunenchor, das Große Geläut, die Dudelsack-Cathedral Pipes und eine Kurzandacht mit der Kurrende bieten eine bezaubernde Stimmung. Damit Sie über das Jahr keine Veranstaltung verpassen, schauen Sie am besten regelmäßig unter www.dom-schatz-halberstadt.de vorbei.

Uta-Christiane Bergemann

Schloss Neuenburg 2023: Farbige Momente

Hier gelangen
Sie direkt
zur Website.

2023 wird es bunt auf der Neuenburg!
Walter Weiße, Blumen auf der Terrasse
über Freyburg, 1979. Aquarell und
Deckfarben auf Papier, 24 × 32 cm.
Kulturstiftung Sachsen-Anhalt,
Museum Schloss Neuenburg,
Inv.-Nr. MSN-V 15529 K2.

Einem besonderen Jubiläum ist die Sonderausstellung des Jahres 2023 verpflichtet: Am 21. Januar hätte der 2021 verstorbene Freyburger Maler Walter Weiße seinen 100. Geburtstag gefeiert. Deshalb zeigt das Museum unter dem Titel „Chiffre W. W." eine Auswahl seiner Werke integrativ in den Ausstellungsbereichen der Kernburg. Frühe und späte Schaffensperioden sind dabei genauso vertreten wie Schöpfungen, in deren Mittelpunkt seine Heimat, die Saale-Unstrut-Region, italienische Landschaften oder Arbeiten zu philosophischen, literarischen und gesellschaftlichen Fragen stehen. Auszüge aus Skizzen- und Tagebüchern ermöglichen einen faszinierenden persönlichen Blick in die Schaffens- und Lebenswelt des Künstlers. Die Ausstellung gab Anlass zur Digitalisierung seines künstlerischen Werks, welches das Museum Schloss Neuenburg aufbewahrt. Zur Ausstellung wird ein erstes Konvolut von über 1 300 Arbeiten Walter Weißes online publiziert und damit allen Interessierten zur Verfügung stehen.

Im Bereich der Veranstaltungen erwartet die Besucher am 6. und 7. Mai wieder das traditionelle Burgfest mit einem attraktiven Programm für Groß und Klein. Vom 16. bis 18. Juni wird das renommierte Festival für mittelalterliche Musik „montalbâne" unter dem Motto „Virtus Virtuoso" vor allem international gefeierten Solisten ein Podium bieten. An die Ferienkinder richten sich auch 2023 unterschiedliche museumspädagogische Sonderprogramme. Egal ob Dauer- und Sonderausstellungen, Angebote der Kinderkemenate, Festveranstaltungen oder einfach nur eine schöne Aussicht, die Neuenburg bietet für jeden Geschmack das passende Angebot. Aktuelle Informationen finden sich stets unter www.schloss-neuenburg.de.

Jörg Peukert

Lyonel-Feininger-Galerie Quedlinburg 2023: Mythos und Wirklichkeit

Von April bis Mitte Juli 2023 präsentiert die Lyonel-Feininger-Galerie eine große Sonderausstellung mit dem Titel „Mythos und Wirklichkeit. Emil Nolde. Die ‚Ungemalten Bilder'".

Sie entsteht in Zusammenarbeit mit der Stiftung Seebüll Ada und Emil Nolde. Indes ist sie weit mehr als eine Schau visuell ansprechender, farbstarker Arbeiten. Die Werkserie der „Ungemalten Bilder", die Mythos und Wirklichkeit in Noldes Lebens- und Werkbiografie vereint, wird auf Basis neuester kunsthistorischer Forschung in ihren Entstehungs- und Rezeptionskontext eingebettet und vermittelt. Mitmachstationen motivieren zum Aktivwerden und ein Kurzführer in leichter Sprache bietet ein hilfreiches Angebot für Leseanfänger, Menschen mit Leseschwäche und Nicht-Muttersprachler.

Ein Audioguide und ein „Actionbound" – eine digitale Schnitzeljagd durch die Ausstellung – laden ein, die Schau auf multimediale Weise zu entdecken.

Die Herbstausstellung „Lovis und die anderen. Meisterblätter aus der Sammlung Deutsche Stiftung Denkmalschutz" widmet sich in der zweiten Jahreshälfte erstmals nach knapp 20 Jahren dieser grafischen Sammlung, die als Dauerleihgabe zum Museumsbestand zählt. Ein Highlight ist der umfangreiche, 1921 entstandene Lithografie-Zyklus „Friedericus Rex" von Lovis Corinth. Einige ausgewählte Künstler werden hier mit mehreren Werken vertreten sein, sodass sich ein facettenreicher Bogen von ihrem Frühwerk bis in spätere Lebensphasen spannt.

Parallel sind die neue Dauerausstellung „Lyonel Feininger. Meister der Moderne" sowie die Mitmachausstellung „Form. Farbe. Feininger" natürlich immer zu bestaunen.

Aktuelle Informationen, Online-Tickets und Veranstaltungshinweise finden Sie stets unter www.museum-feininger.de.

Gloria Köpnick

Hier gelangen Sie direkt zur Website.

Das Jahr 2023 beginnt in der Lyonel-Feininger-Galerie mit einer Sonderausstellung zu Emil Nolde. Hier zu sehen: Emil Nolde, Alter Mann und junge Frau (Mann mit Feder am Hut), ohne Datierung. Aquarell, 16,2 × 15,4 cm. Nolde Stiftung Seebüll.

Schloss Köthen, Spiegelsaal. Auch der Blick nach oben
lohnt sich, wo über 1 000 einzelne Gipskassetten die Stuckdecke
des Gewölbes zieren.

Abbildungsnachweis

Ace^eVg (https://commons.wikimedia.org/wiki/File:
Kharkov_art_museum.jpg), „Kharkov art museum",
https://creativecommons.org/licenses/by-sa/3.0/
legalcode: S. 165 oben.

———

Julius Bechstein: S. 173 unten.

———

Sebastian Bergner, Halle (Saale): S. 154 oben.

———

Bildarchiv Foto Marburg/Aufnahme-Nr. 1.046.985
[Ausschnitt]/Foto: unbekannt; Aufn.-Datum: um
1895/1920?/Fotokonvolut: Archiv Dr. Franz Stoedtner:
S. 148 oben.

———

Michael Deutsch, Halle (Saale): S. 136 oben, S. 136 unten,
S. 168 oben, S. 178 oben, S. 178 unten.

———

Foto: Dirk Dunkelberg, Berlin, © Nolde Stiftung Seebüll:
S. 195.

———

Format78: S. 168 Mitte.

———

Freunde und Förderer des Kunstmuseums Moritzburg
Halle (Saale) e.V./Kunstmuseum Moritzburg Halle (Saale):
S. 142 oben (Matthias Kunkel, Halle/Saale, Gestaltung).

———

Karen N. Gerig: S. 181 oben.

———

Lea Grönholdt: S. 177 unten.

———

Christian Hamler, Halle (Saale): S. 174 oben.

———

Ronny Hartmann (Foto): S. 175 oben.

———

Claudia Hartung, Magdeburg: S. 171 unten.

———

Stefan Hirtz, Deutsche Burgenvereinigung e.V.:
S. 163 oben.

———

Andreas Höschel (Foto): S. 187 unten, S. 193 oben.

———

Matthias Kunkel, Halle (Saale): S. 180 oben, S. 180 Mitte,
S. 180 unten.

———

Kunstmuseum Charkiw: S. 165 unten.

———

Kulturstiftung Sachsen-Anhalt: S. 138 unten, S. 146 oben,
S. 148 unten, S. 150 unten, S. 151 oben, S. 151 unten,
S. 152 oben, S. 152 unten, S. 153 unten, S. 155 oben,
S. 155 unten, S. 156 unten, S. 157 unten, S. 159 unten,
S. 160 oben, S. 163 unten, S. 164 oben, S. 172 unten,
S. 181 unten, S. 185 oben, S. 188 oben, S. 191 unten,
S. 194 unten; S. 4 (picture alliance); S. 128 oben, S. 128 Mitte,
S. 128 unten, S. 129 oben, S. 129 unten, S. 171 oben

(Ray Behringer); S. 130 unten, S. 147 Mitte, S. 147 unten,
S. 161 oben, S. 176 unten (Claudia Wyludda); S. 131 oben,
S. 158 unten, S. 189 oben, S. 193 unten (Joachim Schymalla);
S. 131 unten, S. 132 unten, S. 182 unten (Mandy Wignanek);
S. 132 oben (Juliane Sieber, Kunst & Grafik, Halle/Saale,
Gestaltung); S. 140 oben (Juliane Sieber, Kunst & Grafik,
Halle/Saale, Gestaltung; © Fotograf: Christoph Jann,
Originalfotos); S. 140 unten (Juliane Sieber, Kunst & Grafik,
Halle/Saale, Gestaltung; Landesmuseum für Kunst und
Kulturgeschichte Oldenburg, Reproduktion Werk);
S. 141 unten (Rebekka Prell); S. 143 unten (Juliane Sieber,
Gestaltung; © Dieter Goltzsche, Werk); S. 146 unten,
S. 157 oben, S. 159 oben, S. 176 oben (Punctum/Bertram
Kober); S. 147 oben (Anke Spohn, Gestaltung); S. 149 oben,
S. 149 Mitte, S. 149 unten (Fotoarchiv Kloster Michaelstein);
S. 154 unten (Katrin Tille); S. 156 oben (© Sebastian Herzau,
Werk); S. 158 oben (Punctum/Bertram Kober, Fotos;
© Nachlass Ulrich Knispel, Werk); S. 160 unten (Heiko Brandl);
S. 161 unten (Geertje Gerhold); S. 162 Mitte, S. 162 unten,
S. 174 unten (Manuela Werner); S. 164 Mitte, S. 164 unten,
S. 186 unten (Lisa Firlus); S. 168 unten (Alisa Oelgarte);
S. 169 unten (© Nachlass Petra Flemming); S. 170 oben,
S. 173 oben (Ralf Lindemann); S. 170 unten (Gloria Köpnick);
S. 172 oben (Arte4D/Andreas Hummel, Alexander Börner);
S. 177 oben (Klaus Henneberg); S. 184 oben (Jacqueline
Koller); S. 184 unten, S. 185 unten (Marie Gombert-Rumpf);
S. 186 oben, S. 188 unten (Sabine Gottschling); S. 187 oben
(Studio D4, Gestaltung); S. 189 unten (Bert Siegmund);
S. 8, S. 127, S. 190 oben (Eike Henning Michl); S. 190 unten
(Andreas Scherz); S. 191 oben (Uta Talke); S. 194 oben
(Molekyl – Büro für Gestaltung, Gestaltung).

———

Kulturstiftung Sachsen-Anhalt/Sandstein Verlag:
S. 138 oben (Michaela Klaus/Sandstein Verlag, Gestaltung).

———

Kunstmuseum Moritzburg Halle (Saale)/Kunsthalle
„Talstrasse" Halle (Saale)/Burg Giebichenstein Kunsthochschule Halle/Martin-Luther-Universität Halle-Wittenberg:
S. 134 unten (Friedrich Lux, Halle/Saale, unter Verwendung
von openstreetmap.org, Grafik).

———

Landesamt für Denkmalpflege und Archäologie Sachsen-
Anhalt, Dirk Höhne: S. 144 oben, S. 145 oben, S. 145 unten.

———

Landesvertretung Sachsen-Anhalt: S. 179 unten.

———

Christian Meinel: S. 150 oben.

———

Marcus-Andreas Mohr, Halle (Saale): S. 133 oben,
S. 133 Mitte, S. 133 unten, S. 134 oben, S. 136 Mitte,
S. 137 oben, S. 137 unten, S. 167 oben.

———

Yvonne Most: S. 166 oben, S. 167 unten, S. 169 oben.

———

Impressum

Kulturstiftung Sachsen-Anhalt
Jahrbuch 2022
herausgegeben von Christian Philipsen in Verbindung mit Eike Henning Michl

Kulturstiftung Sachsen-Anhalt
Am Schloss 4 / Leitzkau
39279 Gommern
www.kulturstiftung-st.de

———

Konzept: Eike Henning Michl
Redaktion: Eike Henning Michl, Michael Belitz
Corporate Design und Grundlayout: SANDSTEIN Kommunikation GmbH
Satz und Detaillayout: Susanne Hagendorf, Halle (Saale)
Umschlaggestaltung: Angela Schubert & Jo Schaller, Halle (Saale)
Druck: Grafisches Centrum Cuno GmbH & Co. KG, Calbe

———

Fotos Titelseite (Mauerwerkdetails Kloster Jerichow): Kulturstiftung Sachsen-Anhalt (Sabine Gottschling)
Fotos Rückseite (Mauerwerkdetails Schloss Allstedt): Angela Schubert & Jo Schaller, Halle (Saale)

———

Kulturstiftung Sachsen-Anhalt

Vertretungsberechtigt: Dr. Christian Philipsen, Vorstand / Generaldirektor der Kulturstiftung Sachsen-Anhalt
Aufsichtsbehörde: Staatskanzlei und Ministerium für Kultur des Landes Sachsen-Anhalt, Hegelstraße 40–42, 39104 Magdeburg

———

———

Redaktionsschluss der Beiträge: April 2023

———

© 2023 Kulturstiftung Sachsen-Anhalt
Leitzkau, Am Schloss 4, 39279 Gommern
www.kulturstiftung-st.de

———

ISBN: 978-3-96502-028-3

———

Für Fragen, Anregungen, Kritik oder Lob zu unseren Jahrbüchern schreiben Sie gerne eine E-Mail an: jahrbuch@kulturstiftung-st.de

———